Diogenes Taschenbuch 153

Über
Arthur
Schopenhauer

*Herausgegeben von
Gerd Haffmans*

Diogenes

Über
Arthur Schopenhauer

*Herausgegeben von
Gerd Haffmans*

Diogenes

Mitarbeit von Claudia Schmölders.

Frontispiz:
Schopenhauer und Immanuel Kant.
Zeichnung von Olaf Gulbransson.

Umschlag:
Schopenhauer.
Zeichnung von Wilhelm Busch.

Originalausgabe

Alle Rechte vorbehalten
Copyright © 1977 by
Diogenes Verlag AG Zürich
100/77/E/1
ISBN 3 257 20431 0

Inhalt

Essays

Friedrich Nietzsche, *Schopenhauer als Erzieher* 9
Thomas Mann, *Schopenhauer* 87
Ludwig Marcuse, *Das Gespräch ohne Schopenhauer* 133
Max Horkheimer, *Die Aktualität Schopenhauers* 145
Arthur Hübscher, *Schopenhauer ist dabei* 165

Zeugnisse

Jean Paul 173 Franz Grillparzer 173 Johann Nepomuk Nestroy 173 Karl Gutzkow 174 Friedrich Hebbel 176 Sören Kierkegaard 177 Richard Wagner 179 Karl Marx 182 Jacob Burckhardt 182 Theodor Fontane 183 Gustave Flaubert 183 Kuno Fischer 185 Lev Tolstoj 189 Karl Hillebrand 189 Wilhelm Raabe 191 Emile Zola 192 Eduard von Hartmann 192 Anatole France 193 Friedrich Nietzsche 193 Paul Deussen 194 Joris-Karl Huysmans 195 August Strindberg 196 Bernhard Fürst von Bülow 197 Fritz Mauthner 198 Guy de Maupassant 208 Hans Vaihinger 209 Paul J. Möbius 209 Oscar Wilde 210 Sigmund Freud 211 George Bernard Shaw 213 Hermann Sudermann 214 Axel Munthe 215 Georg Simmel 215 Knut Hamsun 219 Henri Bergson 220 Anton Čechov 221 Italo Svevo 221 Gerhart Hauptmann 222 Arno Holz 222 Frank Wedekind 223 Romain Rolland 223 Benedetto Croce 224 Herbert George Wells 224 Wilhelm Busch 225 André Gide 229 Salomo Friedlaender 229 Christian Morgenstern 230 Marcel Proust 230 Paul Léautaud 231 Theodor Lessing 231 Bertrand Russell 233 Ludwig Klages 235 William Somerset Maugham 235 Hugo von Hofmannsthal 236 Karl Kraus 237 Max Scheler 237 Albert Schweitzer 238 Thomas Mann 239 Carl Gustav Jung 239 Rainer Maria Rilke 241 Herbert Eulenberg 242 Alfred Kubin 242 Hermann Hesse 242 Egon Friedell 243 Georg Kaiser 245 Albert Einstein 245 Oswald Spengler 246

Hermann Graf Keyserling 247   James Joyce 248   Otto
Flake 248   Karl Jaspers 250   Franz Kafka 251   Max
Brod 251   Georg Lukács 252   Kurt Hiller 254   David
Herbert Lawrence 255   Gottfried Benn 256   Hermann
Broch 257   Albert Ehrenstein 258   Charles Chaplin 258
Martin Heidegger 258   Kurt Tucholsky 258   Ludwig
Marcuse 261   Max Horkheimer   262   Ernst Jünger 263
Erich Kästner 264   Jorge Luis Borges 264   Miguel Angel
Asturias 264   Hans-Georg Gadamer 265   Max
Kommerell 265   Karl R. Popper 266   Reinhold
Schneider 268   Konrad Lorenz 269   Arnold Gehlen 270
Samuel Beckett 272   Max Bense 273   Albert Camus 273
Arno Schmidt 274   Thomas Bernhard 274   Oswald
Wiener 275   Hans Wollschläger 275

Chronik   277

Bibliographie   299

Essays

»Die Welt hat einiges von mir gelernt,
was sie nie wieder vergessen wird.«
Arthur Schopenhauer

Friedrich Nietzsche
Schopenhauer als Erzieher

I

Jener Reisende, der viel Länder und Völker und mehrere Erdteile gesehen hatte und gefragt wurde, welche Eigenschaft der Menschen er überall wiedergefunden habe, sagte: sie haben einen Hang zur Faulheit. Manchen wird es dünken, er hätte richtiger und gültiger gesagt: sie sind alle furchtsam. Sie verstecken sich unter Sitten und Meinungen. Im Grunde weiß jeder Mensch recht wohl, daß er nur einmal, als ein Unikum, auf der Welt ist und daß kein noch so seltsamer Zufall zum zweitenmal ein so wunderlich buntes Mancherlei zum Einerlei, wie er es ist, zusammenschütteln wird: er weiß es, aber verbirgt es wie ein böses Gewissen – weshalb? Aus Furcht vor dem Nachbar, welcher die Konvention fordert und sich selbst mit ihr verhüllt. Aber was ist es, was den einzelnen zwingt, den Nachbar zu fürchten, herdenmäßig zu denken und zu handeln und seiner selbst nicht froh zu sein? Schamhaftigkeit vielleicht bei einigen und seltenen. Bei den allermeisten ist es Bequemlichkeit, Trägheit, kurz jener Hang zur Faulheit, von dem der Reisende sprach. Er hat Recht: die Menschen sind noch fauler als furchtsam und fürchten gerade am meisten die Beschwerden, welche ihnen eine unbedingte Ehrlichkeit und Nacktheit aufbürden würde. Die Künstler allein hassen dieses lässige Einhergehen in erborgten Manieren und übergehängten Meinungen und enthüllen das Geheimnis, das böse Gewissen von jedermann, den Satz, daß jeder Mensch ein einmaliges Wunder ist; sie wagen es, uns den Menschen zu zeigen, wie er bis in jede Muskelbewegung er selbst, er allein ist, noch mehr, daß er in dieser strengen Konsequenz seiner Einzigkeit schön und betrachtenswert ist, neu und unglaublich wie jedes Werk der Natur und durchaus nicht langweilig. Wenn der große Denker die Menschen verachtet, so verachtet er ihre Faulheit: denn ihrethalben erscheinen sie als Fabrikware, als gleichgültig, des Verkehrs und der Belehrung unwürdig. Der Mensch, welcher nicht zur Masse gehören will, braucht nur aufzuhören, gegen sie bequem zu sein; er folge seinem Gewissen, welches ihm zuruft: »sei du selbst! Das bist du alles nicht, was du jetzt tust, meinst, begehrst.«

Jede junge Seele hört diesen Zuruf bei Tag und bei Nacht und erzittert dabei; denn sie ahnt ihr seit Ewigkeiten bestimmtes Maß von Glück, wenn sie an ihre wirkliche Befreiung denkt: zu welchem Glücke ihr, so lange sie in Ketten der Meinungen und der Furcht gelegt ist, auf keine Weise verholfen werden kann. Und wie trost- und sinnlos kann ohne diese Befreiung das Leben werden! Es gibt kein öderes und widrigeres Geschöpf in der Natur als den Menschen, welcher seinem Genius ausgewichen ist und nun nach rechts und nach links, nach rückwärts und überallhin schielt. Man darf einen solchen Menschen zuletzt gar nicht mehr angreifen, denn er ist ganz Außenseite ohne Kern, ein anbrüchiges, gemaltes, aufgebauschtes Gewand, ein verbrämtes Gespenst, das nicht einmal Furcht und gewiß auch kein Mitleiden erregen kann. Und wenn man mit Recht vom Faulen sagt, er töte die Zeit, so muß man von einer Periode, welche ihr Heil auf die öffentlichen Meinungen, das heißt auf die privaten Faulheiten setzt, ernstlich besorgen, daß eine solche Zeit wirklich einmal getötet wird: ich meine, daß sie aus der Geschichte der wahrhaften Befreiung des Lebens gestrichen wird. Wie groß muß der Widerwille späterer Geschlechter sein, sich mit der Hinterlassenschaft jener Periode zu befassen, in welcher nicht die lebendigen Menschen, sondern öffentlich meinende Scheinmenschen regierten; weshalb vielleicht unser Zeitalter für irgendeine ferne Nachwelt der dunkelste und unbekannteste, weil unmenschlichste Abschnitt der Geschichte sein mag. Ich gehe durch die neuen Straßen unserer Städte und denke, wie von allen diesen greulichen Häusern, welche das Geschlecht der öffentlich Meinenden sich erbaut hat, in einem Jahrhundert nichts mehr steht, und wie dann auch wohl die Meinungen dieser Häuserbauer umgefallen sein werden. Wie hoffnungsvoll dürfen dagegen alle die sein, welche sich nicht als Bürger dieser Zeit fühlen; denn wären sie dies, so würden sie mit dazu dienen, ihre Zeit zu töten und samt ihrer Zeit unterzugehen, – während sie die Zeit vielmehr zum Leben erwecken wollen, um in diesem Leben selber fortzuleben.

Aber auch wenn uns die Zukunft nichts hoffen ließe – unser

wunderliches Dasein gerade in diesem Jetzt ermutigt uns am stärksten, nach eignem Maß und Gesetz zu leben: jene Unerklärlichkeit, daß wir gerade heute leben und doch die unendliche Zeit hatten zu entstehen, daß wir nichts als ein spannenlanges Heute besitzen und in ihm zeigen sollen, warum und wozu wir gerade jetzt entstanden. Wir haben uns über unser Dasein vor uns selbst zu verantworten; folglich wollen wir auch die wirklichen Steuermänner dieses Daseins abgeben und nicht zulassen, daß unsere Existenz einer gedankenlosen Zufälligkeit gleiche. Man muß es mit ihr etwas kecklich und gefährlich nehmen: zumal man sie im schlimmsten wie im besten Falle immer verlieren wird. Warum an dieser Scholle, diesem Gewerbe hängen, warum hinhorchen nach dem, was der Nachbar sagt? Es ist so kleinstädtisch, sich zu Ansichten verpflichten, welche ein paar hundert Meilen weiter schon nicht mehr verpflichten. Orient und Okzident sind Kreidestriche, die uns jemand vor unsre Augen hinmalt, um unsre Furchtsamkeit zu narren. Ich will den Versuch machen, zur Freiheit zu kommen, sagt sich die junge Seele; und da sollte es sie hindern, daß zufällig zwei Nationen sich hassen und bekriegen, oder daß ein Meer zwischen zwei Erdteilen liegt, oder daß rings umher eine Religion gelehrt wird, welche doch vor ein paar tausend Jahren noch nicht bestand. Das bist du alles nicht selbst, sagt sie sich. Niemand kann dir die Brücke bauen, auf der gerade du über den Fluß des Lebens schreiten mußt, niemand außer dir allein. Zwar gibt es zahllose Pfade und Brücken und Halbgötter, die dich durch den Fluß tragen wollen; aber nur um den Preis deiner selbst: du würdest dich verpfänden und verlieren. Es gibt in der Welt einen einzigen Weg, auf welchem niemand gehen kann, außer dir: wohin er führt? Frage nicht, gehe ihn. Wer war es, der den Satz aussprach: »ein Mann erhebt sich niemals höher, als wenn er nicht weiß, wohin sein Weg ihn noch führen kann«?

Aber wie finden wir uns selbst wieder? Wie kann sich der Mensch kennen? Er ist eine dunkle und verhüllte Sache; und wenn der Hase sieben Häute hat, so kann der Mensch sich sieben mal siebzig abziehn und wird noch nicht sagen können: »das bist du nun wirklich, das ist nicht mehr Schale«. Zudem ist es ein quälerisches, gefährliches Beginnen, sich selbst derartig anzugraben und in den Schacht seines Wesens auf dem nächsten Wege gewaltsam hinabzusteigen. Wie leicht beschädigt er sich dabei so, daß kein Arzt ihn heilen kann. Und überdies: wozu wäre es nötig, wenn doch alles Zeugnis von unserm Wesen ablegt, unsre Freund- und Feindschaften, unser Blick und Händedruck, unser Gedächtnis und das, was wir vergessen, unsre Bücher und die Züge unsrer Feder. Um aber das wichtigste Verhör zu veranstalten, gibt es dies Mittel. Die junge Seele sehe auf das Leben zurück mit der Frage: was hast du bis jetzt wahrhaft geliebt, was hat deine Seele hinangezogen, was hat sie beherrscht und zugleich beglückt? Stelle dir die Reihe dieser verehrten Gegenstände vor dir auf, und vielleicht ergeben sie dir, durch ihr Wesen und ihre Folge, ein Gesetz, das Grundgesetz deines eigentlichen Selbst. Vergleiche diese Gegenstände, sieh, wie einer den andern ergänzt, erweitert, überbietet, verklärt, wie sie eine Stufenleiter bilden, auf welcher du bis jetzt zu dir selbst hingeklettert bist; denn dein wahres Wesen liegt nicht tief verborgen in dir, sondern unermeßlich hoch über dir, oder wenigstens über dem, was du gewöhnlich als dein Ich nimmst. Deine wahren Erzieher und Bildner verraten dir, was der wahre Ursinn und Grundstoff deines Wesens ist, etwas durchaus Unerziehbares und Unbildbares, aber jedenfalls schwer Zugängliches, Gebundenes, Gelähmtes: deine Erzieher vermögen nichts zu sein als deine Befreier. Und das ist das Geheimnis aller Bildung: sie verleiht nicht künstliche Gliedmaßen, wächserne Nasen, bebrillte Augen – vielmehr ist das, was diese Gaben zu geben vermöchte, nur das Afterbild der Erziehung. Sondern Befreiung ist sie, Wegräumung alles Unkrauts, Schuttwerks, Gewürms, das die zarten Keime der Pflanzen antasten will, Ausströmung von Licht und Wärme, liebevolles Niederrauschen nächtlichen Regens, sie ist Nachahmung und Anbetung der Natur, wo diese mütterlich und barmherzig gesinnt ist, sie ist Vollendung der Natur, wenn sie ihren grausamen und unbarmherzigen Anfällen vorbeugt und sie zum Guten wendet, wenn sie über die Äußerungen ihrer stiefmütterlichen Gesinnung und ihres traurigen Unverstandes einen Schleier deckt.

Gewiß, es gibt wohl andre Mittel, sich zu finden, aus der Betäubung, in welcher man gewöhnlich wie in einer trüben Wolke webt, zu sich zu kommen, aber ich weiß kein besseres, als sich auf seine Erzieher und Bildner zu besinnen. Und so will ich denn heute des einen Lehrers und Zuchtmeisters, dessen ich mich zu rühmen habe, eingedenk sein, *Arthur Schopenhauers* – um später anderer zu gedenken.

2

Will ich beschreiben, welches Ereignis für mich jener erste Blick wurde, den ich in Schopenhauers Schriften warf, so darf ich ein wenig bei einer Vorstellung verweilen, welche in meiner Jugend so häufig und so dringend war wie kaum eine andre. Wenn ich früher recht nach Herzenslust in Wünschen ausschweifte, dachte ich mir, daß mir die schreckliche Bemühung und Verpflichtung, mich selbst zu erziehen, durch das Schicksal abgenommen würde: dadurch, daß ich zur rechten Zeit einen Philosophen zum Erzieher fände, einen wahren Philosophen, dem man ohne weiteres Besinnen gehorchen könnte, weil man ihm mehr vertrauen würde als sich selbst. Dann fragte ich mich wohl: welches wären wohl die Grundsätze, nach denen er dich erzöge? und ich überlegte mir, was er zu den beiden Maximen der Erziehung sagen würde, welche in unserer Zeit im Schwange gehen. Die eine fordert, der Erzieher solle die eigentümliche Stärke seiner Zöglinge bald erkennen und dann alle Kräfte und Säfte und allen Sonnenschein gerade dorthin leiten, um jener einen Tugend zu einer rechten Reife und Fruchtbarkeit zu verhelfen. Die andre Maxime will hingegen, daß der Erzieher alle vorhandenen Kräfte heranziehe, pflege und untereinander in ein harmonisches Verhältnis bringe. Aber sollte man den, welcher eine entschiedene Neigung zur Goldschmiedekunst hat, deshalb gewaltsam zur Musik nötigen? Soll man Benvenuto Cellinis Vater Recht geben, der seinen Sohn immer wieder zum »lieblichen Hörnchen«, also zu dem zwang, was der Sohn »das verfluchte Pfeifen« nannte? Man wird dies bei so starken und bestimmt sich aussprechenden Begabungen nicht recht nennen; und so wäre vielleicht gar jene Maxime der harmonischen Ausbildung nur bei den schwächeren Naturen anzuwenden, in denen zwar ein ganzes Nest von Bedürfnissen und Neigungen sitzt, welche aber, insgesamt und einzeln genommen, nicht viel bedeuten wollen? Aber wo finden wir überhaupt die harmonische Ganzheit und den vielstimmigen Zusammenklang in einer Natur, wo bewundern wir Harmonie mehr, als gerade an solchen Menschen, wie

Cellini einer war, in denen alles, Erkennen, Begehren, Lieben, Hassen, nach einem Mittelpunkte, einer Wurzelkraft hinstrebt, und wo gerade durch die zwingende und herrschende Übergewalt dieses lebendigen Zentrums ein harmonisches System von Bewegungen hin und her, auf und nieder gebildet wird? Und so sind vielleicht beide Maximen gar nicht Gegensätze? Vielleicht sagt die eine nur, der Mensch soll ein Zentrum, die andre, er soll auch eine Peripherie haben? Jener erziehende Philosoph, den ich mir träumte, würde wohl nicht nur die Zentralkraft entdecken, sondern auch zu verhüten wissen, daß sie gegen die andern Kräfte zerstörend wirke: vielmehr wäre die Aufgabe seiner Erziehung, wie mich dünkte, den ganzen Menschen zu einem lebendig bewegten Sonnen- und Planetensysteme umzubilden und das Gesetz seiner höheren Mechanik zu erkennen.

Inzwischen fehlte mir dieser Philosoph und ich versuchte dieses und jenes; ich fand, wie elend wir modernen Menschen uns gegen Griechen und Römer ausnehmen, selbst nur in Hinsicht auf das Ernst- und Streng-Verstehen der Erziehungsaufgaben. Man kann mit einem solchen Bedürfnis im Herzen durch ganz Deutschland laufen, zumal durch alle Universitäten, und wird nicht finden, was man sucht; bleiben doch viel niedrigere und einfachere Wünsche hier unerfüllt. Wer zum Beispiel unter den Deutschen sich ernstlich zum Redner ausbilden wollte, oder wer in eine Schule des Schriftstellers zu gehn beabsichtigte, er fände nirgends Meister und Schule; man scheint hier noch nicht daran gedacht zu haben, daß Reden und Schreiben Künste sind, die nicht ohne die sorgsamste Anleitung und die mühevollsten Lehrjahre erworben werden können. Nichts aber zeigt das anmaßliche Wohlgefühl der Zeitgenossen über sich selbst deutlicher und beschämender, als die halb knauserige, halb gedankenlose Dürftigkeit ihrer Ansprüche an Erzieher und Lehrer. Was genügt da nicht alles, selbst bei unsern vornehmsten und bestunterrichteten Leuten, unter dem Namen der Hauslehrer; welches Sammelsurium von verschrobenen Köpfen und veralteten Einrichtungen wird häufig als Gymnasium bezeichnet und gut befunden; was genügt uns allen als höchste Bildungsanstalt, als Universität – welche Führer, welche Institutionen, verglichen mit der Schwierigkeit der Aufgabe, einen Menschen zum Menschen zu erziehen! Selbst die vielbewunderte Art, mit der die deutschen Gelehrten auf ihre Wissenschaft losgehen, zeigt vor allem, daß sie dabei mehr an die Wissenschaft als an die Menschlichkeit denken, daß sie wie eine verlorne Schar sich ihr zu opfern angelehrt werden, um wieder neue Geschlechter zu dieser Opferung heranzuziehen. Der Verkehr mit der Wissenschaft, wenn er durch keine höhere Maxime der Erziehung geleitet und eingeschränkt, sondern, nach dem Grundsatze »je mehr desto besser« nur immer mehr entfesselt wird, ist gewiß für die Gelehrten ebenso schädlich, wie der ökonomische Lehrsatz des *laisser faire* für die Sittlichkeit ganzer Völker. Wer weiß es noch, daß die Erziehung des Gelehrten, dessen Menschlichkeit nicht preisgegeben oder ausgedörrt werden soll, ein höchst schwieriges Problem ist – und doch kann man diese Schwierigkeit mit Augen sehen, wenn man auf die zahlreichen Exemplare achtgibt, welche durch eine gedankenlose und allzu frühzeitige Hingebung an die Wissenschaft krumm gezogen und mit einem Höcker ausgezeichnet worden sind. Aber es gibt ein noch wichtigeres Zeugnis für die Abwesenheit aller höheren Erziehung, wichtiger und gefährlicher und vor allem viel allgemeiner. Wenn es auf der Stelle deutlich ist, warum ein Redner, ein Schriftsteller jetzt nicht erzogen werden kann – weil es eben für sie keine Erzieher gibt –; wenn es fast ebenso deutlich ist, warum ein Gelehrter jetzt verzogen und verschroben werden muß – weil die Wissenschaft, also ein unmenschliches Abstraktum, ihn erziehen soll –, so frage man sich endlich: wo sind eigentlich für uns alle, Gelehrte und Ungelehrte, Vornehme und Geringe, unsre sittlichen Vorbilder und Berühmtheiten unter unsern Zeitgenossen, der sichtbare Inbegriff aller schöpferischen Moral in dieser Zeit? Wo ist eigentlich alles Nachdenken über sittliche Fragen hingekommen, mit welchen sich doch jede edler entwickelte Geselligkeit zu allen Zeiten beschäftigt hat? Es gibt keine Berühmtheiten und kein Nachdenken jener Art mehr; man zehrt tatsächlich an dem ererbten Kapital von Sittlichkeit, welches unsre Vorfahren aufhäuften und welches wir nicht zu mehren, sondern nur zu verschwenden verstehen; man redet über solche Dinge in unsrer Gesellschaft entweder gar nicht oder mit einer naturalistischen Ungeübtheit und Unerfahrenheit, welche Widerwillen erregen muß. So ist es gekommen, daß unsre Schulen und Lehrer von einer sittlichen Erziehung einfach absehen oder sich mit Förmlichkeiten abfinden: und Tugend ist ein Wort, bei dem Lehrer und Schüler sich nichts mehr denken können, ein altmodisches Wort, über das man lächelt –

und schlimm, wenn man nicht lächelt, denn dann wird man heucheln.

Die Erklärung dieser Mattherzigkeit und des niedrigen Flutstandes aller sittlichen Kräfte ist schwer und verwickelt; doch wird niemand, der den Einfluß des siegenden Christentums auf die Sittlichkeit unsrer alten Welt in Betracht nimmt, auch die Rückwirkung des unterliegenden Christentums, also sein immer wahrscheinlicheres Los in unserer Zeit, übersehen dürfen. Das Christentum hat durch die Höhe seines Ideals die antiken Moralsysteme und die in allen gleichmäßig waltende Natürlichkeit so überboten, daß man gegen diese Natürlichkeit stumpf und ekel wurde; hinterdrein aber, als man das Bessere und Höhere zwar noch erkannte, aber nicht mehr vermochte, konnte man zum Guten und Hohen, nämlich zu jener antiken Tugend, nicht mehr zurück, so sehr man es auch wollte. In diesem Hin und Her zwischen Christlich und Antik, zwischen verschüchterter oder lügnerischer Christlichkeit der Sitte und ebenfalls mutlosem und befangenem Antikisieren lebt der moderne Mensch und befindet sich schlecht dabei; die vererbte Furcht vor dem Natürlichen und wieder der erneute Anreiz dieses Natürlichen, die Begierde irgendwo einen Halt zu haben, die Ohnmacht seines Erkennens, das zwischen dem Guten und Besseren hin und her taumelt, alles dies erzeugt eine Friedlosigkeit, eine Verworrenheit in der modernen Seele, welche sie verurteilt, unfruchtbar und freudelos zu sein. Niemals brauchte man mehr sittliche Erzieher und niemals war es unwahrscheinlicher, sie zu finden; in den Zeiten, wo die Ärzte am nötigsten sind, bei großen Seuchen, sind sie zugleich am meisten gefährdet. Denn wo sind die Ärzte der modernen Menschheit, die selber so fest und gesund auf ihren Füßen stehen, daß sie einen andern noch halten und an der Hand führen könnten? Es liegt eine gewisse Verdüsterung und Dumpfheit auf den besten Persönlichkeiten unsrer Zeit, ein ewiger Verdruß über den Kampf zwischen Verstellung und Ehrlichkeit, der in ihrem Busen gekämpft wird, eine Unruhe im Vertrauen auf sich selbst – wodurch sie ganz unfähig werden, Wegweiser zugleich und Zuchtmeister für andre zu sein.

Es heißt also wirklich in seinen Wünschen ausschweifen, wenn ich mir vorstellte, ich möchte einen wahren Philosophen als Erzieher finden, welcher einen über das Ungenügen, soweit es in der Zeit liegt, hinausheben könnte und wieder lehrte, *einfach* und *ehrlich,* im Denken und Leben, also unzeitgemäß zu sein, das Wort im tiefsten Verstande genommen; denn die Menschen sind jetzt so vielfach und kompliziert geworden, daß sie unehrlich werden müssen, wenn sie überhaupt reden, Behauptungen aufstellen und darnach handeln wollen.

In solchen Nöten, Bedürfnissen und Wünschen lernte ich Schopenhauer kennen.

Ich gehöre zu den Lesern Schopenhauers, welche, nachdem sie die erste Seite von ihm gelesen haben, mit Bestimmtheit wissen, daß sie alle Seiten lesen und auf jedes Wort hören werden, das er überhaupt gesagt hat. Mein Vertrauen zu ihm war sofort da und ist jetzt noch dasselbe wie vor neun Jahren. Ich verstand ihn, als ob er für mich geschrieben hätte: um mich verständlich, aber unbescheiden und töricht auszudrücken. Daher kommt es, daß ich nie in ihm eine Paradoxie gefunden habe, obwohl hier und da einen kleinen Irrtum; denn was sind Paradoxien anderes als Behauptungen, die kein Vertrauen einflößen, weil der Autor sie selbst ohne rechtes Vertrauen machte, weil er mit ihnen glänzen, verführen und überhaupt scheinen wollte? Schopenhauer will nie scheinen: denn er schreibt für sich, und niemand will gern betrogen werden, am wenigsten ein Philosoph, der sich sogar zum Gesetze macht: betrüge niemanden, nicht einmal dich selbst! Selbst nicht mit dem gefälligen gesellschaftlichen Betrug, den fast jede Unterhaltung mit sich bringt und welchen die Schriftsteller beinahe unbewußt nachahmen; noch weniger mit dem bewußteren Betrug von der Rednerbühne herab und mit den künstlichen Mitteln der Rhetorik. Sondern Schopenhauer redet mit sich: oder, wenn man sich durchaus einen Zuhörer denken will, so denke man sich den Sohn, welchen der Vater unterweist. Es ist ein redliches, derbes, gutmütiges Aussprechen, vor einem Hörer, der mit Liebe hört. Solche Schriftsteller fehlen uns. Das kräftige Wohlgefühl des Sprechenden umfängt uns beim ersten Tone seiner Stimme; es geht uns ähnlich wie beim Eintritt in den Hochwald, wir atmen tief und fühlen uns auf einmal wiederum wohl. Hier ist eine immer gleichartige stärkende Luft, so fühlen wir; hier ist eine gewisse unnachahmliche Unbefangenheit und Natürlichkeit, wie sie Menschen haben, die in sich zu Hause, und zwar in einem sehr reichen Hause Herren sind: im Gegensatz zu den Schriftstellern, welche sich selbst am meisten wundern, wenn sie einmal geistreich waren, und deren Vortrag dadurch etwas

Unruhiges und Naturwidriges bekommt. Ebensowenig werden wir, wenn Schopenhauer spricht, an den Gelehrten erinnert, der von Natur steife und ungeübte Gliedmaßen hat und engbrüstig ist und deshalb eckig, verlegen oder gespreizt daherkommt; während auf der anderen Seite Schopenhauers rauhe und ein wenig bärenmäßige Seele die Geschmeidigkeit und höfische Anmut der guten französischen Schriftsteller nicht sowohl vermissen als verschmähen lehrt und niemand an ihm das nachgemachte, gleichsam übersilberte Scheinfranzosentum, auf das sich deutsche Schriftsteller so viel zugute tun, entdecken wird. Schopenhauers Ausdruck erinnert mich hier und da ein wenig an Goethe, sonst aber überhaupt nicht an deutsche Muster. Denn er versteht es, das Tiefsinnige einfach, das Ergreifende ohne Rhetorik, das Streng-Wissenschaftliche ohne Pedanterie zu sagen: und von welchem Deutschen hätte er dies lernen können? Auch hält er sich von der spitzfindigen, übermäßig beweglichen und – mit Erlaubnis gesagt – ziemlich undeutschen Manier Lessings frei: was ein großes Verdienst ist, da Lessing in bezug auf prosaische Darstellung unter Deutschen der verführerischste Autor ist. Und um gleich das Höchste zu sagen, was ich von seiner Darstellungsart sagen kann, so beziehe ich auf ihn seinen Satz, »ein Philosoph muß sehr ehrlich sein, um sich keiner poetischen oder rhetorischen Hilfsmittel zu bedienen«. Daß Ehrlichkeit etwas ist und sogar eine Tugend, gehört freilich im Zeitalter der öffentlichen Meinungen zu den privaten Meinungen, welche verboten sind; und deshalb werde ich Schopenhauer nicht gelobt, sondern nur charakterisiert haben, wenn ich wiederhole: er ist ehrlich, auch als Schriftsteller; und so wenige Schriftsteller sind es, daß man eigentlich gegen alle Menschen, welche schreiben, mißtrauisch sein sollte. Ich weiß nur noch einen Schriftsteller, den ich in betreff der Ehrlichkeit Schopenhauer gleich, ja noch höher stelle: das ist Montaigne. Daß ein solcher Mensch geschrieben hat, dadurch ist wahrlich die Lust auf dieser Erde zu leben vermehrt worden. Mir wenigstens geht es seit dem Bekanntwerden mit dieser freiesten und kräftigsten Seele so, daß ich sagen muß, was er von Plutarch sagt: »kaum habe ich einen Blick auf ihn geworfen, so ist mir ein Bein oder ein Flügel gewachsen.« Mit ihm würde ich es halten, wenn die Aufgabe gestellt wäre, es sich auf der Erde heimisch zu machen. –

Schopenhauer hat mit Montaigne noch eine zweite Eigenschaft, außer der Ehrlichkeit, gemein: eine wirkliche erheiternde Heiterkeit. *Aliis laetus, sibi sapiens.* Es gibt nämlich zwei sehr unterschiedliche Arten von Heiterkeit. Der wahre Denker erheitert und erquickt immer, ob er nun seinen Ernst oder seinen Scherz, seine menschliche Einsicht oder seine göttliche Nachsicht ausdrückt; ohne griesgrämige Gebärden, zitternde Hände, schwimmende Augen, sondern sicher und einfach, mit Mut und Stärke, vielleicht etwas ritterlich und hart, aber jedenfalls als ein Siegender: und das gerade ist es, was am tiefsten und innigsten erheitert, den siegenden Gott neben allen den Ungetümen, die er bekämpft hat, zu sehen. Die Heiterkeit dagegen, welche man bei mittelmäßigen Schriftstellern und kurzangebundenen Denkern mitunter antrifft, macht unsereinen, beim Lesen, elend: wie ich das zum Beispiel bei David Straußens Heiterkeit empfand. Man schämt sich ordentlich, solche heiteren Zeitgenossen zu haben, weil sie die Zeit und uns Menschen in ihr bei der Nachwelt bloßstellen. Solche Heiterlinge sehen die Leiden und die Ungetüme gar nicht, die sie als Denker zu sehen und zu bekämpfen vorgeben; und deshalb erregt ihre Heiterkeit Verdruß, weil sie täuscht: denn sie will zu dem Glauben verführen, hier sei ein Sieg erkämpft worden. Im Grunde nämlich gibt es nur Heiterkeit, wo es Sieg gibt; und dies gilt von den Werken wahrer Denker ebensowohl als von jedem Kunstwerk. Mag der Inhalt immer so schrecklich und ernst sein, als das Problem des Daseins eben ist: bedrückend und quälend wird das Werk nur dann wirken, wenn der Halbdenker und der Halbkünstler den Dunst ihres Ungenügens darüber ausgebreitet haben; während dem Menschen nichts Fröhlicheres und Besseres zuteil werden kann, als einem jener Siegreichen nahe zu sein, die, weil sie das Tiefste gedacht, gerade das Lebendigste lieben müssen und als Weise am Ende sich zum Schönen neigen. Sie reden wirklich, sie stammeln nicht und schwätzen auch nicht nach; sie bewegen sich und leben wirklich, nicht so unheimlich maskenhaft, wie sonst Menschen zu leben pflegen: weshalb es uns in ihrer Nähe wirklich einmal menschlich und natürlich zumute ist und wir wie Goethe ausrufen möchten: »Was ist doch ein Lebendiges für ein herrliches köstliches Ding! wie abgemessen zu seinem Zustande, wie wahr, wie seiend!«

Ich schildere nichts als den ersten gleichsam physiologischen Eindruck, welchen Schopenhauer bei mir hervorbrachte, jenes zauberartige Ausströmen der innersten Kraft eines Naturgewächses auf ein anderes, das bei der ersten und leisesten Berührung erfolgt; und wenn ich jenen Eindruck nachträglich zerlege, so finde ich ihn aus drei Elementen gemischt, aus dem Eindrucke seiner Ehrlichkeit, seiner Heiterkeit und seiner Beständigkeit. Er ist ehrlich, weil er zu sich selbst und für sich selbst spricht und schreibt, heiter, weil er das Schwerste durch Denken besiegt hat, und beständig, weil er so sein muß. Seine Kraft steigt wie eine Flamme bei Windstille gerade und leicht aufwärts, unbeirrt, ohne Zittern und Unruhe. Er findet seinen Weg in jedem Falle, ohne daß wir auch nur merken, daß er ihn gesucht hätte; sondern wie durch ein Gesetz der Schwere gezwungen läuft er daher, so fest und behend, so unvermeidlich. Und wer je gefühlt hat, was das in unsrer Tragelaphen-Menschheit der Gegenwart heißen will, einmal ein ganzes, einstimmiges, in eignen Angeln hängendes und bewegtes, unbefangenes und ungehemmtes Naturwesen zu finden, der wird mein Glück und meine Verwunderung verstehen, als ich Schopenhauer gefunden hatte: ich ahnte in ihm jenen Erzieher und Philosophen gefunden zu haben, den ich so lange suchte. Zwar nur als Buch: und das war ein großer Mangel. Um so mehr strengte ich mich an, durch das Buch hindurch zu sehen und mir den lebendigen Menschen vorzustellen, dessen großes Testament ich zu lesen hatte und der nur solche zu seinen Erben zu machen verhieß, welche mehr sein wollten und konnten als nur seine Leser: nämlich seine Söhne und Zöglinge.

3

Ich mache mir aus einem Philosophen gerade so viel, als er imstande ist, ein Beispiel zu geben. Daß er durch das Beispiel ganze Völker nach sich ziehen kann, ist kein Zweifel; die indische Geschichte, die beinahe die Geschichte der indischen Philosophie ist, beweist es. Aber das Beispiel muß durch das sichtbare Leben und nicht bloß durch Bücher gegeben werden, also dergestalt, wie die Philosophen Griechenlands lehrten, durch Miene, Haltung, Kleidung, Speise, Sitte mehr als durch Sprechen oder gar Schreiben. Was fehlt uns noch alles zu dieser mutigen Sichtbarkeit eines philosophischen Lebens in Deutschland! ganz allmählich befreien sich hier die Leiber, wenn die Geister längst befreit scheinen; und doch ist es nur ein Wahn, daß ein Geist frei und selbständig sei, wenn diese errungene Unumschränktheit – die im Grunde schöpferische Selbstumschränkung ist – nicht durch jeden Blick und Schritt von früh bis Abend neu bewiesen wird. Kant hielt an der Universität fest, unterwarf sich den Regierungen, blieb in dem Scheine eines religiösen Glaubens, ertrug es unter Kollegen und Studenten: so ist es denn natürlich, daß sein Beispiel vor allem Universitätsprofessoren und Professorenphilosophie erzeugte. Schopenhauer macht mit den gelehrten Kasten wenig Umstände, separiert sich, erstrebt Unabhängigkeit von Staat und Gesellschaft – dies ist sein Beispiel, sein Vorbild – um hier vom Äußerlichsten auszugehen. Aber viele Grade in der Befreiung des philosophischen Lebens sind unter den Deutschen noch unbekannt und werden es nicht immer bleiben können. Unsre Künstler leben kühner und ehrlicher; und das mächtigste Beispiel, welches wir vor uns sehn, das Richard Wagners, zeigt, wie der Genius sich nicht fürchten darf, in den feindseligsten Widerspruch mit den bestehenden Formen und Ordnungen zu treten, wenn er die höhere Ordnung und Wahrheit, die in ihm lebt, ans Licht herausheben will. Die »Wahrheit« aber, von welcher unsre Professoren so viel reden, scheint freilich ein anspruchsloseres Wesen zu sein, von dem keine Unordnung und Außerordnung zu befürchten ist: ein bequemes und gemütliches Geschöpf, welches allen bestehenden Gewalten wieder und wieder versichert, niemand solle ihrethalben irgendwelche Umstände haben; man sei ja nur »reine Wissenschaft«. Also: ich wollte sagen, daß die Philosophie in Deutschland es mehr und mehr zu verlernen hat, »reine Wissenschaft« zu sein: und das gerade sei das Beispiel des Menschen Schopenhauer.

Es ist aber ein Wunder und nichts Geringeres, daß er zu diesem menschlichen Beispiel heranwuchs: denn er war von außen und von innen her durch die ungeheuersten Gefahren gleichsam umdrängt, von denen jedes schwächere Geschöpf erdrückt oder zersplittert wäre. Es gab, wie mir scheint, einen starken Anschein dafür, daß der Mensch Schopenhauer untergehn werde, um als Rest, bestenfalls, »reine Wissenschaft« zurückzulassen: aber auch dies nur bestenfalls; am wahrscheinlichsten weder Mensch noch Wissenschaft.

Ein neuerer Engländer schildert die allgemeinste Gefahr ungewöhnlicher Menschen, die in einer an das Gewöhnliche gebundenen Gesellschaft leben, also: »solche fremdartige Charaktere werden anfänglich gebeugt, dann melancholisch, dann krank und zuletzt sterben sie. Ein Shelley würde in England nicht haben leben können, und eine Rasse von Shelleys würde unmöglich gewesen sein«. Unsere Hölderlin und Kleist, und wer nicht sonst, verdarben an dieser ihrer Ungewöhnlichkeit und hielten das Klima der sogenannten deutschen Bildung nicht aus; und nur Naturen von Erz, wie Beethoven, Goethe, Schopenhauer und Wagner, vermögen standzuhalten. Aber auch bei ihnen zeigt sich die Wirkung des ermüdendsten Kampfes und Krampfes an vielen Zügen und Runzeln: ihr Atem geht schwerer und ihr Ton ist leicht allzu gewaltsam. Jener geübte Diplomat, der Goethe nur überhin angesehn und gesprochen hatte, sagte zu seinen Freunden: *Voilà un homme, qui a eu de grands chagrins!* – was Goethe so verdeutscht hat: »das ist auch einer, der sich's hat sauer werden lassen!« »Wenn sich nun in unsern Gesichtszügen«, fügt er hinzu, »die Spur überstandenen Leidens, durchgeführter Tätigkeit nicht auslöschen läßt, so ist es kein Wunder, wenn alles, was von uns und unserem Bestreben übrig bleibt, dieselbe Spur trägt.« Und das ist Goethe, auf den unsre Bildungsphilister als auf den glücklichsten Deutschen hinzeigen, um daraus den Satz zu beweisen, daß es doch möglich sein müsse, unter ihnen glücklich zu werden – mit dem Hintergedanken, daß es keinem zu verzeihen sei, wenn er sich unter ihnen unglücklich und einsam fühle. Daher haben sie sogar mit großer Grausamkeit den Lehrsatz aufgestellt und praktisch erläutert, daß in jeder Vereinsamung immer eine geheime Schuld liege. Nun hatte der arme Schopenhauer auch so eine geheime Schuld auf dem Herzen, nämlich seine Philosophie mehr zu schätzen als seine Zeitgenossen; und dazu war er so unglücklich, gerade durch Goethe zu wissen, daß er seine Philosophie, um ihre Existenz zu retten, um jeden Preis gegen die Nichtbeachtung seiner Zeitgenossen verteidigen müsse; denn es gibt eine Art Inquisitionszensur, in der es die Deutschen nach Goethes Urteil weit gebracht haben; es heißt: unverbrüchliches Schweigen. Und dadurch war wenigstens so viel bereits erreicht worden, daß der größte Teil der ersten Auflage seines Hauptwerks zu Makulatur eingestampft werden mußte. Die drohende Gefahr, daß seine große Tat einfach durch Nichtbeachtung wieder ungetan werde, brachte ihn in eine schreckliche und schwer zu bändigende Unruhe; kein einziger bedeutsamer Anhänger zeigte sich. Es macht uns traurig, ihn auf der Jagd nach irgendwelchen Spuren seines Bekanntwerdens zu sehen; und sein endlicher lauter und überlauter Triumph darüber, daß er jetzt wirklich gelesen werde (»legor et legar«), hat etwas Schmerzlich-Ergreifendes. Gerade alle jene Züge, in denen er die Würde des Philosophen nicht merken läßt, zeigen den leidenden Menschen, welchen um seine edelsten Güter bangt; so quälte ihn die Sorge, sein kleines Vermögen zu verlieren und vielleicht seine reine und wahrhaft antike Stellung zur Philosophie nicht mehr festhalten zu können; so griff er in seinem Verlangen nach ganz vertrauenden und mitleidenden Menschen oftmals fehl, um immer wieder mit einem schwermütigen Blicke zu seinem treuen Hunde zurückzukehren. Er war ganz und gar Einsiedler; kein einziger wirklich gleichgestimmter Freund tröstete ihn – und zwischen einem und keinem liegt hier, wie immer zwischen Ichts und Nichts, eine Unendlichkeit. Niemand, der wahre Freunde hat, weiß was wahre Einsamkeit ist, und ob er auch die ganze Welt um sich zu seinen Widersachern hätte. – Ach ich merke wohl, ihr wißt nicht, was Vereinsamung ist. Wo es mächtige Gesellschaften, Regierungen, Religionen, öffentliche Meinungen gegeben hat, kurz, wo je eine Tyrannei war, da hat sie den einsamen Philosophen gehaßt; denn die Philosophie eröffnet dem Menschen ein Asyl, wohin keine Tyrannei dringen kann, die Höhle des Innerlichen, das Labyrinth der Brust: und das ärgert die Tyrannen. Dort verbergen sich die Einsamen: aber dort auch lauert die größte Gefahr der Einsamen. Diese Menschen, die ihre Freiheit in das Innerliche geflüchtet haben, müssen auch äußerlich leben, sichtbar werden, sich sehen lassen; sie stehen in zahllosen menschlichen Verbindungen durch Geburt, Aufenthalt, Erziehung, Vaterland, Zufall, Zudringlichkeit anderer; ebenfalls zahllose Meinungen werden bei ihnen vorausgesetzt, einfach weil sie die herrschenden sind; jede Miene, die nicht verneint, gilt als Zustimmung; jede Handbewegung, die nicht zertrümmert, wird als Billigung gedeutet. Sie wissen, diese Einsamen und Freien im Geiste – daß sie fortwährend irgendworin anders scheinen als sie denken: während sie nichts als Wahrheit und Ehrlichkeit wollen, ist rings um sie ein Netz von Mißverständnissen; und ihr heftiges Begehren kann es nicht verhindern, daß doch auf ihrem Tun ein Dunst von falschen Meinungen, von Anpassung, von halben Zugeständnissen, von schonendem Verschweigen, von irrtümlicher Ausdeutung liegenbleibt. Das sammelt eine Wolke von Melancholie auf ihrer Stirne: denn daß das Scheinen Notwendigkeit ist, hassen solche Naturen mehr als den Tod; und eine solche andauernde Erbitterung darüber macht sie vulkanisch und bedrohlich. Von Zeit zu Zeit rächen sie sich für ihr gewaltsames Sich-Verbergen, für ihre erzwungene Zurückhaltung. Sie kommen aus ihrer Höhle heraus, mit schrecklichen Mienen; ihre Worte und Taten sind dann Explosionen, und es ist möglich, daß sie an sich selbst zugrunde gehen. So gefährlich lebte Schopenhauer. Gerade solche Einsame bedürfen Liebe, brauchen Genossen, vor denen sie wie vor sich selbst offen und einfach sein dürfen, in deren Gegenwart der Krampf des Verschweigens und der Verstellung aufhört. Nehmt diese Genossen hinweg und ihr erzeugt eine wachsende Gefahr; Heinrich von Kleist ging an dieser Ungeliebtheit zugrunde, und es ist das schrecklichste Gegenmittel gegen ungewöhnliche Menschen, sie dergestalt tief in sich hinein zu treiben, daß ihr Wiederherauskommen jedesmal ein vulkanischer Ausbruch wird. Doch gibt es immer wieder einen Halbgott, der es erträgt, unter so schrecklichen Bedingungen zu leben, siegreich zu leben; und wenn ihr seine einsamen Gesänge hören wollt, so hört Beethovens Musik.

Das war die erste Gefahr, in deren Schatten Schopenhauer heranwuchs: Vereinsamung. Die zweite heißt: Verzweiflung an der Wahrheit. Diese Gefahr begleitet jeden Denker, welcher von der Kantischen Philosophie aus seinen Weg nimmt, vorausgesetzt, daß er ein kräftiger und ganzer Mensch in Leiden und Begehren sei und nicht nur eine klappernde Denk- und Rechenmaschine. Nun wissen wir aber alle recht wohl, was es gerade mit dieser Voraussetzung für eine beschämende Bewandtnis hat; ja es scheint mir, als ob überhaupt nur bei den wenigsten Menschen Kant lebendig eingegriffen und Blut und Säfte umgestaltet habe. Zwar soll, wie man überall lesen kann, seit der Tat dieses stillen Gelehrten auf allen geistigen Gebieten eine Revolution ausgebrochen sein; aber ich kann es nicht glauben. Denn ich sehe es den Menschen nicht deutlich an, als welche vor allem selbst revolutioniert sein müßten, bevor irgendwelche ganze Gebiete es sein könnten. Sobald aber Kant anfangen sollte eine populäre Wirkung auszuüben, so werden wir diese in der Form eines zernagenden und zerbröckelnden Skeptizismus und Relativismus gewahr werden; und nur bei den tätigsten und edelsten Geistern, die es niemals im Zweifel ausgehalten haben, würde an seiner Stelle jene Erschütterung und Verzweiflung an aller Wahrheit eintreten, wie sie zum Beispiel Heinrich von Kleist als Wirkung der Kantischen Philosophie erlebte. »Vor kurzem«, schreibt er einmal in seiner ergreifenden Art, »wurde ich mit der Kantischen Philosophie bekannt – und dir muß ich jetzt daraus einen Gedanken mitteilen, indem ich nicht fürchten darf, daß er dich so tief, so schmerzhaft erschüttern wird als mich. – Wir können nicht entscheiden, ob das, was wir Wahrheit nennen, wahrhaft Wahrheit ist, oder ob es uns nur so scheint. Ist's das letztere, so ist die Wahrheit, die wir hier sammeln, nach dem Tode nichts mehr, und alles Bestreben, ein Eigentum zu erwerben, das uns auch noch in das Grab folgt, ist vergeblich. – Wenn die Spitze dieses Gedankens dein Herz nicht trifft, so lächle nicht über einen andern, der sich tief in seinem heiligsten Innern davon verwundet fühlt. Mein einziges, mein höchstes Ziel ist gesunken, und ich habe keines mehr.« Ja, wann werden wieder die Menschen dergestalt Kleistisch-natürlich empfinden, wann lernen sie den Sinn einer Philosophie erst wieder an ihrem »heiligsten Innern« messen? Und doch ist dies erst nötig um abzuschätzen, was uns, nach Kant, gerade Schopenhauer sein kann – der Führer nämlich, welcher aus der Höhe des skeptischen Unmuts oder der kritisierenden Entsagung hinauf zur Höhe der tragischen Betrachtung leitet, den nächtlichen Himmel mit seinen Sternen endlos über uns, und der sich selbst, als der erste, diesen Weg geführt hat. Das ist seine Größe, daß er dem Bilde des Lebens als einem Ganzen sich gegenüberstellt, um es als Ganzes zu deuten; während die scharfsinnigsten Köpfe nicht von dem Irrtum zu befreien sind, daß man dieser Deutung näher komme, wenn man die Farben, womit, den Stoff, worauf dieses Bild gemalt ist, peinlich untersuche; vielleicht mit dem Ergebnis, es sei eine ganz intrikat gesponnene Leinwand und Farben darauf, die chemisch unergründlich seien. Man muß den Maler erraten, um das Bild zu verstehen – das wußte Schopenhauer. Nun ist aber die ganze Zunft aller Wissenschaften darauf aus, jene Leinwand und jene Farben, aber nicht das Bild zu verstehen; ja man kann sagen, daß nur der, welcher das allgemeine Gemälde des Lebens und Daseins fest ins Auge gefaßt hat, sich der einzelnen Wissenschaften ohne eigne Schädigung bedienen wird, denn ohne ein solches regulatives Gesamtbild sind sie Stricke, die nirgends ans Ende führen und unsern Lebenslauf nur noch verwirrter und labyrinthischer machen. Hierin, wie gesagt, ist Schopenhauer groß, daß er jenem Bilde nachgeht wie Hamlet dem Geiste, ohne sich abziehn zu lassen, wie Gelehrte tun, oder durch begriffliche Scholastik abgesponnen zu werden, wie es das Los der ungebändigten Dialektiker ist. Das Studium aller Viertelsphilosophen ist nur deshalb anziehend, um zu erkennen, daß diese sofort auf die Stellen im Bau großer Philosophien geraten, wo das gelehrtenhafte Für und Wider, wo Grübeln, Zweifeln, Widersprechen erlaubt ist, und daß sie dadurch der Forderung jeder großen Philosophie entgehen, die als Ganzes immer nur sagt: dies ist das Bild alles Lebens, und daraus lerne den Sinn deines Lebens. Und umgekehrt: lies nur dein Leben und verstehe daraus die Hieroglyphen des allgemeinen Lebens. Und so soll auch Schopenhauers Philosophie immer zuerst ausgelegt werden: individuell, vom einzelnen allein für sich selbst, um Einsicht in das eigne Elend und Bedürfnis, in die eigne Begrenztheit zu gewinnen, um die Gegenmittel und Tröstungen kennenzulernen: nämlich Hinopferung des Ichs, Unterwerfung unter die edelsten Absichten, vor allem unter die der Gerechtigkeit und Barmherzigkeit. Er lehrt uns zwischen den wirklichen und scheinbaren Beförderungen des Menschenglücks unterscheiden: wie weder Reichwerden, noch Geehrtsein, noch Gelehrtsein den einzelnen aus seiner tiefen Verdrossenheit über den Unwert seines Daseins herausheben kann, und wie das Streben nach diesen Gütern nur Sinn durch ein hohes und verklärendes Gesamtziel bekommt: Macht zu gewinnen, um durch sie der Physis nachzuhelfen und ein wenig Korrektor ihrer Torheiten und Ungeschicktheiten zu sein. Zunächst zwar auch nur für sich selbst; durch sich aber endlich für alle. Es ist freilich ein Streben, welches tief und herzlich zur Resignation hinleitet: denn was und wie viel kann überhaupt noch verbessert werden, am einzelnen und am allgemeinen!

Wenden wir gerade diese Worte auf Schopenhauer an, so berühren wir die dritte und eigentümlichste Gefahr, in der er lebte und die im ganzen Bau und Knochengerüste seines Wesens verborgen lag. Jeder Mensch pflegt in sich eine Begrenztheit vorzufinden, seiner Begabung sowohl als seines sittlichen Wollens, welche ihn mit Sehnsucht und Melancholie erfüllt; und wie er aus dem Gefühl seiner Sündhaftigkeit sich hin nach dem Heiligen sehnt, so trägt er, als intellektuelles Wesen, ein tiefes Verlangen nach dem Genius in sich. Hier ist die Wurzel aller wahren Kultur; und wenn ich unter dieser die Sehnsucht des Menschen verstehe, als Heiliger und als Genius *wiedergeboren* zu werden, so weiß ich, daß man nicht erst Buddhaist sein muß, um diesen Mythus zu verstehen. Wo wir Begabung ohne jene Sehnsucht finden, im Kreise der Gelehrten oder auch bei den sogenannten Gebildeten, macht sie uns Widerwillen und Ekel; denn wir ahnen, daß solche Menschen, mit allem ihrem Geiste, eine werdende Kultur und die Erzeugung des Genius – das heißt das Ziel aller Kultur – nicht fördern, sondern verhindern. Es ist der Zustand einer Verhärtung, im Werte gleich jener gewohnheitsmäßigen, kalten und auf sich selbst stolzen Tugendhaftigkeit, welche auch am weitesten von der wahren Heiligkeit entfernt ist und fern hält. Schopenhauers Natur enthielt nun eine seltsame und höchst gefährliche Doppelheit. Wenige Denker haben in dem Maße und der unvergleichlichen Bestimmtheit empfunden, daß der Genius in ihnen webt; und sein Genius verhieß ihm das Höchste – daß es keine tiefere Furche geben werde als die, welche seine Pflugschar in den Boden der neueren Menschheit reißt. So wußte er die eine Hälfte seines Wesens gesättigt und erfüllt, ohne Begierde, ihrer Kraft gewiß, so trug er mit Größe und Würde seinen Beruf als siegreich Vollendeter. In der andern Hälfte lebte eine ungestüme Sehnsucht; wir verstehen sie, wenn wir hören, daß er sich mit schmerzlichem Blicke von dem Bilde des großen Stifters der *la Trappe,* Rancé, abwandte, unter den Worten: »das ist Sache der Gnade.« Denn der Genius sehnt sich tiefer nach Heiligkeit, weil er von seiner Warte aus weiter und heller geschaut hat als ein anderer Mensch, hinab in die Versöhnung von Erkennen und Sein, hinein in das Reich des Friedens und des verneinten Willens, hinüber nach der andern Küste, von der die Inder sagen. Aber hier gerade ist das Wunder: wie unbegreiflich ganz und unzerbrechlich mußte Schopenhauers Natur sein, wenn sie auch nicht durch diese Sehnsucht zerstört werden konnte und doch auch nicht verhärtet wurde! Was das heißen will, wird jeder nach dem Maße dessen verstehen, was und wieviel er ist: und ganz, in aller seiner Schwere, wird es keiner von uns verstehen.

Je mehr man über die geschilderten drei Gefahren nachdenkt, um so befremdlicher bleibt es, mit welcher Rüstigkeit sich Schopenhauer gegen sie verteidigte und wie gesund und gerade er aus dem Kampfe herauskam. Zwar auch mit vielen Narben und offnen Wunden; und in einer Stimmung, die vielleicht etwas zu herbe, mitunter auch allzu kriegerisch erscheint. Auch über dem größten Menschen erhebt sich sein eignes Ideal. Daß Schopenhauer ein Vorbild sein kann, das steht trotz aller jener Narben und Flecken fest. Ja man möchte sagen: das, was an seinem Wesen unvollkommen und allzu menschlich war, führt uns gerade im menschlichsten Sinne in seine Nähe, denn wir sehen ihn als Leidenden und Leidensgenossen und nicht nur in der ablehnenden Hoheit des Genius.

Jene drei Gefahren der Konstitution, die Schopenhauer bedrohten, bedrohen uns alle. Ein jeder trägt eine produktive Einzigkeit in sich, als den Kern seines Wesens; und wenn er sich dieser Einzigkeit bewußt wird, erscheint um ihn ein fremdartiger Glanz, der des Ungewöhnlichen. Dies ist den meisten etwas Unerträgliches: weil sie, wie gesagt, faul sind und weil an jener Einzigkeit eine Kette von Mühen und Lasten hängt. Es ist kein Zweifel, daß für den Ungewöhnlichen, der sich mit dieser Kette beschwert, das Leben fast alles, was man von ihm in der Jugend ersehnt, Heiterkeit, Sicherheit, Leichtigkeit, Ehre, einbüßt; das Los der Vereinsamung ist das Geschenk, welches ihm die Mitmenschen machen; die Wüste und die Höhle ist sofort da, er mag leben, wo er will. Nun sehe er zu, daß er sich nicht unterjochen lasse, daß er nicht gedrückt und melancholisch werde. Und deshalb mag er sich mit den Bildern guter und tapferer Kämpfer umstellen, wie Schopenhauer selbst einer war. Aber auch die zweite Gefahr, die Schopenhauern bedrohte, ist nicht ganz selten. Hier und da ist einer von Natur mit Scharfblick ausgerüstet, seine Gedanken gehen gern den dialektischen Doppelgang; wie leicht ist es, wenn er seiner Begabung unvorsichtig die Zügel schießen läßt, daß er als Mensch zugrunde geht und fast nur noch in der »reinen Wissenschaft« ein Gespensterleben führt: oder daß er, gewohnt daran, das Für und Wider in den Dingen aufzusuchen, an der Wahrheit überhaupt irre wird und so ohne Mut und Zutrauen leben muß, verneinend, zweifelnd, annagend, unzufrieden, in halber Hoffnung, in erwarteter Enttäuschung: »es möchte kein Hund so länger leben!« Die dritte Gefahr ist die Verhärtung, im Sittlichen oder im Intellektuellen; der Mensch zerreißt das Band, welches ihn mit seinem Ideal verknüpfte; er hört auf, auf diesem oder jenem Gebiete fruchtbar zu sein, sich fortzupflanzen, er wird im Sinne der Kultur schwächlich oder unnütz. Die Einzigkeit seines Wesens ist zum unteilbaren, unmittelbaren Atom geworden, zum erkalteten Gestein. Und so kann einer an dieser Einzigkeit ebenso wie an der Furcht vor dieser Einzigkeit verderben, an sich selbst und im Aufgeben seiner selbst, an der Sehnsucht und an der Verhärtung: und Leben überhaupt heißt in Gefahr sein.

Außer diesen Gefahren seiner ganzen Konstitution, welchen Schopenhauer ausgesetzt gewesen wäre, er hätte nun in diesem oder jenem Jahrhundert gelebt – gibt es nun noch Gefahren, die aus seiner *Zeit* an ihn herankamen; und diese Unterscheidung zwischen Konstitutionsgefahren und Zeitgefahren ist wesentlich, um das Vorbildliche und Erzieherische in Schopenhauers Natur zu begreifen. Denken wir uns das Auge des Philosophen auf dem Dasein ruhend: er will dessen Wert neu festsetzen. Denn das ist die eigentümliche Arbeit aller großen Denker gewesen, Gesetzgeber für Maß, Münze und Gewicht der Dinge zu sein. Wie muß es ihm hinderlich werden, wenn die Menschheit, die er zunächst sieht, gerade eine schwächliche und von Würmern zerfressene Frucht ist! Wie viel muß er, um gerecht gegen das Dasein überhaupt zu sein, zu dem Unwerte der gegenwärtigen Zeit hinzuaddieren! Wenn die Beschäftigung mit Geschichte vergangner oder fremder Völker wertvoll ist, so ist sie es am meisten für den Philosophen, der ein gerechtes Urteil über das gesamte Menschenlos abgeben will, nicht also nur über das durchschnittliche, sondern vor allem auch über das höchste Los, das einzelnen Menschen oder ganzen Völkern zufallen kann. Nun aber ist alles Gegenwärtige zudringlich; es wirkt und bestimmt das Auge, auch wenn der Philosoph es nicht will; und unwillkürlich wird es in der Gesamtabrechnung zu hoch taxiert sein. Deshalb muß der Philosoph seine Zeit in ihrem Unterschiede gegen andre wohl abschätzen und, indem er für sich die Gegenwart überwindet, auch in seinem Bilde, das er vom Leben gibt, die Gegenwart überwinden, nämlich unbemerkbar machen und gleichsam übermalen. Dies ist eine schwere, ja kaum lösbare Aufgabe. Das Urteil der alten griechischen Philosophen über den Wert des Daseins besagt so viel mehr als ein modernes Urteil, weil sie das Leben selbst in einer üppigen Vollendung vor sich und um sich hatten und weil bei ihnen nicht wie bei uns das Gefühl des Denkers sich verwirrt in dem Zwiespalte des Wunsches nach Freiheit, Schönheit, Größe des Lebens und des Triebes nach Wahrheit, die nur frägt: was ist das Dasein überhaupt wert? Es bleibt für alle Zeiten wichtig zu wissen, was Empedokles, inmitten der kräftigsten und überschwänglichsten Lebenslust der griechischen Kultur, über das Dasein ausgesagt hat; sein Urteil wiegt sehr schwer, zumal ihm durch kein einziges Gegenurteil irgendeines andern großen Philosophen aus derselben großen Zeit widersprochen wird. Er spricht nur am deutlichsten, aber im Grunde – nämlich, wenn man seine Ohren etwas aufmacht, sagen sie alle dasselbe. Ein moderner Denker wird, wie gesagt, immer an einem unerfüllten Wunsche leiden: er wird verlangen, daß man ihm erst wieder Leben, wahres, rotes, gesundes Leben zeige, damit er dann darüber seinen Richterspruch fälle. Wenigstens für sich selbst wird er es für nötig halten, ein lebendiger Mensch zu sein, bevor er glauben darf, ein gerechter Richter sein zu können. Hier ist der Grund, weshalb gerade die neueren Philosophen zu den mächtigsten Förderern des Lebens, des Willens zum Leben gehören, und weshalb sie sich aus ihrer ermatteten eignen Zeit nach einer Kultur, nach einer verklärten Physis sehnen. Diese Sehnsucht ist aber auch ihre *Gefahr*: in ihnen kämpft der Reformator des Lebens und der Philosoph, das heißt: der Richter des Lebens. Wohin sich auch der Sieg neige, es ist ein Sieg, der einen Verlust in sich schließen wird. Und wie entging nun Schopenhauer auch dieser Gefahr?

Wenn jeder große Mensch auch am liebsten gerade als das echte Kind seiner Zeit angesehn wird und jedenfalls an allen ihren Gebresten stärker und empfindlicher leidet als alle kleineren Menschen, so ist der Kampf eines solchen Großen *gegen* seine Zeit scheinbar nur ein unsinniger und zerstörender Kampf gegen sich selbst. Aber eben nur scheinbar; denn in ihr bekämpft er das, was ihn hindert, groß zu sein, das bedeutet bei ihm nur: frei und ganz er selbst zu sein. Daraus folgt, daß seine Feindschaft im Grunde gerade gegen das gerichtet ist, was zwar an ihm selbst, was aber nicht eigentlich er selbst ist, nämlich gegen das unreine Durch- und Nebeneinander von Unmischbarem und ewig Unvereinbarem, gegen die falsche Anlötung des Zeitgemäßen an sein Unzeitgemäßes; und endlich erweist sich das angebliche Kind der Zeit nur als Stiefkind derselben. So strebte Schopenhauer schon von früher Jugend an, jener falschen, eitlen und unwürdigen Mutter, der Zeit, entgegen, und indem er sie gleichsam aus sich auswies, reinigte und heilte er sein Wesen und fand sich selbst in seiner ihm zugehörigen Gesundheit und Reinheit wieder. Deshalb sind die Schriften Schopenhauers als Spiegel der Zeit zu benutzen; und gewiß liegt es nicht an einem Fehler des Spiegels, wenn in ihm alles Zeitgemäße nur wie eine entstellende Krankheit sichtbar wird, als Magerkeit und Blässe, als hohles Auge und erschlaffte Mienen, als die erkennbaren Leiden jener Stiefkindschaft. Die Sehnsucht nach starker Natur, nach gesunder und einfacher Menschheit, war bei ihm eine Sehnsucht nach sich selbst; und sobald er die Zeit in sich besiegt hatte, mußte er auch mit erstauntem Auge den Genius in sich erblicken. Das Geheimnis seines Wesens war ihm jetzt enthüllt, die Absicht jener Stiefmutter Zeit, ihm diesen Genius zu verbergen, vereitelt, das Reich der verklärten Physis war entdeckt. Wenn er jetzt nun sein furchtloses Auge der Frage zuwandte: »was ist das Leben überhaupt wert?« – so hatte er nicht mehr eine verworrene und abgeblaßte Zeit und deren heuchlerisch unklares Leben zu verurteilen. Er wußte es wohl, daß noch Höheres und Reineres auf dieser Erde zu finden und zu erreichen sei als solch ein zeitgemäßes Leben, und daß jeder dem Dasein bitter Unrecht tue, der es nur nach dieser häßlichen Gestalt kenne und abschätze. Nein, der Genius selbst wird jetzt aufgerufen, um zu hören, ob dieser, die höchste Frucht des Lebens, vielleicht das Leben überhaupt rechtfertigen könne; der herrliche schöpferische Mensch soll auf die Frage antworten: »bejahst denn du im tiefsten Herzen dieses Dasein? Genügt es dir? Willst du sein Fürsprecher, sein Erlöser sein? Denn nur ein einziges wahrhaftiges Ja! aus deinem Munde – und das so schwer verklagte Leben soll frei sein.« – Was wird er antworten? – Die Antwort des Empedokles.

4

Mag dieser letzte Wink auch einstweilen unverstanden bleiben: mir kommt es jetzt auf etwas sehr Verständliches an, nämlich zu erklären, wie wir alle durch Schopenhauer uns *gegen* unsre Zeit erziehen *können* – weil wir den Vorteil haben, durch ihn diese Zeit wirklich zu *kennen*. Wenn es nämlich ein Vorteil ist! Jedenfalls möchte es ein paar Jahrhunderte später gar nicht mehr möglich sein. Ich ergötze mich an der Vorstellung, daß die Menschen bald einmal das Lesen satt bekommen werden und die

Schriftsteller dazu, daß der Gelehrte eines Tages sich besinnt, sein Testament macht und verordnet, sein Leichnam solle inmitten seiner Bücher, zumal seiner eignen Schriften, verbrannt werden. Und wenn die Wälder immer spärlicher werden sollten, möchte es nicht irgendwann einmal an der Zeit sein, die Bibliotheken als Holz, Stroh und Gestrüpp zu behandeln? Sind doch die meisten Bücher aus Rauch und Dampf der Köpfe geboren: so sollen sie auch wieder zu Rauch und Dampf werden. Und hatten sie kein Feuer in sich, so soll das Feuer sie dafür bestrafen. Es wäre also möglich, daß einem späteren Jahrhundert vielleicht gerade unser Zeitalter als *saeculum obscurum* gälte; weil man mit seinen Produkten am eifrigsten und längsten die Öfen geheizt hätte. Wie glücklich sind wir demnach, daß wir diese Zeit noch kennenlernen können. Hat es nämlich überhaupt einen Sinn, sich mit seiner Zeit zu beschäftigen, so ist es jedenfalls ein Glück, sich so gründlich wie möglich mit ihr zu beschäftigen, so daß einem über sie gar kein Zweifel übrig bleibt: und gerade dies gewährt uns Schopenhauer. –

Freilich, hundertmal größer wäre das Glück, wenn bei dieser Untersuchung herauskäme, daß etwas so Stolzes und Hoffnungsreiches wie dies Zeitalter noch gar nicht dagewesen sei. Nun gibt es auch augenblicklich naive Leute in irgendeinem Winkel der Erde, etwa in Deutschland, welche sich anschicken, so etwas zu glauben, ja die alles Ernstes davon sprechen, daß seit ein paar Jahren die Welt korrigiert sei, und daß derjenige, welcher vielleicht über das Dasein seine schweren und finstern Bedenken habe, durch die »Tatsachen« widerlegt sei. Denn so stehe es: die Gründung des neuen deutschen Reiches sei der entscheidende und vernichtende Schlag gegen alles »pessimistische« Philosophieren – davon lasse sich nichts abdingen. – Wer nun gerade die Frage beantworten will, was der Philosoph als Erzieher in unserer Zeit zu bedeuten habe, der muß auf jene sehr verbreitete und zumal an Universitäten sehr gepflegte Ansicht antworten, und zwar so: es ist eine Schande und Schmach, daß eine so ekelhafte, zeitgötzendienerische Schmeichelei von sogenannten denkenden und ehrenwerten Menschen aus- und nachgesprochen werden kann – ein Beweis dafür, daß man gar nicht mehr ahnt, wie weit der Ernst der Philosophie von dem Ernst einer Zeitung entfernt ist. Solche Menschen haben den letzten Rest nicht nur einer philosophischen, sondern auch einer religiösen Gesinnung eingebüßt und statt alledem nicht etwa den Optimismus, sondern den Journalismus eingehandelt, den Geist und Ungeist des Tages und der Tageblätter. Jede Philosophie, welche durch ein politisches Ereignis das Problem des Daseins verrückt oder gar gelöst glaubt, ist eine Spaß- und Afterphilosophie. Es sind schon öfter, seit die Welt steht, Staaten gegründet worden; das ist ein altes Stück. Wie sollte eine politische Neuerung ausreichen, um die Menschen ein für allemal zu vergnügten Erdenbewohnern zu machen? Glaubt aber jemand recht von Herzen, daß dies möglich sei, so soll er sich nur melden; denn er verdient wahrhaftig, Professor der Philosophie an einer deutschen Universität, gleich Harms in Berlin, Jürgen Meyer in Bonn und Carrière in München zu werden.

Hier erleben wir aber die Folgen jener neuerdings von allen Dächern gepredigten Lehre, daß der Staat das höchste Ziel der Menschheit sei und daß es für einen Mann keine höheren Pflichten gebe, als dem Staat zu dienen: worin ich nicht einen Rückfall ins Heidentum, sondern in die Dummheit erkenne. Es mag sein, daß ein solcher Mann, der im Staatsdienste seine höchste Pflicht sieht, wirklich auch keine höheren Pflichten kennt; aber deshalb gibt es jenseits doch noch Männer und Pflichten – und eine dieser Pflichten, die mir wenigstens höher gilt als der Staatsdienst, fordert auf, die Dummheit in jeder Gestalt zu zerstören, also auch diese Dummheit. Deshalb beschäftige ich mich hier mit einer Art von Männern, deren Teleologie etwas über das Wohl eines Staates hinausweist, mit den Philosophen, und auch mit diesen nur hinsichtlich einer Welt, die wiederum von dem Staatswohle ziemlich unabhängig ist, der Kultur. Von den vielen Ringen, welche, durcheinander gesteckt, das menschliche Gemeinwesen ausmachen, sind einige von Gold und andere von Tombak.

Wie sieht nun der Philosoph die Kultur in unserer Zeit an? Sehr anders freilich als jene in ihrem Staat vergnügten Philosophieprofessoren. Fast ist es ihm, als ob er die Symptome einer völligen Ausrottung und Entwurzelung der Kultur wahrnähme, wenn er an die allgemeine Hast und zunehmende Fallgeschwindigkeit, an das Aufhören aller Beschaulichkeit und Simplizität denkt. Die Gewässer der Religion fluten ab und lassen Sümpfe oder Weiher zurück; die Nationen trennen sich wieder auf das Feindseligste und begehren sich zu zerfleischen. Die Wissenschaften, ohne jedes Maß und im blindesten *laisser faire* betrieben, zersplittern und lösen alles Festgeglaubte auf; die gebildeten Stände und Staaten werden von einer großartig verächtlichen Geldwirtschaft fortgerissen. Niemals war die Welt mehr Welt, nie ärmer an Liebe und Güte. Die gelehrten Stände sind nicht mehr Leuchttürme oder Asyle, inmitten aller dieser Unruhe der Verweltlichung; sie selbst werden täglich unruhiger, gedanken- und liebeloser. Alles dient der kommenden Barbarei, die jetzige Kunst und Wissenschaft mit einbegriffen. Der Gebildete ist zum größten Feinde der Bildung abgeartet, denn er will die allgemeine Krankheit weglügen und ist den Ärzten hinderlich. Sie werden erbittert, diese abkräftigen armen Schelme, wenn man von ihrer Schwäche spricht und ihrem schädlichen Lügengeiste widerstrebt. Sie möchten gar zu gerne glauben machen, daß sie allen Jahrhunderten den Preis abgelaufen hätten, und sie bewegen sich mit künstlicher Lustigkeit. Ihre Art, Glück zu heucheln, hat mitunter etwas Ergreifendes, weil ihr Glück so ganz unbegreiflich ist. Man möchte sie nicht einmal fragen, wie Tannhäuser den Biterolf fragt: »was hast du Ärmster denn genossen?« Denn ach, wir wissen es ja selber besser und anders. Es liegt ein Wintertag auf uns, und am hohen Gebirge wohnen wir, gefährlich und in Dürftigkeit. Kurz ist jede Freude und bleich jeder Sonnenglanz, der an den weißen Bergen zu uns herabschleicht. Da ertönt Musik, ein alter Mann dreht einen Leierkasten, die Tänzer drehen sich – es erschüttert den Wanderer, dies zu sehen: so wild, so verschlossen, so farblos, so hoffnungslos ist alles, und jetzt darin ein Ton der Freude, der gedankenlosen lauten Freude! Aber schon schleichen die Nebel des frühen Abends, der Ton verklingt, der Schritt des Wanderers knirscht; soweit er noch sehen kann, sieht er nichts als das öde und grausame Antlitz der Natur.

Wenn es aber einseitig sein sollte, nur die Schwäche der Linien und die Stumpfheit der Farben am Bilde des modernen Lebens hervorzuheben, so ist jedenfalls die zweite Seite um nichts erfreulicher, sondern nur um so beunruhigender. Es sind gewiß Kräfte da, ungeheure Kräfte, aber wilde, ursprüngliche und ganz und gar unbarmherzige. Man sieht mit banger Erwartung auf sie hin wie in den Braukessel einer Hexenküche: es kann jeden Augenblick zucken und blitzen, schreckliche Erscheinungen anzukündigen. Seit einem Jahrhundert sind wir auf lauter fundamentale Erschütterungen vorbereitet; und wenn neuerdings versucht wird, diesem tiefsten modernen Hange, einzustürzen oder zu explodieren, die konstitutive Kraft des sogenannten nationalen Staates entgegenzustellen, so ist doch für lange Zeiten hinaus auch er nur eine Vermehrung der allgemeinen Unsicherheit und Bedrohlichkeit. Daß die einzelnen sich so gebärden, als ob sie von allen diesen Besorgnissen nichts wüßten, macht uns nicht irre: ihre Unruhe zeigt es, wie gut sie davon wissen; sie denken mit einer Hast und Ausschließlichkeit an sich, wie noch nie Menschen an sich gedacht haben, sie bauen und pflanzen für ihren Tag, und die Jagd nach Glück wird nie größer sein, als wenn es zwischen heute und morgen erhascht werden muß: weil übermorgen vielleicht überhaupt alle Jagdzeit zu Ende ist. Wir leben die Periode der Atome, des atomistischen Chaos. Die feindseligen Kräfte wurden im Mittelalter durch die Kirche ungefähr zusammengehalten und durch den starken Druck, welchen sie ausübte, einigermaßen einander assimiliert. Als das Band zerreißt, der Druck nachläßt, empört sich eines wider das andere. Die Reformation erklärt viele Dinge für *adiaphora*, für Gebiete, die nicht von dem religiösen Gedanken bestimmt werden sollten; dies war der Kaufpreis, um welchen sie selbst leben durfte: wie schon das Christentum, gegen das viel religiösere Altertum gehalten, um einen ähnlichen Preis seine Existenz behauptete. Von da an griff die Scheidung immer weiter um sich. Jetzt wird fast alles auf Erden nur noch durch die gröbsten und bösesten Kräfte bestimmt, durch den Egoismus der Erwerbenden und die militärischen Gewaltherrscher. Der Staat, in den Händen dieser letzteren, macht wohl, ebenso wie der Egoismus der Erwerbenden, den Versuch, alles aus sich heraus neu zu organisieren und Band und Druck für alle jene feindseligen Kräfte zu sein: das heißt er wünscht, daß die Menschen mit ihm denselben Götzendienst treiben möchten, den sie mit der Kirche getrieben haben. Mit welchem Erfolge? Wir werden es noch erleben; jedenfalls befinden wir uns auch jetzt noch im eistreibenden Strome des Mittelalters; er ist aufgetaut und in gewaltige verheerende Bewegung geraten. Scholle türmt sich auf Scholle, alle Ufer sind überschwemmt und gefährdet. Die Revolution ist gar nicht zu vermeiden, und zwar die atomistische: welches sind aber die kleinsten unteilbaren Grundstoffe der menschlichen Gesellschaft?

Es ist kein Zweifel, daß beim Herannahen solcher Perioden das Menschliche fast noch mehr in Gefahr ist als während des

Einsturzes und des chaotischen Wirbels selbst, und daß die angstvolle Erwartung und die gierige Ausbeutung der Minute alle Feigheiten und selbstsüchtigen Triebe der Seele hervorlockt: während die wirkliche Not und besonders die Allgemeinheit einer großen Not die Menschen zu bessern und zu erwärmen pflegt. Wer wird nun, bei solchen Gefahren unserer Periode, der *Menschlichkeit,* dem unantastbaren heiligen Tempelschatze, welchen die verschiedensten Geschlechter allmählich angesammelt haben, seine Wächter- und Ritterdienste widmen? Wer wird das *Bild des Menschen* aufrichten, während alle nur den selbstsüchtigen Wurm und die hündische Angst in sich fühlen und dergestalt von jenem Bilde abgefallen sind, hinab ins Tierische oder gar in das Starr-Mechanische?

Es gibt drei Bilder des Menschen, welche unsre neuere Zeit hintereinander aufgestellt hat und aus deren Anblick die Sterblichen wohl noch für lange den Antrieb zu einer Verklärung ihres eignen Lebens nehmen werden: das ist der Mensch Rousseaus, der Mensch Goethes und endlich der Mensch Schopenhauers. Von diesen hat das erste Bild das größte Feuer und ist der populärsten Wirkung gewiß; das zweite ist nur für Wenige gemacht, nämlich für die, welche beschauliche Naturen im großen Stile sind, und wird von der Menge mißverstanden. Das dritte fordert die tätigsten Menschen als seine Betrachter: nur diese werden es ohne Schaden ansehen; denn die Beschaulichen erschlafft es und die Menge schreckt es ab. Von dem ersten ist eine Kraft ausgegangen, welche zu ungestümen Revolutionen drängte und noch drängt; denn bei allen sozialistischen Erzitterungen und Erdbeben ist es immer noch der Mensch Rousseaus, welcher sich, wie der alte Typhon unter dem Ätna, bewegt. Gedrückt und halb zerquetscht durch hochmütige Kasten, erbarmungslosen Reichtum, durch Priester und schlechte Erziehung verderbt und vor sich selbst durch lächerliche Sitten beschämt, ruft der Mensch in seiner Not die »heilige Natur« an und fühlt plötzlich, daß sie von ihm so fern ist wie irgendein epikurischer Gott. Seine Gebete erreichen sie nicht: so tief ist er in das Chaos der Unnatur versunken. Er wirft höhnisch all den bunten Schmuck von sich, welcher ihm kurz vorher gerade sein Menschlichstes schien, seine Künste und Wissenschaften, die Vorzüge seines verfeinerten Lebens, er schlägt mit der Faust wider die Mauern, in deren Dämmerung er so entartet ist, und schreit nach Licht, Sonne, Wald und Fels. Und wenn er ruft: »nur die Natur ist gut, nur der natürliche Mensch ist menschlich«, so verachtet er sich und sehnt sich über sich selbst hinaus: eine Stimmung, in welcher die Seele zu furchtbaren Entschlüssen bereit ist, aber auch das Edelste und Seltenste aus ihren Tiefen heraufruft.

Der Mensch Goethes ist keine so bedrohliche Macht, ja in einem gewissen Verstande sogar das Korrektiv und Quietiv gerade jener gefährlichen Aufregungen, denen der Mensch Rousseaus preisgegeben ist. Goethe selbst hat in seiner Jugend mit seinem ganzen liebereichen Herzen an dem Evangelium von der guten Natur gehangen; sein Faust war das höchste und kühnste Abbild vom Menschen Rousseaus, wenigstens soweit dessen Heißhunger nach Leben, dessen Unzufriedenheit und Sehnsucht, dessen Umgang mit den Dämonen des Herzens darzustellen war. Nun sehe man aber darauf hin, was aus alle diesem angesammelten Gewölk entsteht – gewiß kein Blitz! Und hier offenbart sich eben das neue Bild des Menschen, des Goetheschen Menschen. Man sollte denken, daß Faust durch das überall bedrängte Leben als unersättlicher Empörer und Befreier geführt werde, als die verneinende Kraft aus Güte, als der eigentliche gleichsam religiöse und dämonische Genius des Umsturzes, zum Gegensatze seines durchaus undämonischen Begleiters, ob er schon diesen Begleiter nicht loswerden und seine skeptische Bosheit und Verneinung zugleich benutzen und verachten müßte – wie es das tragische Los jedes Empörers und Befreiers ist. Aber man irrt sich, wenn man etwas Derartiges erwartet; der Mensch Goethes weicht hier dem Menschen Rousseaus aus; denn er haßt jedes Gewaltsame, jeden Sprung – das heißt aber: jede Tat; und so wird aus dem Weltbefreier Faust gleichsam nur ein Weltreisender. Alle Reiche des Lebens und der Natur, alle Vergangenheiten, Künste, Mythologien, alle Wissenschaften sehen den unersättlichen Beschauer an sich vorüberfliegen, das tiefste Begehren wird aufgeregt und beschwichtigt, selbst Helena hält ihn nicht länger – und nun muß der Augenblick kommen, auf den sein höhnischer Begleiter lauert. An einer beliebigen Stelle der Erde endet der Flug, die Schwingen fallen herab, Mephistopheles ist bei der Hand. Wenn der Deutsche aufhört, Faust zu sein, ist keine Gefahr größer als die, daß er ein Philister werde und dem Teufel verfalle – nur himmlische Mächte können ihn hiervon erlösen. Der Mensch Goethes ist, wie ich sagte, der beschauliche Mensch im hohen Stile, der nur dadurch auf der Erde nicht verschmachtet, daß er alles Große und Denkwürdige, was je da war und noch ist, zu seiner Ernährung zusammenbringt und so lebt, ob es auch nur ein Leben von Begierde zu Begierde ist; er ist nicht der tätige Mensch: vielmehr, wenn er an irgendeiner Stelle sich in die bestehenden Ordnungen der Tätigen einfügt, so kann man sicher sein, daß nichts Rechtes dabei herauskommt – wie etwa bei allem Eifer, welchen Goethe selbst für das Theater zeigte – vor allem daß keine »Ordnung« umgeworfen wird. Der Goethesche Mensch ist eine erhaltende und verträgliche Kraft – aber unter der Gefahr, wie gesagt, daß er zum Philister entarten kann, wie der Mensch Rousseaus leicht zum Katilinarier werden kann. Ein wenig mehr Muskelkraft und natürliche Wildheit bei jenem, und alle seine Tugenden würden größer sein. Es scheint, daß Goethe wußte, worin die Gefahr und Schwäche seines Menschen liege, und er deutet es mit den Worten Jarnos an Wilhelm Meister an: »Sie sind verdrießlich und bitter, das ist schön und gut; wenn Sie nur einmal recht böse werden, so wird es noch besser sein.«

Also, unverhohlen gesprochen: es ist nötig, daß wir einmal recht böse werden, damit es besser wird. Und hierzu soll uns das Bild des Schopenhauerschen Menschen ermutigen. *Der Schopenhauersche Mensch nimmt das freiwillige Leiden der Wahrhaftigkeit auf sich*, und dieses Leiden dient ihm, seinen Eigenwillen zu ertöten und jene völlige Umwälzung und Umkehrung seines Wesens vorzubereiten, zu der zu führen der eigentliche Sinn des Lebens ist. Dieses Heraussagen des Wahren erscheint den andern Menschen als Ausfluß der Bosheit, denn sie halten die Konservierung ihrer Halbheiten und Flausen für eine Pflicht der Menschlichkeit und meinen, man müsse böse sein, um ihnen also ihr Spielwerk zu zerstören. Sie sind versucht, einem solchen zuzurufen, was Faust dem Mephistopheles sagt: »so setzest du der ewig regen, der heilsam schaffenden Gewalt die kalte Teufelsfaust entgegen«, und der, welcher Schopenhauerisch leben wollte, würde wahrscheinlich einem Mephistopheles ähnlicher sehen als einem Faust – für die schwachsichtigen modernen Augen nämlich, welche im Verneinen immer das Abzeichen des Bösen erblicken. Aber es gibt eine Art zu verneinen und zu zerstören, welche gerade der Ausfluß jener mächtigen Sehnsucht nach Heilung und Errettung ist, als deren erster philosophischer Lehrer Schopenhauer unter uns entheiligte und recht eigentlich verweltlichte Menschen trat. Alles Dasein, welches verneint werden kann, verdient es auch verneint zu werden; und wahrhaftig sein heißt: an ein Dasein glauben, welches überhaupt nicht verneint werden könnte und welches selbst wahr und ohne Lüge ist. Deshalb empfindet der Wahrhaftige den Sinn seiner Tätigkeit als einen metaphysischen, aus Gesetzen eines andern und höhern Lebens erklärbaren und im tiefsten Verstande bejahenden: so sehr auch alles, was er tut, als ein Zerstören und Zerbrechen der Gesetze dieses Lebens erscheint. Dabei muß sein Tun zu einem andauernden Leiden werden; aber er weiß, was auch Meister Eckhard weiß: »das schnellste Tier, das euch trägt zur Vollkommenheit, ist Leiden.« Ich sollte denken, es müßte jedem, der sich eine solche Lebensrichtung vor die Seele stellt, das Herz weit werden und in ihm ein heißes Verlangen entstehen, ein solcher Schopenhauerscher Mensch zu sein: also für sich und sein persönliches Wohl rein und von wundersamer Gelassenheit, in seinem Erkennen voll starken verzehrenden Feuers und weit entfernt von der kalten und verächtlichen Neutralität des sogenannten wissenschaftlichen Menschen, hoch emporgehoben über griesgrämige und verdrießliche Betrachtung, sich selbst immer als erstes Opfer der erkannten Wahrheit preisgebend, und im Tiefsten von dem Bewußtsein durchdrungen, welche Leiden aus seiner Wahrhaftigkeit entspringen müssen. Gewiß, er vernichtet sein Erdenglück durch seine Tapferkeit, er muß selbst den Menschen, die er liebt, den Institutionen, aus deren Schoße er hervorgegangen ist, feindlich sein, er darf weder Menschen noch Dinge schonen, ob er gleich an ihrer Verletzung mitleidet, er wird verkannt werden und lange als Bundesgenosse von Mächten gelten, die er verabscheut, er wird, bei dem menschlichen Maße seiner Einsicht, ungerecht sein müssen, bei allem Streben nach Gerechtigkeit: aber er darf sich mit den Worten zureden und trösten, welche Schopenhauer, sein großer Erzieher, einmal gebraucht: »Ein glückliches Leben ist unmöglich: das Höchste, was der Mensch erlangen kann, ist ein *heroischer Lebenslauf*. Einen solchen führt der, welcher, in irgendeiner Art und Angelegenheit, für das allen irgendwie zugute Kommende mit übergroßen Schwierigkeiten kämpft und am Ende siegt, dabei aber schlecht oder gar nicht belohnt wird. Dann bleibt er am Schluß, wie der

Prinz im *Re corvo* des Gozzi, versteinert, aber in edler Stellung
und mit großmütiger Gebärde stehn. Sein Andenken bleibt und
wird als das eines Heros gefeiert; sein Wille, durch Mühe und
Arbeit, schlechten Erfolg und Undank der Welt ein ganzes Leben hindurch mortifiziert, erlischt in der Nirwana.« Ein solcher heroischer Lebenslauf, samt der in ihm vollbrachten Morti-
fikation, entspricht freilich am wenigsten dem dürftigen Begriff derer, welche darüber die meisten Worte machen, Feste zum
Andenken großer Menschen feiern und vermeinen, der große
Mensch sei eben groß, wie sie klein, durch ein Geschenk gleichsam und sich zum Vergnügen oder durch einen Mechanismus
und im blinden Gehorsam gegen diesen innern Zwang: so daß
der, welcher das Geschenk nicht bekommen habe oder den
Zwang nicht fühle, dasselbe Recht habe, klein zu sein, wie jener groß. Aber beschenkt oder bezwungen werden – das sind
verächtliche Worte, mit denen man einer inneren Mahnung
entfliehen will, Schmähungen für jeden, welcher auf diese Mahnung gehört hat, also für den großen Menschen; gerade er läßt
sich von allen am wenigsten beschenken oder zwingen – er
weiß so gut als jeder kleine Mensch, wie man das Leben leicht
nehmen kann und wie weich das Bett ist, in welches er sich strek-
ken möchte, wenn er mit sich und seinen Mitmenschen artig
und gewöhnlich umginge: sind doch alle Ordnungen des Menschen darauf eingerichtet, daß das Leben in einer fortgesetzten
Zerstreuung der Gedanken nicht *gespürt* werde. Warum will er
so stark das Gegenteil, nämlich gerade das Leben spüren, das
heißt am Leben leiden? Weil er merkt, daß man ihn um sich
selbst betrügen will und daß eine Art von Übereinkunft besteht, ihn aus seiner eignen Höhle wegzustehlen. Da sträubt er
sich, spitzt die Ohren und beschließt »ich will mein bleiben!« Es
ist ein schrecklicher Beschluß; erst allmählich begreift er dies.
Denn nun muß er in die Tiefe des Daseins hinabtauchen, mit einer Reihe von ungewöhnlichen Fragen auf der Lippe: warum
lebe ich? welche Lektion soll ich vom Leben lernen? wie bin ich
so geworden, wie ich bin, und weshalb leide ich denn an diesem
So-sein? Er quält sich: und sieht, wie sich niemand so quält, wie
vielmehr die Hände seiner Mitmenschen nach den phantastischen
Vorgängen leidenschaftlich ausgestreckt sind, welche das politische Theater zeigt, oder wie sie selbst in hundert Masken, als
Jünglinge, Männer, Greise, Väter, Bürger, Priester, Beamte,

Kaufleute einherstolzieren, einzig auf ihre gemeinsame Komödie und gar nicht auf sich selbst bedacht. Sie alle würden die Frage: wozu lebst du? schnell und mit Stolz beantworten – »um ein guter Bürger, oder Gelehrter, oder Staatsmann zu *werden*« – und doch *sind* sie etwas, was nie etwas anderes werden kann, und warum sind sie dies gerade? Ach, und nichts Besseres? Wer sein Leben nur als einen Punkt versteht in der Entwicklung eines Geschlechtes oder eines Staates oder einer Wissenschaft und also ganz und gar in die Geschichte des Werdens, in die Historie hineingehören will, hat die Lektion, welche ihm das Dasein aufgibt, nicht verstanden und muß sie ein andermal lernen. Dieses ewige Werde ist ein lügnerisches Puppenspiel, über welchem der Mensch sich selbst vergißt, die eigentliche Zerstreuung, die das Individuum nach allen Winden auseinanderstreut, das endlose Spiel der Albernheit, welches das große Kind Zeit vor uns und mit uns spielt. Jener Heroismus der Wahrhaftigkeit besteht darin, eines Tages aufzuhören, sein Spielzeug zu sein. Im Werden ist alles hohl, betrügerisch, flach und unserer Verachtung würdig; das Rätsel, welches der Mensch lösen soll, kann er nur aus dem Sein lösen, im So- und nicht Anders-sein, im Unvergänglichen. Jetzt fängt er an zu prüfen, wie tief er mit dem Werden, wie tief mit dem Sein verwachsen ist – eine ungeheure Aufgabe steigt vor seiner Seele auf: alles Werdende zu zerstören, alles Falsche an den Dingen ans Licht zu bringen. Auch er will alles erkennen, aber er will es anders als der Goethesche Mensch, nicht einer edlen Weichlichkeit zuwillen, um sich zu bewahren und an der Vielheit der Dinge zu ergötzen; sondern er selbst ist sich das erste Opfer, das er bringt. Der heroische Mensch verachtet sein Wohl- oder Schlecht-Ergehen, seine Tugenden und Laster und überhaupt das Messen der Dinge an seinem Maße, er hofft von sich nichts mehr und will in allen Dingen bis auf diesen hoffnungslosen Grund sehen. Seine Kraft liegt in seinem Sichselbst-Vergessen; und gedenkt er seiner, so mißt er von seinem hohen Ziele bis zu sich hin, und ihm ist, als ob er einen unansehnlichen Schlackenhügel hinter und unter sich sehe. Die alten Denker suchten mit allen Kräften das Glück und die Wahrheit – und nie soll einer finden, was er suchen muß, lautet der böse Grundsatz der Natur. Wer aber Unwahrheit in allem sucht und dem Unglücke sich freiwillig gesellt, dem wird vielleicht ein anderes Wunder der Enttäuschung bereitet: etwas Unaussprechbares, von dem Glück und Wahrheit nur götzenhafte Nachbilder sind, naht sich ihm, die Erde verliert ihre Schwere, die Ereignisse und Mächte der Erde werden traumhaft, wie an Sommerabenden breitet sich Verklärung um ihn aus. Dem Schauenden ist, als ob er gerade zu wachen anfinge und als ob nur noch die Wolken eines verschwebenden Traumes um ihn her spielten. Auch diese werden einst verweht sein: dann ist es Tag. –

5

Doch ich habe versprochen, Schopenhauer, nach meinen Erfahrungen, als *Erzieher* darzustellen, und somit ist es bei weitem nicht genug, wenn ich, noch dazu mit unvollkommenem Ausdruck, jenen idealen Menschen hinmale, welcher in und um Schopenhauer, gleichsam als seine platonische Idee, waltet. Das Schwerste bleibt noch zurück: zu sagen, wie von diesem Ideale aus ein neuer Kreis von Pflichten zu gewinnen ist und wie man sich mit einem so überschwenglichen Ziele durch eine regelmäßige Tätigkeit in Verbindung setzen kann, kurz, zu beweisen, daß jenes Ideal *erzieht*. Man könnte sonst meinen, es sei nichts als die beglückende, ja berauschende Anschauung, welche uns einzelne Augenblicke gewähren, um uns gleich darauf um so mehr im Stich zu lassen und einer um so tieferen Verdrossenheit zu überantworten. Es ist auch gewiß, daß wir so unsern Verkehr mit diesem Ideale *beginnen*, mit diesen plötzlichen Abständen von Licht und Dunkel, Berauschung und Ekel, und daß hier eine Erfahrung sich wiederholt, welche so alt ist, als es Ideale gibt. Aber wir sollen nicht lange in der Tür stehenbleiben und bald über den Anfang hinauskommen. Und so muß ernst und bestimmt gefragt werden: ist es möglich, jenes unglaublich hohe Ziel so in die Nähe zu rücken, daß es uns erzieht, während es uns aufwärtszieht? – damit nicht an uns das große Wort Goethes in Erfüllung gehe: »Der Mensch ist zu einer beschränkten Lage geboren; einfache, nahe, bestimmte Ziele vermag er einzusehen und er gewöhnt sich, die Mittel zu benutzen, die ihm gleich zur Hand sind; sobald er aber ins Weite kommt, weiß er weder, was er will, noch was er soll, und es ist ganz einerlei, ob er durch die Menge der Gegenstände zerstreut oder ob er durch die Höhe und Würde derselben außer sich gesetzt werde. Es ist immer sein Unglück, wenn er veranlaßt wird, nach etwas zu streben, mit dem er sich durch eine regelmäßige Selbständigkeit nicht verbinden kann.« Gerade gegen jenen Schopenhauerschen Menschen läßt sich dies mit einem guten Scheine von Recht einwenden: seine Würde und Höhe vermag uns nur außer uns zu setzen und setzt uns dadurch wieder aus allen Gemeinschaften der Tätigen heraus; Zusammenhang der Pflichten, Fluß des Lebens ist dahin. Vielleicht gewöhnt sich der eine daran, mißmutig endlich zu scheiden und nach zwiefacher Richtschnur zu leben, das heißt, mit sich im Widerspruche, unsicher hier und dort und deshalb täglich schwächer und unfruchtbarer; während ein andrer sogar grundsätzlich verzichtet, noch mit zu handeln und kaum noch zusieht, wenn andre handeln. Die Gefahren sind immer groß, wenn es dem Menschen zu schwer gemacht wird und wenn er keine Pflichten zu *erfüllen* vermag; die stärkeren Naturen können dadurch zerstört werden, die schwächeren, zahlreicheren versinken in eine beschauliche Faulheit und büßen zuletzt, aus Faulheit, sogar die Beschaulichkeit ein.

Nun will ich, auf solche Einwendungen hin, so viel zugeben, daß unsere Arbeit hier gerade noch kaum begonnen hat, und daß ich, nach eignen Erfahrungen, nur eins bestimmt schon sehe und weiß: daß es möglich ist, eine Kette von erfüllbaren Pflichten, von jenem idealen Bilde aus, dir und mir anzuhängen, und daß einige von uns schon den Druck dieser Kette fühlen. Um aber die Formel, unter der ich jenen neuen Kreis von Pflichten zusammenfassen möchte, ohne Bedenken aussprechen zu können, bedarf ich folgender Vorbetrachtungen.

Die tieferen Menschen haben zu allen Zeiten gerade deshalb Mitleiden mit den Tieren gehabt, weil sie am Leben leiden und doch nicht die Kraft besitzen, den Stachel des Leidens wider sich selbst zu kehren und ihr Dasein metaphysisch zu verstehen; ja es empört im tiefsten Grunde, das sinnlose Leiden zu sehen. Deshalb entstand nicht nur an einer Stelle der Erde die Vermutung, daß die Seelen schuldbeladner Menschen in diese Tierleiber gesteckt seien, und daß jenes auf den nächsten Blick empörende sinnlose Leiden vor der ewigen Gerechtigkeit sich in lauter Sinn und Bedeutung, nämlich als Strafe und Buße auflöst. Wahrhaftig, es ist eine schwere Strafe, dergestalt als Tier unter

Hunger und Begierde zu leben und doch über dies Leben zu gar keiner Besonnenheit zu kommen; und kein schwereres Los ist zu ersinnen als das des Raubtiers, welches von der nagendsten Qual durch die Wüste gejagt wird, selten befriedigt und auch dies nur so, daß die Befriedigung zur Pein wird, im zerfleischenden Kampfe mit anderen Tieren oder durch ekelhafte Gier und Übersättigung. So blind und toll am Leben zu hängen, um keinen höheren Preis, ferne davon zu wissen, daß und warum man so gestraft wird, sondern gerade nach dieser Strafe wie nach einem Glücke mit der Dummheit einer entsetzlichen Begierde zu lechzen – das heißt Tier sein; und wenn die gesamte Natur sich zum Menschen hindrängt, so gibt sie dadurch zu verstehen, daß er zu ihrer Erlösung vom Fluche des Tierlebens nötig ist und daß endlich in ihm das Dasein sich einen Spiegel vorhält, auf dessen Grunde das Leben nicht mehr sinnlos, sondern in seiner metaphysischen Bedeutsamkeit erscheint. Doch überlegt man wohl: wo hört das Tier auf, wo fängt der Mensch an? Jener Mensch, an dem allein der Natur gelegen ist! Solange jemand nach dem Leben wie nach einem Glücke verlangt, hat er den Blick noch nicht über den Horizont des Tieres hinausgehoben, nur daß er mit mehr Bewußtsein will, was das Tier im blinden Drange sucht. Aber so geht es uns allen, den größten Teil des Lebens hindurch: wir kommen für gewöhnlich aus der Tierheit nicht heraus, wir selbst sind die Tiere, die sinnlos zu leiden scheinen.

Aber es gibt Augenblicke, *wo wir dies begreifen:* dann zerreißen die Wolken, und wir sehen, wie wir samt aller Natur uns zum Menschen hindrängen, als zu einem Etwas, das hoch über uns steht. Schaudernd blicken wir, in jener plötzlichen Helle, um uns und rückwärts: da laufen die verfeinerten Raubtiere und wir mitten unter ihnen. Die ungeheure Bewegtheit der Menschen auf der großen Erdwüste, ihr Städte- und Staatengründen, ihr Kriegeführen, ihr rastloses Sammeln und Auseinanderstreuen, ihr Durcheinanderrennen, Voneinanderablernen, ihr gegenseitiges Überlisten und Niedertreten, ihr Geschrei in Not, ihr Lustgeheul im Siege – alles ist Fortsetzung der Tierheit: als ob der Mensch absichtlich zurückgebildet und um seine metaphysische Anlage betrogen werden sollte, ja als ob die Natur, nachdem sie so lange den Menschen ersehnt und erarbeitet hat, nun vor ihm zurückbebte und lieber wieder zurück in die

Unbewußtheit des Triebes wollte. Ach, sie braucht Erkenntnis, und ihr graut vor der Erkenntnis, die ihr eigentlich nottut; und so flackert die Flamme unruhig und gleichsam vor sich selbst erschreckt hin und her und ergreift tausend Dinge zuerst, bevor sie das ergreift, dessentwegen die Natur überhaupt der Erkenntnis bedarf. Wir wissen es alle in einzelnen Augenblicken, wie die weitläufigsten Anstalten unseres Lebens nur gemacht werden, um vor unserer eigentlichen Aufgabe zu fliehen, wie wir gerne irgendwo unser Haupt verstecken möchten, als ob uns dort unser hundertäugiges Gewissen nicht erhaschen könnte, wie wir unser Herz an den Staat, den Geldgewinn, die Geselligkeit oder die Wissenschaft hastig wegschenken, bloß um es nicht mehr zu besitzen, wie wir selbst der schweren Tagesarbeit hitziger und besinnungsloser frönen, als nötig wäre, um zu leben: weil es uns nötiger scheint, nicht zur Besinnung zu kommen. Allgemein ist die Hast, weil jeder auf der Flucht vor sich selbst ist; allgemein auch das scheue Verbergen dieser Hast, weil man zufrieden scheinen will und die scharfsichtigeren Zuschauer über sein Elend täuschen möchte; allgemein das Bedürfnis nach neuen klingenden Wort-Schellen, mit denen behängt das Leben etwas Lärmend-Festliches bekommen soll. Jeder kennt den sonderbaren Zustand, wenn sich plötzlich unangenehme Erinnerungen aufdrängen, und wir dann durch heftige Gebärden und Laute bemüht sind, sie uns aus dem Sinne zu schlagen: aber die Gebärden und Laute des allgemeinen Lebens lassen erraten, daß wir uns alle und immerdar in einem solchen Zustande befinden, in Furcht vor der Erinnerung und Verinnerlichung. Was ist es doch, was uns so häufig anficht, welche Mücke läßt uns nicht schlafen? Es geht geisterhaft um uns zu, jeder Augenblick des Lebens will uns etwas sagen, aber wir wollen diese Geisterstimme nicht hören. Wir fürchten uns, wenn wir allein und stille sind, daß uns etwas in das Ohr geraunt werde, und so hassen wir die Stille und betäuben uns durch Geselligkeit.

Dies alles begreifen wir, wie gesagt, dann und wann einmal und wundern uns sehr über alle die schwindelnde Angst und Hast und über den ganzen traumartigen Zustand unseres Lebens, dem vor dem Erwachen zu grauen scheint und das um so lebhafter und unruhiger träumt, je näher es diesem Erwachen ist. Aber wir fühlen zugleich, wie wir zu schwach sind, jene Augenblicke der tiefsten Einkehr lange zu ertragen und wie nicht wir die Menschen sind, nach denen die gesamte Natur sich zu ihrer Erlösung hindrängt; viel schon, daß wir überhaupt einmal ein wenig mit dem Kopfe heraustauchen und es merken, in welchen Strom wir tief versenkt sind. Und auch dies gelingt uns nicht mit eigner Kraft, dieses Auftauchen und Wachwerden für einen verschwindenden Augenblick, wir müssen gehoben werden – und wer sind die, welche uns heben?

Das sind jene wahrhaften *Menschen, jene Nicht-mehr-Tiere, die Philosophen, Künstler und Heiligen;* bei ihrem Erscheinen und durch ihr Erscheinen macht die Natur, die nie springt, ihren einzigen Sprung, und zwar einen Freudensprung, denn sie fühlt sich zum ersten Male am Ziele, dort nämlich, wo sie begreift, daß sie verlernen müsse, Ziele zu haben, und daß sie das Spiel des Lebens und Werdens zu hoch gespielt habe. Sie verklärt sich bei dieser Erkenntnis, und eine milde Abendmüdigkeit, das, was die Menschen, »die Schönheit« nennen, ruht auf ihrem Gesichte. Was sie jetzt, mit diesen verklärten Mienen, ausspricht, das ist die große *Aufklärung* über das Dasein; und der höchste Wunsch, den Sterbliche wünschen können, ist, andauernd und offnen Ohrs an dieser Aufklärung teilzunehmen. Wenn einer darüber nachdenkt, was zum Beispiel Schopenhauer im Verlaufe seines Lebens alles *gehört* haben muß, so mag er wohl hinterdrein zu sich sagen: »Ach deine tauben Ohren, dein dumpfer Kopf, dein flackernder Verstand, dein verschrumpftes Herz, ach alles, was ich mein nenne, wie verachte ich das! Nicht fliegen zu können, sondern nur flattern! Über sich hinauf zu sehen und nicht hinauf zu können! Den Weg zu kennen und fast zu betreten, der zu jenem unermeßlichen Freiblick des Philosophen führt, und nach wenigen Schritten zurückzutaumeln! Und wenn es nur ein Tag wäre, wo jener größte Wunsch sich erfüllte, wie bereitwillig böte man das übrige Leben zum Entgelt an! So hoch zu steigen, wie je ein Denker stieg, in die reine Alpen- und Eisluft hinein, dorthin wo es kein Vernebeln und Verschleiern mehr gibt, und wo die Grundbeschaffenheit der Dinge sich rauh und starr, aber mit unervermeidlicher Verständlichkeit ausdrückt! Nur daran denkend wird die Seele einsam und unendlich; erfüllte sich aber ihr Wunsch, fiele einmal der Blick steil und leuchtend wie ein Lichtstrahl auf die Dinge nieder, erstürbe die Scham, die Ängstlichkeit und die Begierde – mit welchem Wort wäre ihr Zustand zu benennen, jene neue und rätselhafte Regung ohne Erregtheit, mit der sie dann, gleich Schopenhauers Seele, auf der ungeheuren Bilderschrift des Daseins, auf der steingewordenen Lehre vom Werden ausgebreitet liegenbliebe, nicht als Nacht, sondern als glühendes, rotgefärbtes, die Welt überströmendes Licht. Und welches Los hinwiederum, genug von der eigentümlichen Bestimmung und Seligkeit des Philosophen zu ahnen, um die ganze Unbestimmtheit und Unseligkeit des Nichtphilosophen, des Begehrenden ohne Hoffnung, zu empfinden! Sich als Frucht am Baume zu wissen, die vor zu vielem Schatten nie reif werden kann, und dicht vor sich den Sonnenschein liegen zu sehen, der einem fehlt!«

Es wäre Qual genug, um einen solchermaßen Mißbegabten neidisch und boshaft zu machen, wenn er überhaupt neidisch und boshaft werden könnte; wahrscheinlich wird er aber endlich seine Seele herumwenden, daß sie sich nicht in eitler Sehnsucht verzehre – und jetzt wird er einen neuen Kreis von Pflichten *entdecken*.

Hier bin ich bei der Beantwortung der Frage angelangt, ob es möglich ist, sich mit dem großen Ideale des Schopenhauerschen Menschen durch eine regelmäßige Selbsttätigkeit zu verbinden. Vor allen Dingen steht dies fest: jene neuen Pflichten sind nicht die Pflichten eines Vereinsamten, man gehört vielmehr mit ihnen in eine mächtige Gemeinsamkeit hinein, welche zwar nicht durch äußerliche Formen und Gesetze, aber wohl durch einen Grundgedanken zusammengehalten wird. Es ist dies der Grundgedanke der *Kultur*, insofern diese jedem einzelnen von uns nur eine Aufgabe zu stellen weiß: *die Erzeugung des Philosophen, des Künstlers und des Heiligen in uns und außer uns zu fördern und dadurch an der Vollendung der Natur zu arbeiten*. Denn wie die Natur des Philosophen bedarf, so bedarf sie des Künstlers, zu einem metaphysischen Zwecke, nämlich zu ihrer eigenen Aufklärung über sich selbst, damit ihr endlich einmal als reines und fertiges Gebilde entgegengestellt werde, was sie in der Unruhe ihres Werdens nie deutlich zu sehen bekommt – also zu ihrer Selbsterkenntnis. Goethe war es, der mit einem übermütig tiefsinnigen Worte es merken ließ, wie der Natur alle ihre Versuche nur so viel gelten, damit endlich der Künstler ihr Stammeln errät, ihr auf halbem Wege entgegenkommt und ausspricht, was sie mit ihren Versuchen eigentlich will. »Ich habe es oft gesagt«, ruft er einmal aus, »und werde es noch oft wiederholen, die *causa finalis* der Welt- und Menschenhändel ist die dramatische Dichtkunst. Denn das Zeug ist sonst absolut zu nichts zu brauchen.« Und so bedarf die Natur zuletzt des Heiligen, an dem das Ich ganz zusammengeschmolzen ist und dessen leidendes Leben nicht oder fast nicht mehr individuell empfunden wird, sondern als tiefstes Gleich-, Mit- und Eins-Gefühl in allem Lebendigen: des Heiligen, an dem jenes Wunder der Verwandlung eintritt, auf welches das Spiel des Werdens nie verfällt, jene endliche und höchste Menschwerdung, nach welcher alle Natur hindrängt und -treibt, zu ihrer Erlösung von sich selbst. Es ist kein Zweifel, wir alle sind mit ihm verwandt und verbunden, wie wir mit dem Philosophen und dem Künstler verwandt sind; es gibt Augenblicke und gleichsam Funken des hellsten liebevollsten Feuers, in deren Lichte wir nicht mehr das Wort »ich« verstehen, es liegt jenseits unseres Wesens etwas, das in jenen Augenblicken zu einem Diesseits wird, und deshalb begehren wir aus tiefstem Herzen nach den Brücken zwischen hier und dort. In unserer gewöhnlichen Verfassung können wir freilich nichts zur Erzeugung des erlösenden Menschen beitragen, deshalb *hassen* wir uns in dieser Verfassung, ein Haß, welcher die Wurzel jenes Pessimismus ist, den Schopenhauer unser Zeitalter erst wieder lehren mußte, welcher aber so alt ist als es je Sehnsucht nach Kultur gab. Seine Wurzel, aber nicht seine Blüte, sein unterstes Geschoß gleichsam, aber nicht sein Giebel, der Anfang seiner Bahn, aber nicht sein Ziel: denn irgendwann müssen wir noch lernen, etwas anderes zu hassen und Allgemeineres, nicht mehr unser Individuum und seine elende Begrenztheit, seinen Wechsel und seine Unruhe: in jenem erhöhten Zustande, in dem wir auch etwas anderes lieben werden, als wir jetzt lieben können. Erst wenn wir, in der jetzigen oder einer kommenden Geburt, selbst in jenen erhabensten Orden der Philosophen, der Künstler und der Heiligen aufgenommen sind, wird uns auch ein neues Ziel unserer Liebe und unseres Hasses gesteckt sein – einstweilen haben wir unsre Aufgabe und unsern Kreis von Pflichten, unsern Haß und unsre Liebe. Denn wir wissen, was die Kultur ist. Sie will, um die Nutzanwendung auf den Schopenhauerschen Menschen zu machen, daß wir seine immer neue Erzeugung vorbereiten und fördern, indem wir das ihr Feindselige kennenlernen und aus dem Wege räumen – kurz, daß wir gegen alles unermüdlich ankämpfen, was *uns* um die höchste Erfüllung unsrer Existenz brachte, indem es uns hinderte, solche Schopenhauersche Menschen selber zu werden. –

6

Mitunter ist es schwerer, eine Sache zuzugeben als sie einzusehen; und so gerade mag es den meisten ergehen, wenn sie den Satz überlegen: »die Menschheit soll fortwährend daran arbeiten, einzelne große Menschen zu erzeugen – und dies und nichts anderes sonst ist ihre Aufgabe.« Wie gerne möchte man eine Belehrung auf die Gesellschaft und ihre Zwecke anwenden, welche man aus der Betrachtung einer jeden Art des Tier- und Pflanzenreichs gewinnen kann, daß es bei ihr allein auf das einzelne höhere Exemplar ankommt, auf das ungewöhnlichere, mächtigere, kompliziertere, fruchtbarere – wie gerne, wenn nicht anerzogne Einbildungen über den Zweck der Gesellschaft zähen Widerstand leisteten! Eigentlich ist es leicht zu begreifen, daß dort, wo eine Art an ihre Grenze und an ihren Übergang in eine höhere Art gelangt, das Ziel ihrer Entwicklung liegt, nicht aber in der Masse der Exemplare und deren Wohlbefinden, oder gar in den Exemplaren, welche der Zeit nach die allerletzten sind, vielmehr gerade in den scheinbar zerstreuten und zufälligen Existenzen, welche hier und da einmal unter günstigen Bedingungen zustande kommen; und ebenso leicht sollte doch wohl die Forderung zu begreifen sein, daß die Menschheit, weil sie zum Bewußtsein über ihren Zweck kommen kann, jene günstigen Bedingungen aufzusuchen und herzustellen hat, unter denen jene großen erlösenden Menschen entstehen können. Aber es widerstrebt ich weiß nicht was alles: da soll jener letzte Zweck in dem Glück aller oder der meisten, da soll er in der Entfaltung großer Gemeinwesen gefunden werden; und so schnell sich einer entschließt, sein Leben etwa einem Staate zu opfern, so langsam und bedenklich würde er sich benehmen, wenn nicht ein Staat, sondern ein einzelner dies Opfer forderte. Es scheint eine Ungereimtheit, daß der Mensch eines andern Menschen wegen da sein sollte; »vielmehr aller andern wegen, oder wenigstens möglichst vieler!« O Biedermann, als ob das gereimter wäre, die Zahl entscheiden zu lassen, wo es sich um Wert und Bedeutung handelt! Denn die Frage lautet doch so: wie erhält dein, des einzelnen Leben den höchsten Wert, die tiefste Bedeutung? Wie ist es am wenigsten verschwendet? Gewiß nur dadurch, daß du zum Vorteile der seltensten und wertvollsten Exemplare lebst, nicht aber zum Vorteile der meisten, das heißt der, einzeln genommen, wertlosesten Exemplare. Und gerade diese Gesinnung sollte in einem jungen Menschen gepflanzt und angebaut werden, daß er sich selbst gleichsam als ein mißlungenes Werk der Natur versteht, aber zugleich als ein Zeugnis der größten und wunderbarsten Absichten dieser Künstlerin: es geriet ihr schlecht, soll er sich sagen; aber ich will ihre große Absicht dadurch ehren, daß ich ihr zu Diensten bin, damit es ihr einmal besser gelinge.

Mit diesem Vorhaben stellt er sich in den Kreis der *Kultur*; denn sie ist das Kind der Selbsterkenntnis jedes einzelnen und des Ungenügens an sich. Jeder, der sich zu ihr bekennt, spricht damit aus: »ich sehe etwas Höheres und Menschlicheres über mir, als ich selber bin; helft mir alle, es zu erreichen, wie ich jedem helfen will, der Gleiches erkennt und am gleichen leidet: damit endlich wieder der Mensch entstehe, welcher sich voll und unendlich fühlt im Erkennen und Lieben, im Schauen und Können, und mit aller seiner Ganzheit an und in der Natur hängt, als Richter und Wertmesser der Dinge.« Es ist schwer, jemanden in diesen Zustand einer unverzagten Selbsterkenntnis zu versetzen, weil es unmöglich ist, Liebe zu lehren; denn in der Liebe allein gewinnt die Seele nicht nur den klaren, zerteilenden und verachtenden Blick für sich selbst, sondern auch jene Begierde, über sich hinauszuschauen und nach einem irgendwo noch verborgenen höheren Selbst mit allen Kräften zu suchen. Also nur der, welcher sein Herz an irgendeinen großen Menschen gehängt hat, empfängt damit die *erste Weihe der Kultur*; ihr Zeichen ist Selbstbeschämung ohne Verdrossenheit, Haß gegen die eigne Enge und Verschrumpftheit, Mitleiden mit dem Genius, der aus dieser unsrer Dumpf- und Trockenheit immer wieder sich emporriß, Vorgefühl für alle Werdenden und Kämpfenden und die innerste Überzeugung, fast überall der Natur in ihrer Not zu begegnen, wie sie sich zum Menschen hindrängt, wie sie schmerzlich das Werk wieder mißraten fühlt, wie ihr dennoch überall die wundervollsten Ansätze, Züge und Formen gelingen: so daß die Menschen, mit denen wir leben, einem Trümmerfelde der kostbarsten bildnerischen Entwürfe gleichen, wo alles uns entgegenruft: kommt, helft, vollendet, bringt zusammen, was zusammengehört, wir sehnen uns unermeßlich, ganz zu werden.

Diese Summe von inneren Zuständen nannte ich erste Weihe der Kultur; jetzt aber liegt mir ob, die Wirkungen der *zweiten* Weihe zu schildern, und ich weiß wohl, daß hier meine Aufgabe schwieriger ist. Denn jetzt soll der Übergang vom innerlichen Geschehen zur Beurteilung des äußerlichen Geschehens gemacht werden, der Blick soll sich hinauswenden, um jene Begierde nach Kultur, wie er sie aus jenen ersten Erfahrungen kennt, in der großen bewegten Welt wiederzufinden, der einzelne soll sein Ringen und Sehnen als das Alphabet benutzen, mit welchem er jetzt die Bestrebungen der Menschen ablesen kann. Aber auch hier darf er nicht stehenbleiben, von dieser Stufe muß er hinauf zu der noch höheren; die Kultur verlangt von ihm nicht nur jenes innerliche Erlebnis, nicht nur die Beurteilung der ihn umströmenden äußeren Welt, sondern zuletzt und hauptsächlich die Tat, das heißt den Kampf für die Kultur und die Feindseligkeit gegen Einflüsse, Gewohnheiten, Gesetze, Einrichtungen, in welchen er nicht sein Ziel wiedererkennt: die Erzeugung des Genius.

Dem, welcher sich nun auf die zweite Stufe zu stellen vermag, fällt zuerst auf, *wie außerordentlich gering und selten das Wissen um jenes Ziel ist,* wie allgemein dagegen das Bemühen um Kultur, und wie unsäglich groß die Masse von Kräften, welche in ihrem Dienste verbraucht wird. Man fragt sich erstaunt: ist ein solches Wissen vielleicht gar nicht nötig? Erreicht die Natur ihr Ziel auch so, wenn die meisten den Zweck ihrer eignen Bemühung falsch bestimmen? Wer sich gewöhnt hat, viel von der unbewußten Zweckmäßigkeit der Natur zu halten, wird vielleicht keine Mühe haben zu antworten: »Ja, so ist es! Laßt die Menschen über ihr letztes Ziel denken und reden was sie wollen, sie sind doch in ihrem dunklen Drange des rechten Wegs sich wohl bewußt.« Man muß, um hier widersprechen zu können, einiges erlebt haben; wer aber wirklich von jenem Ziele der Kultur überzeugt ist, daß sie die Entstehung der wahren *Menschen* zu fördern habe und nichts sonst, und nun vergleicht, wie auch jetzt noch, bei allem Aufwande und Prunk der Kultur, die Entstehung jener Menschen sich nicht viel von einer fortgesetzten Tierquälerei unterscheidet: der wird es sehr nötig befinden, daß an Stelle jenes »dunklen Drangs« endlich einmal ein bewußtes Wollen gesetzt werde. Und das namentlich auch aus dem zweiten Grunde: damit es nämlich nicht mehr möglich ist, jenen über sein Ziel unklaren Trieb, den gerühmten dunklen Drang zu ganz andersartigen Zwecken zu gebrauchen und auf Wege zu führen, wo jenes höchste Ziel, die Erzeugung des Genius, nimmermehr erreicht werden kann. Denn es gibt eine Art von *gemißbrauchter und in Dienst genommener Kultur* – man sehe sich nur um! Und gerade die Gewalten, welche jetzt am tätigsten die Kultur fördern, haben dabei Nebengedanken und verkehren mit ihr nicht in reiner und uneigennütziger Gesinnung.

Da ist es erstens *die Selbstsucht der Erwerbenden*, welche der Beihilfe der Kultur bedarf und ihr zum Danke dafür wieder hilft, aber dabei freilich zugleich Ziel und Maß vorschreiben möchte. Von dieser Seite kommt jener beliebte Satz und Kettenschluß her, der ungefähr so lautet: möglichst viel Erkenntnis und Bildung, daher möglichst viel Bedürfnis, daher möglichst viel Produktion, daher möglichst viel Gewinn und Glück – so klingt die verführerische Formel. Bildung würde von den Anhängern derselben als die Einsicht definiert werden, mit der man, in Bedürfnissen und deren Befriedigung, durch und durch zeitgemäß wird, mit der man aber zugleich am besten über alle Mittel und Wege gebietet, um so leicht wie möglich Geld zu gewinnen. Möglichst viele kurante Menschen zu bilden, in der Art dessen, was man an einer Münze kurant nennt, das wäre also das Ziel; und ein Volk wird, nach dieser Auffassung, um so glücklicher sein, je mehr es solche kurante Menschen besitzt. Deshalb soll es durchaus die Absicht der modernen Bildungsanstalten sein, jeden so weit zu fördern, als es in seiner Natur liegt, kurant zu werden, jeden dermaßen auszubilden, daß er von dem ihm eigenen Grade von Erkenntnis und Wissen das größtmögliche Maß von Glück und Gewinn habe. Der einzelne müsse, so fordert man hier, durch die Hilfe einer solchen allgemeinen Bildung sich selber genau taxieren können, um zu wissen, was er vom Leben zu fordern habe; und zuletzt wird behauptet, daß ein natürlicher und notwendiger Bund von »Intelligenz und Besitz«, von »Reichtum und Kultur« bestehe, noch mehr, daß dieser Bund eine *sittliche* Notwendigkeit sei. Jede Bildung ist hier verhaßt, die einsam macht, die über Geld und Erwerb hinaus Ziele steckt, die viel Zeit verbraucht; man pflegt wohl solche ernstere Arten der Bildung als »feineren Egoismus«, als »unsittlichen Bildungs-Epikureismus« zu verunglimpfen. Freilich, nach der hier geltenden Sittlichkeit steht gerade das Umgekehrte im Preise, nämlich eine rasche Bildung, um bald ein geldverdienendes Wesen zu werden, und doch eine so gründliche Bildung, um ein sehr viel Geld verdienendes Wesen werden zu können. Dem Menschen wird nur so viel Kultur gestattet als im Interesse des allgemeinen Erwerbs und des Weltverkehrs ist, aber so viel wird auch von ihm gefordert. Kurz: »der Mensch hat einen notwendigen Anspruch auf Erdenglück, darum ist die Bildung notwendig, aber auch nur darum!«

Da ist zweitens *die Selbstsucht des Staates,* welcher ebenfalls nach möglichster Ausbreitung und Verallgemeinerung der Kultur begehrt und die wirksamsten Werkzeuge in den Händen hat, um seine Wünsche zu befriedigen. Vorausgesetzt, daß er sich stark genug weiß, um nicht nur entfesseln, sondern zur rechten Zeit ins Joch spannen zu können, vorausgesetzt, daß sein Fundament sicher und breit genug ist, um das ganze Bildungsgewölbe tragen zu können, so kommt die Ausbreitung der Bildung unter seinen Bürgern immer nur ihm selbst, im Wetteifer mit andern Staaten zugute. Überall, wo man jetzt vom »Kulturstaat« redet, sieht man ihm die Aufgabe gestellt, die geistigen Kräfte einer Generation so weit zu entbinden, daß sie damit den bestehenden Institutionen dienen und nützen können: aber auch nur so weit; wie ein Waldbach durch Dämme und auf Gerüsten teilweise abgeleitet wird, um mit der kleineren Kraft Mühlen zu treiben – während seine volle Kraft der Mühle eher gefährlich als nützlich wäre. Jenes Entbinden ist zugleich und noch viel mehr ein In-Fesseln-Schlagen. Man bringe sich nur ins Gedächtnis, was allmählich aus dem Christentum unter der Selbstsucht des Staates geworden ist. Das Christentum ist gewiß eine der reinsten Offenbarungen jenes Dranges nach Kultur und gerade nach der immer erneuten Erzeugung des Heiligen; da es aber hundertfältig benutzt wurde, um die Mühlen der staatlichen Gewalten zu treiben, ist es allmählich bis in das Mark hinein krank geworden, verheuchelt und verlogen und bis zum Widerspruche mit seinem ursprünglichen Ziele abgeartet. Selbst sein letztes Ereignis, die deutsche Reformation, wäre nichts als ein plötzliches Aufflackern und Verlöschen gewesen, wenn sie nicht aus dem Kampfe und Brande der Staaten neue Kräfte und Flammen gestohlen hätte.

Da wird drittens die Kultur von allen denen gefördert, welche sich eines *häßlichen oder langweiligen Inhaltes* bewußt sind und über ihn durch die sogenannte *»schöne Form«* täuschen wollen. Mit dem Äußerlichen, mit Wort, Gebärde, Verzierung, Gepränge, Manierlichkeit soll der Beschauer zu einem falschen Schlusse über den Inhalt genötigt werden: in der Voraussetzung, daß man für gewöhnlich das Innere nach der Außenseite beurteilt. Mir scheint es bisweilen, daß die modernen Menschen sich grenzenlos aneinander langweilen und daß sie es endlich nötig finden, sich mit Hilfe aller Künste interessant zu machen. Da lassen sie sich selbst durch ihre Künstler als prickelnde und beizende Speise auftischen; da übergießen sie sich mit dem Gewürze des ganzen Orients und Okzidents, und gewiß! jetzt riechen sie freilich sehr interessant, nach dem ganzen Orient und Okzident. Da richten sie sich ein, jeden Geschmack zu befriedigen; und jeder soll bedient werden, ob ihm nun nach Wohl- oder Übelriechendem, nach Sublimiertem oder Bäurisch-Grobem, nach Griechischem oder Chinesischem, nach Trauerspielen oder dramatisierten Unflätereien gelüstet. Die berühmtesten Küchenmeister dieser modernen Menschen, die um jeden Preis interessant und interessiert sein wollen, finden sich bekanntlich bei den Franzosen, die schlechtesten bei den Deutschen. Dies ist für die letzteren im Grunde tröstlicher als für die ersteren, und wir wollen es am wenigsten den Franzosen verargen, wenn sie uns gerade ob des Mangels an Interessantem und Elegantem verspotten und wenn sie bei dem Verlangen einzelner Deutschen nach Eleganz und Manieren sich an den Indianer erinnert fühlen, welcher sich einen Ring durch die Nase wünscht und darnach schreit, tätowiert zu werden.

– Und hier hält mich nichts von einer Abschweifung zurück. Seit dem letzten Kriege mit Frankreich hat sich manches in Deutschland verändert und verschoben, und es ist ersichtlich, daß man auch einige neue Wünsche in betreff der deutschen Kultur mit heimgebracht hat. Jener Krieg war für viele die erste Reise in die elegantere Hälfte der Welt; wie herrlich nimmt sich nun die Unbefangenheit des Siegers aus, wenn er es nicht verschmäht, bei dem Besiegten etwas Kultur zu lernen! Besonders das Kunsthandwerk wird immer von neuem auf den Wetteifer mit dem gebildeteren Nachbar hingewiesen, die Einrichtung des deutschen Hauses soll der des französischen angeähnlicht werden, selbst die deutsche Sprache soll, vermittelst einer nach französischem Muster gegründeten Akademie, sich »gesunden Geschmack« aneignen und den bedenklichen Einfluß abtun, welchen Goethe auf sie ausgeübt habe – wie ganz neuerdings der Berliner Akademiker Dubois-Reymond urteilt. Unsre Theater haben schon längst in aller Stille und Ehrbarkeit nach dem gleichen Ziele getrachtet, selbst der elegante deutsche Gelehrte ist schon erfunden – nun, da ist ja zu erwarten, daß alles, was sich bis jetzt jenem Gesetze der Eleganz nicht recht fügen wollte, deutsche Musik, Tragödie und Philosophie, nunmehr als undeutsch beiseite geschafft wird. – Aber wahrhaftig, es wäre auch kein Finger mehr für die deutsche Kultur zu rühren, wenn der Deutsche unter der Kultur, welche ihm noch fehlt und nach der er jetzt zu trachten hätte, nichts verstünde als Künste und Artigkeiten, mit denen das Leben verhübscht wird, eingeschlossen die gesamte Tanzmeister- und Tapezierer-Erfindsamkeit, wenn er sich auch in der Sprache nur noch um akademisch gutgeheißene Regeln und eine gewisse allgemeine Manierlichkeit bemühen wollte. Höhere Ansprüche scheint aber der letzte Krieg und die persönliche Vergleichung mit den Franzosen kaum hervorgerufen zu haben, vielmehr überkommt mich öfter der Verdacht, als ob der Deutsche sich jenen alten Verpflichtungen jetzt gewaltsam entziehen wollte, welche seine wunderbare Begabung, der eigentümliche Schwer- und Tiefsinn seiner Natur, ihm auflegt. Lieber möchte er einmal gaukeln, Affe sein, lieber lernte er Manieren und Künste, wodurch das Leben unterhaltend wird. Man kann aber den deutschen Geist gar nicht mehr beschimpfen, als wenn man ihn behandelt, als ob er von Wachs wäre, so daß man ihm eines Tages auch die Eleganz ankneten könnte. Und wenn es leider wahr ist, daß ein guter Teil der Deutschen sich gern derartig kneten und zurechtformen lassen will, so soll doch dagegen so oft gesagt werden, bis man es hört: bei euch wohnt sie gar nicht mehr, jene alte deutsche Art, die zwar hart, herbe und voller Widerstand ist, aber als der köstlichste Stoff, an welchem nur die größten Bildner arbeiten dürfen, weil sie allein seiner wert sind. Was ihr dagegen in euch habt, ist ein weichliches breiiges Material; macht damit was ihr wollt, formt elegante Puppen und interessante Götzenbilder daraus – es wird auch hierin bei Richard Wagners Wort verbleiben: »der Deutsche ist eckig und ungelenk, wenn er sich manierlich geben will; aber er ist erhaben und allen überlegen, wenn er in das Feuer gerät.« Und vor diesem deutschen Feuer haben die Eleganten allen Grund, sich in acht zu nehmen, es möchte sie sonst eines Tages fressen, samt allen ihren Puppen und Götzenbildern aus Wachs. – Man könnte nun freilich jene in Deutschland überhand nehmende Neigung zur »schönen Form« noch anders und tiefer ableiten: aus jener Hast, jenem atemlosen Erfassen des Augenblicks, jener Übereile, die alle Dinge zu grün vom Zweige bricht, aus jenem Rennen und Jagen, das den Menschen jetzt Furchen ins Gesicht gräbt und alles, was sie tun, gleichsam tätowiert. Als ob ein Trank in ihnen wirkte, der sie nicht mehr ruhig atmen ließe, stürmen sie fort in unanständiger Sorglichkeit, als die geplagten Sklaven der drei M, des Moments, der Meinungen und der Moden: so daß freilich der Mangel an Würde und Schicklichkeit allzu peinlich in die Augen springt und nun wieder eine lügnerische Eleganz nötig wird, mit welcher die Krankheit der würdelosen Hast maskiert werden soll. Denn so hängt die modische Gier nach der schönen Form mit dem häßlichen Inhalt des jetzigen Menschen zusammen: jene soll verstecken, dieser soll versteckt werden. Gebildetsein heißt nun: sich nicht merken lassen, wie elend und schlecht man ist, wie raubtierhaft im Streben, wie unersättlich im Sammeln, wie eigensüchtig und schamlos im Genießen. Mehrmals ist mir schon, wenn ich jemandem die Abwesenheit einer deutschen Kultur vor Augen stellte, eingewendet worden: »aber diese Abwesenheit ist ja ganz natürlich, denn die Deutschen sind bisher zu arm und bescheiden gewesen. Lassen Sie unsre Landsleute nur erst reich und selbstbewußt werden, dann werden sie auch eine Kultur haben!« Mag der Glaube immerhin selig machen, *diese* Art des Glaubens macht mich unselig, weil ich fühle, daß jene deutsche Kultur, an deren Zukunft hier geglaubt wird – die des Reichtums, der Politur und der manierlichen Verstellung – das feindseligste Gegenbild der deutschen Kultur ist, an welche ich glaube. Gewiß, wer unter Deutschen zu leben hat, leidet sehr an der berüchtigten Grauheit ihres Lebens und ihrer Sinne, an der Formlosigkeit, dem Stumpf- und Dumpfsinne, an der Plumpheit im zarteren Verkehre, noch mehr an der Scheelsucht und einer gewissen Verstecktheit und Unreinlichkeit des Charakters; es schmerzt und beleidigt ihn die eingewurzelte Lust am Falschen und Unechten, am Übel-Nachgemachten, an der Übersetzung des guten Ausländischen in ein schlechtes Einheimisches: jetzt aber, wo nun noch jene fieberhafte Unruhe, jene Sucht nach Erfolg und Gewinn, jene Überschätzung des Augenblicks als schlimmstes Leiden hinzugekommen ist, empört es ganz und gar, zu denken, daß alle diese Krankheiten und Schwächen grundsätzlich nie geheilt, sondern immer nur überschminkt werden sollen – durch eine solche »Kultur der interessanten Form«! Und dies bei einem Volke, welches *Schopenhauer* und *Wagner* hervorgebracht hat! Und noch oft hervorbringen soll! Oder täuschen wir uns auf das Trostloseste? Sollten die Genannten vielleicht gar nicht mehr dafür Bürgschaft leisten, daß solche Kräfte, wie die ihrigen, wirklich noch in dem deutschen Geiste und Sinne vorhanden sind? Sollten sie selber Ausnahmen sein, gleichsam die letzten Ausläufer und Absenker von Eigenschaften, welche man ehemals für deutsch nahm? Ich weiß mir hier nicht recht zu helfen und kehre deshalb auf meine Bahn der allgemeinen Betrachtung zurück, von der mich sorgenvolle Zweifel oft genug ablenken wollen. Noch waren nicht alle jene Mächte aufgezählt, von denen zwar die Kultur gefördert wird, ohne daß man doch ihr Ziel, die Erzeugung des Genius, anerkennt; drei sind genannt, die Selbstsucht der Erwerbungen, die Selbstsucht des Staates und die Selbstsucht aller derer, welche Grund haben, sich zu verstellen und durch die Form zu verstecken. Ich nenne viertens *die Selbstsucht der Wissenschaft* und das eigentümliche Wesen ihrer Diener, der *Gelehrten.*

Die Wissenschaft verhält sich zur Weisheit wie die Tugendhaftigkeit zur Heiligung: sie ist kalt und trocken, sie hat keine Liebe und weiß nichts von einem tiefen Gefühle des Ungenügens und der Sehnsucht. Sie ist sich selber ebenso nützlich, als sie ihren Dienern schädlich ist, insofern sie auf dieselben ihren eignen Charakter überträgt und damit ihre Menschlichkeit verknöchert. Solange unter Kultur wesentlich Förderung der Wissenschaft verstanden wird, geht sie an dem großen leidenden Menschen mit unbarmherziger Kälte vorüber, weil die Wissenschaft überall nur Probleme der Erkenntnis sieht, und weil das Leiden eigentlich innerhalb ihrer Welt etwas Ungehöriges und Unverständliches, also höchstens wieder ein Problem ist.

Man gewöhne sich aber nur erst daran, jede Erfahrung in ein dialektisches Frage- und Antwortspiel und in eine reine Kopfangelegenheit zu übersetzen: es ist erstaunlich, in wie kurzer Zeit der Mensch bei einer solchen Tätigkeit ausdorrt, wie bald er fast nur noch mit den Knochen klappert. Jeder weiß und sieht dies:

wie ist es also nur möglich, daß trotzdem die Jünglinge keineswegs vor solchen Knochenmenschen zurückschrecken und immer von neuem wieder sich blindlings und wahl- und maßlos den Wissenschaften übergeben? Dies kann doch nicht vom angeblichen »Trieb zur Wahrheit« herkommen: denn wie sollte es überhaupt einen Trieb nach der kalten reinen folgenlosen Erkenntnis geben können! Was vielmehr die eigentlichen treibenden Kräfte in den Dienern der Wissenschaft sind, gibt sich dem unbefangnen Blick nur zu deutlich zu verstehen: und es ist sehr anzuraten, auch einmal die Gelehrten zu untersuchen und zu sezieren, nachdem sie selbst sich gewöhnt haben, alles in der Welt, auch das Ehrwürdigste, dreist zu betasten und zu zerlegen. Soll ich heraus sagen, was ich denke, so lautet mein Satz: der Gelehrte besteht aus einem verwickelten Geflecht sehr verschiedener Antriebe und Reize, er ist durchaus ein unreines Metall. Man nehme zuvörderst eine starke und immer höher gesteigerte Neubegier, die Sucht nach Abenteuern der Erkenntnis, die fortwährend anreizende Gewalt des Neuen und Seltenen im Gegensatze zum Alten und Langweiligen. Dazu füge man einen gewissen dialektischen Spür- und Spieltrieb, die jägerische Lust an verschmitzten Fuchsgängen des Gedankens, so daß nicht eigentlich die Wahrheit gesucht, sondern das Suchen gesucht wird und der Hauptgenuß im listigen Herumschleichen, Umzingeln, kunstmäßigen Abtöten besteht. Nun tritt noch der Trieb zum Widerspruch hinzu, die Persönlichkeit will, allen anderen entgegen, sich fühlen und fühlen lassen; der Kampf wird zur Lust und der persönliche Sieg ist das Ziel, während der Kampf um die Wahrheit nur der Vorwand ist. Zu einem guten Teile ist sodann dem Gelehrten der Trieb beigemischt, *gewisse* »Wahrheiten« zu finden, nämlich aus Untertänigkeit gegen gewisse herrschende Personen, Kasten, Meinungen, Kirchen, Regierungen, weil er fühlt, daß er sich nützt, indem er die »Wahrheit« auf ihre Seite bringt. Weniger regelmäßig, aber doch noch häufig genug, treten am Gelehrten folgende Eigenschaften hervor. Erstens Biederkeit und Sinn für das Einfache, sehr hoch zu schätzen, wenn sie mehr sind als Ungelenkigkeit und Ungeübtheit in der Verstellung, zu welcher ja einiger Witz gehört. In der Tat kann man überall, wo der Witz und die Gelenkigkeit sehr in die Augen fallen, ein wenig auf der Hut sein und die Geradheit des Charakters in Zweifel ziehn. Andererseits ist meisthin jene Biederkeit wenig wert und auch

für die Wissenschaft nur selten fruchtbar, da sie am Gewohnten
hängt und die Wahrheit nur bei einfachen Dingen oder in *adia-
phoris* zu sagen pflegt; denn hier entspricht es der Trägheit mehr,
die Wahrheit zu sagen als sie zu verschweigen. Und weil alles
Neue ein Umlernen nötig macht, so verehrt die Biederkeit, wenn
es irgend angeht, die alte Meinung und wirft dem Verkündiger
des Neuen vor, es fehle ihm der *sensus recti*. Gegen die Lehre
des Kopernikus erhob sie gewiß deshalb Widerstand, weil sie
hier den Augenschein und die Gewohnheit für sich hatte. Der bei
Gelehrten nicht gar seltne Haß gegen die Philosophie ist vor allem Haß gegen die langen Schlußketten und die Künstlichkeit
der Beweise. Ja im Grunde hat jede Gelehrten-Generation ein
unwillkürliches Maß für den *erlaubten* Scharfsinn; was darüber
hinaus ist, wird angezweifelt und beinahe als Verdachtgrund gegen die Biederkeit benutzt. – Zweitens Scharfsichtigkeit in der
Nähe, verbunden mit großer Myopie für die Ferne und das Allgemeine. Sein Gesichtsfeld ist gewöhnlich sehr klein, und die Augen müssen dicht an den Gegenstand herangehalten werden. Will
der Gelehrte von einem eben durchforschten Punkte zu einem
andern, so rückt er den ganzen Seh-Apparat nach jenem Punkte
hin. Er zerlegt ein Bild in lauter Flecke, wie einer, der das
Opernglas anwendet, um die Bühne zu sehen, und jetzt bald einen Kopf, bald ein Stück Kleid, aber nichts Ganzes ins Auge
faßt. Jene einzelnen Flecke sieht er nie verbunden, sondern er
erschließt nur ihren Zusammenhang; deshalb hat er von allem
Allgemeinen keinen starken Eindruck. Er beurteilt zum Beispiel
eine Schrift, weil er sie im Ganzen nicht zu übersehen vermag,
nach einigen Stücken oder Sätzen oder Fehlern; er würde verführt sein zu behaupten, ein Ölgemälde sei ein wilder Haufen
von Klexen. – Drittens Nüchternheit und Gewöhnlichkeit seiner Natur in Neigungen und Abneigungen. Mit dieser Eigenschaft hat er besonders in der Historie Glück, insofern er die
Motive vergangener Menschen gemäß den ihm bekannten Motiven aufspürt. In einem Maulwurfsloche findet sich ein Maul-
wurf am besten zurecht. Er ist gehütet vor allen künstlichen und
ausschweifenden Hypothesen; er gräbt, wenn er beharrlich ist,
alle gemeinsamen Motive der Vergangenheit auf, weil er sich
von gleicher Art fühlt. Freilich ist er meistens gerade deshalb unfähig, das Seltne, Große und Ungemeine, also das Wichtige und
Wesentliche, zu verstehen und zu schätzen. – Viertens Armut

an Gefühl und Trockenheit. Sie befähigt ihn selbst zu Vivisektionen. Er ahnt das Leiden nicht, das manche Erkenntnis mit sich führt, und fürchtet sich deshalb auf Gebieten nicht, wo anderen das Herz schaudert. Er ist kalt und erscheint deshalb leicht grausam. Auch für verwegen hält man ihn, aber er ist es nicht, ebensowenig wie das Maultier, welches den Schwindel nicht kennt. – Fünftens geringe Selbstschätzung, ja Bescheidenheit. Sie fühlen, obwohl in einen elenden Winkel gebannt, nichts von Aufopferung, von Vergeudung, sie scheinen es oft im tiefsten Innern zu wissen, daß sie nicht fliegendes, sondern kriechendes Getier sind. Mit dieser Eigenschaft erscheinen sie selbst rührend. – Sechstens Treue gegen ihre Lehrer und Führer. Diesen wollen sie recht von Herzen helfen, und sie wissen wohl, daß sie ihnen am besten mit der Wahrheit helfen. Denn sie sind dankbar gestimmt, weil sie nur durch sie Einlaß in die würdigen Hallen der Wissenschaft erlangt haben, in welche sie auf eignem Wege niemals hineingekommen wären. Wer gegenwärtig als Lehrer ein Gebiet zu erschließen weiß, auf dem auch die geringsten Köpfe mit einigem Erfolg arbeiten können, der ist in kürzester Zeit ein berühmter Mann: so groß ist sofort der Schwarm, der sich hinzudrängt. Freilich ist ein jeder von diesen Treuen und Dankbaren zugleich auch ein Mißgeschick für den Meister, weil jene alle ihn nachahmen und nun gerade seine Gebreste unmäßig groß und übertrieben erscheinen, weil sie an so kleinen Individuen hervortreten, während die Tugenden des Meisters umgekehrt, nämlich im gleichen Verhältnisse verkleinert, sich an demselben Individuum darstellen. – Siebentens gewohnheitsmäßiges Fortlaufen auf der Bahn, auf welche man den Gelehrten gestoßen hat, Wahrheitssinn aus Gedankenlosigkeit, gemäß der einmal angenommenen Gewöhnung. Solche Naturen sind Sammler, Erklärer, Verfertiger von *Indices,* Herbarien; sie lernen und suchen auf einem Gebiete herum, bloß weil sie niemals daran denken, daß es auch andre Gebiete gibt. Ihr Fleiß hat etwas von der ungeheuerlichen Dummheit der Schwerkraft: weshalb sie oft viel zustande bringen. – Achtens Flucht vor der Langeweile. Während der wirkliche Denker nichts mehr ersehnt als Muße, flieht der gewöhnliche Gelehrte vor ihr, weil er mit ihr nichts anzufangen weiß. Seine Tröster sind die Bücher: das heißt, er hört zu, wie jemand anderes denkt und läßt sich auf diese Art über den langen Tag hinweg unterhalten. Besonders wählt er Bücher, bei welchen seine persönliche Teilnahme irgendwie angeregt wird, wo er ein wenig, durch Neigung oder Abneigung, in Affekt geraten kann: also Bücher, wo er selbst in Betrachtung gezogen wird oder sein Stand, seine politische oder ästhetische oder auch nur grammatische Lehrmeinung; hat er gar eine eigne Wissenschaft, so fehlt es ihm nie an Mitteln der Unterhaltung und an Fliegenklappen gegen die Langeweile. – Neuntens das Motiv des Broterwerbs, also im Grunde die berühmten »Borborygmen eines leidenden Magens«. Der Wahrheit wird gedient, wenn sie imstande ist, zu Gehalten und höheren Stellungen direkt zu befördern, oder wenigstens die Gunst derer zu gewinnen, welche Brot und Ehren zu verleihen haben. Aber auch nur *dieser* Wahrheit wird gedient: weshalb sich eine Grenze zwischen den ersprießlichen Wahrheiten, denen viele dienen, und den unersprießlichen Wahrheiten ziehen läßt: welchen letzteren nur die wenigsten sich hingeben, bei denen es nicht heißt: *ingenii largitor venter*. – Zehntens Achtung vor den Mitgelehrten, Furcht vor ihrer Mißachtung; seltenes, aber höheres Motiv als das vorige, doch noch sehr häufig. Alle die Mitglieder der Zunft überwachen sich untereinander auf das eifersüchtigste, damit die Wahrheit, an welcher so viel hängt, Brot, Amt, Ehre, wirklich auf den Namen ihres Finders getauft werde. Man zollt streng dem andern seine Achtung für die Wahrheit, welche er gefunden, um den Zoll wieder zurückzufordern, wenn man selber einmal eine Wahrheit finden sollte. Die Unwahrheit, der Irrtum wird schallend explodiert, damit die Zahl der Mitbewerber nicht zu groß werde; doch wird hier und da auch einmal die wirkliche Wahrheit explodiert, damit wenigstens für eine kurze Zeit Platz für hartnäckige und kecke Irrtümer geschafft werde; wie es denn nirgendswo und auch hier nicht an »moralischen Idiotismen« fehlt, die man sonst Schelmenstreiche nennt. – Elftens der Gelehrte aus Eitelkeit, schon eine seltnere Spielart. Er will womöglich ein Gebiet ganz für sich haben und wählt deshalb Kuriositäten, besonders wenn sie ungewöhnlichen Kostenaufwand, Reisen, Ausgrabungen, zahlreiche Verbindungen in verschiedenen Ländern nötig machen. Er begnügt sich meistens mit der Ehre, selber als Kuriosität angestaunt zu werden und denkt nicht daran, sein Brot vermittelst seiner gelehrten Studien zu gewinnen. – Zwölftens der Gelehrte aus Spieltrieb. Seine Ergötzlichkeit besteht darin, Knötchen in den Wissenschaften zu suchen und sie zu lösen; wobei er sich nicht zu sehr anstrengen mag, um das Gefühl des Spiels nicht zu verlieren. Deshalb dringt er nicht gerade in die Tiefe, doch nimmt er oft etwas wahr, was der Brotgelehrte mit dem mühsam kriechenden Auge nie sieht. – Wenn ich endlich dreizehntens noch als Motiv des Gelehrten den Trieb nach Gerechtigkeit bezeichne, so könnte man mir entgegenhalten, dieser edle, ja bereits metaphysisch zu verstehende Trieb sei gar zu schwer von anderen zu unterscheiden und für ein menschliches Auge im Grunde unfaßlich und unbestimmbar; weshalb ich die letzte Nummer mit dem frommen Wunsche beifüge, es möge jener Trieb unter Gelehrten häufiger und wirksamer sein als er sichtbar wird. Denn ein Funke von dem Feuer der Gerechtigkeit, in die Seele eines Gelehrten gefallen, genügt, um sein Leben und Streben zu durchglühen und läuternd zu verzehren, so daß er keine Ruhe mehr hat und für immer aus der lauen oder frostigen Stimmung herausgetrieben ist, in welcher die gewöhnlichen Gelehrten ihr Tagewerk tun.

Alle diese Elemente, oder mehrere oder einzelne, denke man sich nun kräftig gemischt und durcheinandergeschüttelt: so hat man das Entstehen des Dieners der Wahrheit. Es ist sehr wunderlich, wie hier, zum Vorteile eines im Grunde außer- und übermenschlichen Geschäftes, des reinen und folgelosen, daher auch trieblosen Erkennens, eine Menge kleiner sehr menschlicher Triebe und Triebchen zusammengegossen wird, um eine chemische Verbindung einzugehen, und wie das Resultat, der Gelehrte, sich nun im Lichte jenes überirdischen, hohen und durchaus reinen Geschäftes so verklärt ausnimmt, daß man das Mengen und Mischen, was zu seiner Erzeugung nötig war, ganz vergißt. Doch gibt es Augenblicke, wo man gerade daran denken und erinnern muß: nämlich gerade dann, wenn der Gelehrte in seiner Bedeutung für die Kultur in Frage kommt. Wer nämlich zu beobachten weiß, bemerkt, daß der Gelehrte seinem Wesen nach *unfruchtbar* ist – eine Folge seiner Entstehung! – und daß er einen gewissen natürlichen Haß gegen den fruchtbaren Menschen hat; weshalb sich zu allen Zeiten die Genies und die Gelehrten befehdet haben. Die letzteren wollen nämlich die Natur töten, zerlegen und verstehen, die ersteren wollen die Natur durch neue lebendige Natur vermehren; und so gibt es einen Widerstreit der Gesinnungen und Tätigkeiten. Ganz beglückte Zeiten brauchten den Gelehrten nicht und kannten ihn nicht, ganz erkrankte und verdrossene Zeiten schätzten ihn als den höchsten und würdigsten Menschen und gaben ihm den ersten Rang.

Wie es nun mit unserer Zeit in Hinsicht auf Gesund- und Kranksein steht, wer wäre Arzt genug, das zu wissen! Gewiß, daß auch jetzt noch in sehr vielen Dingen die Schätzung des Gelehrten zu hoch ist und deshalb schädlich wirkt, zumal in allen Anliegenheiten des werdenden Genius. Für dessen Not hat der Gelehrte kein Herz, er redet mit scharfer kalter Stimme über ihn weg, und gar zu schnell zuckt er die Achsel, als über etwas Wunderliches und Verdrehtes, für das er weder Zeit noch Lust habe. Auch bei ihm findet sich das Wissen um das Ziel der Kultur nicht. –

Aber überhaupt: was ist uns durch alle diese Betrachtungen aufgegangen? Daß überall, wo jetzt die Kultur am lebhaftesten gefördert erscheint, von jenem Ziele nichts gewußt wird. Mag der Staat noch so laut sein Verdienst um die Kultur geltend machen, er fördert sie, um sich zu fördern und begreift ein Ziel nicht, welches höher steht als sein Wohl und seine Existenz. Was die Erwerbenden wollen, wenn sie unablässig nach Unterricht und Bildung verlangen, ist zuletzt eben Erwerb. Wenn die Formenbedürftigen das eigentliche Arbeiten für die Kultur sich zuschreiben und zum Beispiel vermeinen, alle Kunst gehöre ihnen und müsse ihrem Bedürfnisse zu Diensten sein, so ist eben nur das deutlich, daß sie sich selbst bejahen, indem sie die Kultur bejahen: daß also auch sie nicht über ein Mißverständnis hinausgekommen sind. Vom Gelehrten wurde genug gesprochen. So eifrig also alle vier Mächte miteinander darüber nachdenken, wie sie *sich* mit Hilfe der Kultur nützen, so matt und gedankenlos sind sie, wenn dieses ihr Interesse nicht dabei erregt wird. Und deshalb haben sich die Bedingungen für die Entstehung des Genius in der neueren Zeit *nicht verbessert,* und der Widerwille gegen originale Menschen hat in dem Grade zugenommen, daß Sokrates bei uns nicht hätte leben können und jedenfalls nicht siebzig Jahre alt geworden wäre.

Nun erinnere ich an das, was ich im dritten Abschnitt ausführte: wie unsre ganze moderne Welt gar nicht so festgefügt und dauerhaft aussieht, daß man auch dem Begriff ihrer Kultur einen ewigen Bestand prophezeien könnte. Man muß es sogar für wahrscheinlich halten, daß das nächste Jahrtausend auf ein paar neue Einfälle kommt, über welche einstweilen die Haare jedes

Jetztlebenden zu Berge stehen möchten. *Der Glaube an eine metaphysische Bedeutung der Kultur* wäre am Ende noch gar nicht so erschreckend: vielleicht aber einige Folgerungen, welche man daraus für die Erziehung und das Schulwesen ziehen könnte.

Es erfordert ein freilich ganz ungewohntes Nachdenken, einmal von den gegenwärtigen Anstalten der Erziehung weg und hinüber nach durchaus fremd- und andersartigen Institutionen zu sehen, welche vielleicht schon die zweite oder dritte Generation für nötig befinden wird. Während nämlich durch die Bemühungen der jetzigen höheren Erzieher entweder der Gelehrte oder der Staatsbeamte oder der Erwerbende oder der Bildungsphilister oder endlich und gewöhnlich ein Mischprodukt von allen zustande gebracht wird: hätten jene noch zu erfindenden Anstalten freilich eine schwerere Aufgabe – zwar nicht an sich schwerer, da es jedenfalls die natürlichere und insofern auch leichtere Aufgabe wäre; und kann zum Beispiel etwas schwerer sein, als, wider die Natur, wie es jetzt geschieht, einen Jüngling zum Gelehrten abrichten? Aber die Schwierigkeit liegt für die Menschen darin, umzulernen und ein neues Ziel sich zu stecken; und es wird unsägliche Mühe kosten, die Grundgedanken unseres jetzigen Erziehungswesens, das seine Wurzeln im Mittelalter hat, und dem eigentlich der mittelalterliche Gelehrte als Ziel der vollendeten Bildung vorschwebt, mit einem neuen Grundgedanken zu vertauschen. Jetzt schon ist es Zeit, sich diese Gegensätze vor die Augen zu stellen; denn irgendeine Generation muß den Kampf beginnen, in welchem eine spätere siegen soll. Jetzt schon wird der einzelne, welcher jenen neuen Grundgedanken der Kultur verstanden hat, vor einen Kreuzweg gestellt; auf dem einen Wege gehend ist er seiner Zeit willkommen, sie wird es an Kränzen und Belohnungen nicht fehlen lassen, mächtige Parteien werden ihn tragen, hinter seinem Rücken werden ebenso viele Gleichgesinnte, wie vor ihm stehen, und wenn der Vordermann das Losungswort ausspricht, so hallt es in allen Reihen wider. Hier heißt die erste Pflicht »in Reih und Glied kämpfen«, die zweite, alle die als Feinde zu behandeln, welche sich nicht in Reih und Glied stellen wollen. Der andre Weg führt ihn mit seltneren Wanderschaftsgenossen zusammen, er ist schwieriger, verschlungener, steiler; die, welche auf dem ersten gehen, verspotten ihn, weil er dort mühsamer schreitet und öfter in Gefahr kommt, sie versuchen es, ihn zu sich herüberzulocken. Wenn einmal beide Wege sich kreuzen, so wird er gemißhandelt, beiseite geworfen oder mit scheuem Beiseitetreten isoliert. Was bedeutet nun für diese verschiedenartigen Wandrer beider Wege eine Institution der Kultur? Jener ungeheure Schwarm, welcher sich auf dem ersten Wege zu seinem Ziele drängt, versteht darunter Einrichtungen und Gesetze, vermöge deren er selbst in Ordnung aufgestellt wird und vorwärts geht, und durch welche alle Widerspenstigen und Einsamen, alle nach höhern und entlegneren Zielen Ausschauenden in Bann getan werden. Dieser anderen kleineren Schar würde eine Institution freilich einen ganz andern Zweck zu erfüllen haben; sie selber will, an der Schutzwehr einer festen Organisation, verhüten, daß sie durch jenen Schwarm weggeschwemmt und auseinandergetrieben werde, daß ihre einzelnen in allzufrüher Erschöpfung hinschwinden oder gar von ihrer großen Aufgabe abspenstig gemacht werden. Diese einzelnen sollen ihr Werk vollenden – das ist der Sinn ihres Zusammenhaltens; und alle, die an der Institution teilnehmen, sollen bemüht sein, durch eine fortgesetzte Läuterung und gegenseitige Fürsorge, die Geburt des Genius und das Reifwerden seines Werks in sich und um sich vorzubereiten. Nicht wenige, auch aus der Reihe der zweiten und dritten Begabungen, sind zu diesem Mithelfen bestimmt und kommen nur in der Unterwerfung unter eine solche Bestimmung zu dem Gefühl, einer Pflicht zu leben und mit Ziel und Bedeutung zu leben. Jetzt aber werden gerade diese Begabungen von den verführerischen Stimmen jener modischen »Kultur« aus ihrer Bahn abgelenkt und ihrem Instinkte entfremdet; an ihre eigensüchtigen Regungen, an ihre Schwächen und Eitelkeiten richtet sich diese Versuchung, ihnen gerade flüstert der Zeitgeist mit einschmeichelnder Beflissenheit zu: »Folgt mir und geht nicht dorthin! Denn dort seid ihr nur Diener, Gehilfen, Werkzeuge, von höheren Naturen überstrahlt, eurer Eigenart niemals froh, an Fäden gezogen, an Ketten gelegt, als Sklaven, ja als Automaten; hier bei mir genießt ihr, als Herren, eure freie Persönlichkeit, eure Begabungen dürfen für sich glänzen, ihr selber sollt in den vordersten Reihen stehen, ungeheures Gefolge wird euch umschwärmen, und der Zuruf der öffentlichen Meinung dürfte euch doch wohl mehr ergötzen als eine vornehme, von oben herab gespendete Zustimmung aus der kalten Ätherhöhe des Genius.« Solchen Verlockungen unterliegen wohl die Besten: und im Grunde entscheidet hier kaum die Seltenheit und Kraft der Begabung, sondern der Einfluß einer gewissen heroischen Grundstimmung und der Grad einer innerlichen Verwandtschaft und Verwachsenheit mit dem Genius. Denn es *gibt* Menschen, welche es als *ihre* Not empfinden, wenn sie diesen mühselig ringen und in Gefahr, sich selbst zu zerstören sehen, oder wenn seine Werke von der kurzsichtigen Selbstsucht des Staates, dem Flachsinn der Erwerbenden, der trocknen Genügsamkeit der Gelehrten gleichgültig beiseite gestellt werden: und so hoffe ich auch, daß es einige gebe, welche verstehen, was ich mit der Vorführung von Schopenhauers Schicksal sagen will und wozu, nach meiner Vorstellung, Schopenhauer als Erzieher eigentlich *erziehen* soll. –

7

Aber um einmal alle Gedanken an eine ferne Zukunft und eine mögliche Umwälzung des Erziehungswesens beiseite zu lassen: was müßte man einem werdenden Philosophen *gegenwärtig* wünschen und nötigenfalls verschaffen, damit er überhaupt Atem schöpfen könne und es im günstigsten Falle zu der, gewiß nicht leichten, aber wenigstens möglichen Existenz Schopenhauers bringe? Was wäre außerdem zu erfinden, um seiner Einwirkung auf die Zeitgenossen mehr Wahrscheinlichkeit zu geben? Und welche Hindernisse müßten weggeräumt werden, damit vor allem sein Vorbild zur vollen Wirkung komme, damit der Philosoph wieder Philosophen erziehe? Hier verläuft sich unsre Betrachtung in das Praktische und Anstößige.

Die Natur will immer gemeinnützig sein, aber sie versteht es nicht, zu diesem Zwecke die besten und geschicktesten Mittel und Handhaben zu finden: das ist ihr großes Leiden, deshalb ist sie melancholisch. Daß sie den Menschen durch die Erzeugung des Philosophen und des Künstlers das Dasein deutsam und bedeutsam machen wollte, das ist bei ihrem eignen erlösungsbedürftigen Drange gewiß; aber wie ungewiß, wie schwach und matt ist die Wirkung, welche sie meisthin mit den Philosophen und Künstlern erreicht! Wie selten bringt sie es überhaupt zu einer Wirkung! Besonders in Hinsicht des Philosophen ist ihre Verlegenheit groß, ihn gemeinnützig anzuwenden; ihre Mittel scheinen nur Tastversuche, zufällige Einfälle zu sein, so daß es ihr mit ihrer Absicht unzählige Male mißlingt und die meisten Philosophen nicht gemeinnützig werden. Das Verfahren der Natur sieht wie Verschwendung aus; doch ist es nicht die Verschwendung einer frevelhaften Üppigkeit, sondern der Unerfahrenheit; es ist anzunehmen, daß sie, wenn sie ein Mensch wäre, aus dem Ärger über sich und ihr Ungeschick gar nicht herauskommen würde. Die Natur schießt den Philosophen wie einen Pfeil in die Menschen hinein, sie zielt nicht, aber sie hofft, daß der Pfeil irgendwo hängen bleiben wird. Dabei aber irrt sie sich unzählige Male und hat Verdruß. Sie geht im Bereiche der Kultur ebenso vergeuderisch um wie bei dem Pflanzen und Säen. Ihre Zwecke erfüllt sie auf eine allgemeine und schwerfällige Manier: wobei sie viel zu viel Kräfte aufopfert. Der Künstler und andererseits die Kenner und Liebhaber seiner Kunst verhalten sich zueinander wie ein grobes Geschütz und eine Anzahl Sperlinge. Es ist das Werk der Einfalt, eine große Lawine zu wälzen, um ein wenig Schnee wegzuschieben, einen Menschen zu erschlagen, um die Fliege auf seiner Nase zu treffen. Der Künstler und der Philosoph sind Beweise gegen die Zweckmäßigkeit der Natur in ihren Mitteln, ob sie schon den vortrefflichsten Beweis für die Weisheit ihrer Zwecke abgeben. Sie treffen immer nur wenige und sollten alle treffen – und auch diese wenigen werden nicht mit der Stärke getroffen, mit welcher Philosoph und Künstler ihr Geschoß absenden. Es ist traurig, die Kunst als Ursache und die Kunst als Wirkung so verschiedenartig abschätzen zu müssen: wie ungeheuer ist sie als Ursache, wie gelähmt, wie nachklingend ist sie als Wirkung! Der Künstler macht sein Werk nach dem Willen der Natur zum Wohle der anderen Menschen, darüber ist kein Zweifel: trotzdem weiß er, daß niemals wieder jemand von diesen andern Menschen sein Werk so verstehen und lieben wird, wie er es selbst versteht und liebt. Jener hohe und einzige Grad von Liebe und Verständnis ist also nach der ungeschickten Verfügung der Natur nötig, damit ein niedrigerer Grad entstehe; das Größere und Edlere ist zum Mittel für die Entstehung des Geringeren und Unedlen verwendet. Die Natur wirtschaftet nicht klug, ihre Ausgaben sind viel größer als der Ertrag, den sie erzielt; sie muß sich bei all ihrem Reichtum irgendwann einmal zugrunde richten. Vernünftiger hätte sie es eingerichtet, wenn ihre Hausregel wäre: wenig Kosten und hundertfältiger Ertrag, wenn es zum Beispiel nur wenige Künstler und diese von schwächeren Kräften gäbe, dafür aber zahlreiche Aufnehmende und Empfangende und gerade diese von stärkerer und gewaltigerer Art, als die Art der Künstler selber ist: so daß die Wirkung des Kunstwerks im Verhältnis zur Ursache ein hundertfach verstärkter Widerhall wäre. Oder sollte man nicht mindestens erwarten, daß Ursache und Wirkung gleich stark wären; aber wie weit bleibt die Natur hinter dieser Erwartung zurück! Es sieht oft so aus, als ob ein Künstler und zumal ein Philosoph *zufällig* in seiner Zeit sei, als Einsiedler oder als versprengter und zurückgebliebener Wanderer. Man fühle nur einmal recht herzlich nach, wie groß, durch und durch und in allem, Schopenhauer ist – und wie klein, wie absurd seine Wirkung! Nichts kann gerade für einen ehrlichen Menschen dieser Zeit beschämender sein als einzusehen, wie zufällig sich Schopenhauer in ihr ausnimmt und an welchen Mächten und Unmächten es bisher gehangen hat, daß seine Wirkung so verkümmert wurde. Zuerst und lange war ihm der Mangel an Lesern feindlich, zum dauernden Hohne auf unser literarisches Zeitalter; sodann als die Leser kamen, die Ungemäßheit seiner ersten öffentlichen Zeugen: noch mehr freilich, wie mir scheint, die Abstumpfung aller modernen Menschen gegen Bücher, welche sie eben durchaus nicht mehr ernst nehmen wollen; allmählich ist noch eine neue Gefahr hinzugekommen, entsprungen aus den mannigfachen Versuchen, Schopenhauer der schwächlichen Zeit anzupassen oder gar ihn als befremdliche und reizvolle Würze, gleichsam als eine Art metaphysischen Pfeffers einzureiben. So ist er zwar allmählich bekannt und berühmt geworden, und ich glaube, daß jetzt bereits mehr Menschen seinen Namen als den Hegels kennen: und trotzdem ist er noch ein Einsiedler, trotzdem blieb bis jetzt die Wirkung aus! Am wenigsten haben die eigentlichen literarischen Gegner und Widerbeller die Ehre, diese bisher verhindert zu haben, erstens weil es wenige Menschen gibt, welche es aushalten sie zu lesen, und zweitens weil sie den, welcher dies aushält, unmittelbar zu Schopenhauer hinführen; denn wer läßt sich wohl von einem Eseltreiber abhalten, ein schönes Pferd zu besteigen, wenn jener auch noch so sehr seinen Esel auf Unkosten des Pferdes herausstreicht?

Wer nun die Unvernunft in der Natur dieser Zeit erkannt hat, wird auf Mittel sinnen müssen, hier ein wenig nachzuhelfen; seine Aufgabe wird aber sein, die freien Geister und die tief an unsrer Zeit leidenden mit Schopenhauer bekannt zu machen, sie zu sammeln und durch sie eine Strömung zu erzeugen, mit deren Kraft das Ungeschick zu überwinden ist, welches die Natur bei Benutzung des Philosophen für gewöhnlich und auch heute wieder zeigt. Solche Menschen werden einsehen, daß es dieselben Widerstände sind, welche die Wirkung einer großen Philosophie verhindern und welche der Erzeugung eines großen Philosophen im Wege stehen; weshalb sie ihr Ziel dahin bestimmen dürfen, die Wiedererzeugung Schopenhauers, das heißt des philosophischen Genius, vorzubereiten. Das aber, was der Wirkung und Fortpflanzung seiner Lehre sich von Anbeginn widersetzte, was endlich auch jene Wiedergeburt des Philosophen mit allen Mitteln vereiteln will, das ist, kurz zu reden, die Verschrobenheit der jetzigen Menschennatur: weshalb alle werdenden großen Menschen eine unglaubliche Kraft verschwenden müssen, um sich nur selbst durch diese Verschrobenheit hindurch zu retten. Die Welt, in die sie jetzt eintreten, ist mit Flausen eingehüllt; das brauchen wahrhaftig nicht nur religiöse Dogmen zu sein, sondern auch solche flausenhafte Begriffe wie »Fortschritt«, »allgemeine Bildung«, »National«, »moderner Staat«, »Kulturkampf«; ja man kann sagen, daß alle allgemeinen Worte jetzt einen künstlichen und unnatürlichen Aufputz an sich tragen, weshalb eine hellere Nachwelt unserer Zeit im höchsten Maße den Vorwurf des Verdrehten und Verwachsenen machen wird, mögen wir uns noch so laut mit unserer »Gesundheit« brüsten. Die Schönheit der antiken Gefäße, sagt Schopenhauer, entspringt daraus, daß sie auf eine so naive Art ausdrücken, was sie zu sein und zu leisten bestimmt sind; und ebenso gilt es von allem übrigen Geräte der Alten: man fühlt dabei, daß, wenn die Natur Vasen, Amphoren, Lampen, Tische, Stühle, Helme, Schilde, Panzer und so weiter hervorbrächte, sie so aussehen würden. Umgekehrt: wer jetzt zusieht, wie fast jedermann mit Kunst, mit Staat, Religion, Bildung hantiert – um aus guten Gründen von unsern »Gefäßen« zu schweigen – der findet die Menschen in einer gewissen barbarischen Willkürlichkeit und Übertriebenheit der Ausdrücke, und dem werdenden Genius steht gerade dies am meisten entgegen, daß so wunderliche Begriffe und so grillenhafte Bedürfnisse zu seiner Zeit im Schwange gehen: diese sind der bleierne Druck, welcher so oft, ungesehen und unerklärbar, seine Hand niederzwingt, wenn er den Pflug führen will –

dergestalt, daß selbst seine höchsten Werke, weil sie mit Gewalt sich emporrissen, auch bis zu einem Grade den Ausdruck dieser Gewaltsamkeit an sich tragen müssen.

Wenn ich mir nun die Bedingungen zusammensuche, mit deren Beihilfe, im glücklichsten Falle, ein geborener Philosoph durch die geschilderte zeitgemäße Verschrobenheit wenigstens nicht erdrückt wird, so bemerke ich etwas Sonderbares: es sind zum Teil gerade die Bedingungen, unter denen, im allgemeinen wenigstens, Schopenhauer selber aufwuchs. Zwar fehlte es nicht an entgegenstrebenden Bedingungen: so trat in seiner eitlen und schöngeisterischen Mutter jene Verschrobenheit der Zeit ihm auf eine fürchterliche Weise nahe. Aber der stolze und republikanisch freie Charakter seines Vaters rettete ihn gleichsam vor seiner Mutter und gab ihm das erste, was ein Philosoph braucht: unbeugsame und rauhe Männlichkeit. Dieser Vater war weder ein Beamter noch ein Gelehrter: er reiste mit dem Jüngling vielfach in fremden Ländern umher – alles ebenso viele Begünstigungen für den, welcher nicht Bücher, sondern Menschen kennen, nicht eine Regierung, sondern die Wahrheit verehren lernen soll. Beizeiten wurde er gegen die nationalen Beschränktheiten abgestumpft oder allzu geschärft; er lebte in England, Frankreich und Italien nicht anders als in seiner Heimat und fühlte mit dem spanischen Geiste keine geringe Sympathie. Im ganzen schätzte er es nicht als eine Ehre, gerade unter Deutschen geboren zu sein; und ich weiß nicht einmal, ob er sich bei den neuen politischen Verhältnissen anders besonnen haben würde. Vom Staate hielt er bekanntlich, daß seine einzigen Zwecke seien, Schutz nach außen, Schutz nach innen und Schutz gegen die Beschützer zu geben, und daß, wenn man ihm noch andre Zwecke, außer dem des Schutzes, andichte, dies leicht den wahren Zweck in Gefahr setzen könne –: deshalb vermachte er, zum Schrecken aller sogenannten Liberalen, sein Vermögen den Hinterlassenen jener preußischen Soldaten, welche 1848 im Kampf für die Ordnung gefallen waren. Wahrscheinlich wird es von jetzt ab immer mehr das Zeichen geistiger Überlegenheit sein, wenn jemand den Staat und seine Pflichten einfach zu nehmen versteht; denn der, welcher den *furor philosophicus* im Leibe hat, wird schon gar keine Zeit mehr für den *furor politicus* haben und sich weislich hüten, jeden Tag Zeitungen zu lesen oder gar einer Partei zu dienen: ob er schon keinen Augenblick anstehen wird, bei einer wirklichen Not seines Vaterlandes auf seinem Platze zu sein. Alle Staaten sind schlecht eingerichtet, bei denen noch andere als die Staatsmänner sich um Politik bekümmern müssen, und sie verdienen es, an diesen vielen Politikern zugrunde zu gehen.

Eine andre große Begünstigung wurde Schopenhauern dadurch zuteil, daß er nicht von vornherein zum Gelehrten bestimmt und erzogen wurde, sondern wirklich einige Zeit, wenn schon mit Widerstreben, in einem kaufmännischen Kontor arbeitete und jedenfalls seine ganze Jugend hindurch die freiere Luft eines großen Handelshauses in sich einatmete. Ein Gelehrter kann nie ein Philosoph werden; denn selbst Kant vermochte es nicht, sondern blieb bis zum Ende, trotz dem angeborenen Drange seines Genius, in einem gleichsam verpuppten Zustande. Wer da glaubt, daß ich mit diesem Worte Kanten unrecht tue, weiß nicht, was ein Philosoph ist, nämlich nicht nur ein großer Denker, sondern auch ein wirklicher Mensch; und wann wäre je aus einem Gelehrten ein wirklicher Mensch geworden? Wer zwischen sich und die Dinge Begriffe, Meinungen, Vergangenheiten, Bücher treten läßt, wer also, im weitesten Sinne, zur Historie geboren ist, wird die Dinge nie zum ersten Male sehen und nie selber ein solches erstmalig gesehenes Ding sein; beides gehört aber bei einem Philosophen ineinander, weil er die meiste Belehrung aus sich nehmen muß und weil er sich selbst als Abbild und Abbreviatur der ganzen Welt dient. Wenn einer sich vermittelst fremder Meinungen anschaut, was Wunder, wenn er auch an sich nichts sieht als – fremde Meinungen! Und so sind, leben und sehen die Gelehrten. Schopenhauer dagegen hatte das unbeschreibliche Glück, nicht nur in sich den Genius aus der Nähe zu sehen, sondern auch außer sich, in Goethe: durch diese doppelte Spiegelung war er über alle gelehrtenhaften Ziele und Kulturen von Grund aus belehrt und weise geworden. Vermöge dieser Erfahrung wußte er, wie der freie und starke Mensch beschaffen sein muß, zu dem sich jede künstlerische Kultur hinsehnt; konnte er, nach diesem Blicke, wohl noch viel Lust übrig haben, sich mit der sogenannten »Kunst« in der gelehrten oder hypokritischen Manier des modernen Menschen zu befassen? Hatte er doch sogar noch etwas Höheres gesehn: eine furchtbare überweltliche Szene des Gerichts, in der alles Leben, auch das höchste und vollendete, gewogen und zu leicht befunden wurde: er hatte den Heiligen als Richter des Daseins gesehn. Es ist gar nicht zu bestimmen, wie frühzeitig Schopenhauer dieses Bild des Lebens geschaut haben muß, und zwar gerade so, wie er es später in allen seinen Schriften nachzumalen versuchte; man kann beweisen, daß der Jüngling, und möchte glauben, daß das Kind schon diese ungeheure Vision gesehn hat. Alles, was er später aus Leben und Büchern, aus allen Reichen der Wissenschaft sich aneignete, war ihm beinahe nur Farbe und Mittel des Ausdrucks; selbst die Kantische Philosophie wurde von ihm vor allem als ein außerordentliches rhetorisches Instrument hinzugezogen, mit dem er sich noch deutlicher über jenes Bild auszusprechen glaubte: wie ihm zu gleichem Zwecke auch gelegentlich die buddhistische und christliche Mythologie diente. Für ihn gab es nur eine Aufgabe und hunderttausend Mittel, sie zu lösen: einen Sinn und unzählige Hieroglyphen, um ihn auszudrücken.

Es gehörte zu den herrlichen Bedingungen seiner Existenz, daß er wirklich einer solchen Aufgabe, gemäß seinem Wahlspruche *vitam impendere vero*, leben konnte und daß keine eigentliche Gemeinheit der Lebensnot ihn niederzwang: – es ist bekannt, in welcher großartigen Weise er gerade dafür seinem Vater dankte; während in Deutschland der theoretische Mensch meistens auf Unkosten der Reinheit seines Charakters seine wissenschaftliche Bestimmung durchsetzt, als ein »rücksichtsvoller Lump«, stellen- und ehrensüchtig, behutsam und biegsam, schmeichlerisch gegen Einflußreiche und Vorgesetzte. Leider hat Schopenhauer durch nichts zahlreiche Gelehrte mehr beleidigt als dadurch, daß er ihnen nicht ähnlich sieht.

8

Damit sind einige Bedingungen genannt, unter denen der philosophische Genius in unserer Zeit trotz der schädlichen Gegenwirkungen wenigstens entstehen kann: freie Männlichkeit des Charakters, frühzeitige Menschenkenntnis, keine gelehrte Erziehung, keine patriotische Einklemmung, kein Zwang zum Brot-Erwerben, keine Beziehung zum Staate – kurz, Freiheit und immer wieder Freiheit: dasselbe wunderbare und gefährliche Element, in welchem die griechischen Philosophen aufwachsen durften. Wer es ihm vorwerfen will, was Niebuhr dem Plato vorwarf, daß er ein schlechter Bürger gewesen sei, soll es tun und nur selber ein guter Bürger sein: so wird er im Rechte sein und Plato ebenfalls. Ein anderer wird jene große Freiheit als Überhebung deuten: auch er hat recht, weil er selber mit jener Freiheit nichts Rechtes anfangen und sich allerdings sehr überheben würde, falls er sie für sich begehrte. Jene Freiheit ist wirklich eine schwere Schuld; und nur durch große Taten läßt sie sich abbüßen. Wahrlich, jeder gewöhnliche Erdensohn hat das Recht, mit Groll auf einen solchermaßen Begünstigten hinzusehn: nur mag ihn ein Gott davor bewahren, daß er nicht selbst so begünstigt, das heißt so furchtbar verpflichtet werde. Er ginge ja sofort an seiner Freiheit und seiner Einsamkeit zugrunde und würde zum Narren, zum boshaften Narren aus Langeweile. –

Aus dem bisher Besprochnen vermag vielleicht der eine oder der andre Vater etwas zu lernen und für die private Erziehung seines Sohnes irgendwelche Nutzanwendung zu machen; obschon wahrhaftig nicht zu erwarten ist, daß die Väter gerade nur Philosophen zu Söhnen haben möchten. Wahrscheinlich werden zu allen Zeiten die Väter sich am meisten gegen das Philosophentum ihrer Söhne, als gegen die größte Verschrobenheit, gesträubt haben; Sokrates fiel bekanntlich dem Zorne der Väter über die »Verführung der Jugend« zum Opfer, und Plato hielt aus eben den Gründen die Aufrichtung eines ganz neuen Staates für notwendig, um die Entstehung des Philosophen nicht von der Unvernunft der Väter abhängig zu machen. Beinahe sieht es nun so aus, als ob Plato wirklich etwas erreicht habe. Denn der moderne Staat rechnet jetzt die Förderung der Philosophie zu *seinen* Aufgaben und sucht zu jeder Zeit eine Anzahl Menschen mit jener »Freiheit« zu beglücken, unter der wir die wesentlichste Bedingung zur Genesis des Philosophen verstehen. Nun hat Plato ein wunderliches Unglück in der Geschichte gehabt: sobald einmal ein Gebilde entstand, welches seinen Vorschlägen im wesentlichen entsprach, war es immer bei genauerem Zusehen das untergeschobene Kind eines Kobolds, ein häßlicher Wechselbalg; etwa wie der mittelalterliche Priesterstaat es war, verglichen mit der von ihm geträumten Herrschaft der »Göttersöhne«. Der moderne Staat ist nun zwar davon am weitesten entfernt, gerade die Philosophen zu Herrschern zu machen – Gottlob! wird jeder Christ hinzufügen –: aber selbst jene Förderung der Philosophie, wie er sie versteht, müßte doch einmal darauf hin angesehn werden, ob er sie *platonisch* versteht, ich meine: so ernst und aufrichtig, als ob es seine höchste Absicht dabei wäre, neue Platone zu erzeugen. Wenn für gewöhnlich der Philosoph in seiner Zeit als zufällig erscheint – stellt sich wirklich der Staat jetzt die Aufgabe, diese Zufälligkeit mit Bewußtsein in eine Notwendigkeit zu übersetzen und der Natur auch hier nachzuhelfen?

Die Erfahrung belehrt uns leider eines Bessern – oder Schlimmern: sie sagt, daß in Hinsicht auf die großen Philosophen von Natur nichts ihrer Erzeugung und Fortpflanzung so im Wege steht als die schlechten Philosophen von Staats wegen. Ein peinlicher Gegenstand, nicht wahr? – bekanntlich derselbe, auf den Schopenhauer in seiner berühmten Abhandlung über Universitätsphilosophie zuerst die Augen gerichtet hat. Ich komme auf diesen Gegenstand zurück: denn man muß die Menschen zwingen, ihn ernst zu nehmen, das heißt sich durch ihn zu einer Tat bestimmen zu lassen, und ich erachte jedes Wort für unnütz geschrieben, hinter dem nicht eine solche Aufforderung zur Tat steht; und jedenfalls ist es gut, Schopenhauers für immer gültige Sätze noch einmal, und zwar geradewegs in bezug auf unsre allernächsten Zeitgenossen, zu demonstrieren, da ein Gutmütiger meinen könnte, daß seit seinen schweren Anklagen sich alles in Deutschland zum Bessern gewendet habe. Sein Werk ist noch nicht einmal in diesem Punkte, so geringfügig er ist, zu Ende gebracht.

Genauer zugesehen ist jene »Freiheit«, mit welcher der Staat jetzt, wie ich sage, einige Menschen zugunsten der Philosophie beglückt, schon gar keine Freiheit, sondern ein Amt, das seinen Mann nährt. Die Förderung der Philosophie besteht also nur darin, daß es heutzutage wenigstens einer Anzahl Menschen durch den Staat ermöglicht wird, von ihrer Philosophie zu *leben*, dadurch, daß sie aus ihr einen Broterwerb machen können: während die alten Weisen Griechenlands von seiten des Staates nicht besoldet, sondern höchstens einmal, wie Zeno, durch eine goldene Krone und ein Grabmal auf dem Kerameikos geehrt wurden. Ob nun der Wahrheit damit gedient wird, daß man einen Weg zeigt, wie man von ihr leben könne, weiß ich im allgemeinen nicht zu sagen, weil hier alles auf Art und Güte des einzelnen Menschen ankommt, welchen man diesen Weg gehen heißt. Ich könnte mir recht gut einen Grad von Stolz und Selbstachtung denken, bei dem ein Mensch zu seinen Mitmenschen sagt: sorgt ihr für mich, denn ich habe Besseres zu tun, nämlich für euch zu sorgen. Bei Plato und Schopenhauer würde eine solche Großartigkeit von Gesinnung und Ausdruck derselben nicht befremden; weshalb gerade sie sogar Universitätsphilosophen sein könnten, wie Plato zeitweilig Hofphilosoph war, ohne die Würde der Philosophie zu erniedrigen. Aber schon Kant war, wie wir Gelehrte zu sein pflegen, rücksichtsvoll, unterwürfig und, in seinem Verhalten gegen den Staat, ohne Größe: so daß er jedenfalls, wenn die Universitätsphilosophie einmal angeklagt werden sollte, sie nicht rechtfertigen könnte. Gibt es aber Naturen, welche sie zu rechtfertigen vermöchten – eben wie die Schopenhauers und Platos – so fürchte ich nur eins: sie werden niemals dazu Anlaß haben, weil nie ein Staat es wagen würde, solche Menschen zu begünstigen und in jene Stellungen zu versetzen. Weshalb doch? Weil jeder Staat sie fürchtet und immer nur Philosophen begünstigen wird, vor denen er sich nicht fürchtet. Es kommt nämlich vor, daß der Staat vor der Philosophie überhaupt Furcht hat, und gerade, wenn dies der Fall ist, wird er um so mehr Philosophen an sich heranzuziehn suchen, welche ihm den Anschein geben, als ob er die Philosophie auf seiner Seite habe – weil er diese Menschen auf seiner Seite hat, welche ihren Namen führen und doch so gar nicht furchteinflößend sind. Sollte aber ein Mensch auftreten, welcher wirklich Miene macht, mit dem Messer der Wahrheit allem, auch dem Staate, an den Leib zu gehen, so ist der Staat, weil er vor allem seine Existenz bejaht, im Recht, einen solchen von sich auszuschließen und als seinen Feind zu behandeln: ebenso wie er eine Religion ausschließt und als Feind behandelt, welche sich über ihn stellt und sein Richter sein will. Erträgt es jemand also, Philosoph von Staats wegen zu sein, so muß er es auch ertragen, von ihm so angesehen zu werden, als ob er darauf verzichtet habe, der Wahrheit in alle Schlupfwinkel nachzugehen. Mindestens solange er begünstigt und angestellt ist, muß er über der Wahrheit noch etwas Höheres anerkennen, den Staat. Und nicht bloß den Staat, sondern alles zugleich, was der Staat zu seinem Wohle heischt: zum Beispiel eine bestimmte Form der Religion, der gesellschaftlichen Ordnung, der Heeresverfassung – allen solchen Dingen steht ein *Noli me tangere* angeschrieben. Sollte wohl je ein Universitätsphilosoph sich den ganzen Umfang seiner Verpflichtung und Beschränkung klargemacht haben? Ich weiß es nicht; hat es einer getan und bleibt doch Staatsbeamter, so war er jedenfalls ein schlechter Freund der Wahrheit; hat er es nie getan – nun, ich sollte meinen, auch dann wäre er kein Freund der Wahrheit.

Dies ist das allgemeinste Bedenken: als solches aber freilich für Menschen, wie sie jetzt sind, das schwächste und gleichgültigste. Den meisten wird genügen, mit der Achsel zu zucken und zu sagen: »als ob wohl je sich etwas Großes und Reines auf dieser Erde habe aufhalten und festhalten können, ohne Konzessionen an die menschliche Niedrigkeit zu machen! Wollt ihr denn, daß der Staat den Philosophen lieber verfolge, als daß er ihn besolde und in seinen Dienst nehme?« Ohne auf diese letzte Frage jetzt schon zu antworten, füge ich nur hinzu, daß diese Konzessionen der Philosophie an den Staat doch gegenwärtig sehr weit gehen. Erstens: der Staat wählt sich seine philosophischen Diener aus, und das Ansehn, zwischen guten und schlechten Philosophen unterscheiden zu können, noch mehr, er setzt voraus, daß es immer genug von den *guten* geben müsse, um alle seine Lehrstühle mit ihnen zu besetzen. Nicht nur in betreff der Güte, sondern auch der notwendigen Zahl der guten ist er jetzt die Auktorität. Zweitens: er zwingt die, welche er sich ausgewählt hat, zu einem Aufenthalt an einem bestimmten Orte, unter bestimmten Menschen, zu einer bestimmten Tätigkeit; sie sollen jeden akademischen Jüngling, der Lust dazu hat, unterrichten, und zwar täglich, an festgesetzten Stunden. Frage: kann sich eigentlich ein Philosoph mit gutem Gewissen verpflichten, täglich etwas zu haben, was er lehrt? Und das vor jedermann zu lehren, der zuhören will? Muß er sich nicht den Anschein geben, mehr zu wissen, als er weiß? Muß er nicht über Dinge vor einer unbekannten Zuhörerschaft reden, über welche er nur mit den nächsten Freunden ohne Gefahr reden dürfte? Und überhaupt: beraubt er sich nicht seiner herrlichsten Freiheit, seinem Genius zu folgen, wann dieser ruft und wohin dieser ruft? – dadurch, daß er zu bestimmten Stunden öffentlich über Vorher-Bestimmtes zu denken verpflichtet ist. Und dies vor Jünglingen! Ist ein solches Denken nicht von vornherein gleichsam entmannt! Wie, wenn er nun gar eines Tages fühlte: heute kann ich nichts denken, es fällt mir nichts Gescheites ein – und trotzdem müßte er sich hinstellen und zu denken scheinen!

Aber, wird man einwenden, er soll ja gar nicht Denker sein, sondern höchstens Nach- und Überdenker, vor allem aber gelehrter Kenner aller früheren Denker; von denen wird er immer etwas erzählen können, das seine Schüler nicht wissen. – Dies ist gerade die dritte höchst gefährliche Konzession der Philosophie an den Staat, wenn sie sich ihm verpflichtet, zuerst und hauptsächlich als Gelehrsamkeit aufzutreten. Vor allem als Kenntnis der Geschichte der Philosophie: während für den Genius, welcher rein und mit Liebe, dem Dichter ähnlich, auf die Dinge blickt und sich nicht tief genug in sie hineinlegen kann, das Wühlen in zahllosen fremden und verkehrten Meinungen so ziemlich das widrigste und ungelegenste Geschäft ist. Die gelehrte Historie des Vergangenen war nie das Geschäft eines wahren Philosophen, weder in Indien noch in Griechenland; und ein Philosophieprofessor muß es sich, wenn er sich mit solcherlei Arbeit befaßt, gefallen lassen, daß man von ihm, bestenfalls, sagt: er ist ein tüchtiger Philolog, Antiquar, Sprachkenner, Historiker – aber nie: er ist ein Philosoph. Jenes auch nur bestenfalls, wie bemerkt: denn bei den meisten gelehrten Arbeiten, welche Universitätsphilosophen machen, hat ein Philolog das Gefühl, daß sie schlecht gemacht sind, ohne wissenschaftliche Strenge und meistens mit einer hassenswürdigen Langweiligkeit. Wer erlöst zum Beispiel die Geschichte der griechischen Philosophen wieder von dem einschläfernden Dunste, welchen die gelehrten, doch nicht allzu wissenschaftlichen und leider gar zu langweiligen Arbeiten Ritters, Brandis und Zellers darüber ausgebreitet haben? Ich wenigstens lese Laërtius Diogenes lieber als Zeller, weil in jenem wenigstens der Geist der alten Philosophen lebt, in diesem aber weder der noch irgendein andrer Geist. Und zuletzt in aller Welt: was geht unsre Jünglinge die Geschichte der Philosophie an? Sollen sie durch das Wirrsal der Meinungen entmutigt werden, Meinungen zu haben? Sollen sie angelehrt werden, in den Jubel einzustimmen, wie wirs doch so herrlich weit gebracht? Sollen sie etwa gar die Philosophie hassen oder verachten lernen? Fast möchte man das letztere denken, wenn man weiß, wie sich Studenten ihrer philosophischen Prüfungen wegen zu martern haben, um die tollsten und spitzesten Einfälle des menschlichen Geistes, neben den größten und schwerfaßlichsten, sich in das arme Gehirn einzudrücken. Die einzige Kritik einer Philosophie, die möglich ist und die auch etwas beweist, nämlich zu versuchen, ob man nach ihr leben könne, ist nie auf Universitäten gelehrt worden: sondern immer die Kritik der Worte über Worte. Und nun denke man sich einen jugendlichen Kopf, ohne viel

Erfahrung durch das Leben, in dem fünfzig Systeme als Worte und fünfzig Kritiken derselben neben- und durcheinander aufbewahrt werden – welche Wüstenei, welche Verwilderung, welcher Hohn auf eine Erziehung zur Philosophie! In der Tat wird auch zugeständlich gar nicht zu ihr erzogen, sondern zu einer philosophischen Prüfung: deren Erfolg bekanntlich und gewöhnlich ist, daß der Geprüfte, ach Allzu-Geprüfte! – sich mit einem Stoßseufzer eingesteht: »Gott sei Dank, daß ich kein Philosoph bin, sondern Christ und Bürger meines Staates!«

Wie, wenn dieser Stoßseufzer eben die Absicht des Staates wäre und die »Erziehung zur Philosophie« nur eine Abziehung von der Philosophie? Man frage sich. – Sollte es aber so stehen, so ist nur eins zu fürchten: daß endlich einmal die Jugend dahinterkommt, wozu hier eigentlich die Philosophie gemißbraucht wird. Das Höchste, die Erzeugung des philosophischen Genius, nichts als ein Vorwand? Das Ziel vielleicht gerade, dessen Erzeugung zu verhindern? Der Sinn in den Gegensinn umgedreht? Nun dann – wehe dem ganzen Komplex von Staats- und Professoren-Klugheit.

Und sollte so etwas bereits ruchbar geworden sein? Ich weiß es nicht; jedenfalls ist die Universitätsphilosophie einer allgemeinen Mißachtung und Anzweifelung verfallen. Zum Teil hängt dies damit zusammen, daß jetzt gerade ein schwächliches Geschlecht auf den Kathedern herrscht; und Schopenhauer würde, wenn er jetzt seine Abhandlung über Universitätsphilosophie zu schreiben hätte, nicht mehr die Keule nötig haben, sondern mit einem Binsenrohre siegen. Es sind die Erben und Nachkommen jener Afterdenker, denen er auf die vielverdrehten Köpfe schlug: sie nehmen sich säuglings- und zwergenhaft genug aus, um an den indischen Spruch zu erinnern: »nach ihren Taten werden die Menschen geboren, dumm, stumm, taub, mißgestaltet«. Jene Väter verdienten eine solche Nachkommenschaft, nach ihren »Taten«, wie der Spruch sagt. Daher ist es außer allem Zweifel, daß die akademischen Jünglinge sich sehr bald ohne die Philosophie, welche auf ihren Universitäten gelehrt wird, behelfen werden, und daß die außerakademischen Männer sich jetzt bereits ohne sie behelfen. Man gedenke nur an seine eigne Studentenzeit; für mich zum Beispiel waren die akademischen Philosophen ganz und gar gleichgültige Menschen und galten mir als Leute, die aus den Ergebnissen der andern Wissenschaften sich etwas zusammenrührten, in Mußestunden Zeitungen lasen und Konzerte besuchten; die übrigens selbst von ihren akademischen Genossen mit einer artig maskierten Geringschätzung behandelt wurden. Man traute ihnen zu, wenig zu wissen und nie um eine verdunkelnde Wendung verlegen zu sein, um über diesen Mangel des Wissens zu täuschen. Mit Vorliebe hielten sie sich deshalb an solchen dämmerigen Orten auf, wo es ein Mensch mit hellen Augen nicht lange aushält. Der eine wendete gegen die Naturwissenschaften ein: keine kann mir das einfachste Werden völlig erklären, was liegt mir also an ihnen allen? Ein andrer sagte von der Geschichte: dem, welcher die Ideen hat, sagt sie nichts Neues – kurz, sie fanden immer Gründe, weshalb es philosophischer sei, nichts zu wissen als etwas zu lernen. Ließen sie sich aber aufs Lernen ein, so war dabei ihr geheimer Impuls, den Wissenschaften zu entfliehen und in irgendeiner ihrer Lücken und Unaufgehelltheiten ein dunkles Reich zu gründen. So gingen sie nur noch in *dem* Sinne den Wissenschaften voran, wie das Wild vor den Jägern, die hinter ihm her sind. Neuerdings gefallen sie sich mit der Behauptung, daß sie eigentlich nur die Grenzwächter und Aufpasser der Wissenschaften seien; dazu dient ihnen besonders die Kantische Lehre, aus welcher sie einen müßigen Skeptizismus zu machen beflissen sind, um den sich bald niemand mehr bekümmern wird. Nur hier und da schwingt sich noch einer von ihnen zu einer kleinen Metaphysik auf, mit den gewöhnlichen Folgen, nämlich Schwindel, Kopfschmerzen und Nasenbluten. Nachdem es ihnen so oft mit dieser Reise in den Nebel und die Wolken mißlungen ist, nachdem alle Augenblicke irgendein rauher hartköpfiger Jünger wahrer Wissenschaften sie bei dem Schopfe gefaßt und heruntergezogen hat, nimmt ihr Gesicht den habituellen Ausdruck der Zimperlichkeit und des Lügengestraftseins an. Sie haben ganz die fröhliche Zuversicht verloren, so daß keiner nur noch einen Schritt breit seiner Philosophie zu gefallen lebt. Ehemals glaubten einige von ihnen, neue Religionen erfinden oder alte durch ihre Systeme ersetzen zu können; jetzt ist ein solcher Übermut von ihnen gewichen, sie sind meistens fromme, schüchterne und unklare Leute, nie tapfer wie Lucrez und ingrimmig über den Druck, der auf den Menschen gelegen hat. Auch das logische Denken kann man bei ihnen nicht mehr lernen, und die sonst üblichen Disputierübungen haben sie in natürlicher Schätzung ihrer Kräfte eingestellt. Ohne Zweifel ist man jetzt auf der Seite der einzelnen Wissenschaften logischer, behutsamer, bescheidener, erfindungsreicher, kurz, es geht dort philosophischer zu als bei den sogenannten Philosophen: so daß jedermann dem unbefangnen Engländer Bagehot zustimmen wird, wenn dieser von den jetzigen Systembauern sagt: »Wer ist nicht fast im voraus überzeugt, daß ihre Prämissen eine wunderbare Mischung von Wahrheit und Irrtum enthalten und es daher nicht der Mühe verlohnt, über die Konsequenzen nachzudenken? Das fertig Abgeschlossne dieser Systeme zieht vielleicht die Jugend an und macht auf die Unerfahrnen Eindruck, aber ausgebildete Menschen lassen sich nicht davon blenden. Sie sind immer bereit, Andeutungen und Vermutungen günstig aufzunehmen, und die kleinste Wahrheit ist ihnen willkommen – aber ein großes Buch voll deduktiver Philosophie fordert den Argwohn heraus. Zahllose unbewiesene abstrakte Prinzipien sind von sanguinischen Leuten hastig gesammelt und in Büchern und Theorien sorgfältig in die Länge gezogen worden, um mit ihnen die ganze Welt zu erklären. Aber die Welt kümmert sich nicht um diese Abstraktionen, und das ist kein Wunder, da diese sich untereinander widersprechen.« Wenn ehedem der Philosoph, besonders in Deutschland, in so tiefes Nachdenken versunken war, daß er in fortwährender Gefahr schwebte, mit dem Kopf an jeden Balken zu rennen, so ist ihnen jetzt, wie es Swift von den Laputiern erzählt, eine ganze Schar von Klapperern beigegeben, um ihnen bei Gelegenheit einen sanften Schlag auf die Augen oder sonstwohin zu geben. Mitunter mögen diese Schläge etwas zu stark sein, dann vergessen sich wohl die Erdentrückten und schlagen wieder – etwas, was immer zu ihrer Beschämung abläuft. Siehst du nicht den Balken, du Duselkopf! sagt dann der Klapperer – und wirklich sieht der Philosoph öfters den Balken und wird wieder sanft. Diese Klapperer sind die Naturwissenschaften und die Historie; allmählich haben diese die deutsche Traum- und Denkwirtschaft, die so lange Zeit mit der Philosophie verwechselt wurde, dermaßen eingeschüchtert, daß jene Denkwirte den Versuch, selbständig zu gehen, gar zu gern aufgeben möchten; wenn sie aber jenen unversehens in die Arme fallen oder ein Gängelbändchen an sie anbinden wollen, um sich selbst zu gängeln, so klappern jene sofort so fürchterlich wie möglich – als ob sie sagen wollten: »das fehlte nur noch, daß so ein Denkwirt uns die Naturwissenschaften oder die Historie verunreinigte! Fort mit ihm!« Da schwanken sie nun wieder zurück, zu ihrer eignen Unsicherheit und Ratlosigkeit: durchaus wollen sie ein wenig Naturwissenschaft zwischen den Händen haben, etwa als empirische Psychologie, wie die Herbartianer, durchaus auch ein wenig Historie – dann können sie wenigstens öffentlich so tun, als ob sie sich wissenschaftlich beschäftigten, ob sie gleich im stillen alle Philosophie und alle Wissenschaft zum Teufel wünschen.

Aber zugegeben, daß diese Schar von schlechten Philosophen lächerlich ist – und wer wird es nicht zugeben? – inwiefern sind sie denn auch *schädlich*? Kurz geantwortet: *dadurch, daß sie die Philosophie zu einer lächerlichen Sache machen*. Solange das staatlich anerkannte Afterdenkertum bestehen bleibt, wird jede großartige Wirkung einer wahren Philosophie vereitelt oder mindestens gehemmt, und zwar durch nichts als durch den Fluch des Lächerlichen, den die Vertreter jener großen Sache sich zugezogen haben, der aber die Sache selber trifft. Deshalb nenne ich es eine Forderung der Kultur, der Philosophie jede staatliche und akademische Anerkennung zu entziehn und überhaupt Staat und Akademie der für sie unlösbaren Aufgabe zu entheben, zwischen wahrer und scheinbarer Philosophie zu unterscheiden. Laßt die Philosophen immerhin wild wachsen, versagt ihnen jede Aussicht auf Anstellung und Einordnung in die bürgerlichen Berufsarten, kitzelt sie nicht mehr durch Besoldungen, ja noch mehr: verfolgt sie, seht ungnädig auf sie – ihr sollt Wunderdinge erleben! Da werden sie auseinanderflüchten und hier und dort ein Dach suchen, die armen Scheinbaren; hier öffnet sich eine Pfarrei, dort eine Schulmeisterei, dieser verkriecht sich bei der Redaktion einer Zeitung, jener schreibt Lehrbücher für höhere Töchterschulen, der Vernünftigste von ihnen ergreift den Pflug und der Eitelste geht zu Hofe. Plötzlich ist alles leer, das Nest ausgeflogen: denn es ist leicht, sich von den schlechten Philosophen zu befreien, man braucht sie nur einmal nicht zu begünstigen. Und das ist jedenfalls mehr anzuraten als irgendeine Philosophie, *sie sei, welche sie wolle,* öffentlich, von Staats wegen, zu patronisieren.

Dem Staat ist es nie an der Wahrheit gelegen, sondern immer nur an der ihm nützlichen Wahrheit, noch genauer gesagt, überhaupt an allem ihm Nützlichen, sei dies nun Wahrheit, Halbwahrheit oder Irrtum. Ein Bündnis von Staat und Philosophie hat also nur dann einen Sinn, wenn die Philosophie versprechen kann, dem Staat unbedingt nützlich zu sein, das heißt den

Staatsnutzen höher zu stellen als die Wahrheit. Freilich wäre es für den Staat etwas Herrliches, auch die Wahrheit in seinem Dienste und Solde zu haben; nur weiß er selbst recht wohl, daß es zu ihrem *Wesen* gehört, nie Dienste zu tun, nie Sold zu nehmen. Somit hat er in dem, was er hat, nur die falsche »Wahrheit«, eine Person mit einer Larve; und diese kann ihm nun leider auch nicht leisten, was er von der echten Wahrheit so sehr begehrt: seine eigene Gültig- und Heiligsprechung. Wenn ein mittelalterlicher Fürst vom Papste gekrönt werden wollte, aber es von ihm nicht erlangen konnte, so ernannte er wohl einen Gegenpapst, der ihm dann diesen Dienst erwies. Das mochte bis zu einem gewissen Grade angehen; aber es geht nicht an, wenn der moderne Staat eine Gegenphilosophie ernennt, von der er legitimiert werden will: denn er hat nach wie vor die Philosophie gegen sich, und zwar jetzt mehr als vorher. Ich glaube allen Ernstes, es ist ihm nützlicher, sich gar nicht mit ihr zu befassen, gar nichts von ihr zu begehren und sie, so lange es möglich ist, als etwas Gleichgültiges gehen zu lassen. Bleibt es nicht bei dieser Gleichgültigkeit, wird sie gegen ihn gefährlich und angreifend, so mag er sie verfolgen. – Da der Staat kein weiteres Interesse an der Universität haben kann, als durch sie ergebene und nützliche Staatsbürger zu erziehen, so sollte er Bedenken tragen, diese Ergebenheit, diesen Nutzen dadurch in Frage zu stellen, daß er von den jüngern Männern eine Prüfung in der Philosophie verlangt: zwar in Anbetracht der trägen und unbefähigten Köpfe mag es das rechte Mittel sein, um von ihrem Studium überhaupt abzuschrecken, dadurch, daß man sie zu einem Examengespenst macht; aber dieser Gewinn vermag nicht den Schaden aufzuwiegen, welchen ebendieselbe erzwungene Beschäftigung bei den waghalsigen und unruhigen Jünglingen hervorruft; sie lernen verbotene Bücher kennen, beginnen ihre Lehrer zu kritisieren und merken endlich gar den Zweck der Universitätsphilosophie und jener Prüfungen – gar nicht zu reden von den Bedenken, auf welche junge Theologen bei dieser Gelegenheit geraten können und infolge deren sie in Deutschland auszusterben anfangen, wie in Tirol die Steinböcke. – Ich weiß wohl, welche Einwendung der Staat gegen diese ganze Betrachtung machen konnte, solange noch die schöne grüne Hegelei auf allen Feldern aufwuchs: aber nachdem diese Ernte verhagelt ist und von allen den Versprechungen, welche man damals sich von ihr machte, nichts

sich erfüllt hat und alle Scheuern leer blieben – da wendet man
lieber nichts mehr ein, sondern wendet sich von der Philosophie
ab. Man hat jetzt die Macht: damals, zur Zeit Hegels, wollte
man sie haben – das ist ein großer Unterschied. Der Staat
braucht die Sanktion durch die Philosophie nicht mehr, dadurch
ist sie für ihn überflüssig geworden. Wenn er ihre Professuren
nicht mehr unterhält, oder, wie ich für die nächste Zeit voraus-
setze, nur noch scheinbar und lässig unterhält, so hat er seinen
Nutzen dabei – doch wichtiger scheint es mir, daß auch die Universität darin ihren Vorteil sieht. Wenigstens sollte ich denken,
eine Stätte wirklicher Wissenschaften müsse sich dadurch gefördert sehen, wenn sie von der Gemeinschaft mit einer Halb- und
Viertelswissenschaft befreit werde. Überdies steht es um die
Achtbarkeit der Universitäten viel zu seltsam, um nicht prinzipiell die Ausscheidung von Disziplinen wünschen zu müssen,
welche von den Akademikern selbst gering geachtet werden.
Denn die Nichtakademiker haben gute Gründe zu einer gewissen
allgemeinen Mißachtung der Universitäten; sie werfen ihnen
vor, daß sie feige sind, daß die kleinen sich vor den großen und
daß die großen sich vor der öffentlichen Meinung fürchten; daß
sie in allen Angelegenheiten höherer Kultur nicht vorangehen,
sondern langsam und spät hinterdrein hinken; daß die eigentliche Grundrichtung angesehener Wissenschaften gar nicht mehr
eingehalten wird. Man treibt zum Beispiel die sprachlichen Studien eifriger als je, ohne daß man für sich selbst eine strenge Erziehung in Schrift und Rede für nötig befände. Das indische Altertum eröffnet seine Tore, und seine Kenner haben zu den unvergänglichen Werken der Inder, zu ihren Philosophien, kaum
ein anderes Verhältnis als ein Tier zur Lyra: obschon Schopenhauer das Bekanntwerden der indischen Philosophie für einen
der größten Vorteile hielt, welche unser Jahrhundert vor anderen voraushabe. Das klassische Altertum ist zu einem beliebigen
Altertum geworden und wirkt nicht mehr klassisch und vorbild-
lich; wie seine Jünger beweisen, welche doch wahrhaftig keine
vorbildlichen Menschen sind. Wohin ist der Geist Friedrich August Wolfs hinverflogen, von dem Franz Passow sagen konnte, er
erscheine als ein echt patriotischer, echt humaner Geist, der allenfalls die Kraft hätte, einen Weltteil in Gärung und Flammen zu
versetzen – wo ist dieser Geist hin? Dagegen drängt sich immer
mehr der Geist der Journalisten auf der Universität ein, und

nicht selten unter dem Namen der Philosophie; ein glatter geschminkter Vortrag, Faust und Nathan den Weisen auf den Lippen, die Sprache und die Ansichten unserer ekelhaften Literaturzeitungen, neuerdings gar noch Geschwätz über unsere heilige deutsche Musik, selbst die Forderung von Lehrstühlen für Schiller und Goethe – solche Anzeichen sprechen dafür, daß der Universitätsgeist anfängt, sich mit dem Zeitgeiste zu verwechseln. Da scheint es mir von höchstem Werte, wenn außerhalb der Universitäten ein höheres Tribunal entsteht, welches auch diese Anstalten in Hinsicht auf die Bildung, die sie fördern, überwache und richte; und sobald die Philosophie aus den Universitäten ausscheidet und sich damit von allen unwürdigen Rücksichten und Verdunkelungen reinigt, wird sie gar nichts anderes sein können als ein solches Tribunal: ohne staatliche Macht, ohne Besoldung und Ehren, wird sie ihren Dienst zu tun wissen, frei vom Zeitgeist sowohl als von der Furcht vor diesem Geiste – kurz gesagt, so wie Schopenhauer lebte, als der Richter der ihn umgebenden sogenannten Kultur. Dergestalt vermag der Philosoph auch der Universität zu nützen, wenn er sich nicht mit ihr verquickt, sondern sie vielmehr aus einer gewissen würdevollen Weite übersieht.

Zuletzt aber – was gilt uns die Existenz eines Staates, die Förderung der Universitäten, wenn es sich doch vor allem um die Existenz der Philosophie auf Erden handelt! oder – um gar keinen Zweifel darüber zu lassen, was ich meine – wenn so unsäglich mehr daran gelegen ist, daß ein Philosoph auf Erden entsteht, als daß ein Staat oder eine Universität fortbesteht. In dem Maße, als die Knechtschaft unter öffentlichen Meinungen und die Gefahr der Freiheit zunimmt, kann sich die Würde der Philosophie erhöhen; sie war am höchsten unter den Erdbeben der untergehenden römischen Republik und in der Kaiserzeit, wo ihr Name und der der Geschichte *ingrata principibus nomina* wurden. Brutus beweist mehr für ihre Würde als Plato; es sind die Zeiten, in denen die Ethik aufhörte, Gemeinplätze zu haben. Wenn die Philosophie jetzt nicht viel geachtet wird, so soll man nur fragen, weshalb jetzt kein großer Feldherr und Staatsmann sich zu ihr bekennt – nur deshalb, weil in der Zeit, wo er nach ihr gesucht hat, ihm ein schwächliches Phantom unter dem Namen der Philosophie entgegenkam, jene gelehrtenhafte Katheder-Weisheit und Katheder-Vorsicht, kurz, weil ihm die Philosophie beizeiten eine lächerliche Sache geworden ist. Sie sollte ihm aber eine furchtbare Sache sein; und die Menschen, welche berufen sind, Macht zu suchen, sollten wissen, welche Quelle des Heroischen in ihr fließt. Ein Amerikaner mag ihnen sagen, was ein großer Denker, der auf diese Erde kommt, als neues Zentrum ungeheurer Kräfte zu bedeuten hat. »Seht euch vor«, sagt Emerson, »wenn der große Gott einen Denker auf unsern Planeten kommen läßt. Alles ist dann in Gefahr. Es ist, wie wenn in einer großen Stadt eine Feuersbrunst ausgebrochen ist, wo keiner weiß, was eigentlich noch sicher ist und wo es enden wird. Da ist nichts in der Wissenschaft, was nicht morgen eine Umdrehung erfahren haben möchte, da gilt kein literarisches Ansehen mehr noch die sogenannten ewigen Berühmtheiten; alle Dinge, die dem Menschen zu dieser Stunde teuer und wert sind, sind dies nur auf Rechnung der Ideen, die an ihrem geistigen Horizonte aufgestiegen sind und welche die gegenwärtige Ordnung der Dinge ebenso verursachen, wie ein Baum seine Äpfel trägt. *Ein neuer Grad der Kultur würde augenblicklich das ganze System menschlicher Bestrebungen einer Umwälzung unterwerfen.*« Nun, wenn solche Denker gefährlich sind, so ist freilich deutlich, weshalb unsre akademischen Denker ungefährlich sind; denn ihre Gedanken wachsen so friedlich im Herkömmlichen, wie nur je ein Baum seine Äpfel trug: sie erschrecken nicht, sie heben nicht aus den Angeln; und von ihrem ganzen Tichten und Trachten wäre zu sagen, was Diogenes, als man einen Philosophen lobte, seinerseits einwendete: »Was hat er denn Großes aufzuweisen, da er so lange Philosophie treibt und noch niemanden *betrübt* hat?« Ja, so sollte es auf der Grabschrift der Universitätsphilosophie heißen: »sie hat niemanden betrübt«. Doch ist dies freilich mehr das Lob eines alten Weibes, als einer Göttin der Wahrheit, und es ist nicht verwunderlich, wenn die, welche jene Göttin nur als altes Weib kennen, selber sehr wenig Männer sind und deshalb gebührendermaßen von den Männern der Macht gar nicht mehr berücksichtigt werden.

Steht es aber so in unsrer Zeit, so ist die Würde der Philosophie in den Staub getreten; es scheint, daß sie selber zu etwas Lächerlichem oder Gleichgültigem geworden ist: so daß alle ihre wahren Freunde verpflichtet sind, gegen diese Verwechslung Zeugnis abzulegen und mindestens so viel zu zeigen, daß nur jene falschen Diener und Unwürdenträger der Philosophie lächerlich oder gleichgültig sind. Besser noch, sie beweisen selbst durch die Tat, daß die Liebe zur Wahrheit etwas Furchtbares und Gewaltiges ist.

Dies und jenes bewies Schopenhauer – und wird es von Tag zu Tage mehr beweisen.

Erschienen 1874 als drittes Stück der *Unzeitgemäßen Betrachtungen*. Aus: *Werke* in drei Bänden. Hrsg. v. Karl Schlechta. München: Carl Hanser 1966. Abdruck mit freundlicher Genehmigung des Hanser Verlags.

Thomas Mann
Schopenhauer

Die Freude an einem metaphysischen System, die Befriedigung, welche die geistige Organisation der Welt in einem logisch geschlossenen, harmonisch in sich ruhenden Gedankenbau gewährt, ist immer hervorragend ästhetischer Art; sie ist derselben Herkunft wie das Vergnügen, die hohe und im letzten Grund immer weitere Genugtuung, mit der das ordnende, formende, die Wirrnis des Lebens durchsichtig und übersichtlich machende Wirken der Kunst uns beschenkt.

Wahrheit und Schönheit müssen aufeinander bezogen werden; sie bleiben, für sich genommen und ohne die Stütze, die eines im anderen findet, höchst schwankende Werte. Schönheit, die nicht die Wahrheit für sich hätte, sich nicht auf sie berufen dürfte, nicht aus ihr und durch sie lebte, wäre leere Chimäre – und »was ist Wahrheit?« Unsere aus einem mundus phaenomenon, einer vielfach bedingten Anschauung geschöpften Begriffe sind, wie die kritische Philosophie unterscheidet und gesteht, nur von immanentem, nicht von transzendentem Gebrauch: dieses Material unseres Denkens und nun gar die daraus zusammengesetzten Urteile sind ein inadäquates Mittel, das Wesen der Dinge selbst, den wahren Zusammenhang der Welt und des Daseins zu erfassen. Auch mit der überzeugtesten-überzeugendsten, der innig erlebtesten Bestimmung dessen, was der Erscheinung zum Grunde liegt, ist nicht die Wurzel der Dinge zutage gezogen. Was den Menschengeist allein zu dem inständigen Versuch, dies zu tun, ermutigt und berechtigt, ist die notwendige Annahme, daß auch unser selbsteigenes Wesen, das Tiefste in uns, jenem Weltgrunde angehören und darin wurzeln muß und daß hieraus denn doch vielleicht einige Data zur Aufklärung des Zusammenhanges der Welt der Erscheinungen mit dem wahren Wesen der Dinge zu gewinnen sein mögen.

Das lautet bescheiden. Es ist nicht weit entfernt von dem faustischen »Und sehe, daß wir nichts wissen können!«, und alles Auftrumpfen der Philosophie mit Redensarten wie »intellektuale

Anschauung« und »absolutes Denken« wirkt dagegen als Hybris und pompöse Narrheit. In der Tat: verbindet sich mit der Herkunft aus der erkenntniskritischen Schule ein cholerisch-polemisches Temperament, so geschieht es wohl, daß gegen solchen Dünkel, gegen ein Philosophentum des »absoluten Wissens« der grimmig-verächtliche Vorwurf der »Windbeutelei« erhoben wird. Und doch könnte das betroffene Denkertum diesen Vorwurf mit einem gewissen Recht seinem Urheber zurückgeben. Denn mit der Entwertung aller objektiven Erkenntnis durch die Feststellung, daß sie nichts als Erscheinungen liefert; durch die Bezweifelung des Intellekts als eines zulänglichen, irgend vertrauenswürdigen Erkenntnismittels; schon durch die Rechtfertigung alles Philosophierens allein dadurch, daß unser eigenstes Selbst – welches etwas ganz anderes und viel Früheres als der Intellekt – eine wurzelhafte Verbindung mit dem Weltgrunde haben müsse: mit alldem tritt in den Begriff der Wahrheitserkenntnis ein subjektivistisches Element, ein Element des Intuitiven, des Gefühlsmäßigen, um nicht zu sagen: des Affekthaften und Leidenschaftsbetonten ein, das unter einem rein geistigen, intellektualen Gesichtspunkt den Vorwurf der »Windbeutelei« wohl rechtfertigen würde – insofern nämlich eine *künstlerische* Weltkonzeption, an welcher nicht bloß der Kopf, sondern der ganze Mensch mit Herz und Sinn, mit Leib und Seele beteiligt ist, diesen strengen Namen verdient. Das Reich der Affekte und der Leidenschaft, das ist ja das Reich der Schönheit; nach einem geheimnisvollen Gesetz, welches das Gefühl an die Form bindet, es immer nach ihr verlangen, ja schon im Ursprunge eins mit ihr sein läßt, wird ein durch Passion empfangenes, ein mit vollem Menschsein erlebtes und erlittenes Weltbild in seiner Darstellung das Gepräge des Schönen tragen. Nichts von der Dürre und sinnlichen Langweiligkeit bloßer Verstandesspekulation wird ihm anhaften; als Geistesroman, als wunderbar gefügte, aus *einem* überall gegenwärtigen Gedankenkern entwickelte Ideensymphonie, als Kunstwerk, mit einem Wort, und wirkend durch allen Zauber der Kunst wird es hervortreten, und wie der Schmerz nach alter Gunst und Gnade, nach tiefer Affinität zwischen Leiden und Schönheit sich darin durch die Form erlöst, so ist es die Schönheit, welche Gewähr leistet für seine Wahrheit.

Die Philosophie Arthur Schopenhauers ist immer als hervorragend künstlerisch, ja als Künstlerphilosophie par excellence

empfunden worden. Nicht weil sie in so hohem Grade, zu einem
so großen Teile Philosophie der Kunst ist – tatsächlich nimmt
ihre ›Ästhetik‹ ein volles Viertel ihres ganzen Umfanges ein –;
auch nicht sowohl, weil ihre Komposition von so vollendeter
Klarheit, Durchsichtigkeit, Geschlossenheit, ihr Vortrag von einer Kraft, Eleganz, Treffsicherheit, einem leidenschaftlichen
Witz, einer klassischen Reinheit und großartig heiteren Strenge
des Sprachstils ist, wie dergleichen nie vorher in deutscher Philosophie gewahrt worden war: dies alles ist nur »Erscheinung«,
der notwendige und angeborne Schönheitsausdruck nur für das
Wesen, die innerste Natur dieses Denkertums, eine spannungsvolle, emotionale, zwischen heftigen Kontrasten, Trieb und
Geist, Leidenschaft und Erlösung spielende, kurzum dynamisch-
künstlerische Natur, die gar nicht anders als in Schönheitsformen, nicht anders denn als persönliche, durch die Kraft ihrer Erlebtheit, Erlittenheit überzeugende *Wahrheitsschöpfung* sich
offenbaren kann.

So kommt es, daß diese Philosophie ganz vorzugsweise unter
Künstlern und Eingeweihten der Kunst ihre Bewunderer, Zeugen, enthusiastischen Bekenner gefunden hat. Tolstoi hat Schopenhauer »den genialsten aller Menschen« genannt. Für Richard
Wagner, der durch einen Dichter, Georg Herwegh, zuerst auf
ihn hingewiesen wurde, war seine Lehre »ein wahres Himmelsgeschenk«, die tiefste Wohltat, das erleuchtendste, produktiv-stimulierendste geistige Erlebnis seiner Tage, nicht mehr und nicht
weniger als eine Offenbarung. Nietzsche, dessen Sendung es war,
Kunst und Erkenntnis, Wissenschaft und Leidenschaft einander
noch stärker zu nähern, Wahrheit und Schönheit noch tragisch-
rauschvoller ineinander übergehen zu lassen, als schon Schopenhauer es getan, sah in diesem seinen großen Lehrer und Meister;
er hat ihm, jung noch, eine seiner ›Unzeitgemäßen Betrachtungen‹, ›Schopenhauer als Erzieher‹, gewidmet und bewegte sich
namentlich zur Zeit seiner Wagner-Verherrlichung, als er die
›Geburt der Tragödie‹ schrieb, völlig in schopenhauerischen Gedankenbahnen. Aber auch nach der Absage des großen Selbstüberwinders an Wagner und Schopenhauer, die ein großes und
entscheidendes geistesgeschichtliches Ereignis war, hat er nicht
aufgehört zu lieben, wo er nicht mehr loben durfte, und wie sich
noch in dem schauerlich heiteren, in letzter Einsamkeitsüberreizung phosphoreszierenden Spätwerk ›Ecce homo‹ eine Seite

über den ›Tristan‹ findet, die von Entfremdung nichts und desto mehr von Leidenschaft spüren läßt, so hat dieser so edle wie gegen sich selbst schonungslose Geist dem großen Charakterbilde des philosophischen Bildners seiner Jugend bis ans Ende die ausdrucksvollsten Huldigungen dargebracht, und man kann sagen, daß sein Denken und Lehren nach der ›Überwindung‹ Schopenhauers mehr eine Fortbildung und Umdeutung von dessen Weltbild als eine wirkliche Trennung davon bedeutete.

Die Geschichte des schopenhauerischen Gedankens leitet zurück zu dem Quellpunkt abendländischen Erkenntnislebens, von wo der Wissenschaftssinn sowohl wie der Kunstgeist Europas ihren Ausgang nehmen, und an dem beide noch eines sind: sie führt zurück zu *Platon*. Die Dinge dieser Welt, lehrte der griechische Denker, haben kein wahres Sein: sie werden immer, sind aber nie. Zu Objekten eigentlicher Erkenntnis taugen sie nicht, denn solche kann es nur geben von dem, was an und für sich und immer auf gleiche Weise ist; sie aber, in ihrer Vielheit und ihrem bloß relativen, geborgten Sein, das man ebensowohl ein Nichtsein nennen könnte, sind immer nur das Objekt eines durch sinnliche Empfindung veranlaßten Dafürhaltens. Sie sind Schatten. Das allein wahrhaft Seiende, das immer ist und nie wird und vergeht, sind die realen Urbilder jener Schattenbilder, die ewigen *Ideen,* die Urformen aller Dinge. Diese haben keine Vielheit, denn jedes ist seinem Wesen nach nur Eines, das Urbild eben, dessen Nachbilder oder Schatten lauter ihm gleichnamige, einzelne, vergängliche Dinge derselben Art sind. Nicht wie diesen kommt den Ideen ein Entstehen und Vergehen zu: sie sind zeitlos und wahrhaft seiend, nicht werdend und untergehend, wie ihre hinfälligen Nachbilder. Von ihnen allein also auch gibt es eigentliche Erkenntnis, als von dem, was immer und in jedem Betrachter *ist.* Konkret gesprochen: *Der* Löwe, das ist die Idee; *ein* Löwe, das ist bloße Erscheinung und kann folglich nicht Gegenstand reiner Erkenntnis sein. Zwar ließe sich, banal genug, der Einwand erheben, daß nur das Erscheinungsbild des einzelnen, ›empirischen‹ Löwen uns die Möglichkeit gewährt, über den Löwen als solchen und überhaupt, den Löwen als Idee, Erkenntnisse zu gewinnen. Aber eben die sofortige geistige Unterordnung der am einzelnen Erscheinungsbilde des Löwen gemachten Erfahrung unter die »leonitas«, die Idee des Löwen, das reine und allgemeine Gedankenbild von ihm, die Subsumierung jeder speziellen und zeitlichen Wahrnehmung unter das Generelle und Geistige, eine Abstraktionsleistung also, die Durchschauung jeder bedingten und vergänglichen Wirklichkeit, die Vertiefung und Läuterung des bloßen Sehens zur *Anschauung* der unbedingten, ungetrübten und immer seienden Wahrheit, die hinter und über der vielfachen Einzelerscheinung steht und auf deren Namen diese hört – das ist die philosophische Zumutung, die Plato der Menschheit seiner Zeit stellte.

Man sieht, dieser Denker wußte dem Unterschied zwischen dem bestimmten und dem unbestimmten Artikel eine weittragende Bedeutung abzugewinnen; er machte ein pädagogisches Paradox daraus. Denn paradox ist es allerdings, zu behaupten, daß Erkenntnis nur dem Unsichtbaren, Gedachten, im Geiste Angeschauten gelten könne; paradox ist es, die sichtbare Welt für eine Erscheinung zu erklären, die, an sich nichtig, nur durch das in ihr sich Ausdrückende Bedeutung und geborgte Realität gewinne. Die Realität des Wirklichen – nur eine Leihgabe des Geistigen! Das war nichts, oder etwas sehr Verwirrendes für den gesunden Menschenverstand. Aber im »épater le bourgeois« bestand ja immer das Vergnügen und die Sendung, das übermütige Martyrium der Erkenntnis auf Erden: immer fand sie ihre Lust und ihr Leiden darin, den gesunden Menschenverstand vor den Kopf zu stoßen, die populäre Wahrheit umzukehren, die Erde sich um die Sonne drehen zu lassen, da es sich für jeden normalen Sinn doch umgekehrt verhält, die Menschen zu verblüffen, zu entzücken und zu erbittern, indem sie ihnen Wahrheiten auferlegte, die ihrer sinnlichen Gewohnheit schnurstracks zuwiderliefen. Dies aber geschieht zu einem pädagogischen, den Menschengeist höher führenden, ihn zu neuen Leistungen tauglich machenden Zweck, und was Plato mit seiner weitgehenden Auslegung des Unterschiedes von bestimmtem und unbestimmtem Artikel in die frühe abendländische Welt einführte, das war der Geist der Wissenschaft.

Offenbar, es ist Wissenschaftsgeist und Erziehung zur Wissenschaft, die Vielheit der Erscheinungen der Idee unterzuordnen, Wahrheit und echte Wirklichkeit nur mit dieser zu verbinden und zur schauenden Abstraktion, zur Vergeistigung der Erkenntnis anzuhalten. Plato bedeutet durch diese wertende Unterscheidung zwischen Erscheinung und Idee, Empirie und Geist, Scheinwelt und Welt der Wahrheit, Zeitlichkeit und Ewigkeit ein ungeheures Ereignis in der Geschichte des menschlichen Geistes: und zwar zunächst ein wissenschaftlich-moralisches. Jeder fühlt, daß dieser Erhebung des Ideellen als des allein Wirklichen über die Erscheinung in sterblicher Vielfalt etwas tief Moralisches anhaftet, die *Entwertung* des Sinnlichen zugunsten des Geistigen, des Zeitlichen zugunsten des Ewigen, ganz im Sinn des späteren Christentums: denn gewissermaßen ist damit die sterbliche Erscheinung und das sinnliche Haften an ihr in Sündenzustand versetzt, – das Heil, die Wahrheit findet nur der, welcher sich zum Ewigen wendet. Von dieser Seite gesehen, zeigt Platons Philosophie die Verwandtschaft und Zusammengehörigkeit von Wissenschaft und asketischer Moral.

Aber sie hat eine andere, und das ist die künstlerische. Nach dieser Lehre ist ja die Zeit bloß die verteilte und zerstückelte Ansicht, die ein individuelles Wesen von den Ideen hat, welche außer der Zeit, mithin ewig sind. »Die Zeit«, lautet ein schönes Wort Platons, »ist das bewegte Bild der Ewigkeit.« Und so bietet diese vor-christliche, schon-christliche Lehre in ihrer asketischen Weisheit auch wieder einen ungemein sinnlich-artistischen Reiz und Zauber; denn die Auffassung der Welt als einer bunten und bewegten Phantasmagorie von Bildern, die für das Ideelle, Geistige durchscheinend sind, hat etwas eminent Künstlerisches und schenkt den Künstler erst gleichsam sich selbst: Er ist derjenige, der sich zwar lustvoll-sinnlich und sündig der Welt der Erscheinungen, der Welt der Abbilder verhaftet fühlen darf, da er sich zugleich der Welt der Idee und des Geistes zugehörig weiß, als der Magier, der die Erscheinung für diese durchsichtig macht. Die *vermittelnde* Aufgabe des Künstlers, seine hermetisch-zauberhafte Rolle als Mittler zwischen oberer und unterer Welt, zwischen Idee und Erscheinung, Geist und Sinnlichkeit kommt hier zum Vorschein; denn dies ist in der Tat die sozusagen kosmische Stellung der Kunst; ihre seltsame Situation in der Welt, die verspielte Würde ihres Treibens darin sind gar nicht anders zu bestimmen und zu erklären. Das Mond-Symbol, dies kosmische Gleichnis allen Mittlertums, ist der Kunst zu eigen. Der alten, der frühen Menschheit nämlich war das Mondgestirn merkwürdig und heilig in seiner Doppeldeutigkeit, in seiner Mittel- und Mittlerstellung zwischen der solaren und der irdischen, der geistigen und der stofflichen Welt. Weiblich empfangend im Verhältnis zur Sonne, aber männlich zeugerisch im Verhältnis zur

Erde, war der Mond ihnen der unreinste der himmlischen, aber der reinste der irdischen Körper. Er gehörte zwar noch der stofflichen Welt an, nahm aber in dieser die höchste, geistigste, ins Solarische übergehende Stelle ein und webte an der Grenze zweier Reiche, sie zugleich scheidend und verbindend, die Einheit des Alls verbürgend, der Dolmetsch zwischen Sterblichen und Unsterblichen. – Genau dies denn also ist die Stellung der Kunst zwischen Geist und Leben. Androgyn wie der Mond, weiblich im Verhältnis zum Geiste, aber männlich zeugend im Leben, die stofflich unreinste Manifestation der himmlischen, die übergänglich reinste und unverderblich geistigste der irdischen Sphäre, ist ihr Wesen das eines mondhaft-zauberischen Mittlertums zwischen den beiden Regionen. Dies Mittlertum ist die Quelle ihrer Ironie.

Platon als Künstler ... Wir wollen festhalten, daß eine Philosophie nicht nur – und zuweilen am wenigsten – durch ihre Moral, durch die Weisheitslehre wirkt, die sie an ihre Weltdeutung, ihr Welterlebnis knüpft, sondern auch und besonders durch dies Welterlebnis selbst, das ja übrigens auch das Essentielle, Primäre, Persönliche an einer Philosophie ist – und nicht die intellektuell-moralische Zutat der Heils- und Wahrheitslehre. Es bleibt viel übrig, wenn man von einem Philosophen seine Philosophie abzieht, und schlimm wäre es, wenn nichts übrig bliebe. Nietzsche, der geistig abtrünnige Schüler Schopenhauers, dichtete auf seinen Meister:

> Was er *lehrte*, ist abgethan,
> Was er *lebte*, bleibt bestahn, –
> Seht ihn nur an!
> Niemandem war er unterthan.

Wenn aber die Lehre Schopenhauers, auf die noch die Rede kommen soll, wenn die Dynamik ihrer Wahrheit, die niemals ganz ›abgetan‹ sein wird, sich als ebenso ›mißbrauchbar‹ erwiesen hat wie die asketisch-wissenschaftliche und dennoch künstlerisch ausmünzbare Verkündigung Platons, nämlich durch die Exploitierung, die sie durch einen Künstler von kolossalem Talent, Richard Wagner, erfuhr (davon vielleicht später) – so ist die Schuld daran gewiß nicht dem anderen Lehrer und Anreger Schopenhauers zuzuschreiben, der ihm behilflich war, sein Denksystem aufzubauen: *Kant*, einer äußerst und ausschließlich spirituellen Natur, welcher die Kunst sehr fern, desto näher aber die Kritik lag.

Immanuel Kant, der Erkenntniskritiker, der die Philosophie aus der Spekulation, in die sie verflogen gewesen, in den menschlichen Geist selbst zurückrief, diesen zu ihrem Gegenstande machte und der Vernunft ihre Grenzen setzte, lehrte in der zweiten Hälfte des achtzehnten Jahrhunderts zu Königsberg in Preußen etwas den Stipulationen sehr Ähnliches, die zweitausend Jahre früher der athenische Denker aufgestellt hatte. Unsere gesamte Welt-Erfahrung, erklärte er, unterliegt drei Gesetzen und Bedingungen, welche die undurchbrechbaren Formen sind, in welchen all unsere Erkenntnis sich vollzieht. Sie heißen Zeit, Raum und Kausalität. Diese sind aber nicht Bestimmungen der Welt, wie sie an und für sich, unabhängig von unserer Apperzeption, sein mag, des »Dinges an sich«, sondern gehören nur seiner Erscheinung, indem sie eben nichts als Formen unserer Erkenntnis sind. Alle Vielheit, Entstehen und Vergehen, ist allein durch jene drei möglich; sie hängen darum allein der Erscheinung an, und von dem »Ding an sich«, auf das sie keineswegs anwendbar sind, können wir gar nichts wissen. Sogar erstreckt sich dieses auf unser eigenes Ich: wir erkennen es nur als Erscheinung, nicht nach dem, was es an sich sein mag. Mit anderen Worten: Raum, Zeit und Kausalität sind Einrichtungen unseres Intellekts, und die Auffassung der Dinge, die uns in ihrem Bilde, bedingt durch sie, zuteil wird, heißt darum die *immanente;* die *transzendente* aber wäre diejenige, die wir durch die Wendung der Vernunft gegen sich selbst, durch Vernunftkritik, kraft der Durchschauung jener drei Einschaltungen als bloßer Erkenntnisformen gewönnen.

Dies ist Kants Grundkonzeption, und man sieht, sie ist derjenigen Platons sehr nahe verwandt. Beide erklären die sichtbare Welt für eine Erscheinung, will sagen: für nichtigen Schein, der Bedeutung und einige Wirklichkeit nur durch das gewinnt, was hindurchscheinend sich darin ausdrückt. Für beide liegt die wahre Wirklichkeit über, hinter, kurz »jenseits« der Erscheinung, und ob sie nun »Idee« oder »Ding an sich« genannt wird, gilt ungefähr gleichviel. Schopenhauers Denken nahm beide Begriffe tief in sich auf. Er hatte Platon und Kant früh und mit persönlichster Vorliebe studiert (in Göttingen, 1809–1811) und zog diese durch Raum und Zeit so weit getrennten Denker allen übrigen vor. Die fast identischen Ergebnisse, zu denen sie gelangt waren, schienen aufs beste geeignet, das Weltbild zu stützen, rechtfertigen und ausbilden zu helfen, das er selber in sich trug, – kein Wunder also, daß er sie »die beiden größten Philosophen des Occidents« nannte. Er nahm von ihnen, was er brauchen konnte, und es tat seinem Traditionsbedürfnis großes Genüge, daß er es so trefflich brauchen konnte, obgleich er seiner gänzlich anderen – ich will sagen: viel ›moderneren‹, stürmischeren und leidenderen Natur gemäß etwas gänzlich anderes daraus machte.

Was er nahm, waren die »Ideen« und das »Ding an sich«. Mit dem letzteren aber stellte er etwas sehr Kühnes, fast Unerlaubtes, wenn auch tief und bis zur zwingenden Überzeugungsgewalt Empfundenes an: Er definierte es, er nannte es bei Namen, er behauptete – obgleich man doch nach Kant gar nichts davon wissen konnte – zu wissen, was es sei. Es war der *Wille*. Der Wille war der letzte und nicht weiter reduzierbare Urgrund des Seins, die Quelle aller Erscheinungen, der in jeder einzelnen von ihnen vorhandene und wirksame Hervorbringer, Hervortreiber der ganzen sichtbaren Welt und allen Lebens, – denn er war der Wille zum Leben. Er war durch und durch dies, so daß, wer »Wille« sagte, eben vom Willen zum Leben sprach, und wer sich der ausführlicheren Formel bediente, eigentlich einen Pleonasmus beging. Der Wille wollte immer nur eines: das Leben. Und warum wollte er es? Weil er es köstlich fand? Weil er das Ergebnis irgendeiner objektiven Erkenntnis vom Werte des Lebens darstellte? O nein, dem Willen war alle Erkenntnis vollkommen fremd; er war etwas von dieser durchaus Unabhängiges, ganz Ursprüngliches und Unbedingtes, ein blinder Drang, ein gründlich-grundloser, absolut unmotivierter *Trieb,* der so weit entfernt war, von irgendwelchen Urteilen über den *Wert* des Lebens abzuhängen, daß vielmehr umgekehrt alle solchen Urteile ganz und gar von dem Stärkegrad des Lebenswillens abhingen.

Der Wille also, dieses außerhalb von Raum, Zeit und Kausalität stehende An-Sich der Dinge, verlangte blind und grundlos, aber mit wilder und unwiderstehlicher Gier und Lust nach Sein, nach Leben, nach *Objektivierung,* und diese Objektivation vollzog sich auf die Weise, daß aus seiner ursprünglichen Einheit eine Vielheit wurde, was treffend als das principium individuationis zu bezeichnen war. Der lebensgierige Wille, um seine Lust zu büßen, objektivierte sich nach diesem principium und zersplitterte sich in die Myriaden Teile der in Raum und Zeit wesenden Erscheinungswelt, wobei er jedoch auch wieder in jedem kleinsten und einzelnsten dieser Teile ganz und in voller Stärke vorhanden blieb. Die Welt war also ganz und gar Willensprodukt und -ausdruck, die Objektität des Willens im Raume und in der Zeit. Sie war aber außerdem und in einem damit noch etwas anderes: nämlich *Vorstellung*, meine und deine Vorstellung, die Vorstellung eines jeden und ihre Vorstellung von sich selbst – nämlich vermöge des erkennenden Intellekts, den der Wille auf den höheren Stufen seiner Objektivation sich zur Leuchte schuf. Das Wort von den »höheren Stufen« will recht verstanden sein. Schopenhauer nämlich, ein sowohl mystischer wie auch äußerst moderner und mit Naturwissenschaft genährter Geist, schaltete in seine Willens-Kosmogonie, in die unendliche Vielfalt der Willensemanationen den Begriff der *Entwicklung* ein. Er tat es aus Liebe zu jenem philosophischen Element, das er von Platon übernommen hatte, den »Ideen«. Indem er in der Vielheit der Objektivationen des Willens eine Rangfolge und Stufenleiter annahm oder feststellte, gewann oder rettete er die »Ideen«, – denn sie eben waren diese rein angeschaute Stufenfolge der Willensobjektivationen. Die einzelnen Dinge waren keine ganz adäquate Objektivität des Willens, sondern eine durch die Formen unserer Erkenntnis getrübte. In Wahrheit würden wir keine ›Exemplare‹, keine Begebenheiten, keinen Wechsel, keine Vielheit erkennen, sondern nur das Seiende, die unmittelbare und reine Objektität des Willens auf ihren verschiedenen Stufen, und unsere Welt würde also, mit den Scholastikern zu reden, ein ›nunc stans‹ sein, ein stehendes Jetzt ungetrübter und ewiger Ideen.

Auf den höheren Stufen seiner Individuation also, in den Tieren bereits und ganz besonders im Menschen, der höchsten und kompliziertesten von allen, zündete sich der Wille zu seiner Hilfe, Sicherung, Erleuchtung das die Welt zur Vorstellung machende Licht des Intellekts an. Wohlgemerkt: Es war nicht etwa der Intellekt, welcher den Willen hervorbrachte, – umgekehrt: dieser erzeugte sich jenen. Nicht der Intellekt, der Geist, das Erkennen war das Primäre und Herrschende, sondern der Wille war es, und ihm diente der Intellekt. Hätte es sich denn auch anders verhalten können, da doch das Erkennen selbst zur Objektivation des Willens auf ihren höheren Stufen gehörte und ohne diesen gar keine Gelegenheit hatte, zustande zu kommen? In einer Welt, die ganz und gar das Werk des Willens, des absoluten, unmotivierten, grund- und wertungslosen Lebenstriebes war, kam selbstverständlich dem Intellekt nur die zweite Stelle zu. Sensibilität, Nerven, Gehirn waren, ganz wie andere Teile des organischen Wesens – namentlich nicht anders als das Gegenteil, der Gegenpol des erkennenden Gehirnes: der Geschlechtsapparat – Ausdruck des Willens auf einem bestimmten Punkte seiner Objektität, und die durch sie entstehende Vorstellung war ebenso zu seinem Dienste bestimmt, ebensowenig Zweck ihrer selbst, sondern ein Mittel zur Erreichung seiner Zwecke, wie jene anderen Teile auch. – Dies Verhältnis von Intellekt und Wille, die Stipulation Schopenhauers, daß der erste nur das dienende Werkzeug des zweiten sei, schließt viel Komik und demütigende Kläglichkeit ein, es beinhaltet die ganze Neigung und Fähigkeit des Menschen, sich etwas vorzumachen und zu wähnen, sein Wille empfange seine Weisungen und Inhalte von seinem Intellekt, da es doch nach unserem Philosophen gerade umgekehrt liegt und der Intellekt – abgesehen von seiner Aufgabe, die nächste Umwelt des Willens ein wenig abzuleuchten und ihm bei seinem höher gestuften Lebenskampfe behilflich zu sein – nur dazu da ist, um dem Willen zum Munde zu reden, ihn zu rechtfertigen, ihn mit ›moralischen‹ Motiven zu versehen und, kurz gesagt, unsere Triebe zu rationalisieren. Es ist wie bei den christlichen Philosophen des Mittelalters, die der Teufel geholt hätte, wenn sie von dem Grundsatz gewichen wären, daß die Vernunft einzig und allein dazu da sei, die Apologie des Glaubens zu liefern. Das hätte man Kant sagen sollen! Und doch war Schopenhauer, weil er von Kant das »Ding an sich« und von Platon die »Ideen« genommen hatte, bei solcher Einschätzung der Vernunft überzeugt, Kantianer und Platoniker zu sein.

Es war eine bemerkenswert *pessimistische* Einschätzung; und wirklich unterrichtet jedes Handbuch darüber, daß Schopenhauer erstens der Philosoph des Willens und zweitens derjenige des Pessimismus sei. Aber das ist kein Erstens und Zweitens, sondern es ist ein und dasselbe, und er war das Zweite, weil und indem er das Erste war, – war notwendig Pessimist, weil er der Philosoph und Psychologe des Willens war. Wille, als Gegenteil ruhenden Genügens, ist an sich selbst etwas fundamental Unseliges; er ist Unruhe, Streben *nach* etwas, Notdurft, Lechzen, Gier, Verlangen, Leiden, und eine Welt des Willens kann nichts anderes als eine Welt des Leidens sein. Der sich in allem Seienden objektivierende Wille büßt im Physischen seine metaphysische Lust in einem sehr wörtlichen Sinn dieser Redensart: er »büßt« für sie aufs furchtbarste in der Welt und durch die Welt, die er hervorgebracht hat und die als Werk der Begierde und der Drangsal sich gar schauerlich bewährt. Indem nämlich die Weltwerdung des Willens sich nach dem principium individuationis, durch seine Zersplitterung in die Vielheit vollzieht, vergißt er seine ursprüngliche Einheit und wird, obgleich in aller Zerstückelung der *eine,* zu einem millionenfach mit sich selbst entzweiten, gegen sich selbst streitenden Willen, welcher, sich selbst verkennend, in jeder seiner Erscheinungen sein Wohlsein, seinen »Platz an der Sonne« auf Kosten einer anderen, ja aller anderen sucht und so beständig die Zähne in sein eigenes Fleisch schlägt, jenem Tartaros-Insassen gleich, der gierig sein eigenes Fleisch verzehrte. Dies ist ganz wörtlich zu verstehen. Platons »Ideen« sind bei Schopenhauer heillos gefräßig geworden, denn als die Stufen der Objektivation des Willens machen sie sich gegenseitig die Materie, den Raum, die Zeit streitig. Die Tierwelt muß die Pflanzenwelt zur Nahrung, jedes Tier wieder einem anderen zur Beute und Nahrung dienen, und so zehrt der Wille zum Leben immerfort an sich selbst. Der Mensch schließlich sieht das Ganze als zu seinem Gebrauch geschaffen an, bringt aber seinerseits den Greuel des Kampfes aller gegen alle, die Selbstentzweiung des Willens zur furchtbarsten Deutlichkeit, nach dem Spruche: »Homo homini lupus.«

Überall, wo Schopenhauer auf das Leiden der Welt, den Jammer und die Lebenswut der mutliplen Willensinkarnationen zu reden kommt (und er redet sehr viel und sehr ausführlich davon), erreicht seine von Natur außerordentliche Beredsamkeit, erreicht sein schriftstellerisches Genie die glänzendsten und eisigsten Gipfel seiner Vollendung. Er spricht davon mit einer schneidenden Vehemenz, mit einem Akzent der Erfahrung, des umfassenden Bescheidwissens, der entsetzt und durch seine gewaltige Wahrheit entzückt. Es ist auf gewissen Seiten ein wilder kaustischer Hohn auf das Leben, funkelnden Blickes und mit verkniffenen Lippen, unter Einstreuung griechischer und lateinischer Zitate; ein erbarmungsvoll-erbarmungsloses Anprangern, Feststellen, Aufrechnen und Begründen des Weltelends, – bei weitem nicht so niederdrückend übrigens, wie man bei soviel Genauigkeit und finsterem Ausdruckstalent erwarten sollte, mit einer seltsam tiefen Genugtuung erfüllend vielmehr kraft des geistigen Protestes, der in einem unterdrückten Beben der Stimme vernehmbaren menschlichen Empörung, die sich darin ausdrückt. Die Genugtuung empfindet jeder; denn spricht ein richtender Geist und großer Schriftsteller im allgemeinen vom Leiden der Welt, so spricht er auch von deinem und meinem, und bis zum Triumphgefühl fühlen wir alle uns gerächt durch das herrliche Wort.

Mangel, Not, Sorge um die Erhaltung des Lebens, – diese zuerst; dann, sind sie mit Mühe verbannt, Geschlechtstrieb, Liebesleid, Eifersucht, Neid, Haß, Angst, Ehrgeiz, Geldgeiz, Krankheit und so fort und so unerschöpflich fort: alle Übel, deren Quelle der innere Widerstreit des Willens ist, entsteigen der Büchse der Pandora. Und was bleibt auf ihrem Grunde zurück? Die Hoffnung? Ach, nein: die Langeweile; denn zwischen Schmerz und Langerweile wird jedes Menschenleben hin und her geworfen. Der Schmerz ist das Positive, die Lust seine bloße Aufhebung, also ein Negatives, und sofort geht sie in Langeweile über – wie der Grundton, zu dem der Irrgang der Melodie zurückführt, wie die Harmonie, in welche die Disharmonie mündet, immerfort ausgehalten, unerträgliche Langeweile erregen würden. Erfüllungen? Es gibt sie. Aber verglichen mit der langen Qual unseres Begehrens, der Unendlichkeit unserer Wünsche sind sie kurz und kärglich, und gegen ein Verlangen, das erfüllt wird, bleiben wenigstens zehn ungestillt. Übrigens ist die Befriedigung nur scheinbar, denn der erfüllte Wunsch macht alsbald einem neuen Platz: jener ist ein erkannter, dieser ein noch unerkannter *Irrtum.* Kein erlangtes Objekt des Wollens kann dauernde Befriedigung gewähren; es gleicht nur dem Almosen, das, dem Bettler zugeworfen, sein Jammerdasein von heute auf morgen verlängert. Das Glück? Es wäre die Ruhe. Aber sie eben ist nicht möglich für das Subjekt des Wollens. Jagen, Fliehen, Unheil fürchten, nach Genuß gieren – alles gleich, die Sorge für den stets fordernden Willen erfüllt und bewegt ohn' Unterlaß das Bewußtsein, und so liegt das Subjekt des Wollens immerdar auf dem drehenden Rade des Ixion, schöpft immer im Siebe der Danaiden, es ist der ewig schmachtende Tantalus.

Gehäufte Bilder der Qual, Tartaros-Bilder, wie schon das vom Thyest, der in wütendem Hunger sich selbst verzehrt. Ist denn das Leben eine Hölle? Nicht ganz, nur annähernd und eine Art Vorgeschmack davon. Höllenähnlich gewiß; denn daß jede Ausprägung des Willens zum Leben, welcher die metaphysische Torheit selbst, ein schrecklicher Irrtum, eine Sünde, die Sünde an sich ist, immer nur etwas Höllenverwandtes sein kann, steht von vornherein fest. Merkt man den Platonismus, das Christentum? Platons schon leise asketische und pessimistische Entwertung des Sinnlichen durch das Geistige, worin allein das Heil und die Wahrheit sei, – hier ist sie aufs grimmigste verstärkt und vertieft, hat in zwei Jahrtausenden einen Nachdruck von Leiden und Anklage gewonnen, der dem frühen Abendländer noch ferne war: Die wirkliche Welt ist das Produkt eines erzsündigen, erztörichten Willensaktes, der nie hätte statthaben sollen; und wenn sie keine eigentliche und komplette Hölle geworden ist, so nur darum nicht, weil die Vehemenz des Willens zum Leben nicht ganz dazu ausgereicht hat: wäre er nur noch etwas stärker, noch etwas mehr Wille zum Leben gewesen, so wäre die Hölle vollkommen. Das klingt wie eine Einschränkung des Pessimismus, ist aber nur ein neuer Stich empörter Kaustik gegen das Leben und den verfluchten Willen dazu, – verwandt jenem Witz, den Schopenhauer sich einmal gönnt, indem er sagt, das Leben balanciere überall mit genauer Not auf der Schneide des Ebennoch-sein-Könnens; diese Welt sei die schlechteste aller denkbaren: denn wäre sie nur ein wenig schlechter, so könnte sie schon nicht mehr sein. – Er erinnert nicht selten an Voltaire.

Er gleicht ihm zuweilen nach klar vollendeter Form und sieghaftem Witz; aber durch eine reiche Dunkelheit seines Wesens, die Tiefe und Macht seines Seelenlebens ist er dem Franzosen überlegen. Für diese ist die Erlösungslehre, die er in seine Willensphilosophie eingebaut hat, ist die Erlösungssehnsucht, welche daraus emporsteigt, ein Zeugnis. Ja, es gibt eine Erlösung aus dem Elend und Irrsal, dem Fehlgriff und der Buße dieses Lebens, und in die Hand des *Menschen,* dieser höchsten und entwickeltsten, darum aber auch leidensfähigsten und leidensreichsten Objektivation des Willens, ist sie gelegt. Glaubt man, es wäre der Tod? Weit gefehlt! Der Tod gehört ganz und gar der Erscheinung, der Empirie, der Sphäre der Vielheit und des Wechsels an; die transzendente und wahre Wirklichkeit berührt er gar nicht. Was an uns stirbt, ist lediglich die Individuation; der Kern unseres Wesens, der Wille, welcher der Wille zum Leben ist, bleibt davon völlig unangefochten und wird, *solange er sich nur selbst bejaht,* die Zugänge zum Leben immer zu finden wissen. Nebenbei gesagt, resultiert daraus die Unvernunft und Unsittlichkeit des Selbstmordes, als mit welchem gar nichts gebessert ist: denn das Individuum verneint und vertilgt damit eben nur seine Individuation, nicht aber den Ur-Irrtum, den Willen zum Leben, welcher im Selbstmorde nur nach günstigerer Verwirklichung trachtet. – Nicht Tod also, – die Erlösung heißt ganz anders und ist an eine ganz andere Bedingung geknüpft. Man vermutet den Mittler nicht, welchem unter Umständen dieser Segen zu danken. Es ist der Intellekt.

Aber der Intellekt ist ja das Produkt des Willens, sein Werkzeug, seine Laterne im Dunkel, zu seinem Dienste allein bestimmt? – So ist es und bleibt es. Und doch bleibt es nicht immer und in allen Fällen so. Unter besonderen, glücklichen, – oh, man darf schon sagen: seligen Umständen, unter Ausnahme-Umständen also, kann der Knecht und arme Handlanger sich zum Herrn seines Herrn und Schöpfers machen, kann ihm ein Schnippchen schlagen, sich von ihm emanzipieren, sich verselbständigen und, wenigstens vorübergehend, eine sanfte, klare, weltbeglückende Alleinherrschaft behaupten, in welcher der Wille, entmachtet und ausgeschaltet, sanft-selig untergeht. Es gibt einen Zustand, worin das Wunder geschieht, daß die Erkenntnis sich vom Willen losreißt, das Subjekt aufhört, ein bloß individuelles zu sein und zum reinen, willenlosen Subjekt der Erkenntnis wird. Man nennt ihn den *ästhetischen* Zustand. Er ist eine der größten und tiefsten Erfahrungen Schopenhauers, und über so gräßliche Akzente er verfügt zur Beschreibung der Qualen der Willensherrschaft, so seraphische Laute findet seine Prosa, so überschwenglich äußert sich seine Dankbarkeit, wenn er – und es geschieht ausgiebig und unermüdlich – auf die Segnungen der *Kunst* zu reden kommt. Die geistige Formung und Deutung dieses seines vielleicht persönlichsten Erlebnisses bewerkstelligte er als Schüler Platons und Kants. »Schön ist«, hatte Kant bestimmt, »was *ohne Interesse* gefällt.« Ohne Interesse – mit Recht hieß das für Schopenhauer: ohne Beziehung auf den Willen. Das ästhetische Gefallen war rein, interesselos, willensfrei, es war »Vorstellung« im zugleich intensivsten und heitersten Sinn, klare, ungetrübte und tief beruhigte Anschauung. Und warum war es das? Hier mußte Platon helfen und der latente Ästhetizismus seiner Ideenlehre. Die Ideen! Sie waren es, für die im ästhetischen Zustande die Erscheinungen, diese Abbilder der

Ewigkeit, durchsichtig wurden; der geöffnete Blick auf sie, – das war die lautere, große, sonnenhafte, *objektive* Anschauung, deren allein der Genius – und auch er nur eben in seinen genialen Stunden und Augenblicken –, deren mit ihm der genießende Empfänger des ästhetischen Werkes gewürdigt war.

Wie, und der Intellekt sollte es sein, der den Blick zu solchem Schauen öffnete? Ja, der vom Willen losgerissene, der zur reinen und unschuldigen Erkenntnis gewordene Intellekt. Unnötig zu sagen, daß es in der Kunst nicht intellektuell in des Wortes engerem Sinne zuging, daß nicht das Denken, die Abstraktion, der Verstand den glückseligen Zustand herbeiführte. Kunst war nicht lehrbar, sie war ein Geschenk der Intuition. Der Intellekt war dabei nur im Spiel, insofern eben er es war, der die Welt zur Vorstellung machte. Durchaus brauchte man nichts von der metaphysischen Bewandtnis der Dinge, von Erscheinungen und Idee, von Kant und Platon zu wissen, um der Kunst teilhaftig zu sein. Den ästhetischen Zustand nach seinem wahren Wesen zu erklären, ihn dem abstrakten Denken zugänglich zu machen, war Sache der Philosophie – freilich wohl nur einer Philosophie, die mehr von Kunst verstand, mehr von Kunst *erlebt* hatte als alle frühere und zeitgenössische. Sie wußte und lehrte, daß der Blick der Kunst derjenige der *genialen Objektivität* war, – und hier erinnere man sich daran, was früher über das Mittlertum der Kunst als Quelle der *Ironie* gesagt wurde: so wird man gewahr werden, daß Ironie und Objektivität zusammengehören und *eines* sind. Apollon, der Fernhintreffende, der Musengott, ist ein Gott der Ferne und der Distanz, – nicht des Verstricktseins, des Pathos und der Pathologie, – des Leidens nicht, sondern der Freiheit, ein objektiver Gott, der Gott der Ironie ... In ihr also, so sah es Schopenhauer, in der genialen Objektivität, war die Erkenntnis dem Sklavendienste des Willens entrissen, die Aufmerksamkeit länger von keinem Motiv des Wollens getrübt: wir waren im Zustande einer Hingebung, die den Dingen als bloßer Vorstellung galt, nicht mehr sofern sie Motive waren, und nie gekannte Ruhe war uns auf einmal geschenkt. »Uns ist«, sagt unser Autor, »völlig wohl. Es ist der schmerzenslose Zustand, den Epikuros als das höchste Gut und als den Zustand der Götter pries: denn wir sind, für jenen Augenblick, des schnöden Willensdranges entledigt, wir feiern den Sabbath der Zuchthausarbeit des Wollens, das Rad des Ixion steht still.«

Berühmte Worte, oft angeführt. Das Schöne und sein hochbeschwichtigender Anblick hat sie dieser bitteren und gequälten Seele entlockt. Sind sie wahr? Aber was ist Wahrheit? Ein Erlebnis, das solche Worte findet, ist wahr, ist gerechtfertigt durch die Kraft des Gefühls. Sollte man freilich glauben, daß diese Worte vollkommener und grenzenloser Dankbarkeit geprägt sind, ein relatives, ein immer noch bloß negatives Glück zu bezeichnen? Denn das Glück überhaupt ist negativ, es ist nur die Aufhebung einer Tortur, und mit dem Glück der ästhetischen Ideenanschauung, der willenkalmierenden Objektivität steht es nicht anders, wie auch die Bilder, zu denen es Schopenhauer inspiriert, unzweideutig erkennen lassen. Auch ist es nur ephemer, nur zeitweilig. Das Künstlertum, fand Schopenhauer, das Stehenbleiben bei dem ideell durchleuchteten Bilde war nicht die endgültige Erlösung. Der ästhetische Zustand war nur die Vorstufe eines vollendeteren, in welchem der in jenem nur vorübergehend befriedete Wille auf immer von der Erkenntnis überstrahlt, aus dem Felde geschlagen und vernichtet würde. Die Vollendung des Künstlers war der Heilige.

Neben seine Ästhetik stellte Schopenhauer seine Ethik. Krönend stellte er sie über jene: denn Ethik, das war die Lehre von der Umkehr des Willens in seiner höchstgestuften Objektivation, dem Menschen; von des Willens Selbstverneinung und Selbstaufhebung kraft der Einsicht in die schreckliche Irrtümlichkeit und Nichtswürdigkeit der Leidenswelt, die sein Werk und Spiegel, seine Objektität war — kraft also der Selbsterkenntnis des Willens zum Leben als des absolut und endgültig zu Verneinenden. Wie war sie möglich? Wie konnte aus dem Leben, das doch durch und durch Wille zum Leben war, die Verneinung des Willens kommen? Es ermöglichte sich eben dadurch, daß die Welt das Produkt eines Willensaktes war und daß ein solcher durch einen negativen, einen Gegen-Willensakt rückgängig gemacht und aufgehoben werden kann. Dies war die Tat der in einer Art von kosmischem Sklavenaufstand sich vom Willen losreißenden, ihm die Hörigkeit kündigenden, befreiten Erkenntnis, und diese Tat war der innerste Inhalt, die letzte Funktion der zu ihr hinüberleitenden Ethik.

Was überhaupt ist Ethik? Es ist die Lehre von den Handlungen der Menschen, die Lehre vom Guten und Bösen. Die Lehre?

War denn der blinde, grund- und sinnlose Wille belehrbar? Selbstverständlich nicht. Selbstverständlich war die Tugend nicht zu lehren, sowenig wie die Kunst es war. Sowenig jemand zum Künstler wurde dadurch, daß man ihm das Wesen des ästhetischen Zustandes erklärte, sowenig wurde einer gut und mied das Böse, weil man ihm Sinn und Bedeutung des einen und anderen erläuterte, – was Schopenhauer als Philosoph zu tun bereit war. Allenfalls konnte die Abstraktion ein wenig nachhelfen, und sie tat es in Gestalt so mancher Dogmen der verschiedenen Religionen, welche die exoterische Einkleidung esoterischen Wissens, das mythische Gewand der Wahrheit, Wahrheit fürs Volk, sozusagen, waren. Wenig war an den rationalen Motiven einer guten Tat gelegen, wenn die gute Tat nur geschah. Sie geschah aber aus dem Gefühl, aus einer intuitiven Wahrheitserkenntnis, die auf Durchschauung beruhte, gerade wie der ästhetische Zustand, und über die Schopenhauer sogleich nähere Erklärungen abgeben würde. Vorher legte er nur noch Gewicht darauf, zu verstehen zu geben, daß Ethik auch keine Sittenlehre im Sinn eines Kodex sein konnte, bestehend aus Vorschriften für den Willen. Dem Willen waren überhaupt keine Vorschriften zu machen. Er war frei, absolut und allmächtig. Freiheit war sogar *nur* bei ihm, sie existierte ausschließlich in der Transzendenz, niemals in der Empirie, der in Raum, Zeit und Kausalität wesenden Objektivation des Willens, der Welt. Hier war alles streng kausal, nach Ursache und Wirkung gebunden und determiniert; die Freiheit lag jenseits der Erscheinung, wie der Wille, aber dort war sie vorhanden und absolut herrschend – hier war die Willensfreiheit. Wie so oft, verhielt es sich auch mit der Freiheit umgekehrt, als der »gesunde Menschenverstand« es wahrhaben wollte: sie lag nicht im Handeln, sondern im *Sein,* – nicht im operari, sondern im esse, – im Handeln zwar also herrschte unentrinnbare Notwendigkeit und Determiniertheit, aber das Sein war ursprünglich und metaphysisch frei: Der Mensch, der das Strafbare getan, hatte zwar notwendig, als empirischer Charakter, unter dem Einfluß bestimmter Motive, so *gehandelt,* aber er hätte können anders *sein,* – und auch der Gewissensbiß, die Gewissensangst zielten aufs Sein, nicht auf das Handeln.

Kühner, tief gefühlter und dabei harter Gedanke! Er gehört zu den merkwürdigsten und, alles wohl geprüft, zwingendsten Intuitionen in Schopenhauers Wahrheitsschöpfung. Was damit gerettet, aus der Empirie in die Transzendenz und Zeitlosigkeit gerettet und dort in geheimnisvolle Sicherheit gebracht wurde, das war ein moralisches und aristokratisches Begriffspaar, an dem Schopenhauer zweifellos hing und das er ungern in absoluter Determiniertheit hätte untergehen sehen: es waren Schuld und Verdienst. Ihr Bestehen hing ab von der Willensfreiheit, – und wie oft war über diese schon gestritten worden! Man hatte aber immer die zeitliche Willensfreiheit damit gemeint, die Willensfreiheit innerhalb der Erscheinung und in bezug auf den empirischen Charakter des Menschen, wie dieser ihn selbst in seinem Schicksal erfuhr und anderen als erfreuliche oder erschreckliche Vorstellung vor Augen führte. Sobald der Wille sich objektiviert hatte, Erscheinung geworden und die Individuation eingegangen war, gab es keine Spur von Freiheit mehr und also auch weder Schuld noch Verdienst. Der Mensch handelte, wie er als der, der er war, unter dem Einfluß bestimmter Motive handeln mußte; aber sein Handeln und Ergehen, sein Lebenslauf, sein Schicksal waren nur die Erfahrung, die er und andere von seinem *Sein,* seinem außer und hinter der Erscheinung bestehenden *intelligiblen* Charakter machten, und dieser war, wie die ganze Welt, das Produkt eines freien Willensaktes. In jedem Dinge erschien der Wille gerade so, wie er sich selbst an sich und außer der Zeit bestimmte. Die Welt war nur der Spiegel dieses Willens, und alles darin gehörte zum Ausdruck dessen, was er wollte, war so, weil er so wollte. Mit dem strengsten Recht trug sonach jedes Wesen nicht nur das Dasein überhaupt, sondern auch das ihm eigentümliche Dasein, seine Individualität, und in allem, was ihm widerfuhr, ja nur widerfahren *konnte,* geschah ihm immer Recht.

Grausamer, harter Gedanke, – beleidigend, unerbittlich und stolz! Ihn anzunehmen, widerstrebt unserem Gefühl, – und unser Gefühl doch gerade ruft seine Mystik auf. Es liegt ihm eine mystische Wahrheit zum Grunde, durch die jenes Begriffspaar, Schuld und Verdienst, weit entfernt in Verlust zu geraten, vielmehr eine schauerliche Vertiefung erfährt. Der *moralischen* Sphäre freilich, im engeren Sinne, sind diese beiden damit enthoben. Aber gerade aristokratische Geister, denen an ›Gerechtigkeit‹ nicht gar viel gelegen war, haben immer dazu geneigt, Schuld und Verdienst der Moralität zu entziehen. Goethe spricht mit Vorliebe von »angeborenen Verdiensten«, – was eine in logischer und moralischer Hinsicht eigentlich absurde Wortkoppelung ist. Denn »Verdienst« ist durchaus und von Hause aus ein moralischer Begriff, und was angeboren ist, also etwa Schönheit, Klugheit, Vornehmheit, Talent – oder, ins Schicksalsmäßige gewendet: *Glück* – dabei kann logischerweise kein Verdienst sein. Damit man hier von Verdienst reden könne, müßte dergleichen das Ergebnis freier Wahl, der Ausdruck eines *vor* der Erscheinung liegenden Willens dazu sein, – und eben das ist es, was Schopenhauer behauptet, wenn er hart und aristokratisch erklärt, daß einem jeden, dem Glücklichen und dem Unglücklichen, immer nur Recht geschieht.

Aber schnell genug wird die aristokratische Bejahung der Ungerechtigkeit und des verschiedenen Loses der Menschen aufgelöst in die entschiedenste und demokratischste Gleichheit, – einfach indem die Ungleichheit und Verschiedenheit, sogar schon die *Unterschiedenheit* als *Täuschung* nachgewiesen wird. Schopenhauer bedient sich für diese Täuschung eines Namens aus der indischen Weisheitslehre, die er ob ihrer pessimistischen Übereinstimmung mit dem eigenen Weltbefunde sehr bewundert: er nennt sie den »Schleier der Maja«. Aber längst vorher schon hat er sie nach abendländischer Gelehrtenart auf lateinisch ausgesprochen: die große Täuschung der Ungleichheit und Ungerechtigkeit der Lose, der Charaktere, Situationen und Schicksale beruht auf dem principium individuationis. Verschiedenheit und Ungerechtigkeit sind nur Zubehör der Vielheit in Zeit und Raum, die aber ist bloße Erscheinung, – die Vorstellung, die wir als Individuen vermöge der Einrichtungen unseres Intellekts von einer Welt haben, die in wahrer Wirklichkeit die Objektität des einen und alleinigen Willens zum Leben ist, im Ganzen und im Einzelnen, in mir und in dir. Das aber erkennt das vom Weltganzen sich so einzig abgesondert fühlende Individuum nicht – und wie sollte es, da die Bedingungen seiner Erkenntnis, der »Schleier der Maja«, der seinen Blick und die Welt umhüllt, ihm die Anschauung der Wahrheit verwehrt? Es sieht nicht das Wesen der Dinge, das *eines* ist, sondern dessen Erscheinungen als getrennt und verschieden, ja entgegengesetzt: Lust und Qual, den Peiniger und den Dulder, das Freudenleben des *einen* und das Jammerdasein des *anderen*. Du bejahst, nämlich für dich selbst, das eine, und verneinst, besonders in Hinsicht auf dich selbst, das andere. Der Wille, der dein Ursprung und Wesen ist, läßt dich nach dem Glück, den Freuden und Genüssen des Lebens verlangen, du streckst die Hände danach, du drückst sie fest an dich, – und es entgeht dir, daß du mit solcher Bejahung des Willens alle Qual der Welt mit bejahst und an dich drückst. Das Böse, das du dabei tust, das du zufügst, deine Empörung andererseits über die Ungerechtigkeit des Lebens, der Neid aber auch, die Sehnsucht und das Verlangen, dein Weltbegehren – all dies kommt aus der Täuschung der Vielheit, dem Irrtum, daß du nicht die Welt bist und die Welt nicht du, – ja aus der illusionären Unterscheidung zwischen »ich« und »du« kommt dies alles, dem Blendwerk der Maja.

Auch deine Todesfurcht kommt daher. Der Tod ist nichts als die Aufhebung eines Irrtums, – einer Verirrung, denn jede Individuation ist eine Verirrung. Er ist nichts als das Verschwinden einer illusionären Scheidewand, die das Ich, in dem du dich eingeschlossen findest, von der übrigen Welt trennt. Du glaubst, wenn du stirbst, wird diese übrige Welt fortbestehen und du, schrecklicherweise, wirst nicht mehr sein. Ich aber sage dir: diese Welt, die deine Vorstellung ist, wird nicht mehr sein, du aber, nämlich gerade das in dir, was den Tod scheut, was ihn nicht will, weil es der Wille zum Leben ist, – du wirst bleiben, wirst leben, denn der Wille, aus dem du bist, wird das Tor zum Leben immer zu finden wissen. Ihm gehört ja die ganze Ewigkeit, und mit dem Leben, das sie als Zeit erkennt, während sie in Wahrheit stete Gegenwart ist, fällt dir auch die Zeit wieder zu. Deinem Willen ist das Leben mit allen Lüsten und Qualen sicher, solange er es nur will. Dir wäre besser, er wollte es nicht . . .

Unterdessen lebst du als der, der du bist. Du siehst und liebst, du schaust und sehnst dich, du begehrst das fremde, ach so fremde und andere, von dir unterschiedene Sehnsuchtsbild, du leidest darum, du möchtest es an dich ziehen, es sein . . . Aber ein Ding zu *sein* ist etwas ganz anderes, unvergleichlich Lästigeres und Kläglicheres, als es zu *sehen,* und die Sehnsucht ist eine Fopperei, verursacht durch Vorstellung. Du selbst bist dir, dein Leib ist dir gegeben einmal als Vorstellung, wie die ganze übrige Welt auch, zugleich aber als Wille, – und er ist das einzige in der Welt, was dir zugleich auch als Wille gegeben ist. Alles übrige ist dir nur Vorstellung. Die ganze Welt ist für dich ein Ballett, ein Schauspiel, dem nach deinem ursprünglichen und natürlichen Dafürhalten bei weitem nicht so viel Wirklichkeit zukommt wie dir, dem Zuschauer, – das bei weitem nicht in dem Grade und in dem Sinne ernst zu nehmen ist wie du. Dem im principium individuationis befangenen, vom Schleier der Maja umhüllten Ich erscheinen alle übrigen Wesen als Larven und Phantome, denen er eine auch nur annähernd so große Wichtigkeit und Seriosität des Seins, wie sich selber, beizumessen schlechterdings außerstande ist. Auf dich, den einzig wirklich Seienden, nicht wahr?, kommt alles an. Du bist der Mittelpunkt der Welt (du bist es, bist Mittelpunkt deiner Welt), und an deinem Wohl, darauf, daß dir das Leiden des Lebens möglichst fernbleibe, dir seine Wonnen möglichst reichlich zukommen, ist alles gelegen. Was mit den anderen geschieht, ist von unvergleichlich geringerer Erheblichkeit, es tut dir nicht weh noch wohl.

Das ist der Standpunkt des natürlichen, ungebrochenen und völlig unerleuchteten Egoismus, die unbedingte Befangenheit im principium individuationis. Die Durchschauung dieses Prinzips; die intuitive Erkenntnis seines vexatorischen, die Wahrheit verschleiernden Charakters; die aufdämmernde Ahnung von der Unterschiedlosigkeit von Ich und Du; die Gefühlseinsicht, daß der Wille in allem und allen der eine und selbe ist: das ist der Beginn und das Wesen aller Ethik. Will sagen: sie handelt von dieser Erkenntnis, dieser Gefühlseinsicht und beschreibt ihre segensreichen Folgen, aber sie lehrt sie nicht, kann sie nicht lehren, denn sowenig je abstraktive Ästhetik einen Künstler gemacht hat, sowenig lehrst oder lernst du die Tugend. Der Mensch erfährt sie, wie jener indische Lehrling sie erfuhr, an dessen Blick ein großer Geist alle Wesen der Welt, lebende und leblose, vorüberführte und bei einem jeden das Wort sprach: »Tat twam asi« – »Dies bist du.« In diesem Wort, dieser Einsicht, einem Geschenk der Intuition, ist alle Tugend, Gerechtigkeit, alle Güte und aller Edelmut beschlossen – und in seiner wahnbefangenen Unkenntnis das Gegenteil von alldem, nämlich das Böse. *Böse* ist der Mensch, der, sobald keine äußere Macht ihn daran hindert, Unrecht zufügt, – das heißt: ein solcher, nicht genug, daß er den Willen zum Leben, wie er in seinem Leibe erscheint, bejaht, so verneint er auch den in anderen Individuen erscheinenden Willen und sucht ihr Dasein zu vernichten, sowie sie den Bestrebungen seines eigenen Willens im Wege sind. Ein wilder, über die Bejahung des eigenen Leibes hinausgehender Wille spricht sich in dem bösen Charakter aus, vor allem aber eine so tiefe Befangenheit der Erkenntnis in der Erscheinung und im principium individuationis, daß sie an dem von diesem gesetzten Unterschied zwischen seiner eigenen Person und allen anderen eisern festhält, weshalb er denn das Wesen dieser anderen dem seinen für völlig fremd hält, durch eine weite Kluft von ihm geschieden, und buchstäblich nur leere Larven in ihnen sieht, während seinem tiefsten Dafürhalten nach einzig ihm Realität zukommt.

Danach ergibt sich die Bestimmung des *guten* Menschen von selbst: zumal, wenn man zwischenein den Übergangstyp zwischen ihm und dem bösen, den *gerechten* Menschen ins Auge faßt. Gerechtigkeit ist schon Durchschauung des principium individuationis, aber geringeren Grades, mehr ein Negativum als ein Positivum, die Verneinung des Unrechts. Der gerechte Mensch geht in der Bejahung seines eigenen Willens nicht bis zur Verneinung des in anderen Individuen sich darstellenden. Er unterläßt es, Leiden über andere zu verhängen, um das eigene Wohlsein zu mehren. Nicht wie dem Bösen ist ihm das Individuationsprinzip eine absolute Scheidewand, sondern durch sein Tun und Lassen bekundet er, daß er sein eigenes Wesen, den Willen zum Leben als Ding an sich, auch in fremden, ihm nur als Vorstellung gegebenen Erscheinungen wiedererkennt und sich selbst wenigstens so weit in ihnen wiederfindet, daß er sich hütet, sie zu verletzen. – Das ist viel; und es ist immer auch gleich schon mehr: die eigentliche Güte ist immer schon gebunden darin. Man halte sie nicht für schwächlich! Der gute Mensch ist durchaus keine ursprünglich schwächere Willenserscheinung als der böse, – es sei denn, er wäre bloß gutmütig, wobei in der Tat nicht viel herauskommt. Nein, sondern es ist die Erkenntnis, die in ihm über den Willen obsiegt. Welche Erkenntnis? Aber es ist klar: dies ist es, daß der Unterschied zwischen ihm und anderen auf einer zum Bösen verführenden Illusion beruht, täuschende Erscheinung ist, daß das *An-Sich* seiner eigenen Erscheinung auch das der fremden ist, nämlich der Wille zum Leben, der sich in *allem* verkörpert, auch in den Tieren und der ganzen Natur, weshalb er denn nicht einmal ein Tier quälen wird.

Hier jedoch darf man nicht bei Negationen stehenbleiben und in solchen reden: Güte ist positiv. Sie übt die Werke der Liebe. Sie tut es aus tiefgefühltem Grunde: denn täte sie's nicht, so käme sie sich vor wie einer, der heute hungerte, um morgen mehr

zu haben, als er genießen kann. Ganz so erschiene es dem
»guten« Menschen, andere darben zu lassen, während er selber
sich's wohl sein ließe. Ihm ist der Schleier der Maja durchsichtig
geworden, die große Täuschung hat ihn verlassen, durch welche
der in die Erscheinung versprengte Wille hier zu genießen und dort
zu leiden, zu darben scheint, da es doch immer derselbe Wille ist
und dieselbe Qual, die er zugleich verhängt und duldet. Liebe
und Güte sind *Mitleid,* aus der Erkenntnis des »Tat twam asi«,
der Lüftung des Maja-Schleiers, – wie denn schon Spinoza gesagt hat: »Benevolentia nihil aliud est, quam cupiditas ex com-
miseratione orta« – »Die Güte ist nichts anderes, denn aus Mitleid geborene Liebe.« Daraus aber erhellt, daß, wie Gerechtigkeit sich zur Güte steigert, diese wiederum steigerungsfähig ist:
nicht nur bis zur uneigennützigsten Liebe und großmütigsten
Selbstaufopferung, sondern geradezu zur Heiligkeit. Denn ein
Mensch solcher Liebeserkenntnis wird das Leiden aller Lebenden
als das seine betrachten und sich den Schmerz der ganzen Welt
zu eigen machen. Er sieht das Ganze, das Leben, als einen inneren Widerstreit des Willens und beständigen Leidens, die leidende Menschheit, die leidende Tierheit, und Erkenntnis des Wesens
der Dinge an sich wird ihm zum Quietiv des Wollens. Der Wille
wendet sich in ihm vom Leben ab, denn da er dieses aus Mitleids-
erkenntnis zu verneinen gezwungen ist, – wie könnte er den
Willen dazu, auch in sich selbst, noch bejahen, dessen Werk, Ausdruck und Spiegel das Leben ist? Eines solchen Erkennenden
Entschluß ist die Entsagung, die Resignation, die Gelassenheit.
In ihm ereignet sich der Übergang von der Tugend zum hohen
Paradox der Askese, – einem großen Paradox in der Tat: denn
es geschieht hier, daß eine Individuation des Willens das in ihr
erscheinende und durch ihren Leib sich ausdrückende Wesen verleugnet, daß ihr Tun ihre Erscheinung Lügen straft und in offenen Widerspruch zu ihr tritt. Jene zeitweilige erlösende Still-
legung des Willens, auf der das Glück des ästhetischen Zustandes
beruht, – im Entsagenden, im Asketen, im Heiligen ist sie vollendet. Auf immer hat sich in ihm die Erkenntnis zur Herrin des
Willens gemacht, überstrahlt ihn gänzlich und hebt ihn auf. Er
trägt der Welt Sünde, er sühnt sie und ist Priester und Opfer zugleich. Wie der Leib den Willen überhaupt, so sprechen die Zeu-
gungsorgane die über das individuelle Leben hinausgehende Bejahung des Willens aus. Der Asket verweigert die Befriedigung

des Geschlechts: seine Keuschheit ist das Zeichen, daß mit dem Leben dieses Leibes auch der Wille, dessen Erscheinung er ist, sich aufhebt. Was definiert den Heiligen? Daß er nichts tut von allem, was er möchte, und alles tut, was er nicht möchte. Wir kennen erschütternde geistige Beispiele dieses Verhaltens, – sahen es geübt von geborenen Asketen und priesterlichen Selbstopferern, welche unter dithyrambischen Verherrlichungen des machttrunkenen Willens die Passion ihres Lebens zelebrierten, indem sie nichts taten von allem, was sie gern getan hätten, und alles, womit sie sich weh taten, – Schüler des Philosophen Schopenhauer von Hause aus und erst recht, als sie es nicht mehr sein wollten ... Asketische Keuschheit nun, zur allgemeinen Maxime geworden, würde das Ende des Menschengeschlechts herbeiführen. Bei dem Zusammenhang aller Willenserscheinungen aber würde mit der höchsten davon, dem Menschen, auch ihr schwächerer Widerschein, die Tierheit, dahinfallen, und da hiermit alle Erkenntnis aufgehoben wäre, so verginge – weil ohne Subjekt kein Objekt – von selbst auch die ganze übrige Welt ins Nichts. Der Mensch ist der potentielle Erlöser der Natur. Darum sagt Angelus Silesius, der Mystiker:

> Mensch! Alles liebet dich; um dich ist sehr gedrange:
> Es läuft dir alles zu, daß es zu Gott gelange.

Dies ist, in großen und groben Zügen, der Inhalt des Hauptwerkes von Arthur Schopenhauer, welchem er den Titel gab: ›Die Welt als Wille und Vorstellung‹, – eine höchst sachliche Überschrift, die aber in drei Worten nicht nur den Inhalt des Buches, sondern auch den Menschen, der es schuf, in seiner machtvollen Dunkelheit und ebenso gewaltigen Helle, seiner tiefen Sinnlichkeit und strengen lauteren Geistigkeit, seiner Leidenschaft und seinem Erlösungsdrange vollkommen ausspricht. Es ist ein Phänomen von einem Buch, dessen Gedanke, im Titel auf die kürzeste Formel gebracht und in jeder Zeile gegenwärtig, nur *einer* ist und in den vier Abschnitten oder besser: symphonischen Sätzen, aus denen es sich aufbaut, zur vollständigsten und allseitigsten Entfaltung gelangt – ein Buch, in sich selber ruhend, von sich selbst durchdrungen, sich selber bestätigend, indem es ist und tut, was es sagt und lehrt: Überall, wo man es aufschlägt, ist es ganz da, braucht aber, um sich in Zeit und Raum zu verwirklichen, die ganze Vielfältigkeit seiner Erscheinung, die sich auf mehr als dreizehnhundert Druckseiten, in fünfundzwanzigtausend Druckzeilen entfaltet, während es in Wirklichkeit ein ›nunc stans‹ ist, die stehende Gegenwart seines Gedankens, so daß, wie auf nichts anderes, die Verse des ›Divan‹ darauf passen:

> Dein Lied ist drehend wie das Sterngewölbe,
> Anfang und Ende immerfort dasselbe,
> Und, was die Mitte bringt, ist offenbar
> Das, was zu Ende bleibt und anfangs war.

Es ist ein Werk von solcher kosmischen Geschlossenheit und einschließenden Gedankenkraft, daß man eine sonderbare Erfahrung damit macht: Hat es einen längere Zeit beschäftigt, so kommt einem alles andere – aber auch alles –, was man zwischendurch oder gleich danach liest, fremd, unbelehrt, unrichtig, willkürlich vor, undiszipliniert von der Wahrheit... Der Wahrheit? Ist es denn so wahr? Ja, im Sinne höchster und zwingendster Aufrichtigkeit. Aber das Adjektiv bedeutet ein Ausweichen. Bringt und enthält es die Wahrheit? Schopenhauer hat das nicht so klipp und klar, nicht mit dem fast lästerlichen Anspruch behauptet, mit dem Hegel es tat, der seinen Schülern erklärte: »Meine Herren, ich kann wohl sagen: Ich rede nicht nur die Wahrheit, ich *bin* die Wahrheit.« Das entsprechende Resumé Schopenhauers lautet: »Die Menschheit hat Einiges von mir gelernt, was sie nie wieder vergessen wird.« Ich finde das sowohl weltmännischer wie bescheidener, wie auch annehmbarer. Um Annehmbarkeit aber handelt es sich, wenn man von Wahrheit spricht. Die Wahrheit, scheint mir, ist nicht an Worte gebunden, sie fällt nicht mit einem bestimmten Wortlaut zusammen, – vielleicht sogar ist das ihr Haupt-Kriterium. Daß man, was Schopenhauer sagt, nie wieder vergißt, wird daran liegen, daß es nicht gerade an die Worte gebunden ist, die er dafür braucht, daß man dem Gesagten auch andere Worte unterlegen könnte, – und doch würde ein Gefühlskern, ein Wahrheitserlebnis bleiben, so annehmbar, so hieb- und stichfest, so richtig, wie ich es sonst in der Philosophie nicht gefunden habe. Man kann damit leben und sterben, – namentlich sterben: ich wage zu behaupten, daß die schopenhauerische Wahrheit, daß ihre Annehmbarkeit in der letzten Stunde standzuhalten, und zwar *mühelos,* ohne Denkanstrengung, ohne Worte standzuhalten geeignet ist. Nicht umsonst sagt Schopenhauer: »Der Tod ist der eigentliche inspirierende Genius oder der Musaget der Philosophie ... Schwerlich sogar würde, auch ohne den Tod, philosophiert werden.« Er ist ein großer Kenner und Künstler des Todes – zu dem Schönsten, man möchte sagen Tiefsten (aber sein Werk ist überall gleich tief), was er geschrieben hat, gehört das große Kapitel im zweiten Bande der ›Welt als Wille und Vorstellung‹: ›Über den Tod und sein Verhältnis zur Unzerstörbarkeit unseres Wesens an sich‹. Und diese Kennerschaft hängt mit seinem ethischen Pessimismus zusammen, der mehr als eine Lehre, der ein Charakter, eine künstlerische Gesinnung, eine Lebensluft ist, für den der noch junge Nietzsche seine Liebe gesteht, wenn er sagt: »Mir behagt an Wagner, was mir an Schopenhauer behagt: Die ethische Luft, der faustische Duft, Kreuz, Tod und Gruft.« Es ist die geistige Lebensluft der zweiten Hälfte des neunzehnten Jahrhunderts, – Jugend- und Heimatluft für uns, die wir heute die Sechzig überschritten haben. Wir mögen in manchen Stücken über sie hinausgekommen sein; aber daß wir ihr dankbare Anhänglichkeit bewahren, dafür ist diese kleine Abhandlung ein Zeugnis. – Auch Musik gehört zu dieser ethisch-pessimistischen Lebensluft: Schopenhauer ist sehr musikalisch: wiederholt nannte ich sein Hauptwerk eine viersätzige Symphonie; und in ihrem dritten, dem »Objekt der Kunst« gewidmeten Satz hat er die Musik gefeiert wie kein anderer Denker es je getan, – einen völlig besonderen Platz weist er ihr nicht neben, sondern über den anderen Künsten zu, weil sie nicht, wie diese, Abbildung der Erscheinung, sondern unmittelbar Abbild des Willens selbst sei und also zu allem Physischen der Welt das Metaphysische, zu aller Erscheinung das Ding an sich darstelle. Seine Philosophie legt die Vermutung nahe, daß auch hier der Intellekt dem Willen dient, und daß Schopenhauer nicht die Musik liebte, weil er ihr solche metaphysische Bedeutung zumaß, sondern daß er dies tat, weil er sie liebte. Diese Liebe aber, soviel ist gewiß, steht in unmittelbarem seelischen Zusammenhange mit seiner Kennerschaft in Dingen des Todes, und er hätte wohl sagen können: »Schwerlich sogar würde, auch ohne den Tod, musiziert werden.«

»Wer sich für das Leben interessiert«, habe ich im ›Zauberberg‹ gesagt, »der interessiert sich namentlich für den Tod.« Das ist die Spur Schopenhauers, tief eingedrückt, haltbar für das ganze Leben. Es wäre auch schopenhauerisch gewesen, wenn ich hinzugefügt hätte: »Wer sich für den Tod interessiert, der sucht in ihm das Leben«; und ich habe es, wenn auch weniger epigrammatisch, gesagt: als ganz junger Dichter, als es galt, den Helden meines Jugendromans, Thomas Buddenbrook, zu Tode zu bringen, und als ich es ihm gönnte, jenes große Kapitel ›Über den Tod‹ zu lesen, unter dessen frischem Eindruck ich eben selbst, der dreiundzwanzig- oder vierundzwanzigjährige Autor, stand. Es war ein großes Glück, und in meinen Erinnerungen habe ich gelegentlich davon erzählt, daß ich ein Erlebnis wie dieses nicht in mich zu verschließen brauchte, daß eine schöne Möglichkeit, davon zu zeugen, dafür zu danken, sofort sich darbot, dichterische Unterkunft unmittelbar dafür bereit war. Ihm, dem leidenden Helden meines Bürger-Romans, des Werkes, das Last, Würde, Heimat und Segen meines Jünglingsalters war, schenkte ich das teure Erlebnis, das hohe Abenteuer, in sein Leben, dicht vor dem Ende, wob ich es erzählend ein und ließ ihn im Tode das Leben finden, die Erlösung aus den Fesseln seiner müden Individualität, die Befreiung von einer Lebensrolle, die er symbolisch genommen und mit Tapferkeit und Klugheit repräsentiert, die aber seinem Geist, seinem Weltverlangen niemals genuggetan hatte und ihm ein Hindernis gewesen war, etwas anderes und Besseres zu sein.

Schopenhauer ist recht etwas für junge Leute, – gewiß aus dem Grunde, weil seine Philosophie die Konzeption eines jungen Mannes ist. Als ›Die Welt als Wille und Vorstellung‹ erschien, der erste Band, der das System enthält, 1818, war er ein Dreißigjähriger, aber die Ausarbeitung hatte vier Jahre gedauert, und die Gedankenerlebnisse, aus denen der Kristall zusammenschoß, liegen zweifellos noch weiter zurück: er war, als sein Buch sich in ihm bildete, kaum älter als ich, als ich es las. Er ist zum alten Manne geworden über der Ausgestaltung, sammelnden Kommentierung, zähen und unermüdlichen Sicherung und Erhärtung dessen, was ein Geschenk seiner Jugend war, so daß er das seltsame Schauspiel eines Greises bietet, der sich bis zum letzten Augenblick, in unheimlicher Treue, um sein Jugendwerk müht. Aber ein solches blieb es im Innersten, und nicht umsonst weist Nietzsche auf diese Früh-Empfängnis hin, indem er sagt, daß man die Philosophie seiner Jahre habe, und daß Schopenhauers Weltgedicht das Gepräge des Lebensalters trage, in welchem das Erotische dominiert. Und der Sinn für den Tod – darf man hinzufügen; denn junge Leute sind mit dem Tode viel vertrauter und wissen viel mehr von ihm als alte, weil sie mehr von der Liebe wissen. Todes-Erotik als musikalisch-logisches Gedankensystem, geboren aus einer enormen Spannung von Geist und Sinnlichkeit – einer Spannung, deren Ergebnis und überspringender Funke eben Erotik ist: das ist das Erlebnis verwandt entgegenkommender Jugend mit dieser Philosophie, die sie nicht moralisch, sondern vital, sondern persönlich versteht, – nicht nach ihrer Lehre, ich meine: nach ihrer Predigt, sondern nach ihrem Wesen, – und die sie recht damit versteht.

»Wo ich sein werde, wenn ich tot bin?« fragt Thomas Buddenbrook. »Aber es ist so leuchtend klar, so überwältigend einfach! In allen denen werde ich sein, die je und je Ich gesagt haben, sagen und sagen werden: *besonders aber in denen, die es voller, kräftiger, fröhlicher sagen* ... Irgendwo in der Welt wächst ein Knabe auf, gut ausgerüstet und wohl gelungen, begabt, seine Fähigkeiten zu entwickeln, gerade gewachsen und ungetrübt, rein, grausam und munter, einer von diesen Menschen, deren Anblick das Glück der Glücklichen erhöht und die Unglücklichen zur Verzweiflung treibt: – Das ist mein Sohn. *Das bin ich,* bald ... bald ... sobald der Tod mich von dem armseligen Wahne befreit, ich sei nicht sowohl er wie ich ... Habe ich je das Leben gehaßt, dies reine, grausame und starke Leben? Torheit und Mißverständnis! Nur mich selbst habe ich gehaßt, dafür, daß ich es nicht ertragen konnte. Aber ich liebe euch ... ich liebe euch alle, ihr Glücklichen, und bald werde ich aufhören, durch eine enge Haft von euch ausgeschlossen zu sein; bald wird das in mir, was euch liebt, wird meine Liebe zu euch frei werden und bei und in euch sein ... bei und in euch allen! –«

Man verzeihe doch die Wiederanführung dieser Jugend-Lyrik, eingegeben von dem Rausch, in den ein metaphysischer Zaubertrank den Zwanzigjährigen versetzt hatte! Ich bezeuge, daß die organische Erschütterung, die er bedeutete, nur mit der verglichen werden kann, welche die erste Bekanntschaft mit der Liebe und dem Geschlecht in der jungen Seele erzeugt, – und dieser Vergleich ist nicht zufällig. Das Zitat aber geschieht, um zu zeigen, daß man im Sinn eines Philosophen denken kann, ohne im geringsten *nach* seinem Sinn zu denken, will sagen: daß man sich seiner Gedanken bedienen – und dabei denken kann, wie er durchaus nicht gedacht haben will. Hier dachte freilich einer, der außer Schopenhauer auch schon Nietzsche gelesen hatte und das eine Erlebnis ins andere hineintrug, die sonderbarste Vermischung mit ihnen anstellte. Aber worauf es mir ankommt, ist der naive Mißbrauch einer Philosophie, den gerade Künstler sich wohl zu ›schulden‹ kommen lassen, und auf den ich hindeutete, als ich sagte, daß eine Philosophie oft weniger durch ihre Moral und Weisheitslehre wirkt, die die intellektuelle Blüte ihrer Vitalität ist, als durch diese Vitalität selbst, ihr Essentielles und Persönliches, – durch ihre Leidenschaft also mehr als durch ihre Weisheit. Auf diese Weise werden Künstler oft zu ›Verrätern‹ einer Philosophie, und so wurde Schopenhauer von Wagner ›verstanden‹, als dieser sein erotisches Mysterienspiel ›Tristan und Isolde‹ gleichsam in den Schutz von Schopenhauers Metaphysik stellte. Was von Schopenhauer auf Wagner wirkte und worin dieser sich wiedererkannte, war die Welterklärung aus dem »Willen«, dem Triebe, die erotische Konzeption der Welt (das Geschlecht als »Brennpunkt des Willens«), von der die Tristan-Musik und ihre Sehnsuchtskosmogonie bestimmt sind. Man hat bestritten, daß der ›Tristan‹ von schopenhauerischer Philosophie beeinflußt sei, – mit Recht, soweit die »Verneinung des Willens« in Frage kommt: denn es handelt sich ja um ein Liebesgedicht, und in der Liebe, im Geschlecht bejaht sich der Wille am stärksten. Aber eben *als* Liebesmysterium ist das Werk bis ins Letzte schopenhauerisch gefärbt. Es wird darin gleichsam die erotische Süßigkeit, die berauschende Essenz aus der Philosophie Schopenhauers gesogen, die Weisheit aber liegengelassen.

So gehen Künstler mit einer Philosophie um, – sie ›verstehen‹ sie auf ihre Art, eine emotionelle Art: denn nur zu emotionellen, zu Leidenschafts-Ergebnissen braucht die Kunst ja zu kommen, nicht zu moralischen, wozu die Philosophie, als eine Lehrerin, sich jederzeit angehalten fühlte. Mochte sie auch keine staatlich besoldete »Universitäts-Philosophie«, mochte sie auch »niemandem untertan« sein – es war doch zu wünschen, daß ihre moralischen Ergebnisse möglichst mit der herrschenden Moral, – im Abendland also der christlichen – übereinstimmten, daß sie als Weisheitsergebnis dem religiösen Ergebnis entspräche und es bestätigten. Man möge selbst Atheist sein – und Schopenhauer war es –: ist man nur Metaphysiker, so bleibt es immer möglich, zu Resultaten zu gelangen, die die Forderungen religiöser Moral, von einer andern Seite her, in wünschenswerter

Weise bekräftigen. Schopenhauer hatte das Glück und fand die Möglichkeit, aus höchst sensualistisch-leidenschaftlichen Erlebnis-Voraussetzungen zu höchst moralischen Lehr-Ergebnissen zu kommen: zu einer mit dem Christentum übereinstimmenden Mitleids- und Erlösungslehre, die aus dem illusionären Charakter des Lebens, dem Blendwerk des principii individuationis abgeleitet wird: Mitleid, christliche Liebe, die Aufhebung des Egoismus ergeben sich aus der Erkenntnis, welche die Täuschung des Ich und Du, des Schleiers der Maja durchschaut. Eine solche Übereinstimmung kann den Philosophen nicht überraschen, wenn er, wie Schopenhauer es tat, einen Parallelismus zwischen Religion und Philosophie statuiert und in jener »Metaphysik fürs Volk« sieht, welche, da sie auf die große Masse des Menschengeschlechts berechnet ist, die Wahrheit bloß in allegorischer Gestalt bieten kann, während die Philosophie sie in ihrer Reinheit spendet. Er selbst sagt: »Die moralischen Resultate des Christentums, bis zur höchsten Askese, findet man bei mir rationell und im Zusammenhang der Dinge begründet: während sie es im Christentum durch bloße Fabeln sind. Der Glaube an diese schwindet täglich mehr: daher wird man sich zu meiner Philosophie wenden müssen.« Aber die Auffassung, daß es sich bei Religion und Philosophie nur um den Unterschied von exoterischer und esoterischer Wahrheit handele, von denen die eine unannehmbar geworden sei, so daß nun die andere für sie einspringen müsse, – diese Auffassung hindert nicht, daß auch für das Gewissen des Philosophen nicht die religiöse Moral es ist, die der Bestätigung durch die Philosophie bedarf, sondern umgekehrt; und für mich ist kein Zweifel, daß ein Philosoph durch die Übereinstimmung der moralischen Ergebnisse seiner Welterklärung mit den Lehren der Religion sich über die Wahrheit seiner Philosophie sehr beruhigt findet, und daß auch Schopenhauer sich als Philosoph dadurch legitimiert fühlte. »Niemandem war er untertan.« Aber daß sein Denken ihn beispielsweise zur ethischen Verurteilung des Selbstmords führte, weil nämlich darin der Wille zum Leben sich bejahe, statt sich zu verneinen, dafür war er seinem Denken doch dankbar, denn – »Ungefähr sagt das der Pfarrer auch, nur mit ein bißchen andern Worten«.

Im Grunde hatte er Glück. Sowenig wie mit der Religion geriet er mit dem Staat in Konflikt, und zwar gerade dank der Geringschätzung, die er ihm entgegenbrachte und die ihn in der

Hegel'schen Staatsvergottung die größte aller Philistereien erblicken ließ. Seinerseits beurteilte er den Staat als ein notwendiges Übel und versicherte diejenigen seiner kritiklosen und nachsichtsvollen Nicht-Einmischung, »welche die schwere Aufgabe haben, Menschen zu regieren, d. h. unter vielen Millionen eines, der großen Mehrzahl nach, gränzenlos egoistischen, ungerechten, unbilligen, unredlichen, neidischen, boshaften und dabei sehr beschränkten und querköpfigen Geschlechtes, Gesetz, Ordnung, Ruhe und Friede aufrecht zu erhalten und die Wenigen, denen irgendein Besitz zu Teil geworden, zu schützen gegen die Unzahl derer, welche nichts als ihre Körperkräfte haben«. – Das lautet grimmig und erheiternd, es erregt manche Zustimmung in uns. Aber nähert diese Auffassung des Staates als einer Schutzanstalt für den Besitz sich nicht ebenso, nur von einer andern Seite her, der »Philisterei«, wie Hegels Apotheose der Politik und seine Bienenstock-Lehre vom Staate als Gipfelpunkt alles menschlichen Strebens und als »absolut vollendetem ethischem Organismus«? Wir kennen die widermenschlichen Schrecken einer Doktrin, nach welcher es die Bestimmung des Menschen wäre, im Staate aufzugehen, kennen sie aus ihren Konsequenzen: denn der Faschismus sowohl wie der Kommunismus kommen von Hegel her, und Schopenhauer selbst hat die gedankliche Weiterführung der Hegel'schen Staats-Verabsolutierung zum Kommunismus noch mit Augen gesehen. Aber so völlig wir die Empörung mitempfinden, die er einer Staatstotalität entgegenbrachte, durch welche, wie er sagte, »das hohe Ziel unseres Daseyns ganz den Augen entrückt wird«: – der Totalität des Menschlichen, von der das Politisch-Soziale ein Teil ist, scheint uns denn doch auch wieder nicht gedient mit dem ironischen Verzicht des philosophischen Klein-Kapitalisten auf jede Einmischung in diese Sphäre, dem Verzicht des Geistes auf jede politische Leidenschaft, nach dem Wahlspruch: »Ich danke Gott an jedem Morgen, daß ich nicht brauch' fürs Heil'ge Röm'sche Reich zu sorgen« – einem Wahlspruch, wie er dem Staate so passen könnte, einer wahren Philisterei und Drückebergerei und einer Devise, von der man kaum versteht, wie ein geistiger Kämpfer gleich Schopenhauer sie sich zu eigen machen konnte.

Zur Erklärung einer solchen, dem vollkommensten politischen Konservatismus gleichkommenden »interesselosen Anschauung« des Staates genügt natürlich nicht das tief besorgte Interesse

Schopenhauers an der Erhaltung seines kleinen, aber für den philosophischen Junggesellen ausreichenden, von seinem Vater, einem Danziger Kaufmann, ererbten Vermögens; ein berechtigtes und im Grunde hoch geistiges Interesse: denn dieser bürgerliche Besitz, zu dessen Büttel er in loyaler Naivität den Staat degradierte, war sein ein und alles, seine Stütze und sein Stab in dieser niederträchtigen Welt, er schuf ihm soziale Freiheit, die Unabhängigkeit und Einsamkeit, die er brauchte, sein Werk zu tun; und je unfähiger er sich fühlte, sich – etwa in einem Amte – selber sein Brot zu verdienen, desto dankbarer war er dem seligen Heinrich Floris Schopenhauer zeit seines Lebens für die unschätzbare Hinterlassenschaft. – Aber seine apolitisch-antipolitische, id est konservative Gesinnung wurzelt selbstverständlich tiefer, sie ergibt sich aus seiner Philosophie, für die eine Verbesserung und Höherführung der Welt als der Erscheinung eines an sich bösen und schuldhaften Prinzips, des Willens, grundsätzlich ausgeschlossen ist, und die auf *Erlösung*, nicht auf *Befreiung* zielt. Wie sollte ein Denken, für das die Freiheit jenseits der Erscheinung liegt, mit der Idee politischer Freiheit viel anzufangen wissen? Vor allem aber erklärt sich die politische Indifferenz dieser Philosophie aus ihrem *Objektivismus*, aus dem Heilswert, den sie der objektiven Anschauung, und ihr allein, zuschreibt. Für Schopenhauer ist ja Genialität nichts anderes als Objektivität, das heißt die Fähigkeit, sich rein anschauend zu verhalten, nur als erkennendes Subjekt, als »klares Weltauge«. Hier berührt er sich mit Goethe, den er grenzenlos bewunderte, und auf dessen prägende Wirkung ja ebenfalls die Politikfremdheit der deutschen Bildung zurückgeht. Die Philosophie, erklärt Schopenhauer, fragt nicht nach dem Woher und Wohin und Warum, sondern allein nach dem Was der Welt: sie hat das in allen Relationen erscheinende, selbst aber ihnen nicht unterworfene, immer sich gleiche Wesen der Welt, die Ideen derselben, zum Gegenstand. Von solcher Erkenntnis geht, wie die Kunst, so auch die Philosophie – es geht davon endlich auch diejenige Gemütsverfassung aus, die zur Heiligkeit und zur Erlösung der Welt führt. Kunst und Philosophie sind also *quietistisch* (denn reiner Objektivismus ist Quietismus). Sie wollen beileibe nichts ändern, sondern nur anschauen. Auf den ›Fortschritt‹ ist Schopenhauer daher sehr schlecht zu sprechen und noch schlechter auf das politische Handeln des Volkes, die Revolution. Sein Verhalten im

Jahre 1848 war von einer grimmigen Mesquinerie und Komik
– man kann es nicht anders sagen. Nicht im mindesten war sein
Herz bei denen, die, schwärmerisch genug, dem deutschen öffentlichen Leben damals eine Richtung zu geben hofften, welche die
ganze Geschichte Europas bis auf unsere Tage zum glücklicheren
bestimmt hätte und die im Interesse jedes geistigen Menschen
lag: die demokratische Richtung. Das Volk nannte er nicht anders als »die souveräne Canaille« und lieh dem Offizier, der
von seiner Wohnung aus die Barrikaden-Männer rekognoszierte,
ostentativ seinen »doppelten Opernkucker«, damit er besser auf
sie schießen lassen könnte. Ja, in seinem Testament setzte er »den
in Berlin errichteten Fonds zur Unterstützung der in den Aufruhr- und Empörungskämpfen der Jahre 1848 und 1849 für
Aufrechterhaltung und Herstellung der gesetzlichen Ordnung in
Deutschland invalide gewordenen preußischen Soldaten, wie
auch der Hinterbliebenen solcher, die in jenen Kämpfen gefallen«, zu seinem Universalerben ein.

Noch einmal, sein Anti-Revolutionarismus gründet in seinem
Weltbilde; und nicht erst logisch-gedanklich tut er das, sondern
schon stimmungsmäßig: er ist eine Grundgesinnung, zugehörig
seinem Moralismus, seinem ethischen Pessimismus, jener Stimmung von »Kreuz, Tod und Gruft«, die mit psychologischer
Notwendigkeit der Rhetorik, dem Freiheitspathos, dem Menschheitskult abhold ist. Er ist anti-revolutionär aus pessimistischer
Ethik, aus Haß auf den unanständigen Optimismus der Jetztzeit- und Fortschrittsdemagogie: – und alles in allem, es ist um
ihn die Luft einer gewissen, nur zu vertrauten, nur zu heimatlich
anmutenden deutschen Geistesbürgerlichkeit, – deutsch eben,
weil sie geistig ist und weil ihre Innerlichkeit, ihr konservativer
Radikalismus, ihre absolute Fremdheit gegen jeden demokratischen Pragmatismus, ihre »reine Genialität«, ihre verwegene
Unfreiheit, ihre tiefe Politiklosigkeit eine spezifisch deutsche
Möglichkeit und Gesetzmäßigkeit ist. In diese Welt gehörte Arthur Schopenhauer, – ein Bürger mit dem Stich und Stigma des
Genies, das seine Figur ins Groteske hebt, aber ein Bürger unweigerlich bis ins Geistigste und Persönlichste. Man braucht nur sein
Leben anzusehen: seine hanseatisch-kaufmännische Herkunft,
die Seßhaftigkeit des stets mit altmodischer Eleganz gekleideten
älteren Herrn in Frankfurt am Main, die kantisch-pedantische
Unwandelbarkeit und Pünktlichkeit seines Tagelaufes: seine be-

hutsame Gesundheitspflege auf Grund guter physiologischer Kenntnisse – »Nicht dem Vergnügen, sondern der Schmerzlosigkeit geht der Vernünftige nach –«; seine Genauigkeit als Kapitalist (er schrieb jeden Pfennig auf und hat sein kleines Vermögen durch kluge Wirtschaft im Laufe seines Lebens verdoppelt); die Ruhe, Zähigkeit, Sparsamkeit, Gleichmäßigkeit seiner Arbeitsmethode (– er produzierte für den Druck ausschließlich während der ersten beiden Morgenstunden und schrieb an Goethe, daß *Treue* und *Redlichkeit* die von ihm aus dem Praktischen ins Theoretische und Intellektuelle übertragenen Eigenschaften seien, die das Wesen seiner Leistungen und Erfolge ausmachten): das alles zeugt ebenso stark für die Bürgerlichkeit seines menschlichen Teils, wie es Ausdruck bürgerlicher Geistigkeit war, daß er das romantische Mittelalter, Pfaffentrug und Ritterwesen so entschieden verabscheute und durchaus auf klassischer Humanität bestehen zu sollen meinte, obwohl –

Hier gibt es eine Menge »Obwohls«, die Schopenhauers Humanismus und Klassizismus in Frage stellen und eher dafür sprechen, ihn einen Romantiker zu nennen, jedenfalls aber dazu anhalten, die Elemente seines komplexen Wesens zu unterscheiden. Im engeren, gelehrten Sinn, als Kenner und Beherrscher der alten Sprachen und Literaturen war Schopenhauer nun gewiß einmal ein außerordentlicher Humanist: damals, als der von seinem Vater zum Kaufmann bestimmte junge Mann, der sich die drängende Lust zu den Wissenschaften mit der Erlaubnis zu einer großen Bildungsreise durch Europa hatte abkaufen lassen, nach dem Tode seines Vaters dann dennoch zum Studium hinübergewechselt war, hatte er in Weimar, wo seine Mutter, die Hofrätin und Romanschriftstellerin Johanna Schopenhauer, eine gute Bekannte Goethe's, lebte, unter der Anleitung eines jungen Gymnasiallehrers das Griechische und Lateinische mit wahrem Feuereifer betrieben und seinen Lehrer durch reißende Fortschritte in Erstaunen gesetzt. Er schrieb fließend lateinisch, und die ungezählten Zitate aus antiken Autoren in seinen Schriften zeugen von einer so intimen wie ausgebreiteten klassischen Belesenheit. Bei griechischen Anführungen fügt er regelmäßig eine tadellose lateinische Übersetzung hinzu. Übrigens aber war seine literarische Bildung keineswegs nur humanistisch: sie erstreckte sich auf das europäische Schrifttum aller Jahrhunderte, denn seine Geläufigkeit in modernen Sprachen datierte sogar von früher her als die in den alten, und seine Bücher sind mit Zitaten aus englischen, französischen, italienischen, spanischen Schriftstellern, auch aus deutscher Dichtung, besonders aus Goethe und aus der Mystik, fast noch reichlicher gespickt als mit antiken. Das gibt ihnen etwas Weltläufiges, Überfachliches, Gelehrtenhaftes, Mondän-Literarisches: und dem entspricht, daß sein philologisch-humanistisches Rüstzeug ergänzt wird durch höchst positive naturwissenschaftliche Kenntnisse, zu denen er schon als junger Student, in Göttingen, den Grund gelegt und mit deren Ergänzung er durch sein ganzes Leben beschäftigt war, da er sie zur Stütze und empirischen Befestigung seiner Metaphysik brauchte.

Klassischer Humanist ist Schopenhauer vor allem als Ästhetiker, in seiner Theorie des Schönen: seine Lehrmeinung, die das Genie als reinste Objektivität bestimmt, ist durchaus apollinisch-goethisch: auf Goethe beruft er sich, auf seiner Seite glaubt er zu stehen, fühlt sich als ›Klassiker‹ und ist es sehr weitgehend nach seinem Denken und Urteilen, nämlich in jenem deutschbürgerlich humanen Sinn, von dem ich sprach, und der ihn feudale Ehren-Narreteien sowohl wie frömmlerisch-obskurantistische Neigungen, den Neu-Katholizismus seiner Zeit verachten läßt. Er ehrt die Allegorik des Christentums als einer pessimistischen Erlösungsreligion, spricht aber von den verschiedenen »Landesreligionen« überhaupt mit philosophischer Überlegenheit, und seine religiöse ›Begabung‹ ist, bei einer so starken metaphysischen, im ganzen schwach zu nennen: Man lese nur, was er gelegentlich da und dort über Glauben, Götter- und Gottesdienst äußert, – es ist nicht weniger rationalistisch als etwa Freuds Auslassungen über die religiöse »Illusion«.

In all diesen Dingen also ist Schopenhauer ganz klassisch-rational gerichteter Humanist. Ich will aber weiter gehen und das Wichtigste sagen. Er ist, so paradox es klingen mag, bei aller Misanthropie und all dessen ungeachtet, was er über den Korruptionszustand des Lebens überhaupt, wie über die Fratzenhaftigkeit des Menschengenus im besonderen zu sagen und zu klagen weiß, – ist trotz aller Verzweiflung darüber, in eine wie miserable Gesellschaft man gerät, wenn man als Mensch geboren wird, ein Verehrer des Menschen nach seiner Idee, von stolzer, humaner Ehrfurcht erfüllt vor der »Krone der Schöpfung«, die ihm, ganz wie dem Autor der Genesis, der Mensch, diese höchste und entwickeltste Objektivation des Willens bedeutet. Diese bedeutungsvollste Form seines Humanismus geht durchaus Hand in Hand mit seiner politischen Skepsis, seinem Anti-Revolutionarismus, und verträgt sich stillschweigend damit. Der Mensch ist ihm ehrwürdig, denn er ist das erkennende Wesen. Zwar ist alle Erkenntnis grundsätzlich dem Willen unterworfen, da sie ihm ja entsprossen ist, gleichwie der Kopf dem Rumpf. Auch ist bei den Tieren diese Dienstbarkeit des Intellekts gar niemals aufzuheben. Man sehe aber nur den Unterschied bei Mensch und Tier im Verhältnis des Kopfes zum Rumpf! Im unteren Tierreich sind beide ganz verwachsen und bei allen Tieren ist der Kopf zur Erde gerichtet, wo die Objekte des Willens liegen, ja selbst bei den oberen sind Kopf und Rumpf noch viel mehr eines als beim Menschen, dessen Haupt (hier sagt Schopenhauer »Haupt« statt Kopf) dem Leibe frei aufgesetzt erscheint, von ihm getragen, *nicht ihm dienend.* »Diesen menschlichen Vorzug stellt im höchsten Grade der Apoll von Belvedere dar: das weitumherblickende Haupt des *Musengottes* steht so frei auf den Schultern, daß es dem Leibe ganz entwunden, der Sorge für ihn nicht mehr unterthan scheint.«

Kann man humanistischer assoziieren? Nicht umsonst erblickt er die Würde des Menschen im Bilde des Musengottes. Es ist ein tiefes und eigentümliches In-Eins-Sehen von Kunst, Erkenntnis und menschlicher *Leidenswürde,* das sich in diesem Bilde offenbart – ein *pessimistischer Humanismus,* der, da Humanismus sonst wesentlich optimistisch-rhetorisch gefärbt erscheint, etwas ganz Neues und, so wage ich zu behaupten, sehr Zukünftiges im Bereich der Gesinnung darstellt: Im Menschen, der obersten Objektivation des Willens, ist dieser von der hellsten Erkenntnis beleuchtet; aber im gleichen Maß, wie die Erkenntnis zur Deutlichkeit gelangt, das Bewußtsein sich steigert, wächst auch das Leiden, welches folglich seinen höchsten Grad im Menschen erreicht, und zwar wiederum in individuell verschiedenem Grade, – im Genius kommt sie auf ihren Gipfel. »Es bestimmt die Rangordnung, wie tief einer leiden kann«, sagt Nietzsche, in vollständiger Abhängigkeit bis zuletzt von Schopenhauers Aristokratismus der Leidensfähigkeit, der adelnden *Berufenheit* des Menschen und seiner höchsten Ausprägung, des Genius, zum Leiden. Es ist diese Berufenheit, aus der sich die beiden großen Möglichkeiten ergeben, die Schopenhauers Humanismus dem Menschen zuschreibt: sie heißen *Kunst* und *Heiligung*. Menschlich allein ist die Möglichkeit des ästhetischen Zustandes als willensfreier Anschauung der Ideen; menschlich und nur menschlich ist die Möglichkeit der endgültig erlösenden Selbstverneinung des Willens zum Leben in der Steigerung des Künstlers zum asketischen Heiligen. Dem Menschen ist die Möglichkeit der Korrektur gewährt, die den großen Irrtum und Fehltritt des Seins rückgängig macht: höchste Einsicht, die ihm zuteil wird, indem er sich das ganze Leid der Welt zu eigen macht, kann ihn zur Resignation und zur Willensumkehr führen. Und so ist der Mensch die *geheime Hoffnung* der Welt und aller Kreatur, zu welchem gleichsam alle Wesen sich vertrauensvoll hindrängen, und auf den sie wie auf ihren möglichen Erlöser und Heiland blicken.

Das ist eine Konzeption von großer mystischer Schönheit, worin eine humane Ehrfurcht vor der Sendung des Menschen sich ausdrückt, die alle Misanthropie, allen Menschenekel Schopenhauers überwiegt und rektifiziert. Es ist dies, worauf es mir ankommt: Die Vereinigung von Pessimismus und Humanität, die geistige Erfahrung, die Schopenhauer gewährt, daß das eine das andere keineswegs ausschließt und daß man nicht Schönredner und Menschheitsschmeichler zu sein braucht, um Humanist zu sein. Wenig beirrt mich dabei die Frage nach der *Wahrheit* von Schopenhauers Interpretationen, besonders seiner von Kant übernommenen Auslegung des Schönen und des ästhetischen Zustandes, der berühmten »Interesselosigkeit«, über die der im psychologischen Raffinement soviel fortgeschrittenere Nietzsche sich nicht zu Unrecht lustig machte. Nietzsche, der Dionysier, wandte sich gegen die Vermoralisierung der Kunst und des Künstlertums, dessen Steigerung und Vollendung der asketische Heilige sein sollte: gegen die angebliche Negativität der produktiven und rezeptiven ästhetischen Lust, als des Loskommens von der Tortur des Willens; gegen die Negativität der Lust überhaupt, den Pessimismus selbst also, der für ihn schon in der Konfrontierung einer »wahren Welt« und einer »Welt der Erscheinung« lag, und den er schon bei Kant witterte und nachwies. Er notiert ohne Kommentar (der Kommentar erübrigt sich), daß Kant erklärt habe: »Die Sätze des Grafen Nerri (eines italienischen Philosophen des achtzehnten Jahrhunderts) unterschreibe ich in voller Überzeugung: Il solo principio motore dell' uomo è il dolore. Il dolore precede ogni piacere. Il piacere non è un essere positivo.« – War das so sehr gegen den Sinn dessen, bei dem man lesen kann: »Die Lust ist eine Form des Schmerzes«? Jedenfalls war es seiner anti-christlichen Willensmeinung entgegen, welche um der Erde und des Lebens willen durchaus keine »wahre Welt« wahrhaben wollte. Das hindert nicht, daß sich, gerade in aestheticis, seine Herkunft von Schopenhauer, auch zur Zeit des Apostatentums, nie verleugnet. Denn wenn es in ›Welt als Wille und Vorstellung‹ heißt, daß »das An-Sich des Lebens, der Wille, das Dasein selbst, ein stetes Leiden und teils jämmerlich, teils schrecklich ist; dasselbe hingegen als Vorstellung allein, rein angeschaut, oder durch die Kunst wiederholt, frei von Qual, ein *bedeutsames Schauspiel* gewährt«, – so greift Nietzsche diese Rechtfertigung des Lebens als eines *ästhetischen Schauspiels* und Schönheitsphänomens vollkommen auf, nicht anders, als Schopenhauer die »Interesselosigkeit« aufgreift: nämlich indem er dem Gedanken Schopenhauers nur die geistige Wendung ins Antimoralisch-trunken-Bejahende gibt, in einen Dionysismus der Lebensrechtfertigung, in welchem freilich Schopenhauers moralistisch-lebensverneinender Pessimismus schwer wiederzuerkennen ist, worin dieser aber doch in anderer Färbung, mit anderem Vorzeichen und veränderter Gebärde fortlebt. Stellen wir fest, daß man zum Antagonisten eines Denkers werden und doch geistig vollkommen sein Schüler bleiben kann. Hört man, zum Beispiel, auf, Marxist zu sein, indem man Marxens Lehre auf den Kopf stellt und gewisse wirtschaftliche Haltungen aus dem Ideologischen, Religiösen ableitet, statt des Umgekehrten? So blieb Nietzsche Schopenhauerianer. Vor dem zweifelhaften Titel eines Optimisten schützt ihn der Begriff des Heroischen, der in seinen Dionysismus einschlägig ist und der aus dem Pessimismus kommt. Man wird Anstand nehmen, von Optimismus zu reden, wo es sich um einen bacchantischen Pessimismus handelt, um eine Form der Lebensbejahung also, die nicht primär und naiv, sondern eine Überwindung, ein Trotzdem, dem Leiden abgewonnen ist. Das Heroische aber findet sich auch bei Schopenhauer: »Das Glück ist unmöglich: das Höchst-Erreichbare ist ein heroischer Lebenslauf.« –

Was nun aber davor warnt, Schopenhauers humanistische Gesinnung, seine klassisch-apollinischen Willensmeinungen wörtlich und eigentlich zu nehmen, was vielmehr in seinem Fall, wie in so manchem andern, dazu anhält, zwischen Meinung und Wesen zu unterscheiden und den Menschen nicht mit seinen Urteilen zu verwechseln, das ist sein Extremismus, eine grotesk-dualistische Kontrasthaftigkeit seiner Natur, die man als *romantisch* im pittoreskesten Sinn des Wortes ansprechen muß, und die ihn von Goethe's Sphäre weiter entfernt, als sein Bewußtsein es sich je träumen ließ. – Ich sagte, daß Schopenhauer sich durchaus im Kantischen hielt, als er den ästhetischen Zustand als die Losreißung der Erkenntnis vom Willen bestimmte, wobei das Subjekt aufhöre, ein bloß individuelles zu sein und reines willenloses Subjekt der Erkenntnis werde. Aber Kant, nach seiner unemotionellen Natur, wäre nie darauf verfallen, das »Ding an sich« als Wille, Trieb, dunkle Leidenschaft zu bestimmen, von welcher der künstlerische Zustand vorübergehende Erlösung gewähre; und seine Ästhetik der Interesselosigkeit ist nicht das moralische Ergebnis eines romantisch-emotionellen Dualismus von Wille und Vorstellung, einer Weltkonzeption des Kontrastes von Sinnlichkeit und Askese mit allen Schrecken und dämonischen Qualen der einen und allen Befriedigungsseligkeiten der andern Seite, sondern, im Vergleich damit, kühlster Spiritualismus. Askese heißt Abtötung. Aber bei Kant gab es nicht viel abzutöten, er hätte zur Beschreibung des ästethischen Zustandes nie die vehementen Bilder überschwenglicher Dankbarkeit gefunden, die Schopenhauer dabei nur so zuströmten. Askese gehört zu einer romantischen Kontrastwelt und hat furchtbare Erlebnisse des Willens, des Triebes, der Leidenschaft, ein tiefes Leiden daran zur Voraussetzung. Den *Heiligen* als Vollender des Künstlers hat der Trieb-Philosoph und Emotionalist Schopenhauer entdeckt, – nicht das zwar unerbittliche, aber weit mäßiger temperierte Denkertum Kants, dem die furchtbar geistreichen Spannungen von Schopenhauers Kontrastwelt mit den Polen des Gehirns und der Genitalien durchaus fremd waren.

Es gab selten einen ausdrucksvolleren, erschöpfenderen Buchtitel, als den von Schopenhauers Hauptwerk, – seinem einzigen Werk im Grunde, welches seinen einzigen Gedanken entwickelt, und für das alles weitere, in einem zweiundsiebzigjährigen Leben Geschriebene nur beharrlich zusammengetragener Beleg und insistierende Stütze ist. »Die Welt als Wille und Vorstellung«, – das ist nicht nur dieser Gedanke, auf seine kürzeste Formel gebracht, es ist auch der Mann, der Mensch, die Person, das Leben, das Leiden. Die Willenstriebe dieses Menschen, besonders seine

Sexualität, müssen überaus stark und gefährlich gewesen sein, torturierend wie die mythologischen Bilder, mit denen er die Fron des Willens beschreibt, – sie müssen der Gewalt seines Erkenntnistriebes, seiner klaren und mächtigen Geistigkeit auf eine so widerstreitende Weise entsprochen haben, daß eine furchtbar radikale Zweiheit und Zerrissenheit der Erfahrung und tiefstes Erlösungsverlangen, die geistige Verneinung des Lebens selbst, die Beschuldigung seines An-Sich als böse, irrsälig und schuldhaft das in einem hohen Sinn groteske Ergebnis war. Das Geschlecht ist für Schopenhauer der »Brennpunkt des Willens«, in seiner körperlichen Objektivation der Gegenpol des Gehirns, des Repräsentanten der Erkenntnis. Daß, offenbar, beide Sphären bei ihm eine das Durchschnittliche weit übersteigende Gewalt besaßen, spräche an sich nur für die Fülle und Kraft seiner Gesamtnatur; was ihn zum ›Pessimisten‹ und Weltverneiner macht, ist eben nur das durchaus feindlich-kontradiktorische, ausschließende und Leiden bringende Verhältnis, in welchem die Sphären zueinander stehen, und das übrigens nicht hindert, seinen Pessimismus das mißverständliche Geistesprodukt der Fülle und Kraft zu nennen. Bipolarisch, kontrast- und konflikthaft, qualvoll-heftig erlebt er die Welt als Trieb und Geist, Leidenschaft und Erkenntnis, »Wille« und »Vorstellung«. Wie, wenn er ihre Einheit in seinem Künstlertum, seinem Genie gefunden, wenn er verstanden hätte, daß Genie durchaus nicht stillgelegte Sinnlichkeit und ausgehängter Wille, – Kunst nicht spirituelle Objektivität bedeutet, sondern daß sie die produktive und lebenerhöhende Vereinigung und Wechseldurchdringung der beiden Sphären ist, – bezaubernder, als jede für sich, Geschlecht oder Geist, je sein kann? Daß Künstlertum, Schöpfertum, nichts anderes ist und auch in ihm nichts anderes war als vergeistigte Sinnlichkeit und vom Geschlecht her genialisierter Geist? Goethe sah und erlebte das alles ganz anders als der Pessimist Schopenhauer: glücklicher, gesunder, heiterer, ›klassischer‹, unpathologischer – das Wort »pathologisch« in einem geistigen, nicht klinischen Sinn verstanden – ich will also sagen: unromantischer. Für ihn waren Geschlecht und Geist, »Idee und Liebe«, die stärksten Lebensreize, und er dichtete: »Denn das Leben ist die Liebe und des Lebens Leben – Geist.« Bei Schopenhauer dagegen schlägt die geniale Verstärkung beider Sphären ins Asketische um. Ihm ist das Geschlecht eine teuflische Störung der reinen Kontemplation und die Erkenntnis jene Verneinung des Geschlechts, welche spricht: »Wenn dich dein Auge ärgert, so reiße es aus.« Erkenntnis als »Friede der Seele«, Kunst als Quietiv, als erlösender, zur Willenlosigkeit erlöster Zustand »reiner« Anschauung und der Künstler als Vorstufe des über den Willen zum Leben überhaupt hinausgekommenen *Heiligen*, – das ist Schopenhauer, und noch einmal: soweit diese Auffassung des Geistes und der Kunst apollinisch-objektivistisch ist, berührt sie sich mit der Goethe's und zeigt klassischen Charakter. Ihr Extremismus und Asketismus aber ist ausgesprochen romantisch in einem Sinne des Wortes, der Goethe's Geschmack, wie wir am besten aus seinem Verhalten zu Heinrich von Kleist wissen, gar sehr entgegen war; und mit entsprechenden Gefühlen mag er ›Die Welt als Wille und Vorstellung‹ gelesen haben: zustimmend manchem Ergebnis, aber wesentlich ablehnend und »hypochondrisch« berührt, – und so hat er es kopfschüttelnd beiseite gelegt; tatsächlich weiß man, daß er nach einem Anlauf neugieriger Anteilnahme das Buch nicht zu Ende gelesen hat.

Die Fremdheit eines großen Mannes gegen den andern, die notwendige Selbstsucht ist, darf uns nicht beirren. Auch Goethe vereinigte in sich, auf seine gesegnetere Art, das Klassische mit dem Romantischen, – das ist sogar eine der Formeln, auf die man seine Größe bringen mag. Es ist bei Schopenhauer nicht anders: auch seiner Größe ist die Vereinigung der beiden Geistesrichtungen eher zugute zu rechnen, als daß sie ihr Abtrag täte, – sofern nämlich Größe vereinigend, zusammenfassend ist, die Epoche resümierend. Schopenhauer faßt vieles zusammen, seine Lehre birgt viele Elemente: idealistische, naturphilosophische, ja pantheistische: und daß seine Persönlichkeit stark genug ist, diese Elemente, wie eben auch das Klassische und Romantische, zu binden, sie zu etwas ganz Neuem und Einmaligem zusammenzuschmelzen, so daß von Eklektizismus nicht im entferntesten die Rede sein kann, das ist das Entscheidende.

Im Grunde wollen Termini und Alternativen wie ›klassisch‹ und ›romantisch‹ auf ihn nicht passen: weder das eine noch das andere tut seiner Seelenlage genug, die eine spätere ist als diejenige, für welche jene zeitlich verwandten Gegensatz-Begriffe eine Rolle spielten. Er steht näher zu uns als die Geister, die dieser Unterschied beschäftigte, und die sich nach ihm ordneten: Schopenhauers Geistesform, jene gewisse dualistisch-groteske Überreiztheit und Überheiztheit seines Genies, ist weniger romantisch als *modern*, – und ich möchte in diese Bezeichnung sehr vieles legen, sie aber im ganzen auf eine abendländische Seelenlage beziehen, deren Leidenderwerden in dem Jahrhundert zwischen Goethe und Nietzsche nur zu deutlich in die Augen springt. In dieser Beziehung steht Schopenhauer zwischen Goethe und Nietzsche, er bildet den Übergang zwischen ihnen, – ›moderner‹, leidender, schwieriger als Goethe, aber sehr viel ›klassischer‹, robuster, gesunder als Nietzsche, – woraus man ersehen mag, daß Optimismus und Pessimismus, Bejahung oder Verneinung des Lebens nichts mit Gesundheit und Krankheit zu tun haben. Gesundheit und Krankheit als Werturteile sind aus dem Grunde mit soviel Vorsicht auf das Menschlich-Geistige anzuwenden, weil sie biologische Begriffe sind, die Natur des Menschen aber im Biologischen nicht aufgeht. Schwerlich jedoch wird zu behaupten sein, Nietzsche's dionysisch antichristlicher Enthusiasmus sei persönlich etwas Gesünderes und Robusteres gewesen als Schopenhauers Lebensingrimm, noch auch, er habe objektiv und geistig mehr Gesundheit in die Welt gebracht. Viel zu viel und auf eine verwirrende Weise hat Nietzsche mit diesem biologischen Gegensatz gearbeitet und eine falsche Gesundheit auf den Plan gerufen, die heute das Geistige, woran Europa genesen könnte, zertrampelt. Er selbst aber bedeutet einen Schritt weiter im Leiden, im Raffinement und in der Modernität – besonders in der Eigenschaft, in der er so ausgesprochen wie nirgends sonst der Schüler Schopenhauers ist, nämlich als Psycholog.

Schopenhauer, als Psycholog des Willens, ist der Vater aller modernen Seelenkunde: von ihm geht, über den psychologischen Radikalismus Nietzsche's, eine gerade Linie zu Freud und denen, die seine Tiefenpsychologie ausbauten und auf die Geisteswissenschaften anwandten. Nietzsche's Intellekt-Feindschaft und Anti-Sokratismus ist nichts als die philosophische Bejahung und Verherrlichung von Schopenhauers Entdeckung des Willensprimats, seiner pessimistischen Einsicht in das sekundäre und dienende Verhältnis des Intellektes zum Willen. Diese Einsicht, die im klassischen Sinn nicht eben humane Feststellung, daß der Intellekt dazu da ist, dem Willen gefällig zu sein, ihn zu rechtfertigen, ihn mit oft sehr scheinbaren und selbstbetrügerischen Motiven zu versehen, die Triebe zu rationalisieren, birgt eine skeptisch-pessimistische Psychologie, eine Seelenkunde durchschauender Unerbittlichkeit, die dem, was wir Psychoanalyse nennen, nicht nur vorgearbeitet hat, sondern diese selbst schon ist. Im Grunde ist alle Psychologie Entlarvung und ironisch-naturalistischer Scharfblick für das vexatorische Verhältnis von Geist und Trieb. Es entspricht ganz der mystischen Natur-Konnivenz der ›Wahlverwandtschaften‹, wenn Goethe in diesem Roman den schon verliebten Eduard nach dem ersten Zusammensein mit Ottilie sagen läßt: »Sie ist eine unterhaltende Person« – und seine Frau ihm antwortet: »Unterhaltend? Sie hat ja den Mund nicht aufgetan!« Schopenhauer hat gewiß seine Freude gehabt an dieser Pointe. Sie ist eine artige, noch klassisch-heitere Illustration seines Satzes, daß man eine Sache nicht will, weil man sie als gut erkennt, sondern daß man sie gut findet, weil man sie will.

Er selbst sagt zum Beispiel: »Doch ist zu bemerken, daß man, um sich selbst zu täuschen, sich scheinbare Übereilungen vorbereitet, die eigentlich heimlich überlegte Handlungen sind. Denn wir betrügen und schmeicheln niemandem durch so feine Kunstgriffe, als uns selbst.« In dieser beiläufigen Anmerkung sind ganze Kapitel, ja Bände der analytischen Entlarvungs-Psychologie in nuce enthalten, – wie später so oft in Nietzsche's Aphoristik Freud'sche Erkenntnisse und Enthüllungen blitzartig vorweggenommen sind. In einer Wiener Rede über Freud habe ich darauf hingewiesen, daß Schopenhauers finsteres Willensreich mit dem, was Freud das »Unbewußte«, das »Es« nennt, durchaus identisch ist – wie andererseits Schopenhauers »Intellekt« dem Freud'schen »Ich«, diesem der Außenwelt zugekehrten Teil der Seele, durchaus entspricht. –

Das eigentliche Thema einer heutigen Rekapitulation und Betrachtung des Schopenhauer'schen Weltbildes, das Motiv für die erinnerungsvolle Beschwörung seiner geistigen Gestalt vor einer Generation, die wenig mehr von ihm weiß, ist das Verhältnis von Pessimismus und Humanität: Es ist der Wunsch, einer Gegenwart, deren Humanitätsgefühl sich in schwerer Krise befindet, das Erlebnis der eigenartigen Verbindung zu überliefern, welche Melancholie und Menschenstolz in dieser Philosophie eingegangen sind. Schopenhauers Pessimismus, das ist seine Humanität. Seine Welterklärung aus dem Willen, seine Einsicht in die Übergewalt der Triebe und die Herabsetzung der ehemals göttlichen Vernunft, des Geistes, des Intellekts zu einem bloßen Werkzeug der Lebenssicherung ist anti-klassisch und ihrem Wesen nach inhuman. Aber in der pessimistischen Färbung seiner Lehre eben und daß sie ihn zur Weltverneinung und zum Ideal der Askese führt, daß dieser große und leidenserfahrene Schriftsteller, der die Prosa unserer großen humanen Bildungsepoche schrieb, den Menschen aus dem Biologischen und aus der Natur heraushebt, seine fühlende und erkennende Seele zum Schauplatz der Willensumkehr macht und den möglichen Heiland aller Kreatur in ihm sieht: darin liegt seine Humanität, seine Geistigkeit.

Das zwanzigste Jahrhundert hat sich in seinem ersten Drittel rein rückschlägig gegen den klassischen Rationalismus und Intellektualismus verhalten und sich einer Bewunderung des Unbewußten, einer Verherrlichung des Instinktes ergeben, die es dem ›Leben‹ glaubte schuldig zu sein und die den schlechten Instinkten nur allzu gute Tage bereitet hat. Oft ist hier pessimistische Erkenntnis in Schadenfreude umgeschlagen, die geistige Anerkennung bitterer Wahrheiten in den Haß auf den Geist selbst und die Verachtung für ihn, gegen den man sich ohne jede Generosität auf die Seite des Lebens schlug: auf die Seite des Stärkeren also; denn wenn irgend etwas gewiß und erwiesen ist, so dies, daß das Leben vom Geist und von der Erkenntnis nichts zu fürchten hat und nicht jenes, sondern der Geist der schwächere, schutzbedürftige Teil auf Erden ist.

Aber auch die Anti-Humanität unserer Tage ist zuletzt ein humanes Experiment, eine einseitige Beantwortung der ewig sich stellenden Frage nach dem Wesen und Schicksal des Menschen. Fühlbar bedarf sie einer das Gleichgewicht herstellenden Korrektur, und ich meine, daß die hier erinnerte Philosophie dabei gute Dienste leisten kann. Ich nannte Schopenhauer ›modern‹ – ich hätte ihn zukünftig nennen sollen. Die Elemente seiner Persönlichkeit, ihr hell-dunkler Zusammenklang, die Mischung von Voltaire und Jakob Böhme in ihm, das Paradox seiner klassisch-klaren Prosa, die vom Untersten, Nächtigsten kündet, seine stolze Misanthropie, die nie die Ehrfurcht vor der Idee des Menschen verleugnet, kurz, was ich seine pessimistische Humanität nannte, erscheint mir voll von Zukunftsstimmung und verheißt seinem Gedankenwerk nach modischem Ruhm und halber Vergessenheit vielleicht noch eine tiefe und fruchtbare menschliche Wirkung. Seine geistige Sinnlichkeit, seine Lehre, die Leben war, daß Erkenntnis, Denken, Philosophie nicht nur Sache des Kopfes, sondern des ganzen Menschen mit Herz und Sinn, mit Leib und Seele sind – sein Künstlertum, mit einem Wort, gehört einer Menschlichkeit jenseits von Vernunftdürre und Instinktvergottung an und mag behilflich sein, sie hervorzubringen. Denn die Kunst, den Menschen begleitend auf seinem mühsamen Wege zu sich selbst, war immer schon am Ziel.

Geschrieben als Vorwort für eine Schopenhauer-Auswahl. Erste Buchausgabe: Stockholm: Bermann-Fischer 1938. Aufgenommen in: *Adel des Geistes*. Versuche zum Problem der Humanität. Stockholm: Bermann-Fischer 1945. Abdruck mit freundlicher Genehmigung von Frau Katia Mann und des S. Fischer Verlags, Frankfurt a. M.

Ludwig Marcuse
Das Gespräch ohne Schopenhauer

Das Gespräch, das zum Thema hat: unsere Kriege, Revolutionen, Kalten Kriege, Morde, Selbstmorde und vielfältig maskierten Zusammenbrüche ... wird vor allem von fünf Verstorbenen souffliert: von Kierkegaard, Marx, Nietzsche, Freud und dem (östlichen oder westlichen) Mystiker. Das Bild vom Menschen, das sie beherrscht hat, schwebt den Teilnehmern an den unsere Jahre charakterisierenden Unterhaltungen vor.

Schopenhauer ist abwesend. Der Mann, dessen dunkles Gemälde vom Dasein in dem Jahrhundert seit seinem Tod nicht nur bestätigt – übertroffen worden ist ... der erste, der in unserer Epoche das, was ist, als ein Abfall vom Nichts klassisch gedeutet – und so das Nichts zum großen Positivum erhoben hat, wird in den tausend Debatten, die den Nihilismus als geheimes oder offenes Thema haben, nicht zitiert. Es gab in den letzten Generationen einen Neukantianismus, eine Hegel-Renaissance, die Auferstehung Kierkegaards im Existentialismus und Neu-Protestantismus, hundert Schattierungen westlicher Inder. Schopenhauer wird nur von der Geschichte der Philosophie und der Schopenhauer-Gesellschaft als historische Rarität konserviert. In Amerika, der größten Kolonie deutschen Denkens im neunzehnten Jahrhundert, gibt es sogar eine umfangreiche Geschichte der Philosophie von Thales bis zur symbolischen Logik, die seinen Namen nicht erwähnt.

Ein seltsamer Fall, weil in Schopenhauer viele Elemente sind, die jene Fünf zu den großen Sprechern dieser Tage machen. Schopenhauer war anti-hegelisch wie Kierkegaard und Marx – und sogar aus denselben Gründen; auch er attackierte den Anwalt sowohl des lieben Gottes wie den der mehr irdischen Mächte, wenn er auch öfter schimpfte als traf. Er war (wie sein Anhänger Nietzsche) ein Feind der Zuversicht, daß alles, was ist, vernünftig ist; er baute auf die Einsicht, daß alles, was ist, unvernünftig ist. Zwischen Augustin, Duns Scotus und Bergson, William James hat niemand so radikal wie er die heute populärste These verfochten, daß die Vernunft am Gängelbande des Willens (besser: der Launen) läuft. Wie später für Freud war für ihn die Sexualität das Grundphänomen des menschlichen Daseins.

Er dachte wie die buddhistische und eckhartsche Mystik, wie Kierkegaard, Marx, Nietzsche und Freud nicht in der Richtung auf Wissenschaft, sondern auf Heilung und Heil. Auch er zog das Philosophieren hinein in die Problematik des Philosophierenden. Wenn Spinoza kaum verriet, daß das Denken ihm etwas leisten soll, wenn Kant weiterlebt als kritische Methode, wenn Hegel das Individuum nur in Betracht zog als Störung einer reinen Repräsentanz, so begann in Schopenhauer, was dann in Nietzsche kulminierte: Philosophieren wurde eine Art von Sich-Sorgen ums Universum. Und Schopenhauer steht neben den Mystikern, die er entdeckte, neben dem Zeitgenossen Kierkegaard, den er nicht kannte, neben Nietzsche, der im Todesjahr Schopenhauers sechzehn war, als Kreuzzügler gegen den freundlichen, alles versprechenden Protestantismus, den er (nach einer von der Mutter überkommenen Antipathie) »jüdisch« nannte. Heidegger schrieb: »Der Irrationalismus – als das Gegenspiel des Rationalismus – redet nur schielend von dem, wogegen dieser blind ist.« Schopenhauer war auch der große Ahn, der nicht schielte, sondern das Dunkel ins Licht stellte.

Er teilt Wesentliches mit jenen Verstorbenen, die vor allen den Lebenden helfen, zum Selbstverständnis zu kommen. Er äußerte viel ungebrochener als sie, was diese Zeit bewegt.

Weshalb ist er nicht im Gespräch?

Es sieht fast so aus, als ob selbst Hegel, den er überlebte (und nicht nur physisch), eine beträchtlichere Ewigkeit hätte; für Schopenhauer währte sie nicht länger als ein paar Jahrzehnte. Und man würde die Aktualität Hegels unterschätzen, schränkte man sie auf seine Wiedergeburt im Dialektischen Materialismus und in der vielfältigen Hegel-Feindschaft ein. Da die Philosophie unserer Jahrzehnte zu einem sehr großen Teil historisierende Selbstinterpretation ist, Erfassung dieses Moments durch Aufzeigung der Bewegung auf ihn hin – ist Hegel, Meister dieser Methode, der große Lehrmeister.

Schopenhauer hat hier nichts zu bieten. Er lebte vor der Ära geschichtlichen Denkens: zum Beispiel vor Darwin und Freud. Er war ein anti-historischer Romantiker; dies emotionelle Anti unterschied ihn allerdings von den Aufklärern. Alles, was in der Zeit ist, also auch der Lebenslauf des Menschen und der Menschheit, ist nicht wirklich wahr. Die Historie des Individuums und des Menschengeschlechts ist eine sinnlose Serie von Spektakeln. Eine Geschichtsphilosophie gibt es nicht; die Psychologie ist statisch, vor-analytisch. Das Individuum ist nicht ein Werdegang, sondern die Aufdeckung eines vorgegebenen Seins in der Zeit. Das klingt heute vorsintflutlich – wie sein Selbstporträt. Hegel sah in seiner Philosophie das Ende des Weges zu ihm hin. Schopenhauer sah in seiner Philosophie die zeitlose Wahrheit eines zeitlosen Denkens; zufällig hätten vor ihm Buddha, Eckhart, Platon und Kant dasselbe begriffen – wenn auch noch nicht in solcher Vollendung.

Schopenhauer widmete weniger Gedanken seiner Zeit als Hegel der seinen. Also hat er anderen Zeiten mehr zu sagen, weil er weniger zeitverhaftet ist? Es ist weniger einfach. In *Sein und Zeit* heißt es: »Jeder Denker hat nur einen Gedanken; nur Flachköpfe haben viele Gedanken.« Das ist nur so weit richtig, als den Flachköpfen der eine Gedanke fehlt. Aber es ist der eine Gedanke, der schneller verwelkt (oder versteint) als die Gedankenvielfalt und die einmalige Prägung; es ist ein Kardinalfehler dieser Geschichten der Philosophie, daß sie immer nur den einen Gedanken, welcher der Historie angehört, wiederkauen, und nicht die vielen Nebenbeis neuentdecken, die vielleicht gerade jetzt ihre Fruchtbarkeit enthüllen. Die Schriften der Philosophen sind voll von längst vergessenen, zukunftsträchtigen kleinen Bemerkungen. So ist Schopenhauers gelegentlicher und nur angedeuteter Hinweis auf den nihilistischen Kern der Mystik weittragender als seine berühmte, tausendfach nacherzählte und nur historisch zu würdigende Ideen-Lehre.

Schopenhauer ist nun, im Unterschied zu den meisten Systematikern, vor allem der Mann mit dem einen Gedanken und seiner Entfaltung. Ihn interessierte nichts, was nicht als Illustration dienen konnte. Er überließ sich viel weniger der Fülle der Erscheinungen als Hegel; man wird deshalb vor einer konkreten Situation weniger Hilfe bei ihm finden. In diesem Sinne darf gesagt werden: er hat heute weniger zu bieten als sein großer Feind. Es wird allerdings zu fragen sein, ob nicht der eine Gedanke, der heute in zwanzig dicken Bänden vor uns steht, die zentrale Erfahrung unseres Lebens unverfälschter ausspricht als irgendein Konzept in der Geschichte des Denkens.

Dies sind die Gründe, weshalb selbst Hegel am Gespräch stärker beteiligt ist. Leichter durchschaubar ist Marx' viel lebendigere Anwesenheit. Er lebt (jenseits der Parteien) in jener wissenschaftlichen Methode, die vor allem er durchgesetzt hat. Und er lebt als Ideologie – man möchte nicht sagen einer Klasse, aber einer Gruppe, deren komplizierte Zusammensetzung nicht ökonomisch vereinfacht werden kann, nachdem in dem weitesten Land der westlichen Zivilisation arm und reich (wie innerhalb der katholischen Kirche) dieselbe Philosophie bekennen.

Schopenhauer schuf nicht (wie Marx) eine wissenschaftliche Methode, die von der Dogmatik unabhängig ist; denn die Intuition ist keine Methode, sie setzte nur die Phantasie endlich in die Rechte ein, die ihrem Anteil am Denken entsprechen. Er schuf allerdings eine politische Ideologie: gegen den Feudalismus – für die liberale (und marxistische) Deutung des Eigentums: mir gehört zu Recht, was durch meine Arbeit entstanden oder so geworden ist. Aber abgesehen davon, daß man schon damals mit dieser Definition nicht sehr weit kam in der Rechtfertigung bestehender Eigentumsverhältnisse (was Schopenhauer doch auch wollte) – er hatte daneben, sicherheitshalber, eine Status-quo-Ideologie. Dies »Rühre nimmer an den Schlaf der Welt« (Hebbel), die metaphysische Unterkellerung des Status-quo-Projekts, scheitert immer daran, daß die Welt nicht schläft, weshalb das Nicht-Daran-Rühren immer umschlägt in ein gewalttätiges Die-eigenen-und-anderen-Augen-Zuhalten. Das Nicht-Rühren an den Schlaf der Welt wird immer zum Auf-Rühren ihrer schlechten Träume, und wenn sie stark genug sind, wecken sie (nach Freud) den Schläfer auf.

Schopenhauer ist als politischer Ideologe beim besten Willen nicht sehr brauchbar*. Vor allem aber deshalb nicht, weil er (neben der Empfehlung, mit allen Mitteln Ruhe und Ordnung aufrechtzuerhalten) der radikalste aller Unruhestifter gewesen ist. Er war ein Aufsässiger – im Vergleich zu ihm war Marx nur auf kleine Reformen aus. Nicht Marx, Schopenhauer ist in einem

---

* Vgl. im Gegensatz dazu: Max Horkheimer, *Schopenhauer und die Gesellschaft*. In: *Sozialphilosophische Studien*. Frankfurt a. M.: Fischer Athenäum 1972, S. 68–77. [A. d. Hg.]

sehr ernsten Sinn subversiv. Wenn man nun einmal lebt, meinte er resigniert (und diese Resignation macht ihn hoffähig), ist es allerdings das Beste: die Polizei bewacht mit eiserner Faust den Schlaf der Welt. Eigentlich aber (und dieser Impuls hat eine unheimliche Kraft) sollte man gar nicht leben, sondern milde absterben. Er rebellierte nicht gegen eine Form des Lebens – sondern das Leben. Er war noch ganz erträglich in jenen soliden Zeitläuften, als Weltuntergänge auf dem Festspiel-Hügel in Bayreuth stattfinden durften. Er ist weniger annehmbar hundert Jahre später; da muß, weil ganze Städte abgebaut worden und die wieder aufgebauten noch abbaubarer geworden sind, Schrifttum und Redetum um so aufbauender sein. Zwar gefällt allen Reaktionären sehr seine Version vom radikal Bösen im Menschen, sein Hohn auf den Fortschritt. Aber auch die Reaktion kann nicht einen Ideologen gebrauchen, der den Leuten nicht nur die Welt vermiest, sondern auch noch den Himmel.

Der geheime Radikalismus Schopenhauers ist viel umstürzlerischer als der offene, der nur die Diktatur eines andern Verteilungssystems will. Und Schopenhauers Nihilismus – »Nichts« ist (auch wortwörtlich) das letzte Wort seines Hauptwerks – hat eine um so bedenklichere Wirkung, als er nicht zynisch-libertinistische, sondern innig-mystische Untertöne hat ... eine atheistische Verkündung des Endes der Zeit, großer Ausdruck der hoffnungsfreiesten Eschatologie. Mit Schopenhauer ist politisch-ideologisch nichts anzufangen; auch für die nicht, welche seine Lehre von der Unzerstörbarkeit des Charakters für nützlich halten.

Sie greifen besser zur pessimistischen Theologie. Sie, nicht Schopenhauer, ist das herrschende Antidot gegen Marx.

Es wird immer deutlicher, was ihn ausschließt von den Zeitschriften und Kongressen der Tage. Er war kein Interpret der Vergangenheit wie Hegel. Er schuf keine politisch anwendbare Ideologie wie Marx. Er setzte nicht (wie Freud) eine Methode in die Welt, welche Schüler produziert, Laboratorien bevölkert, Metaphysik und Experiment verschmilzt. Dazu kam noch, daß sein Nihilismus haltmachte vor der absoluten Wahrheit, die bereits von den Mystikern – zuletzt von Kierkegaard und Nietzsche – in einen Alpdruck verwandelt wurde.

Auch Schopenhauers begriffliches Fundament ist ein Knäuel von Widersprüchen, voll von sprengenden Unzusammengehörigkeiten. Aber er – er mehr als alle andern, vielleicht mit der einzigen Ausnahme Spinoza – errichtete auf diesem sehr fragwürdigen Boden, wie er unter jedem philosophischen System zu finden ist, den eindeutigsten, übersichtlichsten, symmetrischsten Begriffspalast; der ist fast so handlich wie ein griechischer Tempel. Dieser klare Aufriß des Universums, Sichtbarwerdung aller Wahrheit in der Phantasie, wurde das letzte System. Die Heutigen aber, welche den Positivismus und die Vedanta, die Semantik und die Mystik aus einem gemeinsamen Grunde lieben: weil sie antidogmatisch sind ... können mit Schopenhauer, der es ganz genau wußte und ganz deutlich beschrieb, nichts anfangen.

Schon die Mystik lebte im Kampf gegen das konstruierende Wissen; er endete sowohl in der stillen Skepsis der »Kritik« als in der lauten des großen radikalen »Christen« und des großen radikalen »Anti-Christen«. Schopenhauer war viel weniger pessimistisch und deshalb nicht so pathetisch. Er war zumindest frohgemut vor der Sphinx. Er zitterte nicht vor dem »Sprung«, wie Kierkegaard, und nicht vor dem »Abgrund«, wie Nietzsche. Er war sicher, die Sphinx in diesen Abgrund gestürzt – und ihn so ausgefüllt zu haben. In dieser Festigkeit ist er den Lebenden ebenso fern wie nur irgendein Kapitel aus der langen Geschichte der Metaphysik.

Auch war er (wie jeder Metaphysiker vor ihm – und im besonderen der gehaßteste) von einer fast Hegelschen Gleichgültigkeit gegen den Menschen in Fleisch und Blut; es ist Zeit, zu bemerken, wieviel er mit dem Erzfeind gemeinsam hatte. Zwar sieht es an der Oberfläche ganz anders aus: Schopenhauer vindizierte jedem Individuum einen ungewordenen, unzerstörbaren Charakter; aber der ist doch am Gängelband des Genius der Rasse – jenem Über-Ich, das dem Hegelschen Geist so ähnelt. Wenn zwei sich ineinander verlieben, so ist es (nach Schopenhauer) das kommende Kind, das da mitspricht ... sich die günstigsten Bedingungen sucht. Und der Homosexuelle, vor dem er sich schüttelt, sei so zu verstehen: daß der Genius der Rasse zu junge und zu alte Menschen in die Irre führe, um nicht-erwünschte Zeugungen zu verhindern. Spricht Hegel von einer »List der Vernunft«, so möchte man für Schopenhauer eine »List der Unvernunft« erfinden; der Genius der Menschen und aller anderen

Rassen und auch des nicht-lebenden Universums ist nichts als Rastlosigkeit. Nach der Weise aller Metaphysiker, die nie den Einzelnen zu ernst nahmen, bewies Schopenhauer noch einmal, in dicken Kapiteln, daß der Tod gar nicht so schlimm sei; was unschön erscheint, gehe nur auf unsauberes Denken zurück. Das Opfer des Letzten an alle Vorgänger! Es trennt ihn, den rationalistischsten aller Irrationalisten, von seinen Lesern in diesen Tagen: seine Interesselosigkeit an ihren vergangenen Großtaten und gegenwärtigen Ängsten; die artifizielle Logik, die er noch einmal der frei bekannten Un-Logik aufgestülpt hat; die statische, prä-Darwinistische, prä-Freudsche, prä-existentialistische, von einer absoluten (und geschichtslosen) Wahrheit vergewaltigte Anthropologie.

Es trennt ihn von Figuren wie Kierkegaard und Nietzsche, auch von Marx, dem Organisator des Heils, und von Freud, dem Arzt: daß seine Erkenntnis nicht eingebrochen ist in den Alltag, daß seine Wahrheit nicht einmal an ihm ausbrach. Er schuf sich einen Wall gegen sie, hinter dem er ganz geschützt und jedes Jahr besser schließlich das zweiundsiebzigste vollendete. Von früh an arbeitete er fleißig an dieser Burg und hieß sie gut. Er wußte jeden Vormittag, in den Stunden seines wahren Lebens, daß er, ginge es mit rechten Dingen zu, sein Leben in einen friedlichen Selbstmord verwandeln müßte – jeden Tag ein bißchen weniger Anhänglichkeit an die »freundliche Gewohnheit des Daseins« (Goethe), jeden Tag etwas vertrauter mit dem Tod: der für den, welcher das Leben liebt, nur eine Illusion ist – und für den, der es verneint, das einzige große Fest. Er rechtfertigte seine ganz ordinäre, reichlich starke und nie sichtbar bekämpfte Lebensgier sehr simpel: es sei beschlossen in Schicksals Rat, daß aus ihm nicht ein Heiliger werde, nur ein Philosoph; also ein Mann, der zwar die Illusion durchschaut, aber keine Konsequenzen zieht – außer literarischen. Die Mystiker hingegen, Kierkegaard, Nietzsche – auch Marx – wurden weithin sichtbare Konsequenzen-Zieher. Eher gehören Schopenhauer und Wagner zusammen.

Schopenhauer hatte eine dreifache Buchführung – in großartigster Offenheit: morgens war er Deuter (einer der größten, die die Welt hervorgebracht hat); von Mittag an »Fabrikware der Natur« – und verdrängte das nicht. In einer Nische des Baus, den er in der Früh errichtete, in der zelebriertesten, lebte der

Heilige – von dem Schopenhauer selbst, so unumwunden war er, auch mit Begriffen sich mehr distanzierte als vom Pöbel. Léon Bloy schrieb: »Es gibt nur eine Traurigkeit, kein Heiliger zu sein.« Schopenhauer philosophierte, um nicht traurig zu sein in den Zeiten, in denen er nicht-aggressiv war. Er war der ordentlichste Glaubensstifter. Aber es ist dieses Sich-nicht-Ausliefern und diese Pedanterie im Gemälde vom Weltuntergang, die zwischen ihm sind und dem Leser, dem Muspilli schon als Brandgeruch in der Nase steckt ...

Die deutsche Polemik hatte im neunzehnten Jahrhundert drei Höhepunkte: Schopenhauer, Heine und Nietzsche. Schopenhauer schlug mit der Keule, wie es das sechzehnte Jahrhundert getan hatte; er ist auch ein später Nachfolger der Grobianus-Literatur. Heine, mehr als das Jahrhundert Voltaires, stach mit dem Florett, wenn auch nicht immer fein – zu oft in die Gegend unterhalb des Nabels. Nietzsche war der sublimste und tödlichste; da gibt es kein Fuhrknechtsfluchen und kein Kavaliersduell. Es gab eine Auferstehung für Schopenhauers Opfer und Heines; Nietzsche tötete für die Ewigkeit. Die »Duodez Wasserfälle«, die Schopenhauer als »kindisch und klein« abtat, erholten sich wieder; selbst Hegel erholte sich wieder. Die Wunden, die den David Friedrich Strauss und Wagner geschlagen wurden, heilten nie.

Schopenhauer war ein glänzender öffentlicher Ankläger. Er machte großartige Schriftsätze im Prozeß gegen das Dasein. Er selbst engagierte sich nicht. Er war ein Deduzierer, Indizien-Beweiser, Argumentierer, Eristiker. Fremd waren ihm Konfessionen, Jeremiaden, Exhibitionismen, Prophezeiungen. Das Wort »Angst« spielte beim Klassiker des Pessimismus noch keine Rolle. Er war vor-expressionistisch ... So viel erklärt, daß er heute recht vergessen ist. Das aber ist erst die halbe Geschichte.

Viele Traditionen verdecken in dieser letzten Metaphysik das sehr Gegenwärtige, das niemand vor Schopenhauer in einem so gewaltigen Begriffszusammenhang gestaltet hat.

Die argumentierende Art verdeckt die jeder Logik bare Bodenlosigkeit, den sinnfreien »Urgrund«, das unbegreifliche Ur-

Ereignis, das der rationalistischste Mystiker in Gedankenketten zu legen suchte. Die helle intuitive Vernunft verdeckt unter raffiniert-subtilen Konstruktionen die dunkle Aussage: daß alles, was wesentlich ist, ohne Vernunft ist. Das Schimpfen verdeckt das Leid des Schimpfenden. Der Hohn auf die »Fabrikware der Natur« und das Ideal frühbürgerlicher Gerechtigkeit (jeder: eine unantastbare Festung; Staat und Gesellschaft haben mit Moral nichts zu tun) verdeckt seinen liebsten Satz: *tat twam asi*. Das Leben des zufälligen Konkurrenten in Frankfurt, die Biographie des nörgelnden Rentiers verdeckt jenes geheime und später offenbarste Leben, wie es in der *Welt als Wille und Vorstellung* porträtiert ist. Gab es je einen Denker, der — von dieser Stunde her gesehen — so sehr zugleich Ende und Anfang war? Und das Ende verdeckt bis zu diesem Tag den Anfang.

Was diejenigen, welche viel mehr präsent sind als Schopenhauer, zeitgemäßer macht, ist nicht nur ein Mehr — auch ein Weniger: die Abwesenheit der Radikalität, die ihn auszeichnete. Sie haben alle ihre sehr fragwürdigen Positivitäten — und nur unterirdisch sind sie ebenso nihilistisch wie er. Der große Aufklärer Marx lebt heute mehr als Kirchenvater: er bringt (ideologisch) weniger das Schwert als einen erschlichenen Frieden; wo das Schwert geschwungen wird, da nur in seinem Namen — im übrigen von der Hand einer Großmacht. Der Frieden, der Marx den Seinen zu geben gezwungen wird, lautet: es gibt keine ewigen Sorgen, nur zeitliche, die überwindbar sind. Solchen Trost hatte Schopenhauer nicht anzubieten. Marx ist der Vollender des Idealismus, der schon zur Zeit Platons die Wirklichkeit unterwerfen wollte. Schopenhauer suchte die christliche Entwicklung des Idealismus, die seit der Gnosis den Himmel und in den Aufklärungen Himmel und Erde zu zwingen suchte, rückgängig zu machen. Er war ebenso anti-theologisch wie anti-aufklärerisch.

Aber die Wirkungslosigkeit an der Oberfläche sollte die Tiefenwirkung nicht verdecken. Einer der rabiatesten Biographen gegen Marx aus dem letzten Dezennium begann sein Buch mit dem Satz: »Wenn man einen Namen zu finden hätte für das Zeitalter, in dem wir leben, so könnte man es getrost die Ära Marx nennen.« Viele würden es vielleicht noch lieber die Ära Einstein nennen, wegen der noch größeren Lautstärke seiner Formel. Man sollte aber wohl erwägen, ob es nicht vielleicht erst Schopenhauers radikales In-Frage-Stellen — nicht nur dieses oder jenes überlieferten Werts, sondern des Bodens aller Werte, der menschlichen Existenz, war, das Marx' Theorie vom Geschichtsablauf und der bürgerlichen Produktion, das Einsteins Berechnungen zu dem machte, was sie geworden sind. Deshalb spricht Schopenhauer die Situation des zwanzigsten Jahrhunderts weit genauer aus als mancher andere Name, der mehr im Gespräch ist.

Schon sein größter Jünger »überwand« (wie er sich einredete und allen Chronisten, die es ihm nachsprechen) Schopenhauers Nein. Aber Nietzsche war sein ganzes Leben vor allem ein abgefallener Schüler, der seinen Abfall zwar sehr laut deklarierte – aber eine Deklaration ist noch keine Justifikation. Er verkehrte Schopenhauers Nein gewalttätig in das Ja; aber eine Gewalttätigkeit ist noch kein Sieg. Er schöpfte aus diesem Grundakt seines Lebens eine großartige, vor ihm nie eröffnete Einsicht in die Vielfalt der Übermächtigung. Aber es war nichts als Trotz, wenn auch Prometheus-Trotz, den ›Willen zur Macht‹ als Sieger über das Nein auszurufen. Er bäumte sich wild auf gegen Schopenhauers ruhige Konsequenz, deren Ruhe allerdings von seiner enormen bürgerlichen Erbschaft mitbestimmt war. Nietzsche versuchte einen Ausweg dort, wo es keinen gab. Aber nebenbei offenbarte er auch, wo es bei Schopenhauer fehlte: sein eigensinniges Wegdisputieren von Lust und Glück. Nietzsche entdeckte, daß Lebenslust viel mehr ist als Rastlosigkeit – auch viel mehr als Freuds Bewältigung der »im seelischen Apparat wirkenden Erregungsgrößen (Reizmengen)«; Nietzsche, der Freud nicht kennen konnte, war nur zwölf Jahre älter. Diesem »viel mehr«, das Nietzsche auf dem Boden des Pessimismus entdeckte, setzte er die schönsten Denkmäler. Aber es war Schopenhauer, der seiner Lebenslust eine Intensität gab, die Epikur nicht geahnt hat.

Und Schopenhauer ist, ebenso verdeckt, die Wahrheit in dem recht konfusen Denken der indischen Westler. Thomas Mann fand für ihn die glückliche Prägung: Voltaire plus Jakob Böhme. Weshalb entdeckten die Neo-Mystiker den Neo-Böhme nicht? Wie man Nietzsche klarer sähe, vergäße man nie sein Schopenhauer-Erbe, so deutete man weniger falsch die Attraktion der Mystiker in dieser Zeit, begriffe man ihren ersten großen modernen Verkünder. Es ist wohl kein Zufall, daß der Mystiker Aldous Huxley Schopenhauer nicht aufgenommen hat in das Mystiker-Brevier *Perennial Philosophy*. Der hätte wirklich diese

Anthologie gesprengt – zum Beispiel mit der Stelle aus dem letzten Absatz des Hauptwerks, wo es von den Indern heißt: sie verschönten das Nichts »durch Mythen und bedeutungslose Worte, wie Resorbtion in das Brahm, oder Nirvana der Buddhaisten«. Schopenhauer, der die undogmatische Philosophie des Ostens und des frühen Europa der christlichen Theologie und ihren philosophischen Abkömmlingen vorzog, war dennoch nicht (wie die Vedanta-Anhänger unserer Tage) für ein vageres Positivum an Stelle eines mythologisch-profilierteren. Er entdeckte die nihilistische Mystik, die wohl bis zu diesem Tage noch nicht ausgegraben worden ist, unter den Schichten überlagernder Gottes-Vorstellungen. Aber schon Eckhart hatte gesagt: »Immerhin, es muß alles verloren sein, der Seele Bestehn muß sein auf einem freien Nichts.« Diesen Satz hätte Schopenhauer zitieren, Huxley aber nicht in seine Mystiker-Sammlung aufnehmen können. Schopenhauer ging dann nicht hinter solch einen Satz wieder zurück zu irgendeiner Positivität – wie der gläubige Libertinismus in unserer Zeit. Er ging noch einen Schritt weiter: er brachte im nachtheologischen Jahrhundert deutlicher heraus, daß die *unio mystica* die Verschmelzung mit der blanken Negation ist. Die Mystiker des zwanzigsten Jahrhunderts sind, wo sie am ernstesten sind, Schopenhauerianer, die dort, wo er einen Schlußpunkt setzte hinter dem äußersten Wort, weiterschreiben – und sie wissen nicht, was sie tun.

Schopenhauer war (trotz des altväterischen Gewandes) konsequenter als alle, die ihm in seiner Zerstörung abgelebter Glauben folgten. Er läßt seinen Anhängern (gibt es welche?) keine Chance, sich positiv in die Büsche zu schlagen – außer jener, die immer besteht: dem Mißverständnis, das so oft einen Gegen-Willen maskiert. Ihn trennt von allen, die ihm zeitlich folgten, die reine Negativität seines Ziels: auf der irdischen wie jeder nicht-irdischen Ebene. Er ist nicht immer konsequent. Man findet sogar Stellen, die Nietzsches Züchtungsmoral vorwegnehmen. Aber der systematische Grundgedanke, daß nur in der Rückgängigmachung der Schöpfung das Heil ist, setzt sich immer durch.

Also ist sein Werk nur Kritik? Dies »nur« ist bereits eine Verkennung der Kritik. Man könnte ebenso sagen: der Arzt sei »nur« negativ, er nehme die Krankheiten »nur« weg, er füge der

Gesundheit nichts hinzu. Aber mit seinem Wegnehmen machte Schopenhauer die schönste Gesundheit frei: er nennt sie Mit-Leid. Also: zurück zu Schopenhauer? Das »zurück zu ...« meint sinnvoll immer nur: zurück bis zu einem bestimmten Punkt, wo die Irrwege begannen – und dann vorwärts von diesem Punkt aus. Wohin? Entschränkt man Schopenhauers wesentlichste Erfahrung, das Mit-Leid, von Eigensinn und Engherzigkeit, die das »Mit« auf das Leid einschränken, erlaubt man dem Mit-Leid zum Mit-Leben zu werden, so ist das sicherste Fundament gelegt. Ein sichereres als das, welches mit der Idee der Philosophen-Könige sich zu bilden begann. Es sah großartiger aus, es hatte schon zu Beginn den Glanz des Institutionellen. Aber die Diktatur der Philosophen-Könige zeigte, was sie in der Realität nur sein kann – als sie eine Diktatur von Professoren und Administratoren wurde, deren Scharlachmäntel nicht nur von der Purpurschnecke gefärbt waren. Schopenhauer schob noch nicht die Erlösung den Zuchthauswärtern zu.

Doch muß er sich vor der sehr ernsten Frage ausweisen: welchen Wert hat selbst die Existenz veritabler Heiliger, wenn sie keine gesellschaftliche Konsequenz hat? Schopenhauer antwortete darauf leider mit mythologischen Phrasen. Der Heilige erlöse in seiner Selbsterlösung zugleich das gesamte Universum – nicht nur die Menschheit. Schön bequem wäre es schon, wenn es so wäre, gar nicht anstrengend. Man selbst wirkt für den Status quo, der einen protegiert – dem Heiligen überläßt man es, zugleich den Status quo nicht anzutasten und einen zu erlösen. Vielleicht ist dieser schwächste Punkt seiner Lehre heute der Sammelpunkt für viele unfrohe Theologen – z. B. auch für Reinhold Niebuhr, den von Schopenhauer nur unterscheidet, daß, wo der das Nichts – Niebuhr die Wiederkehr des Erlösers erwartet. Hier aber, an der schwächsten Stelle, muß die stärkste Antwort gegeben werden, wenn Schopenhauers Einsicht den Tag beeinflussen soll. Die Frage lautet: Wie kann der Wille zur Solidarität gefördert werden, ohne daß die Alternative lautet: blauer Dunst oder blaue Bohnen?

Zuerst erschienen in: ›Der Monat‹, 7. Jahrgang, Heft 83, Berlin, August 1955. Aufgenommen in: *Essays, Porträts, Polemiken*. Hrsg. v. Harold von Hofe. Zürich: Diogenes, in Vorbereitung.

Max Horkheimer
Die Aktualität Schopenhauers

Arthur Schopenhauer hat den Ruhm nicht weniger distanziert betrachtet als die Mehrzahl der Denker, denen er schließlich zuteil geworden ist. Öffentliche Anerkennung flößte ihm so wenig Respekt ein, daß er den Wert der ihm so lang versagten vor sich selbst und anderen nicht einmal verkleinern mußte. Er konnte die Anzeichen künftiger Verehrung genießen, ja sich verführen lassen, dem optimistischen Urteil Senecas beizustimmen, nach dem der Ruhm unfehlbar dem Verdienst folgt. Welche Achtung vor dem Weltlauf! Nur an wenigen Stellen hat der Philosoph soviel Vertrauen in das Urteil einer Menschheit gesetzt, deren kulturellen Niedergang er doch prophetisch für plausibler als ihren Fortschritt hielt. Als ob es Gewißheit geben könnte, daß unter den Vergessenen keine der Größten wären. Hat doch kaum eine Zeit wie die gegenwärtige die Universalität des Vergessens dargetan. Trotz der unendlich verfeinerten Instrumente der Wahrnehmung und ihrer Übermittlung, ja wegen ihr, sind von den Namen derer, die allein in diesem Land dem Unheil mit ihrem Leben Einhalt zu gebieten suchten, nur ganz wenige im Gedächtnis bewahrt, von den aufgezeichneten Gedanken ganz zu schweigen. Sie sind nicht kleiner als ihre Vorgänger, an deren Namen Ruhm sich heftete. Sie sind hinunter. Für Schopenhauer aber war die Gerechtigkeit der Nachwelt durch die sonst verhaßte Geschichte gleichsam garantiert. Sie ist sein Heimweh, seine Utopie. Nietzsche, sein Nachfolger, hat sich nicht beirren lassen. »Ich will keine Gläubigen«, heißt es im ›Ecce Homo‹, »ich habe eine schreckliche Angst davor, daß man mich eines Tages heilig spricht: man wird erraten, weshalb ich dieses Buch vorher herausgebe, es soll verhüten, daß man Unfug mit mir treibt.« Er hat die Führer in die herrliche Zukunft, die Marktschreier der Herrenrasse vorausgeahnt. Verhüten jedoch konnte er gar nichts. Ihm ist nur offenbar geworden, daß der Ruhm so schmachvoll ist wie die öffentliche Meinung, die ihn zuerkennt. Im Hinblick auf die Mitlebenden, die Zeitgemäßheit in der eigenen Gegenwart, stimmt Schopenhauer mit dem Autor der ›Unzeitgemäßen‹ überein. Daß man seine Zeitgenossen, nebst ihren Meinungen, Ansichten und daraus entspringendem Tadel und Lob, für gar nichts achtet, ist eine Hauptbedingung von Größe, heißt es in den ›Parerga‹. Zeitgemäß in diesem Sinn ist, was auf Grund des Zusammenspiels der materiellen, der relativ ursprünglichen und der manipulierten, der verborgenen und eingestandenen Interessen gerade Geltung besitzt. Die Wahrheit selber dagegen steckt, nach Demokrit, tief drunten im Brunnen, und nach Schopenhauer schlägt man ihr auf die Finger, sobald sie heraus will. Jedenfalls hat sie, der Allegorie Voltaires zufolge, je nach dem Stand der Dinge, sich immer wieder dort verbergen müssen. Das zeitgemäße Schrifttum, sei es aus Instinkt oder Routine im Hinblick auf den Markt konzipiert, dient dem Betrieb. Selbst der Gedanke, der das Andere meint, wird angeeignet, mit hineingenommen, entgiftet. Der gelenkte Verbrauch von Konsum- und Kulturgütern in der Hochkonjunktur ist allem gewachsen. Die späte Phase der Gesellschaft, darin der untergehenden Antike ähnlich, ist in allem Kulturellen zugleich raffiniert und anspruchslos, bescheiden und unersättlich. Noch die Kritik, die negative Kunst, den Widerstand, vermag sie als ihr Ornament sich anzueignen. Je weniger Aussicht die historische Situation gewährt, daß aus den großen Werken ein Funke ins menschliche Handeln überspringt, desto unbehinderter können sie erscheinen; je mehr der Fleiß der Gelehrten an ihnen sich zu schaffen macht, desto weniger üben sie eine adäquate Wirkung aus.

Solcher Zeitgemäßheit, gegen die es nicht gefeit ist, hat Schopenhauers Werk trotz allem besser sich entziehen können als das anderer großer Philosophen, wahrscheinlich weil es so wenig zur Ertüchtigung, selbst der akademischen, sich eignet. Es mißachtet allzu viele Lieblingsideen der Bildungsangestellten, fordert weder die ›Entscheidung‹ noch den ›Einsatz‹ noch den ›Mut zum Sein‹. Der niedere Preis, den die Gesellschaft für die Hüter des Geistes ausgibt, wird bei ihm durch kein Bewußtsein eines Amtes wettgemacht, das die anderen Gewerbe angeblich überragen soll. In seinem Werk wird nichts versprochen. Weder im Himmel noch auf Erden, weder für entwickelte noch für unterentwickelte Völker hält es jene völkische Größe bereit, der die Führer jeder politischen und jeder Hautfärbung ihre Gläubigen entgegenführen wollen. Der scheinbar trostreiche Titel ›Von der Unzerstörbarkeit unseres wahren Wesens durch den Tod‹ kündigt ein Kapitel an, das Verzweiflung eher denn Beruhigung bringt. Sein Gedanke eignet sich kaum dazu, unter den Lehrmeistern der öffentlichen Meinung Freunde zu gewinnen, es sei denn durch das Moment der Versagung, das in der Darstellung der notwendigen Härte des Bestehenden ihm selber anzuhaften scheint. Das Negative ist jedoch bei ihm so wenig in den Schein des Sinnes eingekleidet, daß es zur Resignation und Einordnung nur schwer zu führen vermag. Dabei war Schopenhauers Blick zu hell, als daß er Besserung von der Geschichte ausgeschlossen hätte. Ersetzung des weitaus größten Teils der Handarbeit, der schweren körperlichen Arbeit zumal, hat er wohl vorausgesehen, präziser als die meisten Nationalökonomen seiner Zeit. Nur ahnte er, was aus solcher Änderung sich ergeben werde. Wenn er die technische, wirtschaftliche, soziale Besserung bedachte, so hat er ihre Konsequenzen, die blinde Hingabe ans Fortkommen, den Rückschlag auf den friedlichen Gang der Dinge, ich möchte sagen, die Dialektik solchen Fortschritts, seit Anfang erkannt. Einem Teil der linken Hegelianer, die ihrem Lehrer darin widersprachen, nicht unähnlich, hat er den Gedanken der Göttlichkeit des Staates entschieden abgelehnt. Nach Schopenhauer ist der gute Staat nichts anderes als der Inbegriff des wohlverstandenen Egoismus, der durch Sanktionen die Individuen voneinander und seine Bürger vor anderen Staaten schützt. Der Staat ist keine moralische Anstalt, er beruht auf der Gewalt. »Die Menschheit auf der höchsten Stufe«, so meint Schopenhauer, der mit den Begründern des Sozialismus hier zusammenstimmt, »bedürfte keines Staates.« Aber daß es dahin kommt, hat er nicht in Aussicht gestellt. Er hat nichts vergottet, weder Staat noch Technik. Die Entfaltung des Intellekts beruht auf der des Bedürfnisses. Die größten Förderer der Wissenschaften waren Hunger, Machttrieb und der Krieg. Die idealistische Fabel von der List der Vernunft, durch die das Grauen der Vergangenheit mittels des guten Endes beschönigt wird, plaudert die Wahrheit aus, daß an den Triumphen der Gesellschaft Blut und Elend haftet. Der Rest ist Ideologie.

In den hundert Jahren seit Schopenhauers Tod hat die Geschichte eingestanden, daß er ihr ins Herz gesehen hat. Existierte bei aller Ungerechtigkeit im Innern der Staaten um die Mitte des letzten Jahrhunderts noch so etwas wie europäische Solidarität, eine Art urbanen Umgangs zwischen den Nationen, Behutsamkeit, ja selbst Respekt der großen vor den kleinen Staaten, so hat seit seinem Tod die neue Phase eingesetzt. Es war der Fortschritt vom Gleichgewicht der Mächte, der ›balance of power‹, zur rücksichtslosen Konkurrenz der Völker. Nach der kriegerischen Einigung der jüngsten europäischen Nationalstaaten durch die Kunst Cavours und Bismarcks entstand aus dem Konzert der Nationen das trügerische Gleichgewicht der beiden Blöcke, des Dreibunds und der Entente Cordiale. Die jungen Mächte wollten, ja sie mußten es den alten nachtun und womöglich alle überflügeln. In der verschärften Konkurrenz wurde die Technik vorangetrieben und das Wettrüsten aufgenommen. Herrscher und Minister trugen Uniform. Das notwendige Ergebnis der Anarchie der Völker und des Rüstens war die Ära der Weltkriege und am Ende das durch sie hervorgerufene Rasen aller Völkerstämme in der Welt nach eigener Macht. Das hat Schopenhauer diagnostiziert. Das Ringen zwischen Individuen und zwischen gesellschaftlichen Gruppen, Konkurrenz und Konzentration im Innern wurden durch Konkurrenz und Konzentration im Äußeren ergänzt und übertönt. Um was es geht, ist in Schopenhauers Lehre dargestellt. Materielles Interesse, Streben nach Dasein, Wohlsein und Macht bilden den Motor, Geschichte ist ihr Resultat. Schopenhauer hat die Erfahrung des Entsetzens, des Unrechts, selbst in den Ländern, die am menschlichsten verwaltet sind, nicht philosophisch rationalisiert. Er hat vor der Geschichte Angst gehabt. Gewaltsame politische Veränderung, die in der neueren Zeit mit Hilfe nationalistischer Begeisterung sich zu vollziehen pflegt, war ihm zuwider. Da er den kranken Absolutismus nicht in seiner akuten Phase mit Tortur und Ketzerverfolgung, Scheiterhaufen und anderen Arten qualifizierter Hinrichtung erlebte, war er an einer Änderung des Systems nicht interessiert. Lieber wollte er, wie es im ›West-östlichen Diwan‹ heißt, »mit Gescheiten, mit Tyrannen« konservieren, als mit Demagogen und fanatisierten Massen zur Diktatur der Volksgemeinschaft aufbrechen. Er haßte die ›Pauluskirchen-Kerle‹, wie er die Patrioten nannte, und sein Haß ist bis ans Lebensende nicht verraucht. Unmittelbar entspringt er seiner durch den Aufstand scheinbar bedrohten wirtschaftlichen Unabhängigkeit, mittelbar und theoretisch gilt er dem Nationalismus, dem anbrechenden nationalistischen Zeitalter überhaupt. Der Einheitsfanatismus wie die Gewalt, die in ihm sich meldete, haben ihn abgestoßen. Er litt am Goetheschen Mangel an Begeisterung bei den Befreiungskriegen wie an der Hegelschen Angst vor der Französischen Revolution von 1830. Offenherzig berichtet eine englische Hegel-Biographie: »The Revolution of 1830 was a great blow to him, and the prospect of democratic advances almost made him ill.« Die großen Aufklärer waren behutsam, wenn es um die Volksgemeinschaft als den höchsten Wert zu tun war. Lessing hat einmal geraten, man solle lernen, wo der Patriotismus aufhört, eine Tugend zu sein.

Die Nation war die Parole, mit der die neuen, dem Absolutismus feindlichen Kräfte das Volk in Bewegung setzten. Schopenhauer hat es den Deutschen, die es freilich später eifrig nachholten, zum Verdienst angerechnet, daß sie im allgemeinen nicht wie die Engländer von damals dem Nationalstolz huldigten, der eine Kritik an »der stupiden und degradierenden Bigotterie« seiner Nation nur ein einziges Mal in fünfzig Fällen anzunehmen gewillt sei, und er erschrak, als er mit jener Demagogie, jenem »Spiel hinterlistiger Gauner«, in Deutschland zusammentraf. Seit Jahrhunderten hatten die Denker die Massensuggestion und das mit ihr identische Gegenteil, die Unansprechbarkeit verführter Massen, die Grausamkeit der Zukurzgekommenen als Resultat der Herrschaft denunziert. Der Nationalstolz wie der des Einzelnen ist leicht verletzt, auch wenn die Wunde lange Zeit nicht sichtbar wird. Die Rache, die dann folgt, ist blind und gewalttätig. Einmal war Fanatismus verzerrte, falsch verstandene Religion. Seit St. Just und Robespierre hat er die Form des übersteigerten Nationalismus angenommen. Als Rationalisierung trüber Instinkte ist es bequem, ihn zu aktualisieren, wann immer es nicht gut geht und eine starke Macht es will. Wenn in einem bedrohten historischen Moment die Herrschenden verschiedenster Observanz der Unzufriedenheit nichts anderes mehr bieten können, lassen sie gerne die Einpeitscher nationalistischer Gemeinschaft, des Trugbilds der Utopie, gewähren und speisen ihre Völker mit dem Zuckerbrot der Grausamkeit. Da Historiker nicht mit Unrecht der Verallgemeinerung mißtrauen und mehr die Differenz als, wie Schopenhauer, die Ähnlichkeit der Herrschaftssysteme und sozialpsychologischen Mechanismen bedenken, ist die Schreckensherrschaft, die in Europa, Asien und Afrika im zwanzigsten Jahrhundert ausbrach, wie ein Zufall erschienen. Wer zu Schopenhauers Zeit, ja um die Jahrhundertwende, es gewagt hätte, die Geschichte bis zum gegenwärtigen Augenblick vorauszusagen, wäre als blinder Pessimist verschrien worden. Schopenhauer war ein – hellsichtiger Pessimist.

Daß er vor der Begeisterung des beginnenden Nationalismus sich gefürchtet hat, ist ein Zeichen seiner Zeitgemäßheit: durch den Zeitgeist unbestechlich zu sein. Er hat die Weltgeschichte mißtrauisch angesehen und sie als »das Unveränderliche und immerdar Bleibende«, eigentlich das Nichtgeschichtliche denunziert. Dabei hat er die Variationen des sozialen Unrechts nicht übersehen, das den verschiedenen Epochen eigen war und die Mehrzahl der Bevölkerung zu proletarii oder zu servi gestempelt hat. Zwischen beiden, der Armut und der Sklaverei, heißt es in den ›Parerga‹, »ist der Fundamentalunterschied, daß Sklaven ihren Ursprung der Gewalt, Arme der List zuzuschreiben haben«. Der verkehrte Zustand der Gesellschaft, heißt es dort weiter, »der allgemeine Kampf, um dem Elend zu entgehen, die so viel Leben kostende Seefahrt, das verwickelte Handelsinteresse und endlich die Kriege, zu welchen das Alles Anlaß gibt«, hat die Gier nach jenem Überfluß zum Grund, der noch nicht einmal glücklich macht, und umgekehrt läßt sich solche Barbarei nicht beseitigen, denn sie ist die andere Seite der Verfeinerung, ein Moment der Zivilisation. Hinter der soziologischen Erkenntnis seiner Zeit ist er nicht zurückgeblieben, er war der Aufklärung treu.

Schopenhauers Urteil über die geschichtliche Situation gründet in seiner theoretischen Philosophie. Unter den europäischen Philosophen hat er Platon und Kant als seine Vorgänger bezeichnet. Was sie im Hinblick auf ihn gemeinsam haben, ist die Kluft zwischen dem Wesen der Dinge, dem, was an sich ist, und der Welt, in der die Menschen sich bewegen. Was sie wahrnehmen, was ihnen auffällt, wie sie alles sehen, hängt von ihrem intellektuellen Apparat und ihren Sinnen ab, diese von den Bedingungen ihrer biologischen und gesellschaftlichen Existenz. Wenn schon eine Landschaft dem Bauern, der die Fruchtbarkeit beurteilt, dem Jäger, der nach Wild sucht, dem Flüchtigen, der sich verbergen muß, dem Piloten, der zur Notlandung gezwungen ist, dem Wanderer, dem Maler, dem Strategen sich verschieden darstellt, und erst recht den Angehörigen verschiedener Kulturen überhaupt, so wird dem Tier, dem zahmen und dem wilden, dem Vogel, der Mücke sich das Ganze verschieden strukturieren, nicht bloß der Farbe, dem Ton und dem Geruch, sondern der räumlichen Gestalt und den Zusammenhängen nach. Wie die Dinge in Raum und Zeit durchs wahrnehmende Subjekt bedingt sind, so Raum und Zeit selber, sie sind gleichsam die Brille, die jeder trägt, der sehen, hören und fühlen kann. Wenn – wie einmal Pascal sagt – dem Wesen in einer unendlich kleinen, von uns gar nicht wahrnehmbaren mikroskopischen Welt, in einer unserer Sekunden Jahrtausende verfließen mögen, so könnte einem überirdischen Wesen ein menschliches Jahrtausend wie ein Augenblick erscheinen. Erfahrungsmäßige wissenschaftliche Erkenntnis, wie sie fürs Fortkommen entscheidend ist, die technischen Wunderwerke, die aus Beobachtung entspringen und das Leben zu verlängern oder abzukürzen vermögen, sind daher nicht die Wahrheit, sondern erst ihr Schein. Platon und Kant haben das Verhältnis beider Sphären, des Wesens und der Erscheinung, verschieden dargestellt. Jenem galt die Wahrheit als ein Reich gegliederter Begriffe, und die Dinge waren ihr nichtiges Abbild. Kant lehrte, daß vom Ding an sich, das heißt dem Sein, wie es ohne menschliche oder tierische Perspektive in Ewigkeit besteht, den Subjekten der Stoff für die Erkenntnis geliefert wird, die sinnlichen Tatsachen, aus denen der Verstand mit seinen ordnenden Funktionen die einheitliche Welt hervorbringt, wie die Maschine aus dem Rohstoff das Produkt. Der Konzeption der transzendentalen Apperzeption mit ihren Vermögen und Behältern, sozusagen der Zentrale des Verstandes, hat die Leitung der Manufaktur, der Unternehmung zum Vorbild gedient. Mittels des Verstandes wird aus dem Fließen von Empfindungen ein begrifflich Festes hergestellt, wie die Ware im Betrieb. Über die Ordnungsfunktionen, die Kategorien, hinaus liegen, gleichsam als die Arbeitsziele, im menschlichen Denken die Ideen von Freiheit, Ewigkeit, Gerechtigkeit, die dem Verstand die Richtung weisen. Daß sie in der Vernunft sich finden, ja sie in gewissem Sinne ausmachen, bildet für Kant den Grund zur Hoffnung, daß Erkenntnis und mit ihr das zu erkennende Geschehen im Unendlichen die Wahrheit erreicht und daß die Wahrheit nicht bloß Mittel, sondern die Erfüllung sei.

Die unmittelbare Vorgeschichte von Kants subtiler Rettung der Utopie bilden auf dem Kontinent die rationalistischen Systeme. Sie könnten als eine Reihe von Versuchen angesehen werden, die Vollkommenheit des ewigen Seins gegen den Ansturm der die Erscheinung durchforschenden neuen Wissenschaft zu retten, als der Kampf fast aussichtslos geworden war. Nach dem Ende der Scholastik haben sie ihn mit den Mitteln bürgerlicher Vernunft im siebzehnten Jahrhundert fortgeführt. Die eingeborenen Begriffe, aus denen sie ihr System entfalteten, halten die Mitte zwischen den Ideen Platons und den kategorialen Funktionen Kants. Sie beanspruchen Evidenz, und Evidenz soll nun die gute, in sich ruhende Wahrheit gegenüber dem Wechsel in der furchtbaren Realität verbürgen, die seit dem sechzehnten Jahrhundert, seit den überseeischen Entdeckungen, von sozialen Umwälzungen und den durch sie bedingten Religionskriegen gezeichnet war. Das Bedürfnis nach einem Positiven, Bleibenden als dem Sinn in allem Wechsel war der Motor der Philosophie. Platon hatte, trotz Methexis, Wesen und Erscheinung unversöhnt gelassen, die Ideen waren alles, die vergänglichen Dinge nichts. Seit dem Christentum bedurfte es der Rechtfertigung der Welt, sei es durch den Glauben, sei es durch den Begriff.

Der Rationalismus wurde von der szientivischen Denkungsart unterhöhlt. Aus England importiert, wo dank der Ausbreitung des Handels und der Selbstverwaltung der Kommunen die Bürger in die Wirklichkeit in langem Prozeß hineingewachsen waren, wo politisches Bewußtsein im Einklang mit dem religiösen als eine Art Resignation sich bildete, wo Konvention zur religiösen und Religion zur bürgerlichen Sache wurde, war das Ansehen abstrakter, den Tatsachen enthobener Begriffe längst geschwunden. Der Begriffsrealismus hatte dem Nominalismus Platz gemacht, den Tatsachen wurde ihr Recht, und die Begriffe waren bloß Namen. Die Magna Charta galt in der Erkenntnistheorie. Die empiristische Philosophie und die ihr zugehörige Gesinnung hatte ohne große Reibung sich eingebürgert. Auf dem Kontinent geschah die Änderung als Bruch. Die Ordnung, die schon an der Zeit war, ist hier erst spät verwirklicht worden, und was nicht eintritt, wenn es an der Zeit ist, kommt mit Schrecken. Empirismus und der ihm verwandte Materialismus bedeuteten Kritik, nicht bloß an der herrschenden Philosophie und der von ihr verkündeten ursprünglichen Vollkommenheit der Dinge, sondern an den Zuständen der Welt, der sozialen und politischen Realität. An der Stelle des alten entstand ein neues Jenseits, die vernünftige Gesellschaft in der Welt. Wie von Augustin bis Bossuet die Geschichte einst als Fortschritt, als Heilsgeschichte begriffen wurde, mit dem messianischen Reich als notwendigem Ziel, so galt für Holbach, Condorcet, ins Säkulare übersetzt, die soziale Geschichte als der Weg zur irdischen Erfüllung. Der Dualismus war erhalten, die bessere, zukünftige Welt bildete den Sinn, an dem die Menschen sich zu orientieren hatten. Der Empirismus der kontinentalen Aufklärung hatte mit dem Rationalismus, den er ablöste, das eine gemein, daß das Bild der Zukunft durch Begriffe umrissen war, die der empirischen Bestätigung entraten konnten und gleichsam eingeboren waren: Freiheit, Gleichheit vor dem Gesetz, der Schutz des Einzelnen, das Eigentum. Die übrigen, die Tatsachen transzendierenden Gedanken, vor allem die der positiven Theologie, verfielen der empirisch-sensualistischen Kritik.

Schopenhauers umwälzende philosophische Leistung liegt vor allem darin, daß er den ursprünglichen Dualismus, wie er bis zu Kant das Grundmotiv gebildet hat, dem reinen Empirismus gegenüber festgehalten und doch die Welt an sich, das eigentliche Wesen, nicht vergottet hat. Seit dem großen Schüler Platons, Aristoteles, hat das europäische Denken an dem Grundsatz festgehalten, daß ein Wesen, je realer, je wirklicher, je fester und ewiger es sei, desto größere Güte und Vollkommenheit besäße. Ich weiß von keinem philosophischen Dogma, das so allgemeine Geltung hatte wie eben dies. Nach dem Realsten, An-sich-Seienden sollten die Menschen sich richten. Vom Ewigen leitete die Philosophie Sinn und Vorschrift für das vergängliche Leben her, und ausdrücklich oder insgeheim war damit die Befriedung alles Strebens, die Belohnung des Guten gesetzt. Mit dem Allerrealsten, Besten und Mächtigsten in Einklang zu sein, konnte nur Gutes bringen. Die Philosophen suchten die Hoffnung zeitgemäßer, nämlich in menschlicher Vernunft, zu begründen, die einst in der Autorität der Väter und der Offenbarung ihre Stütze hatte. Das ist die philosophische Überzeugung und zugleich die Funktion der Philosophie, mit der Schopenhauer gebrochen hat. Das allerhöchste, allerrealste Sein, das metaphysische Wesen, auf das die Philosophen aus der wechselnden Welt der seienden Dinge den Blick richten, ist nicht zugleich auch das Gute. Die Grade der Realität sind nicht Grade der Vollkommenheit. Der Blick aufs positiv Unendliche, aufs Unbedingte lehrt nicht, was man tun soll; es ist unmöglich, sich auf die Autorität des Seins zu berufen, wenn man zu einer anständigen Handlung hinführen will. Das wahre Wesen, das allen Dingen draußen zugrunde liegt, das Ding an sich im Gegensatz zur Erscheinung, kann jeder in sich selber entdecken, wenn er nur klar genug in sich hineinsieht, wenn er das Fazit aus den Erfahrungen mit seiner eigenen Natur zu ziehen weiß. Es ist der unstillbare, nach jeder Sättigung sich wieder regende Drang nach Wohlsein und Genuß. Darin, und nicht in den Gründen, die der Intellekt jeweils für solches Streben findet, besteht die unaustilgbare Realität des Lebendigen wie alles Daseins überhaupt. Der Intellekt, das Instrument der Rationalisierung, mit der die Einzelnen, die Interessengruppen und die Völker ihre Forderungen vor sich und anderen den je geltenden Moralvorschriften zu akkommodieren suchen, dient als Waffe in der Auseinandersetzung mit der Natur und den Menschen. Er ist Funktion des Lebenskampfes in den Individuen wie der Gattung, entzündet sich am Widerstand und schwindet mit ihm. Durch seine Lehre vom Bewußtsein als kleinem Teil der Psyche, der er zum Werkzeug dienen muß, hat Schopenhauer die Grundanschauung der modernen Psychoanalyse vorweggenommen, von den vielen einzelnen Beobachtungen in der normalen und pathologischen Seelenlehre ganz abgesehen. Der Grund ist die stets fließende Reizquelle, der unstillbare Wille. Nach jedem Atemzug ist die Stille schon Bedürfnis nach dem folgenden, und in jedem Augenblick, in dem es nicht befriedigt wird, wächst die Not und das Bewußtsein, bis es erlischt. Der Atem steht für das Leben. Nicht anders ist es mit Essen und Trinken bestellt; wer davon abgeschnitten ist, muß danach ringen, und je höher das Lebewesen in der Stufenreihe, desto raffinierter, desto unersättlicher wird der Kampf. Not und endloses Streben, immer neu entzündet, bilden den Inhalt der Geschichte und bestimmen das Verhältnis des Menschen zur Natur. Wäre die Luft nicht frei, sondern durch Arbeit produziert, die Menschen kämpften um sie wie um Landstrecken, und sie könnten nicht anders. Heute sieht es schon so aus, als ob sie wirklich um die Luft noch kämpfen müßten. Wenn es einen Zeitabschnitt gibt, der Schopenhauers Konzeption zu bestätigen geeignet war, so war es der seit jener Wende zum zwanzigsten Jahrhundert, an der man am gewissesten auf den Fortschritt sich verlassen hat. – Das Gute ist für Schopenhauer viel mehr das Ephemere, der Gedanke und der Schein, als das, was immer sich reproduziert.

Trotzdem hat er sich zum achtzehnten Jahrhundert bekannt.

Mit Bitterkeit gegen den auch heute an Schulen und Universitäten verbreiteten Tiefsinn der ›Spaßphilosophen‹, welche »die größten Männer des vorigen Jahrhunderts, Voltaire, Rousseau, Locke, Hume... diese Heroen, diese Zierden und Wohltäter der Menschheit« verunglimpften, hat er beklagt, daß das ehrwürdige Wort »Aufklärung... eine Art Schimpfwort geworden ist«. Zutiefst identifiziert er sich mit dem Kampf gegen Aberglauben, Intoleranz und rationalistischen Dogmatismus. Was ihm an der Aufklärung noch verdächtig, ja widersinnig erschien, war die Ineinssetzung des heute oder in Zukunft mächtigen Daseins oder gar der blutigen Geschichte mit dem, was sein soll. Noch die Anerkennung einer künftigen Menschheit, die sich nicht gegenseitig auszurotten sucht, als Inbegriff des Guten, scheint ihm kein Ausgleich. Wenn schon nicht die Verkünder der säkularen Heilsgeschichte auf ihn sich berufen können, so erst recht nicht die Verteidiger dessen, was ist. Schopenhauer hat die Solidarität mit dem Leid, die Gemeinschaft der im Universum verlassenen Menschen, entgegen der Theologie, der Metaphysik, sowie der positiven Geschichtsphilosophie jeder Art, der philosophischen Sanktionierung beraubt, aber darum keineswegs der Härte das Wort geredet. Solange es auf der Erde Hunger und Elend gibt, hat der, der sehen kann, keine Ruhe. »Einen heroischen Lebenslauf« heißt es in den ›Parerga‹, und Nietzsche hat es in den ›Unzeitgemäßen‹ begeistert zitiert, »führt der, welcher, in irgendeiner Art und Angelegenheit, für das allen irgendwie zugute-Kommende mit übergroßen Schwierigkeiten kämpft und am Ende siegt, dabei aber schlecht oder gar nicht belohnt wird.« Je heller der Gedanke ist, desto mehr treibt er zur Abschaffung des Elends, und doch ist die Versicherung, das sei der letzte Sinn des Daseins, das Ende der Vorgeschichte, der Beginn der Vernunft nichts als eine liebenswerte Illusion. Das heroische, schließlich das heilige Leben, ohne Ideologie, ist die Konsequenz des Mitleids, der Mitfreude, des Lebens in den anderen; die Einsichtigen können es nicht lassen, gegen den Schrecken zu kämpfen, bis sie hinübergehen. Der berühmte Gedanke, nach welchem die Selbstpreisgabe zur Aufhebung des egoistischen Willens in den moralisch großen Individuen zum Heraustreten aus dem Kreis der Wiedergeburten führt, hat nichts mit positiver Seligkeit zu tun. Noch das Glück ist negativ. Selbst das letzte utopische Asyl, das der größte deutsche Aufklärer, sein Lehrer Kant, gewähren wollte, der geschichtliche Endzweck, den die Menschengeschichte erfüllen soll, oder gar die Eudämonie im Begriff des ›höchsten Guts‹ gilt Schopenhauer angesichts des Grauens dieser Erde als rationalistische Täuschung. Der aufklärerische Gedanke bedarf seiner nicht.

Auch der klassische Idealismus der Nachfolger Kants – darin sind sie Schopenhauer verwandt – hat die Utopie im Grunde preisgegeben. Der Gegensatz der Welt und dessen, was sie sein soll, gilt ihnen als überwunden, wenn er im Gedanken aufgehoben ist. Nur in der verdünnten Form des vergöttlichten Subjekts überlebt die Utopie. Die erscheinende Welt ist nicht mehr die von Menschen produzierte, konstituierte wie bei Kant, sondern, bei Fichte, Resultat der freischwebenden Tathandlung oder, bei Schelling, des sich selbst bestätigenden Urseins. Das Ding an sich wird mit dem Subjekt ineinsgesetzt, doch nicht als Negativum, sondern als das positive Unbedingte. Hegel hat es als den lebendigen Begriff gesehen, die unendliche Bewegung, in welcher der Gegensatz von Sache und Gedanke sich als bedingt erweist. Aber der Schopenhauer so verhaßte Hegel ist ihm nicht so fern. Das Leben des Begriffs, des Hegelschen Absoluten, ist der Widerspruch, das Negative und der Schmerz. Was bei Hegel Begriff heißt, das System der auseinander sich ergebenden geistigen Bestimmungen, die in ewiger Bewegung sind, ist nichts anderes als das Entstehen und Vergehen dessen, was es begreift. Die große Leistung von Hegels Philosophie besteht gerade darin, daß der Begriff nicht außerhalb und unabhängig von dem Verschwindenden existiert, das in ihm festgehalten wird. Der Trost, den sein ›ruchloser Optimismus‹ zu spenden vermag, bleibt letzten Endes die Einsicht in die notwendige Verflechtung der Begriffe zum Ganzen, jener brüchigen Einheit, die System heißt. Das Wiedererkennen der logischen Strukturen in Natur und Menschenwelt, auf das es bei Hegel in der Lehre von Natur und objektivem Geist ankommt, ist der ästhetischen und philosophischen Kontemplation bei Schopenhauer keineswegs so fern, wie es ihm selbst geschienen hat. Hegel spricht von der substantiellen Bestimmung, vom absoluten Endzweck der Weltgeschichte; sie läuft letzten Endes auf den absoluten Geist, das philosophische System hinaus, die bloße Einsicht in das Ganze. Vom realen Gang der Geschichte jedoch heißt es: »Wenn wir dieses Schauspiel der Leidenschaften betrachten und die Folgen ihrer Gewalttätigkeit, des Unverstandes erblicken, der sich nicht nur zu ihnen, sondern selbst auch, und sogar vornehmlich zu dem, was gute Absichten, rechtliche Zwecke sind, gesellt, wenn wir daraus das Übel, das Böse, den Untergang der blühendsten Reiche, die der Menschengeist hervorgebracht hat, sehen; so können wir nur mit Trauer über diese Vergänglichkeit überhaupt erfüllt werden, und indem dieses Untergehen nicht nur ein Werk der Natur, sondern des Willens der Menschen ist, mit einer moralischen Betrübnis, mit einer Empörung des guten Geistes, wenn ein solcher in uns ist, über solches Schauspiel enden.«

Das Untergehen und das Bestehen, das Sterben des Besonderen, das Sein des Allgemeinen sind Eins. Vom positiven Pathos Fichtes und gar der Anweisung zum seligen Leben, das freilich auch beim Autor der ›Reden an die deutsche Nation‹ schon jeden eudämonistischen Reiz verloren hatte, ist Hegel fern. Die Nuance, um die Schopenhauer in der Auflösung des falschen Trostes weiter geht als Hegel, liegt in seiner Weigerung, die Konsistenz des die Welt umspannenden Systems und damit die Entwicklung der Menschheit bis zu dem Zustand, auf dem solche philosophische Einsicht möglich wird, als Grund dafür anzuerkennen, das Sein zu vergotten. Auch das gesellschaftliche Ganze, die Institutionen, in denen der Geist zu sich selber kommt, wie in der Kunst und Philosophie, müssen zugrunde gehen. Der absolute Geist haftet am objektiven und subjektiven Geist der Völker, und sie erleiden das Schicksal der Vergänglichkeit. Die Versöhnung, die Identität der Gegensätze, die der Gedanke erreicht, ist nicht die wirkliche Versöhnung, ob sie sich im gegenwärtigen oder im zukünftigen Zustand der Menschheit ereignet. Die geniale Gewalt, mit der Hegel, der letzte große Systematiker der Philosophie, die Positivität des Absoluten gerettet hat, indem er die Qual und den Tod in es hineinnahm, scheitert an dem Umstand, daß die Einsicht trotz allem ans lebendige Subjekt gebunden ist und mit ihm untergeht.

Beim Durchdenken der Lehre Hegels wird offenbar, daß die Positivität, die ihn von Schopenhauer unterscheidet, letztlich nicht bestehen kann. Das Scheitern des logisch bündigen Systems in seiner höchsten Form bei Hegel bedeutet das logische Ende der Versuche einer philosophischen Rechtfertigung der Welt, das Ende des Anspruchs der Philosophie, es der positiven Theologie nachzutun. Alle beruhen direkt oder indirekt auf dem Gedanken, daß die Welt Werk oder Ausdruck wahren Geistes sei. Wenn sie ihrem Wesen nach mit dem Geist dagegen *nicht* notwendig zusammenhängt, schwindet das philosophische Vertrauen in das Sein von Wahrheit überhaupt. Wahrheit ist dann nirgends mehr aufgehoben als in den vergänglichen Menschen selbst und so vergänglich wie sie. Noch das Denken über die Vergänglichkeit verliert den Glanz des Mehr-als-Vergänglichen. Es bleibt der bloße Glaube; der Versuch, ihn zu rationalisieren, war zum Scheitern verurteilt. Luther hatte recht, wenn er Melanchthon gegenüber zögernd war.

Philosophie tendiert dazu, sich aufzuheben. Wer eingedenk der europäischen Tradition, jedoch ohne sich schon vorzugeben, was herauskommen soll, zu philosophieren beginnt, ist vor der Erfahrung nicht sicher, daß sein Unternehmen widersinnig ist. Die durch die Aufklärung hindurchgegangene, bei Schopenhauer von jedem äußerlich gesetzten Dienst befreite Anstrengung zur Wahrheit treibt in seinem Werk in zwingender Logik dahin, daß sich der Begriff der Wahrheit negiert. Aus dem bösen Absoluten, dem blinden Willen als dem Wesen folgt unausweichlich die bedrohliche Antinomie, daß die Affirmation des ewigen, des wahren Seins vor der Wahrheit nicht bestehen kann. Der dem autonomen Denken immanente, es je und je sprengende Widerspruch, von dem Hegel wie kein anderer wußte und durch sein System zu bändigen versuchte, gehört bereits den frühen von Theologie sich ablösenden Schriften an. In der Gnosis wie der jüdischen und christlichen Mystik bildet er das geheime Motiv. Erst seit Schopenhauer ist er unverkleidet auszusprechen. Wie soll die ewige Wahrheit bestehen können, wenn der Weltgrund böse ist? Schopenhauer hat den Begriff der Wahrheit festgehalten, wenngleich sie zum Negativen ihrer selbst führt, sie hat ihm den Entschluß bedeutet, bei keinem Wahn sich zu beruhigen. Ihr Name war ihm eins mit Philosophie. »Wer die Wahrheit liebt, haßt die Götter«, wie es im ›Nachlaß‹ heißt. Was aber wird ohne Götter, ohne den Einen Gott aus der Wahrheit? Von jener im Herzen der Philosophie wohnenden Unstimmigkeit scheint Schopenhauers eigentliche Unruhe, der irritierte Ton des freien, im produktiven Umgang mit der großen europäischen Literatur entfalteten Stils herzurühren, mehr noch als von seinem viel zitierten Naturell, das vielmehr selbst von seiner philosophischen Erfahrung nicht zu trennen ist. Die Metaphysik des unvernünftigen

Willens als des Wesens der Welt muß zum Gedanken der Problematik der Wahrheit führen. Sie bildet den Kern von Nietzsches Denken, und auf sie geht der freie Existentialismus zurück, freilich nicht der Scheinexistentialismus, der durch das harmlose Wort vom Transzendieren die positive Metaphysik gleichsam durch eine Hintertür wieder einführt oder gar wie die Fundamentalontologie die Angst, die Sorge, die Geworfenheit, kurz die Sinnlosigkeit selbst durch feierliche Sprache ins Positive verkehrt und damit der oppressiven Realität philosophische Weihe verleiht.

Das Denken Schopenhauers ist unendlich aktuell. Es ist so sehr an der Zeit, daß es der Jugend instinktiv zu eigen ist. Sie weiß vom Widerspruch der autonomen Wahrheit und ist aufs tiefste dadurch irritiert. Philosophie geht ihren Gang nicht jenseits der wirklichen Geschichte. Die jungen Menschen nehmen den Gedanken nicht mehr an, der philosophisch überholt ist. Versucht man, den Widerspruch zu verschweigen oder zu verdecken, in den der Gedanke sich verstricken muß, so werden sie an der Wahrhaftigkeit nicht bloß der Alten irre, sondern an der Kultur selber, der sie angehören. Sie steht aus vielen inneren Gründen ohnehin nicht mehr so hoch im Kurs. Technik erspart Erinnerung. Die Jungen haben nur noch wenig Grund, dem Hinweis der Alten auf die ewigen Gebote zu glauben. Sie versuchen, ohne sie auszukommen. An manchen Universitäten in Amerika und selbst in östlichen Ländern hat der logische Positivismus gesiegt und die Philosophie verdrängt. Er nimmt den Gedanken selber für bloße Verrichtung, für ein Geschäft. Zwischen dem Herstellen mathematischer Formeln oder ihrer Anwendung in Technik und Industrie besteht kein grundsätzlicher Unterschied. Der Positivismus stellt den Schluß dar, den das Versagen positiver Philosophie nahelegt. Man braucht mit philosophischer Wahrheit sich nicht abzugeben, weil sie doch nicht existiert. Das ist der Kurzschluß, den Schopenhauers Werk vermeidet. Ihn treibt die Leidenschaft für Wahrheit und, ähnlich wie Spinoza, hat er ihr sein Leben gewidmet, ohne einen Job daraus zu machen. Aber seine Philosophie spricht in Vollendung aus, was die Jugend heute ahnt: daß es keine Macht gibt, bei der die Wahrheit aufgehoben wäre, ja daß sie den Charakter der Machtlosigkeit an sich trägt. Nach ihm ist der Positivismus gegen die Metaphysik im Recht, weil es kein Unbedingtes gibt, das die Wahrheit verbürgen könnte oder aus dem sie abzuleiten wäre. Die theologische Metaphysik aber ist gegen den Positivismus im Recht, weil jeder Satz der Sprache nicht anders kann, als den unmöglichen Anspruch nicht bloß auf eine erwartete Wirkung, auf Erfolg zu erheben, wie der Positivismus meint, sondern auf Wahrheit im eigentlichen Sinn, gleichviel ob der Sprechende darauf reflektiert. Ohne Gedanken an die Wahrheit und damit an das, was sie verbürgt, ist kein Wissen um ihr Gegenteil, die Verlassenheit der Menschen, um derentwillen die wahre Philosophie kritisch und pessimistisch ist, ja nicht einmal die Trauer, ohne die es kein Glück gibt.

Nach Schopenhauer stellt Philosophie keine praktischen Ziele auf. Sie kritisiert den absoluten Anspruch der Programme, ohne selbst für eines zu werben. Die Vision der Einrichtung der Erde in Gerechtigkeit und Freiheit, die dem Kantischen Denken zugrunde lag, hat sich in die Mobilisation der Nationen, in den Aufbruch der Völker verwandelt. Mit jedem Aufstand, der der großen Revolution in Frankreich folgte, so will es scheinen, nahm die Substanz des humanistischen Inhalts ab und der Nationalismus zu. Das größte Schauspiel der Perversion des Bekenntnisses zur Menschheit in einen intransigenten Staatskult bot in diesem Jahrhundert der Sozialismus selbst. Die Revolutionäre der Internationale fielen den nationalistischen Führern zum Opfer. Eine bestimmte, als die richtige verehrte Verfassung der Menschheit ist ein Ziel, für das Menschen zu Recht sich opfern können, wie für andere Ziele. Wird es jedoch zum absoluten Zweck hypostasiert, dann gibt es eben deshalb keine Instanz, weder ein Göttliches Gebot noch Moralität noch – was mir nicht weniger achtungswürdig scheint – die verfemte persönliche Beziehung, die Freundschaft –, durch die es einzuschränken wäre. Der gedankliche Zusammenhang ist einfach. Alles ist gut, was der künftigen Menschheit dient. Wie leicht geschieht von hier der Übergang zum Wahn, das eigene Vaterland habe die dringlichste Mission dabei. Jedes endliche Wesen – und die Menschheit ist endlich –, das als Letztes, Höchstes, Einziges sich aufspreizt, wird zum Götzen, der Appetit nach blutigen Opfern hat und dazu noch die dämonische Fähigkeit, die Identität zu wechseln, einen andern Sinn anzunehmen. Im Gegensatz zu der Marxschen Theorie bietet die neueste Geschichte vieler Revolutionen hierfür erschreckende Beispiele. Was Lenin und die meisten seiner Genossen vor der Machtergreifung erstrebten, war eine freie und gerechte Gesellschaft. In der Realität bahnten sie den Weg für eine totalitäre Bürokratie, unter deren Herrschaft es nicht mehr Freiheit gibt als einst im Reich des Zaren.

Der neue Götze ist das nationale WIR. Er ist nicht der einzige. Soweit der Jugend, seien es bedingte Ziele, seien es Motive fürs Leben überhaupt, als unbedingte vorgehalten werden, begegnen sie dem Hohn der schlau Gewordenen oder der falschen Begeisterung. Begründungen fürs ehrliche Leben, die nicht, wie Schopenhauer wollte, die simple Klugheit, zuletzt das Strafgesetz ins Feld führen, werden in ihrer Konventionalität durchschaut. Die Jugend sieht die skrupellose Praxis der moralischen Erwachsenen im eigenen und fremden Land. Und eben weil sie den eigenen Erwachsenen bloß die praktische Wendigkeit und nicht das Pathos abnimmt, weil sie die Idee nur als Rationalisierungen versteht, hat sie dem Massenbetrug nichts entgegenzusetzen. Wenn es zweckmäßig ist, ihn anzunehmen, wäre es bloß dumm, ihm zu widerstehen. Dazu kommt die uneingestandene Sehnsucht, das Gefühl des Mangels und der Trotz; durch Wiederholung des Schlechten will er unbewußt das Gute provozieren, damit es sich zeigt, selbst wenn es tödlich ist. Gegen Beteiligung an der Untat ist eine skeptische Generation nicht besser gefeit als eine gläubige. Vielmehr bedingt das ernüchterte Leben, bei allem Druck zur Karriere, das umfassende Gefühl der Sinnlosigkeit, in dem der falsche Glaube wohl gedeiht. Um ihm zu widerstehen, bedürfte es der durch Kultur hindurchgegangenen und keiner der ihren verfestigten Gestalten sich verschreibenden Sehnsucht, nach dem, was anders ist.

Die Lehre Schopenhauers hat in der Gegenwart schon darum Bedeutung, weil sie unbeirrbar die Götzen denunziert und sich doch weigert, in der schlauen Vorstellung dessen, was je schon ist, den Sinn der Theorie zu sehen. Sie ist nüchtern, ohne philosophisch resigniert zu sein. Die Doktrin vom blinden Willen als dem Ewigen entzieht der Welt den trügerischen Goldgrund, den die alte Metaphysik ihr bot. Indem sie ganz im Gegensatz zum Positivismus das Negative ausspricht und im Gedanken bewahrt, wird das Motiv zur Solidarität der Menschen und der Wesen überhaupt erst freigelegt, die Verlassenheit. Keine Not wird je in einem Jenseits kompensiert. Der Drang, ihr im Diesseits abzuhelfen, entspringt der Unfähigkeit, sie mit vollem Wissen dieses Fluchs mit anzusehen und zu dulden, wenn die Möglichkeit besteht, ihr Einhalt zu tun. Für solche, der Aussichtslosigkeit sich verdankende Solidarität ist das Wissen des principii individuationis sekundär. Je sublimer, je weniger verfestigt ein Charakter ist, desto gleichgültiger ist ihm die Nähe oder Ferne zum eigenen Ich, desto weniger unterscheidet er Fernstes und Nächstes in der Arbeit an beidem, die er nicht lassen kann, auch wenn sie der des Sisyphus gleichkommt. Wider das unbarmherzige Ewige dem Zeitlichen beizustehen, heißt Moral im Schopenhauerschen Sinn. Selbst der buddhistische Mythos der Seelenwanderung, daß nach dem Tod die Seele ohne Zeit und ohne Raum den Körper finde, der dem Stand ihres Läuterungsprozesses entsprechen soll, hat keinen Einfluß auf Moral, sonst bliebe sie Berechnung. Die unbarmherzige Struktur der Ewigkeit vermöchte die Gemeinschaft der Verlassenen zu erzeugen, wie das Unrecht und der Terror in der Gesellschaft die Gemeinschaft der Widerstrebenden zur Folge haben. Jene aus dem Osten geflohenen Studenten, die in den ersten Monaten nach ihrer Ankunft glücklich sind, weil Freiheit herrscht, aber schließlich traurig werden, weil es keine Freundschaft gibt, besitzen die Erfahrung davon. Mit dem Schrecken, dem zu widerstehen sie sich zusammenfanden, schwindet auch das Glück. Kenntnis der Wirklichkeit vermöchte es zu erneuern. Verfolgung und Hunger durchherrschen die Geschichte der Gesellschaft auch heute. Wenn die Jugend den Widerspruch zwischen dem Stand der menschlichen Kräfte und dem der Erde erkennt und weder durch fanatisierende Nationalismen noch durch Theorien transzendenter Gerechtigkeit den Blick sich trüben läßt, steht zu erwarten, daß Identifikation und Solidarität in ihrem Leben entscheidend werden. Der Weg dahin führt durch die Kenntnis sowohl der Wissenschaft und Politik wie der Werke der großen Literatur.

Mitten im Kampf gegen den positiven Inhalt des Juden-Christentums, vor allem des Dogmas eines zugleich mächtigen und gerechten Gottes, hat Schopenhauer, ähnlich wie Hegel, die Beziehung seines Werkes zum theologischen Gedanken nicht genug betonen können. In einem gewissen Sinn, sagt er, könnte man seine »Lehre die eigentlich christliche Philosophie nennen«. Das Christentum bekennt Demut und Liebe als sein innerstes Wesen. Er vermochte zwischen solcher Liebe und seiner eigenen Vorstellung der Abkehr von Bejahung des abgeschlossenen eigenen Ichs, von Rache und Verfolgung im Grund keinen Unterschied zu sehen, es sei denn, daß bei ihm die Arbeit für die anderen mit keiner Hoffnung auf das eigene Heil verbunden war. Wieweit christliche Gesinnung ohne Dogma freilich in der Welt sich auszubreiten vermag, wieweit der europäische Gedanke in der Gestalt, die er bei Schopenhauer angenommen hat, noch in Zukunft eine historische Aufgabe erfüllen kann, ist höchst zweifelhaft. Lang vor den Zeiten der Wirtschaftshilfe haben Missionare für Europa geworben. Über dem Vorwurf, sie seien die ›Sendboten des Kattuns‹ gewesen, ist ihre Größe allzuoft vergessen worden. Seit den Versuchen in Paraguay fanden unter ihnen sich große Charaktere, die begriffen, daß ihnen die Fortgeschrittenheit der Länder, aus denen sie kamen, den sogenannten Primitiven gegenüber eine seltene Verantwortung auferlegte. Die wirtschaftliche Dynamik jedoch, die Auflösung des philosophischen Gedankens an das Absolute durch Wissenschaft und Technik, die Kompromittierung des europäischen Glaubens durch seine Verleugnung in nationalistischer Ersatzreligion, in den Machtkämpfen und Weltkriegen, haben die Möglichkeiten der Mission sehr eingeschränkt. Die ehemals von den Zivilisierten unterjochten Afrikaner haben als eigentlichen Gott der entwickelten Nationen, zu denen sie aufblickten, nur Macht und Gewalt erfahren und ahmen ihnen heute nach. Der Islam, den Schopenhauer deshalb haßte, weil er dem kollektiven Fanatismus, der brutalen Positivität unter allen Religionen am weitesten entgegenkam, entspricht dem Erwachen wilder Völkerstämme besser als die Religion des Kreuzes, deren Aufbrüche ihrem Wort und Geist seit je zuwider waren. Nicht die »Praxis ihrer Bekenner«, nämlich der europäischen Völker, die in der Geschichte ein dunkles Kapitel bildet, sondern die Moral ihrer Lehre ist nach Schopenhauer »viel höherer Art als die der übrigen Religionen, die jemals in Europa aufgetreten sind«. Der Islam dagegen fordert wenig von seinen Bekehrten und ist für Eroberung. Die Übereinstimmung von Theorie und Praxis überzeugt die Eingeborenen. Sie wollen endlich auf der Welt Karriere machen. Vier bis fünf neue Moslems kommen heute, wenn ich recht gelesen habe, auf einen, der zum Christentum übertritt. Schopenhauer hätte sich bestätigt gefühlt. Was er von den Individuen behauptet hat, daß sie ein Ausdruck blinden Willens zu Dasein und Wohlsein seien, tritt in der Gegenwart zu den sozialen, politischen und rassischen Gruppen in der ganzen Welt hervor, und eben darum scheint mir seine

Lehre die Form des philosophischen Gedankens, die der Realität gewachsen ist. Mit erleuchteter Politik teilt sie das Moment, illusionslos zu sein, mit der theologischen und philosophischen Tradition die Kraft begrifflichen Ausdrucks. Es gibt wenige Gedanken, deren die Zeit mehr bedürfte und die, bei aller Hoffnungslosigkeit, weil er sie ausspricht, mehr von Hoffnung wissen als die seinen.

Vortrag, gehalten zum 100. Todestag Schopenhauers am 21. September 1960, in der Goethe-Universität, Frankfurt a. M. Abgedruckt zuerst im: *XXXXII. Schopenhauer-Jahrbuch.* Hrsg. v. Arthur Hübscher. Frankfurt a. M.: Kramer 1961, S. 12–25. Dann in: M. H. und Theodor W. Adorno: *Sociologica II.* Frankfurt a. M.: Europäische Verlagsanstalt 1962. Dann in: *Zur Kritik der instrumentellen Vernunft.* Frankfurt a. M.: Athenäum Fischer 1974.
Abdruck mit freundlicher Genehmigung des S. Fischer Verlags.

Arthur Hübscher
Schopenhauer ist dabei

Die ersten Kindheitserlebnisse des Danziger Kaufmannssohns Arthur Schopenhauer waren von Zügen einer weltbürgerlichen Aufklärung geprägt. Als die freie Stadt an Preußen fiel, gingen die Eltern mit dem Fünfjährigen nach Hamburg, das für fast eineinhalb Jahrzehnte der Ort seiner äußeren und inneren Entwicklung wurde. Eine lange Bildungsreise führte ihn durch ganz Europa, aber sie zeigte ihm wenig Erfreuliches, er sah allenthalben Bilder von Elend und Unglück. Der Jammer des Lebens und die bange Sorge um das Sein der Kreatur wurden zu Grundmotiven seines werdenden Weltbildes – im Umkreis der pietistischen Bewegung um Matthias Claudius mochte er sich bestätigt finden. Als Siebzehnjähriger erst konnte er die ungeliebte Kaufmannslehre mit einem rasch und erfolgreich nachgeholten Gymnasialunterricht vertauschen. Aber noch in der letzten Zeit in Hamburg und dann in Weimar, dem Witwensitz seiner Mutter, erschloß sich ihm die romantische Geisteswelt und brachte ihm die abendländische Mystik ebenso nahe wie die Weisheit Indiens, die er in einem lebenslangen Umgang dem Westen verbindlich sichtbar machen sollte. Einen Winter lang trat er Goethe bei gemeinsamen Studien über die Farbenlehre nahe und blieb ihm sein Leben lang verehrungsvoll verbunden. Und dann kam in vier Göttinger und Berliner Universitätsjahren sein Bildungsgang zum Abschluß, – schon zeichnete sich seine Lebensaufgabe deutlich ab, und er erfüllte sie in einer strengen, sparsamen, nur seinem Werk gewidmeten Lebensführung.

Platon und Kant weisen seinem eigenen Denken sichere Wege. Er setzt sich die Maßstäbe seines Philosophierens: Philosophie muß empirische Grundlagen haben, sie kann nicht aus reinen, abstrakten Begriffen heraus gesponnen werden. Und eben damit ist gegeben, was man Schopenhauers kopernikanische Wendung genannt hat: daß, entgegen aller Philosophie von Descartes bis Hegel, nicht das Allgemeine, nicht Gott, das Sein, die Idee, der

Geist oder das sogenannte Absolutum seinen Ausgang bildet, sondern die Wirklichkeit in Gestalt der objektiven, uns allen vorliegenden Erscheinungen und den Tatsachen des Selbst-Bewußtseins, wie sie sich in jedem Menschen vorfinden – im Selbst-Bewußtsein vor allem, dem uns Nächsten, unmittelbar Bekannten und Gewissen. Auf solchen Grundlagen erheben sich die vier Bücher seines Hauptwerks *Die Welt als Wille und Vorstellung*, die in zwei Betrachtungsfolgen nacheinander Erkenntnislehre, Naturphilosophie, Ästhetik und Ethik behandeln. In eigentümlicher Verschränkung steht das dritte Buch auf den Grundlagen des ersten, das vierte auf den Grundlagen des zweiten. Die Kunst wird über die Erkenntnis gesetzt, die Sittlichkeit schließlich über die Natur: es ist die Ethik, auf die das ganze Werk letztlich hinzielt.

Schopenhauer hat die Ergebnisse beider Betrachtungsfolgen noch einmal in zwei kleineren Werken erhärtet: im *Willen in der Natur*, der die empirischen Wissenschaften als unverdächtige Zeugen seiner Lehre heranzieht und dem aufsteigenden Materialismus sein Recht und seine Grenze setzt, und in der Schrift *Die beiden Grundprobleme der Ethik*, die nicht etwa eine neue Ethik sittlicher Vorschriften und Gebote entwickelt, sondern einfach die Grundlage der moralischen Handlungen nachweist: im Mitleid, dem ethischen Urphänomen, das die Wand zwischen Du und Ich niederreißt.

Karl Marx hat gesprächsweise im Jahr 1867 Schopenhauers Philosophie gegen oberflächliche Vorurteile verteidigt: Sie habe, meinte er, aus der Wesenseinheit alles Organischen die Pflicht abgeleitet, keinem lebenden Wesen Unrecht zu tun, und so habe sie in einem tiefen ethisch-sozialen Sinn das Gebot der Nächstenliebe verkündet. Gleichwohl: Diese Philosophie stand den Zeitläuften entgegen. Sie stand im Schatten Hegels, des Künders der Welt von einem vernünftig wirkenden Geiste her, und, in seiner Folge, des aufsteigenden, den Nationalismus vorantreibenden Fortschrittglaubens, der bis weit in die Gründerzeit und noch in den ersten Weltkrieg hinein die warnend dunklen Unterströmungen und den schließlich um so schlimmeren Rückschlag überdeckte – bis endlich offenbar wurde, daß die Triumphe dieser Entwicklung Blut und Elend mit sich zogen. Schopenhauer be-

zeichnet, in seiner derben Art, den Nationalismus als einen
schmutzigen Gesellen, den man hinauswerfen solle. Die technischen, wirtschaftlichen, sozialen Besserungen, um die in seiner
Zeit gerungen wurde, von der Abschaffung der Negersklaverei
bis zur Beseitigung des Weber-Elends, der Kinderarbeit und der
Tierquälerei – sie alle waren seiner wärmsten Zustimmung gewiß, aber er verkannte die unausbleiblichen dunklen Begleit-
und Folgeerscheinungen jedes Fortschritts nicht. Wir beseitigen
den Schmerz in vielerlei Gestalt, als Armut, als Hunger und
Mangel, als Not, als Sorge, und müssen doch sehen, wie er unter
anderen Gesichtern wiederkehrt, wechselnd nach den Umständen, als Angst und Krankheit, als neue Not, als Unheil da und
dort, und noch im grauen Gewand von Überdruß und Langeweile. Schopenhauer schreibt keine Utopien. Er verspricht nichts,
er zeigt nur, wie es zugeht in dieser Welt. Er sagt, was geändert
werden soll, aber er verschweigt nicht das, was nie zu ändern ist.
Man hat die Desillusionierung des Daseins, die er mit schonungs-
loser Offenheit vorgenommen hat, als Kundgebung eines fort-
schrittsfeindlichen Pessimismus verdächtigt. Heute sieht man,
daß sie voller Nutzen hätte sein können für die vergangenen
Jahre und voller Nutzen auch für unsere Zeit, die einen An-
schauungsunterricht erhalten hat und weiterhin erhält, schlimmer und schrecklicher als alles, was Schopenhauer an Schlimmem
und Schrecklichem miterleben mußte. Und voller Nutzen auch
für eine Jugend, die den sogenannten überkommenen Werten
mit Mißtrauen begegnet.

Schopenhauers Ethik hat eine vermittelnde, ausgleichende, ver-
bindende und versöhnende Funktion, zwischen Menschen und
zwischen Völkern. Er findet das Einigende, über das eigene
Selbst Hinausweisende nicht in der sekundären Sphäre des
menschlichen Wesens, im Intellekt, sondern in der primären, ursprünglichen Sphäre, dem Willen; nicht da also, wo von Geist,
Wissen, Bildung die Rede ist, sondern da, wo es um die Eigenschaften des Charakters geht, um Liebe, Freundschaft, Redlichkeit, Sanftmut, Toleranz, Güte des Herzens, um Eigenschaften,
die insgesamt auf die von Schopenhauer nachgewiesene alleinige
moralische Triebfeder zurückgehen, auf das Mitleid. Mitleid ist
die unmittelbare Teilnahme am Leiden des anderen. In seinen
reinsten und höchsten Formen weitet es sich zu einem tiefen uni-

versellen Mitleiden mit allem Lebenden, Mensch und Tier. Mitleid beruht nicht auf Begriffen, Dogmen, Geboten und Erziehung; es ist von keiner Anstrengung des Begriffs begleitet, es liegt in der menschlichen Natur selbst und gehört nirgends zu den »fremden Göttern«.

In die Zwänge einer Kollektivethik, um die seit der letzten Jahrhundertwende vergeblich gerungen wurde, kann das Mitleid sich nicht fügen. Die Vorstellung einer Einheit selbständiger Einzelpersonen in einer selbständigen Gesamtperson, etwa in einer Volkspersönlichkeit, entspricht keiner ethischen Wirklichkeit, – im Gegenteil: Wo die Gesamtperson selbstherrlich eingesetzt wird, da geschieht, was kein einziger verantworten kann. Man muß sich dieses Sachverhalts erinnern, wenn wir heute gegenüber den Herrschaftsansprüchen der geschichtlichen und gesellschaftlichen Mächte, der Ideologien und Programme und zuletzt eines unnachsichtigen totalen Staates, den Eigenwert des Menschen zu verteidigen suchen. Schopenhauer dient einer zutiefst sittlich sozialen Aufgabe, wenn er die Eigenverantwortlichkeit des Menschen nicht ins Ungefähre, Unverbindliche entgleiten läßt.

Er schreibt dem Menschen keine Handlungsweisen vor, er gibt keine Anweisungen zur Tugend, zum rechten Handeln, wie es Kant und nach ihm die Ethiker aller Schulen zu seiner Zeit getan haben. Er lehrt nicht, wie man sich sittlich verhalten soll, er zeigt, wie sich die Menschen wirklich verhalten, er sucht ihre verschiedenen Verhaltensweisen zu erklären und auf ihren letzten Grund zurückzuführen. Der moralische Charakter ist unveränderlich – Schopenhauer betont es immer wieder –, die Grundeigenschaften eines Menschen sind nicht umzuschaffen. Wohl aber ist die Betätigungsweise seiner Anlagen beeinflußbar, eine bessere Erkenntnis kann ihm neue, andere Motive liefern und ihn zu anderen Willenshandlungen führen. Was man zu tun vermag, ist also dieses: »daß man den Kopf aufhellt, die Einsicht berichtigt, den Menschen zu einer richtigen Auffassung des objektiv Vorhandenen, der wahren Verhältnisse des Lebens bringt«. Solche Einsichten begründen das pädagogische Leitbild Schopenhauers: Zweck der Erziehung muß es sein, die Bekanntschaft des Kindes, des jungen Menschen mit der Welt zu vermitteln, die Fähigkeit zu entwickeln, selbst zu erkennen, zu urteilen, zu denken, nicht aber ihm von früh an fremde Gedanken und Begriffe, Dogmen und Vorurteile einzuprägen. Was Schopenhauer verlangt, ist eine Erziehung zur selbständigen, aus sich heraus entwicklungsfähigen, nicht ins Gleichmaß eingegliederten Persönlichkeit. Sein Verdikt gegen eine Ethik, die im Sinne Hegels nicht das Tun des Einzelnen, sondern das der Massen zum Gegenstande hat, weist unausgesprochen in unsere Zeit herüber, die in weitem Umfang willens ist, die über allem Gesellschaftlichen, über allem Produktions- und Leistungsdenken liegende Autonomie des Menschen zu unterdrücken und das Bildungsproblem als bloßen Funktionsprozeß zu nehmen.

Schopenhauer wendet sich nicht an einen engen Kreis von Fachgelehrten. Er hat seine ersten Anhänger nicht unter Philosophieprofessoren gefunden, sondern unter Männern verschiedenster Herkunft, verschiedenster Stände und Berufe. Ein Mainzer Kreisrichter ist dabei, ein märkischer Bauer, ein nassauischer Pastor, ein Komponist namens Richard Wagner, ein Frankfurter Bankgehilfe, ein Stellmacher aus Hameln, ein holländischer Blumenzüchter, ein Soldat, ein Arzt aus Berlin, und immer wieder sind es junge Menschen, die, mißtrauisch schon damals gegen die Zeitläufte, seine Lehre sich aneignen und nach außen hin verfechten: etwa der junge Münchner Jurist Adam von Doß, voll propagandistischen Eifers, Carl Bähr, der Verfasser der ersten Preisschrift über Schopenhauers Philosophie, beide kaum über 20 Jahre alt, oder der Zeitungsmann Ernst Lindner, der Schulmann Julius Bahnsen, der einer der Begründer der modernen Charakterkunde geworden ist, – in ihnen sieht Schopenhauer die Repräsentanten der kommenden Geschlechter, aus denen inzwischen eine kaum mehr überschaubare Schopenhauer-Literatur und eine Flut von Übersetzungen seiner Werke in die Sprachen aller Erdteile hervorgegangen ist. Bis auf die heutige Zeit sind es immer wieder junge Menschen, die in dieser Entwicklung aufnehmend und fortführend aufgetreten sind: der 21jährige Friedrich Nietzsche gehört zu ihnen und sein Jugendfreund von Schulpforta her, Paul Deussen, der spätere berühmte Indologe und Gründer der Schopenhauer-Gesellschaft, die sich seit nunmehr siebeneinhalb Jahrzehnten das immer gleiche Ziel gesetzt hat, »das Studium und das Verständnis der Schopenhauerschen Philosophie anzuregen und zu fördern«.

Die Schopenhauer-Gesellschaft ist keine in sich abgeschlossene Vereinigung von Fachgenossen, keine rein akademische, sondern eine offene Gesellschaft. Ihre Mitglieder und Freunde gehören den verschiedensten sozialen Schichten und Berufen an, den verschiedensten Altersklassen, sie kommen aus allen Ländern und Erdteilen. Sie ist international und unpolitisch. Sie hat die beiden Weltkriege und die finstere Zeit nach 1933 überdauert, ohne dem »schmutzigen Gesellen«, dem Nationalismus, Einlaß zu gewähren. Sie führt wissenschaftliche Vortragsreihen und Tagungen durch, sie veranstaltet ein regelmäßig wiederkehrendes Jugendforum mit Kurzvorträgen und Diskussionen, und sie gibt, als bleibende Zeugnisse ihrer Arbeit, neben einem alljährlich erscheinenden Jahrbuch größere Veröffentlichungen heraus: Zu den bereits vorliegenden kritischen Editionen der Werke, des Nachlasses und der Gespräche Schopenhauers wird eine Edition seiner Gesammelten Briefe treten, und als eines der wichtigsten Vorhaben eine Studien- und Volksausgabe Schopenhauers, die den ungekürzten Text weitesten Kreisen nahebringen will. Zusammen mit der Stadt- und Universitätsbibliothek Frankfurt a. M. betreut die Gesellschaft das Schopenhauer-Archiv, das sich trotz seiner räumlichen Beschränktheit zu einer Forschungsstätte von internationaler Geltung entwickelt hat.

Einführungsvortrag aus Anlaß des Besuchs des Bundespräsidenten Walter Scheel bei einer Ausstellung im Schopenhauer-Archiv in Frankfurt am Main am 1. Dezember 1976. Erstveröffentlichung.
Abdruck mit freundlicher Genehmigung des Autors.

Zeugnisse

»Um fremden Wert willig anzuerkennen und gelten zu lassen, muß man selbst welchen haben.«
Arthur Schopenhauer

Jean Paul (21. 3. 1763 – 14. 11. 1825):

Könnt' ich nicht mehren von Jahren herausgekommenen Werken, die mir nicht Lob genug erhalten zu haben geschienen, noch einiges nachschicken und ohne alles kritische Auseinandersetzen und Motivieren beurtheilen? Und könnt' ich also z. B. nicht lobend anführen:

Schopenhauers Welt als Vorstellung und Wille, – ein genialphilosophisches, kühnes, vielseitiges Werk voll Scharfsinn und Tiefsinn, aber mit einer oft trost- und bodenlosen Tiefe – vergleichbar dem melancholischen See in Norwegen, auf dem man in seiner finstern Ringmauern von steilen Felsen nie die Sonne, sondern in der Tiefe nur den gestirnten Taghimmel erblickt, und über welchen kein Vogel und keine Woge zieht. Zum Glück kann ich das Buch nur loben, nicht unterschreiben.

Aus: *Kleine Nachschule zur ästhetischen Vorschule.* In: *Vorschule der Ästhetik.* Hrsg. v. Norbert Miller. München: Hanser 1963, S. 506 ff.

Franz Grillparzer (15. 1. 1791 – 21. 1. 1872):

Schopenhauers philosophische Entdeckungen haben mich nie überzeugt; er ist eben ästhetisch. – Da ist sonach die *Überzeugung*, die er vorher als Zweck der Wissenschaft aufgestellt hat, eins mit *der Beruhigung*, und dann hat er recht.

Aus einer Tagebucheintragung von 1864. In: *Sämtliche Werke.* Bd. III. München: Hanser 1963, S. 1159.

Johann Nepomuk Nestroy (7. 12. 1801 – 25. 5. 1862)

»Ähnlichkeiten, Affinitäten, Gemeinsamkeiten, die mit der Zeitsignatur zusammenhängen, fallen hier auf: mit Büchner und selbstverständlich mit Schopenhauer. Schlögl kolportierte schon 1883 den Ausspruch eines Anonymus, Nestroy sei der ›Schopenhauer der Posse‹ gewesen, und Anton Kuh spricht in Fortführung dieses unstreitig zutreffenden Vergleichs von Nestroy als dem ›Schopenhauer im Wurstelprater‹. Die geheime Signatur war – trotz der überschäumenden Daseinsbejahung und Sinnesfreudigkeit der Biedermeierzeit oder, im Sinne der Verdrängung, gerade deshalb – der Pessimismus; und das politische Barometer stand auf Sturm.

(...)

Am 10. März 1842 erblickte ein Paradestück der österreichischen Nationalliteratur (das es noch immer ist) das Rampenlicht des Theaters an der Wien: die vieraktige Gesangsposse *Einen Jux will er sich machen* ... ›Die Völle des Hauses war eine unerhörte‹, schrieb die ›Wiener Zeitschrift‹ ... Nestroy hatte die Idee einer einaktigen Farce (›A Day Well Spent‹) des fruchtbaren englischen Dramatikers, Theaterkritikers und Übersetzers John Oxenford (1812–77) entnommen, der unter anderen auch Schopenhauer in England bekannt gemacht hat.« *Otto Basil*

in: *Nestroy in Selbstzeugnissen und Bilddokumenten.* Reinbek bei Hamburg: Rowohlt 1967, S. 48 und 104.

Karl Gutzkow (17. 3. 1811 – 16. 12. 1878):

Er gibt über einzelne Thatsachen und allerlei Denkgegenstände, die jeden Gebildeten interessiren müssen, eine Fülle der geistreichsten und scharfsinnigsten Eigengedanken, so daß ihm der Name eines Selbstdenkers auf jedem Gebiete, selbst da, wo er über Liebe, Ehe, Frauen, Gesundheit, Träume, und ohnehin, wo er über Religion und Philosophie spricht, in höchstem Grade gebührt ... Wer sich einmal von den üblichen Landstraßengedanken über Moral, Sitte, Leben, Tradition u.s.w. losreißen und durch einen freien Geist, der über den Vorurtheilen schwebt, erquicken oder wenigstens zu dem Muthe, im Wirrwarr unserer Verhältnisse und der nur künstlich aufrechtgehaltenen Lehren und Meinungen seine eigene Lebensanschauung zu behalten, stärken will, der schaffe sich dieses Buch an.

Aus: *Ein Selbstdenker.* In: ›Unterhaltungen am häuslichen Herd‹. Hrsg. v. Karl Gutzkow, Nr. 6, Leipzig 1852.

Dem tiefsten Bedürfen seiner bequemen Natur gab Schopenhauer den schimmernden Ausdruck des Gedankengemäßen, dem Nichtanderskönnen den Ausdruck des So-nur-sein-müssens, dem Bedürfniß und Genuß der Ruhe den Stempel der mühevollsten Arbeit. Sein Denken und Studiren, diese erhebende Wonne jedes Forschers, diese höchste Seligkeit, die noch dazu hier einem vermögenden Manne unter den behaglichsten Umständen bereitet wurde, sein Denken, das ihm, wenn sein Genius ein echter war, ein göttliches *Spiel* hätte sein müssen, unterschlug er der Welt als ungeheure Arbeit, als eine Mühe und schweißtriefende Not, der zu Liebe die Welt um ihn her von ihm für eine Störung erklärt werden müßte. Sein »Nirwana« ist eine vornehmklingende willkürliche Stempelung des aprioren Behagens. Diejenige sittliche Weltordnung, die bisher, schmerzlich genug, der Regulator unserer Anschauungen und Bestrebungen war, wurde bei ihm geradezu auf den Kopf gestellt. Bei ihm gibt es kein Heldenthum des Wollens, Strebens, Ringens, Mühens mehr; kein Heldenthum, das im Unterliegen, selbst auf den Trümmern der gescheiterten Erdengröße noch erhaben und beneidenswerth bleibt; kein Märtyrer bezeugt mehr seine Lehre mit dem eigenen Blute; keine Thräne des Dankes ist noch die Genugthuung dessen, der hochherzig entsagend mit dem Darbenden theilt; keine muthige Seglerin, nennen wir sie nicht mit Schiller Phantasie, sondern Willensregung und Thatkraft, wirft ihren Anker in die Lüfte und landet an den rosigen Bergspitzen des Lebens, wo die großen Männer der That, nicht die auf einem Bein stehenden Bonzen, ausruhen − Sieg *vor* dem Kampf, Sieg *ohne* Kampf − das ist die Lehre Schopenhauer's*, zurückgeführt auf ihren wahren Ursprung − eine nicht schöne Seele. Wir wußten, was wir schrieben, als wir sagten: Dieses merkwürdigen Mannes Lebensaufgabe concentrirte sich einmal im Denken und zum zweiten mal im Denken und zum dritten mal im frankfurter Curszettel. Den Schülern und Anhängern wird es nicht gelingen, einen so lieblosen, die Menschheit persönlich beleidigenden Geist als eine zufällige Episode und einen Nebenumstand des Processes der Schopenhauerschen Philosophie darzustellen, wie etwa Frauenstädt schon thut, der in der Vorrede von »Lichtstrahlen aus Schopenhauer's Werken« sich bereits im Punkt des »Pessimis-

---

* Vgl. dazu das Schopenhauer-Zitat bei Nietzsche, S. 39 f. [A. d. Hg.]

mus« von seinem Erblasser zurückzieht. Dieser Charakter seines Stifters ist seiner Philosophie *immanent*. Es würde zu weit führen, wollten wir auch dafür den Beweis geben. Ein das Interesse täuschender Reiz der Schopenhauer'schen Philosophie ist ihres Stifters Gelehrsamkeit und Belesenheit, seine Bekanntschaft namentlich mit Franzosen und Engländern, seine weltmännische Lebensmaximenweisheit, die Digression auf interessante und alltägliche Dinge. Sowie sich aber auch da Schopenhauer der Region des Feinern und Vornehmern, besonders in den Kunsteindrücken, nähert, wird er gewöhnlich. Man nehme, was er von ästhetischen Erfahrungen, von Gedichten spricht, und vergleiche, wie darüber von Hegel gesprochen wurde! Bei Hegel congeniale Größe und Feinheit der Auffassung – bei Schopenhauer ordinäre Anschauung.

Aus: *Arthur Schopenhauer's Lehre und Leben*. In: ›Unterhaltungen am häuslichen Herd‹. Leipzig 1862, S. 252 ff.

»Desto wichtiger wird in diesem Zusammenhang, daß *Gutzkow im Alter* einwandfrei Schopenhauerianer war! In seinem allerletzten Roman, den ›Neuen Serapionsbrüdern‹, führt er an & empfiehlt er immer wieder, die in den auf's ›Undsieheeswarallesgut‹ eingeschwornen Kreisen sogenannten ›negativen Philosophen‹: KANT 1 Mal; HARTMANN 3 Mal – *(mit Nachdruck):* ARTHUR SCHOPENHAUER?: *zwanzig Mal!*«
Arno Schmidt

in: *Die Ritter vom Geist*. Karlsruhe: Stahlberg 1965, S. 33.

Friedrich Hebbel (18. 3. 1813 – 13. 12. 1863):

Wenn die erste Stelle, die man bei einem unbekannten Autor liest, nachstehendermaßen lautet: Ich habe die Menschheit manches gelehrt, was sie nie vergessen darf; darum werden meine Schriften nie untergehen – und wenn man trotz momentanen Stutzens noch vor Abend ausruft: der Mann hat ganz recht! – so soll das gewiß was heißen.

Aus einem Brief an Emil Kuh vom 29 März 1857.

Schoppenhauer ist als grob und unzugänglich verrufen, wie ich es selbst bin ... Doch ich wußte aus eigener Erfahrung zu gut, welches Gesindel dergleichen Gerüchte in Umlauf bringt, um mich abschrecken zu lassen; es sind jene hohlen Gesellen, die dem Mann von Geist eben so gut ihre ausgestopften Kleider schicken könnten und die, wenn er ihnen endlich die Thür weist, weil er vergebens irgend eine Lebensäußerung von ihnen erwartet hat, den Grund natürlich nicht in sich selbst, sondern in ihm suchen. Ich fand einen äußerst jovialen altern Herrn ... Wir würden ohne Frage Freunde werden, wenn ich in Frankfurt lebte, dieß Mal wollte ich bloß eine Pflicht erfüllen, denn für einen Mann, der zu schreiben begann, als ich geboren wurde, bin ich der Herold der Nachwelt.

Aus einem Brief an seine Frau Christine vom 6. 5. 1857. In: *Friedrich Hebbels Briefwechsel.* Hrsg. v. Felix Bamberg. 2 Bde. Berlin 1892, S. 591.
Über Hebbels Besuch bei Schopenhauer s. den Bericht von Wilhelm Jordan in: *Schopenhauer Gespräche.* Hrsg. v. Arthur Hübscher. Stuttgart-Bad Cannstatt: Frommann 1971, S. 303–309.

Sören Kierkegaard (5. 5. 1813 – 11. 11. 1855):

Aber Hegel – o, laß mich griechisch denken! –: wie haben die Götter gelacht! Ein solcher widerlicher Professor, der die Notwendigkeit von allem völlig durchschaut, und das Ganze auf seine Leier gebracht hätte: Ihr Götter!

Es hat mich unsagbar belustigt, Schopenhauer zu lesen. Was er sagt, ist völlig wahr, und wiederum, was ich den Deutschen gönne, so grob wie nur ein Deutscher sein kann.

Daß er ein bedeutender Schriftsteller ist, ein sehr bedeutender ist unbestreitbar; daß sein ganzes Dasein und dessen Geschichte eine der Professoren-Philosophie beigebrachte tiefe Wunde ist, wird mit Freude und Dankbarkeit eingeräumt.

Aber dennoch ist er meines Erachtens ein bedenkliches Zeichen. Denn streng genommen ist er nicht das, was er selbst zu sein glaubt, und was unleugbar äußerst heilsam wäre: er ist weder wirklich Pessimist noch ist er ganz frei davon, selber ein Sophist zu sein.

Er ist nicht wirklich Pessimist. Gewiß wäre ein echter Pessimist vollen Gepräges eben das, was unsere weichliche und haltlose Zeit nötig hätte. Aber schau genauer hin! Schopenhauer ist kein Mensch, der es in seiner Macht gehabt hätte, sein Glück zu machen, Anerkennung zu gewinnen – und das dann verschmäht hätte. Nein, er ist vielleicht gegen seinen Willen dazu gezwungen worden, das Zeitliche und Irdische in Richtung auf Anerkennung fahren zu lassen. Aber dann ist die Wahl des Pessimismus leicht eine Art Optimismus – das zeitlich Klügste, was man tun kann. – Er unternimmt es dann, der Askese usw. den Platz im System anzuweisen. Hier zeigt sich nun, daß er ein bedenkliches Zeichen der Zeit ist. Nicht ohne große Selbstzufriedenheit sagt er, er sei der Erste, welcher der Askese den Platz im System angewiesen habe. Ach, das ist ganz und gar Professoren-Rede, ich bin *der Erste,* welcher ihr den Platz im System angewiesen hat. Und nun weiter, daß die Askese jetzt ihren Platz im System findet, ist das nicht ein mittelbares Zeichen dafür, daß ihre Zeit vorbei ist? Es gab eine Zeit, da war man Asket der Wesensart nach. Dann kam eine Zeit, da man die ganze Sache mit der Askese in Vergessenheit geraten ließ. Jetzt rühmt sich einer: er sei der Erste, der ihr den Platz im System anweist. Aber eben dies, daß er sich auf die Art mit der Askese beschäftigt, zeigt ja, daß sie im wahren Sinne für ihn nicht da ist, ungefähr ebenso wie das Judentum nicht mehr Religion ist für die vielen, die zu unserer Zeit die altorthodoxe jüdische Häuslichkeit in Novellen darstellen. – So wenig ist Schopenhauer eigentlich Pessimist, daß er höchstens vertritt: das Interessante, er macht auf gewisse Weise die Askese interessant – das Allergefährlichste für eine genußsüchtige Mitwelt, die den allergrößten Schaden davon haben wird, daß Genuß sogar aus der – Askese gezogen wird, nämlich daraus, daß man die Askese charakterlos betrachtet, ihr den Platz im System anweist.

Auch ist Schopenhauer nicht ganz frei davon, ein Sophist zu sein. Mit aller wünschenswerten Grobheit schlägt er los auf die Gewerbetreibenden, die Professoren, und die ergiebige Professoren-Philosophie. Sehr gut. Aber was ist nun Schopenhauers Unterschied vom »Professor«? Zuguterletzt doch nur der, daß Schopenhauer Vermögen hat. Aber frage einmal Sokrates, was er unter einem Sophisten verstehe, und du wirst sehen, er antwortet, es sei freilich entscheidend genug einen Mann zum Sophisten zu stempeln, wenn er aus der Philosophie Gewinn ziehe, aber daraus folge nicht, daß der Verzicht auf Gewinn genug sei, um zu entscheiden, daß man nicht Sophist sei. Nein, das Sophistische liegt in dem Abstand zwischen dem, was man versteht, und dem, was man ist; der, dessen Wesensart seinem Verstehen nicht entspricht, der ist Sophist. Aber dies ist der Fall mit Schopenhauer. Gewiß, er sagt das selbst, und das ist insofern das Preiswürdige, aber das verschlägt nichts. Und obwohl er es selbst sagt, scheint das doch wie vergessen, wenn er auf die Professoren-Philosophie loshaut, ungeachtet er sich auch in diesem Verhältnis daran erinnern sollte, wenn anders er dem Zugeständnis über sich selbst treu wäre, das er an anderer Stelle macht.

Aus: *Tagebücher.* Bd. v. Hrsg. und übersetzt von Hayo Gerdes. Düsseldorf-Köln: Diederichs 1974, S. 209 und 264 ff. – Schopenhauers »Wahl des Pessimismus« war lange vor Mißerfolgs- und Erfolgserlebnisse mit seinem Werk gefallen.

Richard Wagner (22. 5. 1813 – 13. 2. 1883):

Wer sich von der Verwirrung des modernen Denkens, von der Lähmung des Intellekts unserer Zeit einen Begriff machen will, beachte nur die ungemeine Schwierigkeit, auf welche das richtige Verständnis des klarsten aller philosophischen Systeme, des Schopenhauerschen, stößt. Wiederum muß uns dies aber sehr erklärlich werden, sobald wir eben ersehen, daß mit dem vollkommenen Verständnisse dieser Philosophie eine so gründliche Umkehr unseres bisher gepflegten Urteiles eintreten muß, wie sie ähnlich nur dem Heiden durch die Annahme des Christentums zugemutet war. Dennoch bleibt es bis zum Erschrecken verwunderlich, die Ergebnisse einer Philosophie, welche sich auf eine vollkommenste Ethik stützt, als hoffnungslos empfunden zu sehen; woraus denn hervorgeht, daß wir hoffnungsvoll sein wollen, ohne uns einer wahren Sittlichkeit bewußt sein zu müssen. Daß auf der hiermit ausgedrückten Verderbtheit der Herzen Schopenhauers unerbittliche Verwerfung der Welt, wie diese eben als geschichtlich erkennbar sich einzig uns darstellt, beruht, erschreckt nun diejenigen, welche die gerade von Schopenhauer einzig deutlich bezeichneten Wege der Umkehr des mißleiteten Willens zu erkennen sich nicht bemühen. Diese Wege, welche sehr wohl zu einer Hoffnung führen können, sind aber von unserem Philosophen in einem mit den erhabensten Religionen übereinstimmenden Sinne klar und bestimmt gewiesen worden, und es ist nicht seine Schuld, wenn ihn die richtige Darstellung der Welt, wie sie ihm einzig vorlag, so ausschließlich beschäftigen mußte, daß er jene Wege wirklich aufzufinden und zu betreten uns selbst zu überlassen genötigt war; denn sie lassen sich nicht wandeln als auf eigenen Füßen.

In diesem Sinne und zur Anleitung für ein selbständiges Beschreiten der Wege wahrer Hoffnung kann nach dem Stande unserer jetzigen Bildung nichts anderes empfohlen werden, als die Schopenhauersche Philosophie in jeder Beziehung zur Grundlage aller ferneren geistigen und sittlichen Kultur zu machen; und an nichts anderem haben wir zu arbeiten, als auf jedem Gebiete des Lebens die Notwendigkeit hiervon zur Geltung zu bringen. Dürfte dies gelingen, so wäre der wohltätige, wahrhaft regeneratorische Erfolg davon gar nicht zu ermessen, da wir denn andererseits ersehen, zu welcher geistigen und sittlichen Unfähigkeit uns der Mangel einer richtigen, alles durchdringenden Grunderkenntnis vom Wesen der Welt erniedrigt hat.

Aus: *Gesammelte Schriften und Dichtungen.* Bd. x. Hrsg. v. Wolfgang Golther. Berlin – Leipzig – Wien – Stuttgart: Bong o. J., S. 257-58.

Wie jedem leidenschaftlich durch das Leben Erregten es ergehen wird, suchte auch ich zunächst nach der Konklusion des Schopenhauerschen Systems; befriedigte mich die ästhetische Seite desselben vollkommen, und überraschte mich hier namentlich die bedeutende Auffassung der Musik, so erschreckte mich doch, wie jeder in meiner Stimmung Befindliche es erfahren wird, der der Moral zugewandte Abschluß des Ganzen, weil hier die Ertötung des Willens, die vollständigste Entsagung, als einzige wahre und letzte Erlösung aus den Banden der, nun erst deutlich empfundenen, individuellen Beschränktheit in der Auffassung und Begegnung der Welt gezeigt wird. Für denjenigen, welcher sich aus der Philosophie eine höchste Berechtigung für politische und soziale Agitationen, zugunsten des sogenannten ›freien Individuums‹, gewinnen wollte, war allerdings hier gar nichts zu holen, und die vollständigste Ablenkung von diesem Wege zur Stillung des Triebes der Persönlichkeit war einzig gefordert. Dies wollte denn auch mir für das erste durchaus nicht munden, und so schnell glaubte ich der sogenannten »heiteren« griechischen Weltanschauung, aus welcher ich auf mein »Kunstwerk der Zukunft«

geblickt hatte, mich nicht entschlagen zu dürfen. Wirklich war es HERWEGH, welcher mit einem gewichtigen Worte mich zunächst zur Besonnenheit gegen meine Empfindlichkeit veranlaßte. Durch diese Einsicht in die Nichtigkeit der Erscheinungswelt – so meinte er – sei ja eben alle Tragik bestimmt, und intuitiv müsse sie jedem großen Dichter, ja jedem großen Menschen überhaupt, innegewohnt haben. Ich blickte auf mein Nibelungen-Gedicht, und erkannte zu meinem Erstaunen, daß das, was mich jetzt in der Theorie so befangen machte, in meiner eigenen poetischen Konzeption mir längst vertraut geworden war. So verstand ich erst selbst meinen ›Wotan‹, und ging nun erschüttert von neuem an das genauere Studium des Schopenhauerschen Buches. Jetzt erkannte ich, daß es vor allem darauf ankam, den ersten Teil desselben, die Erklärung und erweiterte Darstellung der Kantschen Lehre von der Idealität der bisher in Zeit und Raum so real gegründet erschienenen Welt zu verstehen, und meinen ersten Schritt auf dem Wege dieses Verständnisses glaubte ich nun durch die Erkenntnis der ungemeinen Schwierigkeit desselben getan zu haben. Von jetzt an verließ mich das Buch viele Jahre hindurch nie gänzlich, und bereits im Sommer des darauffolgenden Jahres hatte ich es zum vierten Male durchstudiert. Die hierdurch allmählich auf mich sich einstellende Wirkung war außerordentlich, und jedenfalls für mein ganzes Leben entscheidend. Ich gewann dadurch für mein Urteil über alles, was ich bisher rein nach dem Gefühle mir angeeignet hatte, ungefähr dasselbe, was ich einst, aus der Lehre meines alten Meisters Weinlig entlassen, durch das eingehendste Studium des Kontrapunktes für die Musik mir gewonnen hatte. Wenn ich späterhin in zufällig angeregten schriftstellerischen Arbeiten mich wieder über das mich besonders angehende Thema meiner Kunst vernehmen ließ, so war diesen zuversichtlich anzumerken, was ich hiermit als den Gewinst aus meinem Studium der Schopenhauerschen Philosophie bezeichne.

Aus: *Mein Leben*. In: *Die Hauptschriften*. Hrsg. v. Ernst Bücken. Stuttgart: Kröner 1956, S. 196–97.

Karl Marx (5. 5. 1818 – 14. 3. 1883)

»Die Unterhaltung bewegte sich dann, außer über die inneren und äußeren Erlebnisse dieses ebenso edeln und liebenswürdigen wie bedeutenden Mannes, ohne jeden lehrhaften Anstrich auf allen Gebieten der Kunst, Wissenschaft, Poesie und Philosophie. Für letztere interessierte sich meine Mutter sehr, ohne durch Selbststudium tiefer eingedrungen zu sein. Marx sprach mit ihr über Kant, Fichte, Schopenhauer, andeutungsweise auch über Hegel, dessen begeisterter Anhänger er ja in seiner Jugend gewesen war.

In bezug auf Hegel sagte er allerdings, daß jener selbst geäußert habe, daß keiner seiner Schüler ihn verstanden hätte außer Rosenkranz – und der nicht richtig. Schopenhauer, Hegels so entschiedener Gegner, werde in nicht zu billigender Weise meist sehr oberflächlich von vielen verurteilt, die oft seine Schriften nie gelesen hätten. Manche seiner Zeitgenossen nähmen auch Anstoß an seiner sonderbaren Persönlichkeit, bezeichneten ihn als Menschenhasser, während er in den Grundgedanken der Ethik das Gebot ausspricht, in der Wesenseinheit alles Organischen die Pflicht zu erkennen, weder Mensch noch Tier Leiden zu verursachen. Keinem lebendigen Wesen Unrecht zu tun, bezeichnet er, bei der Hilfsbedürftigkeit alles Bestehenden als einfaches Gebot der Gerechtigkeit, die zum Mitleid führt, zu dem Satz: ›Hilf allen, soviel du kannst.‹ Tiefer ethisch sozial hätte keine sentimentale Regung das Gebot der Nächstenliebe verkündet.«

Franziska Kugelmann

über einen Besuch Marxens bei ihren Eltern April/Mai 1867. In: *Gespräche mit Marx und Engels.* Bd. 1. Hrsg. v. Hans Magnus Enzensberger. Frankfurt a. M.: Insel 1973, S. 315 f.

Jacob Burckhardt (25. 5. 1818 – 8. 8. 1897)

»Gestern abend hatte ich einen Genuß, den ich Dir vor allem gegönnt hätte. Jacob Burckhardt hielt eine freie Rede über ›historische Größe‹, und zwar völlig aus unserm Denk- und Gefühlskreise heraus. Dieser ältere, höchst eigenartige Mann ist zwar nicht zu Verfälschungen, wohl aber zu Verschweigungen der

Wahrheit geneigt, aber in vertrauten Spaziergängen nennt er Schopenhauer ›unseren Philosophen‹.« *Friedrich Nietzsche*

in einem Brief an den Freiherrn von Gersdorff vom 7. November 1870. In: *Nietzsches Briefe*. Hrsg. v. Richard Oehler. Leipzig: Insel 1911, S. 110.

Theodor Fontane (30. 12. 1819 – 20. 9. 1898):

Geistvoll und interessant und anregend ist alles; vieles zieht einem einen Schleier von den Dingen oder von den Augen fort und gewährt einem den Genuß freudigen Schauens; über Dinge, über die man aus Mangel aus Erkenntnis oder auch aus einer gewissen Feigheit im unklaren war, wird man sich klar; man hat die angenehme Empfindung: das erlösende Wort wurde gesprochen... Es ist eine gefährliche Lektüre; man muß ziemlich alt und gut organisiert sein, um hier wie die berühmte Biene auch aus Atropa und Datura Honig zu saugen.

Aus: *Arthur Schopenhauer* (Annotationen Fontanes nach der Lektüre der Parerga und Paralipomena und der Schopenhauer-Biographie von Wilhelm Gwinner). In: *Sämtliche Werke*. Literarische Essays und Studien II. Teil. Hrsg. v. Rainer Bachmann und Peter Bramböck. München: Nymphenburger 1974, S. 174.

In die Tiefen Schopenhauers wird hinabgestiegen, und Wille und Vorstellung, Trieb und Intellekt sind beinahe Haushaltungswörter geworden, deren sich auch die Kinder bemächtigt haben.

Aus einem Brief an Karl und Emilie Zöllner vom 14. 7. 1873. In: *Briefe an seine Freunde*. Hrsg. v. Otto Pniower und Paul Schlenther. Bd. 1. Berlin: S. Fischer 1925, S. 312.

Gustave Flaubert (12. 12. 1821 – 7. 5. 1880):

Kennen Sie Schopenhauer? Ich lese zwei Bücher von ihm. Idealist und Pessimist, eigentlich eher Buddhist. Das paßt mir.

Aus einem Brief an Madame Roger de Genettes vom 13. Juni 1879. Für diesen Band übersetzt von Claudia Schmölders. Eine erweiterte Ausgabe der Flaubert-Briefe, hrsg. v. Helmut Scheffel, in Vorbereitung im Diogenes Verlag.

»Wir sehen in diesen Schriften zum erstenmale, wie die Kindheitseindrücke für das ganze Leben des Meisters entscheidend wurden. Der junge Flaubert haßt die Welt, weil er von der Welt nichts kennt als ein düsteres Krankenhaus. Das Stöhnen der Siechen, das Röcheln der Sterbenden dringt schrill und peinigend in seine Seele. Es foltert ihn und läßt ihn nicht zur Ruhe kommen. Es schreckt ihn des Nachts aus seinen Träumen, würgt ihn an der Kehle, lastet schwer auf seiner Brust. Und lauter als die gellendsten Schreie, das furchtbarste Röcheln spricht zu ihm das hoheitsvolle Schweigen des Todes. Der geht mit ihm zur Schule, sitzt neben ihm, wenn er seine Aufgabe schreibt, blickt ihm über die Schulter, grinst ihm hinter allen Dingen, hinter allen Erscheinungen entgegen. Frühzeitig wird ihm die Eitelkeit aller Dinge klar, hoheitsvoll recken sich vor ihm die Unendlichkeit und das Nichts, und er lernt alles Irdische nach diesen verwirrenden, betäubenden, überirdischen Maßen messen. Sinnlos erscheint ihm die Welt, die ein Gott schuf, nur um sie zu zerstören. Ewig leidvoll ist alles Leben, das die Stirn der Menschen schmückt wie eine Dornenkrone, um sie zu zerfleischen. Nur in der Lebensverneinung liegt das Glück, und es ist besser, nicht zu sein. Fast wörtlich sagt er es so und fast gleichzeitig mit Schopenhauer, dessen Name wohl kaum noch zu ihm gedrungen war: Unsere Welt ist die schlechteste der Welten. Der harte, grausame Pessimismus des deutschen Philosophen erschließt sich dem Knaben Flaubert in seiner ganzen, furchtbaren Größe, als wäre er eine verderbliche Seuche gewesen, die hier und dort in Europa den Genius anfiel oder ein Blitz, der zu gleicher Zeit auf zwei Häupter niederschlug, weil beide über die dumpf hinbrütende Masse der anderen Menschen emporragten. Und auch den Begriff des Nirwanas kennt nicht der Knabe Flaubert. Aber sein Ekel vor der Welt, sein Einspinnen in süße Träume strebt doch nach diesem Lande holder Wunschlosigkeit, das in unserem eigenen Busen wohnt. Nicht in tönenden Worten, sondern in tönenden Gedanken will der Knabe Flaubert seine Welt aufbauen. Er verachtet die Dichtkunst, und hätte ihn der alte Wieland fragen können, welches Handwerk er zu ergreifen gedenke, so wäre wohl seine Antwort nicht anders ausgefallen, als die Antwort des jungen Schopenhauer, der sagte: ›Das Leben ist eine mißliche Sache, ich habe mir vorgesetzt, es damit hinzubringen, über dasselbe nachzudenken.‹« *Paul Zifferer*

in der Einleitung zu: Flauberts Werke bis zum Jahre 1838. Übersetzt von Paul Zifferer. Minden: Bruns 1910, S. xxv–xxvii.

Kuno Fischer (23. 7. 1824 – 5. 7. 1907):

Die Überzeugung, die den Pessimismus ausmacht, daß unser Weltelend nicht größer gedacht werden könne, als es in Wirklichkeit sei, war bei Schopenhauer eine völlig schmerzlose, durch die Stärke ihrer Klarheit und Lebhaftigkeit genußreiche Vorstellung: sie war *Bild,* nicht Schicksal. Weder hat das Mitleid mit der leidensvollen Welt ihn so durchdrungen, daß er wirklich darunter gelitten hat, noch ist er selbst eine Beute leidensvoller Schicksale gewesen. Er hat nie den Zustand erlebt, von dem es heißt: »Wenn der Menschheit Leiden euch umfangen!« Er war weder ein Büßer und Asket wie Buddha, noch ein Dulder wie Leopardi.

Obwohl eines Freitags geboren, was er beklagt hat, war er ein Sonntagskind, ein Liebling der Götter, dem die schönsten Güter des Lebens beschieden waren: eine hohe Geistesbegabung, eine völlige Unabhängigkeit des Daseins vom ersten Atemzuge bis zum letzten, alle Muße, um seinem Genius nachzuleben und sich seinen Anlagen gemäß auszubilden, die zweifellose Wahl der Lebensrichtung, die Erfüllung eines erhabenen Berufs in einer Reihe von Werken, deren Unsterblichkeit er mit untrüglicher Gewißheit empfand und voraussah, eine in den letzten Jahrzehnten unverwüstliche Gesundheit, ein stets erquickender Schlaf, ein hohes, von der Sonne des Ruhms glänzend erleuchtetes und erwärmtes Alter, ein vollendetes Tagewerk, das ihm nichts übrigließ als noch ein paar »Zusätze zu den Parerga«, endlich ein schneller und sanfter Tod. Goethes letzte Augenblicke, wie ich sie aus dem Munde seiner Schwiegertochter, der Augenzeugin seines Todes, habe schildern hören, waren qualvoll. Niemand ist vor dem Tode glücklich. Nach einem solchen Leben und Lebensende wird man doch gestehen müssen, daß Schopenhauer einer der glücklichsten Menschen war, die je gelebt haben, und er war der Güter, welche er besaß, sich wohl bewußt. Wie oft hat er sich derselben erfreut und gerühmt: seines Genies, seiner Unabhängigkeit, seiner Gesundheit, seiner Werke, selbst seines Gesichts!

Trotz alledem meinen wir keineswegs mit den Gegnern, daß es mit seinem Pessimismus eitel Dunst und Schein gewesen sei. Nein, es war seine ernste und tragische Weltansicht, aber es war *Ansicht, Anschauung, Bild.* Die Tragödie des Weltelends spielte im Theater, er saß im Zuschauerraum auf einem höchst beque-

men Fauteuil mit seinem Opernglase, das ihm die Dienste eines Sonnenmikroskops verrichtete; viele der Zuschauer vergaßen das Weltelend am Büfett, keiner von allen folgte der Tragödie mit so gespannter Aufmerksamkeit, so tiefem Ernst, so durchdringendem Blick; dann ging er tieferschüttert und seelenvergnügt nach Hause und stellte dar, was er geschaut hatte.
(...)

Der persönliche Ursprung seiner Lehre war zunächst nicht der religiöse, sondern der künstlerische Wahrheitsdrang, den die Eindrücke der Welt durch ihre ungemeine Stärke und Helligkeit in ihm hervorriefen, vor allem seine eigenen Erlebnisse und Schicksale. Er war zugleich schwer belastet und höchst begabt. In dem Abgrunde seines Willens herrschte Dunkel, in seinem Intellekt eine Quelle und Fülle von Licht. Was ihn bewegte und ergriff, erschien alsbald in fragewürdiger Gestalt, er stand davor wie Hamlet vor dem Geiste und ruhte nicht, bis ihm alles enthüllt war. Seine Empfänglichkeit war Empfängnis. Die unglaubliche Frische, womit er die Eindrücke in sich aufnahm, weckte den Keim einer genialen Konzeption, woraus im Lichte seiner Intelligenz sich schnell die Frucht entwickelte. Was er in seinen Dresdener Aufzeichnungen vom Philosophen gesagt hat, gilt von ihm selbst: »Der Philosoph steht wie Adam vor der neuen Schöpfung und gibt jedem Ding seinen Namen.«
(...)

Was daher den Ursprung und die Ausbildung seiner Lehre betrifft, so will jener genial, diese künstlerisch sein und zunächst nichts mit den Zwecken der Moral und Religion zu schaffen haben. Nach ihrer ganzen Entstehungsart ist seine Philosophie nicht Religion, sondern *Kunst*, ihre Schriften sind Kunstwerke oder Genieprodukte, die als solche nichts mit *künstlichen* Machwerken gemein haben. So hat Schopenhauer selbst seine Werke betrachtet und von andern angesehen und beurteilt wissen wollen. Auch haben seine Verteidiger, wie Lindner und Frauenstädt, diesen künstlerischen Ursprung und Charakter seiner Lehre mit Recht denen entgegengehalten, welche den Widerstreit zwischen der Lehre und dem Leben des Philosophen zur Zielscheibe ihrer Angriffe gemacht hatten. Aber jene Apologeten haben unrecht, wenn sie meinen, zwischen der Philosophie und dem Charakter ihres Meisters nunmehr eine Übereinstimmung nachgewiesen zu haben, welche nichts zu wünschen und zu vermissen übriglasse.

Ganz in denselben Irrtum, nur daß sie denselben noch vergröbern, geraten die jüngsten Apologeten, von schülerhafter Bewunderung dergestalt verblendet und befangen, daß sie gerade die schreiende Nichtübereinstimmung zwischen der Lehre und dem Leben ihres Meisters für die allerhöchste Übereinstimmung halten. Wäre Schopenhauer seiner Lehre gemäß ein weltentsagender Asket gewesen, so hätte er ja – sagen diese *laudatores minores* – seine herrlichen Werke nicht schreiben können. Freilich schreibt man solche Werke weit besser auf der »Schönen Aussicht« in Frankfurt am Main als im Kloster zu La Trappe, wo man sie weder schreiben kann noch darf. Vielleicht werden die Apologeten vom jüngsten Schlag uns auch nachweisen, daß ihr Schopenhauer doch ein ganz anderer Mann war, weit erhabener und vollkommener als Buddha, Sokrates und Christus, da diese ihre Lehre nicht geschrieben, sondern bloß gelebt und verkörpert haben. Natürlich hat Schopenhauer selbst sich besser gekannt als ihn seine blindesten Schüler: er hat die Übereinstimmung zwischen seiner Person und seiner Lehre da erblickt, wo sie war, und keineswegs da erklügeln wollen, wo sie nicht war, vielmehr der Widerstreit beider offen am Tage lag.
(...)

Daher läßt sich auch der ästhetische Widerwille verstehen, den bei seinem eigenen Bedürfnis nach Klarheit, bei seiner unerbittlichen Forderung deutlicher und reiner Konturen, bei seiner Kraft plastischer Ideengestaltung Schopenhauer gegen die zeitgenössischen philosophischen Werke empfand, gegen viele derselben mit Recht. Er sah die eigene Lehre »wie eine schöne Landschaft aus dem Morgennebel« emporsteigen, während er die philosophischen Werke anderer, die wegen ihres Tiefsinns gerühmt werden, in Nebel und Dunkelheit sich verlieren sah. Wenn er philosophische Bücher solcher Art las, wobei ihm Anschauen und Denken ausging, so geriet er in einen ihm unerträglichen Zustand und in Affekte des Unwillens, die sich in den lebhaftesten Ausdrücken der Wegwerfung Luft machten, oft so verächtlich, oft so komisch wie möglich. In Fichtes Schriften, namentlich in den späteren, finden sich der dunklen Sätze die Menge. Bei einem derselben schrieb Schopenhauer die Worte der verzweifelnden Lenore an den Rand: »Lisch aus, mein Licht, auf ewig aus! Stirb hin, stirb hin in Nacht und Graus!« – Von den »drei berufenen nachkantischen Sophisten« war Schelling, der selbst ein philosophischer Künstler war und sein wollte, ihm noch am ehesten sympathisch, weshalb er von ihm zwar keineswegs gut, aber mitunter weniger schlecht gesprochen hat. Ein Werk, wie Hegels Logik, war er eingestandenermaßen gar nicht imstande zu lesen, weshalb er es für baren Unsinn erklärte, worin ihm dann Leute ohne alles Genie und von dürftiger und steriler Geistesart scharenweise gefolgt sind.

Sowohl der Schein einer tiefsinnigen Theosophie als der einer sogenannten exakten Philosophie, beide ohne den Charakter anschaulicher Klarheit, ermüdeten seine Aufmerksamkeit, ohne sie zu befruchten, sie wurden ihm langweilig und dadurch unausstehlich.

(...)

Die Übereinstimmung zwischen Schopenhauers Philosophie und Leben leuchtet uns ein, sobald wir ihn als *Künstler* gelten lassen und betrachten. Das stolze, oft ungeheuerliche Selbstgefühl, welches er von seinen Werken als genialen und künstlerischen Kraftleistungen hegte, wird uns erklärlich; wir sehen ihn in seinem Atelier, bisweilen, bildlich zu reden, in Hemdärmeln, ungeniert, derb, immer superlativisch in seinen Ausdrücken, voller Eitelkeit und Ehrgeiz, mit allen Arten und Unarten einer Künstlernatur begabt, stets unter dem Eindruck der anschaulichen Gegenwart. Er kommt – vergessen wir es nicht – aus einem Zeitalter, in welchem die schöngeistige Literatur Deutschlands und der Welt, auch die philosophische, keinen höheren Kultus pflegte als den des Genies.

In seinen Büchern erscheint er auf der Weltbühne als der Held seiner Philosophie, die Stirn umwölkt, sein Auge blickt Einsamkeit, er spielt seine Kraftstücke, und zwar so ausgezeichnet, daß wir über seinen Bildern den Künstler vergessen; er ist von den Leiden der Welt, die er uns schildert, so erfüllt, daß er in diesem Augenblicke selbst leidet; bisweilen unterbricht er sein Spiel durch eine Parabase, um Hegel, die Philosophieprofessoren und das Publikum herunterzumachen; dann kehrt er in die ernste Haltung und den tragischen Charakter seiner Rolle zurück.

Aus dem 9. Band der *Geschichte der neuern Philosophie: Schopenhauers Leben, Werke und Lehre*. Heidelberg: Winter 1908, S. 132 f., 136, 138.
Vgl. dazu die Zitate von Friedell, Maugham und Mauthner in diesem Band.

Lev Tolstoj (9. 9. 1828 – 20. 11. 1910):

Wissen Sie, wie es mir in diesem Sommer erging? Ein unaufhörliches Entzücken über Schopenhauer und eine Reihe von geistigen Genüssen, wie ich sie nie gekostet habe. Ich habe mir all seine Werke kommen lassen und las und lese, übrigens Kant auch. Sicherlich hat noch nie ein Student in einem Semester so viel gelernt und erfahren, wie ich diesen Sommer. Ich weiß nicht, ob ich nicht einmal meine Anschauung ändern werde, aber jetzt bin ich überzeugt, daß Schopenhauer der genialste Mensch ist. Sie sagen, er sei so-so, er habe einiges über Philosophie geschrieben. Was heißt einiges? Das ist die ganze Welt in einer unglaublich schönen und hellen Spiegelung. Ich habe angefangen, ihn zu übersetzen. Wollen Sie sich nicht auch dranmachen? Wir würden ihn zusammen herausgeben. Beim Lesen begreife ich nicht, wie sein Name unbekannt bleiben konnte. Es gibt nur eine Erklärung, dieselbe, die er so häufig wiederholt, daß es fast nur Idioten in der Welt gibt.

Aus einem Brief von Fet vom 30. August 1869. In: *Leo N. Tolstois Biographie und Memoiren.* Hrsg. v. Paul Birukoff. 2 Bde. Wien und Leipzig 1909, S. 92.

Karl Hillebrand (19. 9. 1829 – 19. 10. 1884):

Schopenhauer aber ist nicht nur ein wohlgeschulter Denker und ein gelehrter Philosoph; seine Welterklärung, seine Aesthetik, seine Moral, ob man sie nun billige oder mißbillige, müssen nicht nur von jedem Unbefangenen als originelle und tiefe Gedankenerzeugnisse angesehen werden – die Aesthetik ist auch von den entschiedensten Gegnern als ein solches anerkannt – Schopenhauer ist auch ein großer Schriftsteller. Cartesius, Spinoza, Leibnitz, Locke, wie Kant und Hegel, haben eigentlich nur in dem Inhalte, nicht in der Form ihrer Schriften ihre dauernde Bedeutung. Schopenhauer aber ist zugleich Künstler, gemeinverständlicher Schriftsteller. Nun haben wir wahrlich in Deutschland der großen Prosaiker nicht sogar viele, daß wir einen bedeutenden Stylisten ohne Weiteres perhorresciren sollten, weil seine Ideen unsern wissenschaftlichen Obertribunalen nicht mundgerecht sind. Speciell aber sind wir ganz besonders arm an geistreichen

Moralisten – oder meint man, in stolzem Nationalbewußtsein, unser Knigge wiege allein Montaigne und Pascal, Larochefoucault und Labruyère, Vauvenargues und Chamfort auf? Nun haben wir endlich an Schopenhauer unsern Montaigne gefunden – und wir sollten ihn nicht gelten lassen, weil er ein »trostloser Pessimist?« Da dürften uns denn doch die Franzosen eine Lection geben. Wo ist der einseitigste Idealist oder Spiritualist in Frankreich, dem es einfiele Montaigne herabzusetzen, weil er einem »trostlosen Skepticismus« gehuldigt? Wo der verstockteste Materialist, der Pascal nicht als eine Größe seines Vaterlandes reclamirte, weil er orthodox gewesen? Wenn ich solche wegwerfende Äußerungen über Schopenhauer höre, so muß ich mir immer eins oder das andere denken: entweder man hat ihn nicht gelesen, ist vielleicht vom wissenschaftlichen Apparat der einleitenden Abhandlung und der beiden ersten Bücher des Hauptwerkes vom weitern Vordringen abgeschreckt worden; oder man hat die »Parerga und Paralipomena« zur Hand genommen, und hat gefunden, daß der Denker – *proh pudor!* – amüsant zu sein wagte. Die Begriffe amüsant und gründlich, unterhaltend und gediegen gelten aber noch vielfach bei uns für Gegensätze, unvereinbare Gegensätze. Wer doch die Schopenhauer'schen Digressionen, seine Aufsätze »über Lesen und Bücher«, »über Lärm und Geräusch«, »über die Weiber«, »über Schriftstellerei und Styl«, »über die Metaphysik der Geschlechtsliebe«, seinen wundervollen Dialog über Religion, einmal ganz unbefangen lesen wollte, wie er einen Leopardi'schen Dialog liest, d. h. ohne alle Hintergedanken von Partei und Schule, aber auch ohne sich durch das Fremdartige und Ungewohnte der Gedanken gleich zum Schlusse hinreißen zu lassen: daß er es hier mit Paradoxen zu thun habe. Es scheint mir unmöglich, daß ein Gebildeter an dieser Lectüre nicht noch mehr Gefallen finden sollte, als an dem Montaigne's; spricht er doch die Sprache unseres Landes und unseres Jahrhunderts; ist er doch dadurch allein uns um ebenso viel näher als der »Faust«, uns näher denn »Lear« oder »Macbeth« ist. Auch seine Kunst der Citate, in der er mit dem großen Zweifler wetteifert, spricht uns Moderne mehr an, da er ein ungeheures literarisches Gebiet, von Shakespeare und Calderon bis auf Göthe, in seinen Bereich zieht, welche Montaigne nicht kannte. Seine Sprache hat nicht den alterthümlichen Reiz Montaigne's ihm fehlt die lächelnde Ironie des Gascogners; dagegen glüh eine erwärmende Leidenschaft in dem Ostpreußen, die jenem abging, und hat seine Sprache eine Lebendigkeit und Klarheit, die man in dem etwas schleppenden Periodenbau der Essays nicht findet. In der Sprache wüßte ich ihm in der That von den großen Moralisten Frankreichs nur einen – den größten Prosaiker seiner an schöner Prosa so reichen Literatur – an die Seite zu stellen, Pascal. Die Proprietät der Ausdrücke, die Fülle der schönen Gleichnisse, die durchsichtige An- und Unterordnung der Gedanken, die Leichtigkeit und Correctheit des Satzbaues, die Farbe und das Leben dieses Styls sind beinahe einzig in unserer Literatur. Nichts Pedantisches, keinerlei Rhetorik und keinerlei Liederlichkeit, keine Magerkeit und kein unnützes Füllsel; hinter jedem Worte ein Gedanke und der Gedanke durchgängig so originell wie das Wort. Schopenhauer ist im höchsten Grad anregend, suggestiv, wie die Engländer sagen; und das ist ja das höchste Lob eines Schriftstellers. Sind denn alle diese Vorzüge so gar nichts?

Aus: *Schopenhauer und das deutsche Publikum.* In: *Wälsches und Deutsches.* Berlin: Oppenheim 1875, S. 362–365.

Wilhelm Raabe (8. 9. 1831 – 15. 11. 1910):

Ich habe mich neulich gefreut über einen Rezensenten, der die ›Welt als Wille und Vorstellung‹ ein systemloses, aus Einfällen zusammengesetztes Buch nennt – und gar keine Ahnung davon hat, daß es die »Einfälle« sind, welche die Frucht am Baume bedeuten. Wehe dem, dessen logisches Denken nicht zu einem Einfalle, zu einer Intuition, zu einer Offenbarung führt!

Aus: *Gedanken und Einfälle.* In: *Sämtliche Werke,* Bd. XVIII. Hrsg. v. Wilhelm Fehse. Berlin: Klemm 1916, S. 589–590.

Wie der »liebe Gott« ist die Philosophie des Frankfurter Schutzbürgers freilich novellistisch sehr verwendbar und angenehm.

Aus einem Brief an Jensens vom 18. November 1874.

Spinoza, Goethe und die Aphorismen zur Lebensweisheit des zweiten ›Frankforters‹, in Verbindung mit dem Volkswort:

»Gute Miene zum bösen Spiel machen!« genügen mir jetzt vollständig für den Rest des Weges durchs Erdenthal.

Aus einem Brief an Karl Schönhardt vom 30. Dezember 1907. In: »*In alls gedultig*«. Briefe Wilhelm Raabes. Hrsg. v. Wilhelm Fehse. Berlin: Grote 1940, S. 137.

Emile Zola (2. 4. 1840 – 29. 11. 1902):

Sie wiegte den kleinen Paul und lachte lauter, während sie scherzend erzählte, ihr Vetter habe sie zu dem großen, heiligen Schopenhauer bekehrt, sie wolle ledig bleiben, um an der allgemeinen Erlösung mitzuarbeiten; und in Wahrheit, sie war es, der Verzicht, die Nächstenliebe, die Güte, die sich über die böse Menschheit ergießt.

Die Sonne sank im unermeßlichen Ozean unter. Vom blassen Himmel ging eine Verklärtheit aus. Die Unendlichkeit des Wassers und die Unendlichkeit der Luft vermählten sich zu jener wehmütigen Süße eines schönen Tages, der zur Neige geht. Als das Gestirn unter die gerade, einfache Linie des Horizonts geglitten war, glühte noch ein kleines, weißes Segel ganz ferne wie ein Funken auf und erlosch. Und jetzt war nichts mehr als das leise Sichsenken der Dämmerung auf die regungslosen Fluten. Und sie wiegte noch immer das Kind, mit ihrem tapferen Lachen mitten auf der blaubeschatteten Terrasse stehend, zwischen dem zusammengesunkenen Vetter und dem wimmernden Onkel. Sie hatte alles hergegeben, und ihr klingendes Lachen verkündete das Glück.

Aus: *Die Lebensfreude*. Roman. Deutsch von Hans Kauders. Zürich: Büchergilde Gutenberg 1953, S. 397.

Eduard von Hartmann (23. 2. 1842 – 5. 6. 1906):

Die Größe Schopenhauer's liegt nicht in seinem System, sondern in der Genialität seiner Aperçus, in deren jedem er ein Columbusei auf die allereinfachste Weise von der Welt auf die Spitze stellt. Wegen dieser stets den Nagel auf den Kopf treffenden Intuition hat er etwas Bezauberndes für jeden Leser, der von der abstracten Begriffsdialectik eines Kant, Fichte, Hegel oder Herbart zu seiner Lectüre kommt; seine natürliche und glänzende Schreibweise reißt während des Lesens so sehr hin, daß man erst nach demselben zur Kritik gelangt und manch' einer von seinem Zauber umstrickt bleibt, dem die hinlängliche Selbstständigkeit des Denkens zu nachträglicher Kritik fehlt. Schopenhauer hat daher einen großen Einfluß auf die Entwickelung des deutschen Stils geübt, und ganz besonders auf die Zurückführung der philosophischen Schreibweise zu einer natürlicheren und anschaulicheren Darstellung.

Aus: *Das philosophische Dreigestirn des 19. Jahrhunderts.* In: *Gesammelte Studien und Aufsätze gemeinverständlichen Inhalts.* Leipzig: Friedrich 1888, S. 569-70.

Anatole France (16. 4. 1844 – 13. 10. 1924):

Obwohl kaum bekannt, hat der Buddhismus den gewaltigsten Philosophen des modernen Deutschland zu einer Philosophie inspiriert, deren geistreiche Solidität niemand mehr bestreitet. Man weiß wirklich, daß Schopenhauer die Theorie des Willens auf den Grundlagen der buddhistischen Philosophie aufgebaut hat. Der große Pessimist, der übrigens in seinem Schlafzimmer einen goldenen Buddha stehen hatte, hat das nicht abgestritten.

Aus: *Œuvres complètes.* Bd. VII. Paris: Calmann-Lévy 1927, S. 363. Für diesen Band übersetzt von Claudia Schmölders.

Friedrich Nietzsche (15. 10. 1844 – 25. 8. 1900):

Lieber Freund, »gut schreiben« (wenn anders ich dies Lob verdiene: *nego ac pernego*) berechtigt doch wahrhaftig nicht, eine Kritik des Schopenhauerschen Systems zu schreiben: im übrigen kannst Du Dir von dem Respekt, den ich vor diesem »Genius ersten Ranges« habe, gar keine Vorstellung machen, wenn Du mir (*i. e. homini pusillullullo!*) die Fähigkeiten zutraust, jenen besagten Riesen über den Haufen zu werfen: denn hoffentlich verstehst Du unter einer Kritik seines Systems nicht nur die Hervorhebung irgendwelcher schadhaften Stellen, mißlungener Beweisführungen, taktischer Ungeschicktheiten: womit allerdings gewisse überverwegene Überwege und in der Philosophie nicht heimische Hayme alles getan zu haben glauben. Man schreibt überhaupt nicht die Kritik einer Weltanschauung: sondern man begreift sie oder begreift sie eben nicht, ein dritter Standpunkt ist mir unergründlich. Jemand, der den Duft einer Rose nicht riecht, wird doch wahrhaftig nicht darüber kritisieren dürfen; und riecht er ihn: *à la bonheur!* dann wird ihm die Lust vergehn, zu kritisieren.

– Wir verstehn uns einfach nicht: erlaube mir über die besagten Dinge zu schweigen: was ich mich erinnere, Dir schon einmal vorgeschlagen zu haben.

Aus einem Brief an Paul Deussen vom 20. Oktober 1868. – Rudolf Haym brachte in den ›Preußischen Jahrbüchern‹ 1864 eine Kritik Schopenhauers.

Ich blätterte dieser Tage einmal in Schopenhauer – ah, diese bêtise allemande – was ich *das* satt habe! Die verdirbt *alle* großen Dinge! Auch den »Pessimismus«! –

Aus einem Brief an Malwida von Meysenburg vom Februar 1884. In: *Nietzsches Briefe*. Ausgewählt und hrsg. von Richard Oehler. Leipzig: Insel 1911, S. 62 und 271.

Paul Deussen (7. 1. 1845 – 6. 7. 1919)

»Einen Philosophen mußt Du lesen, ihn selbst, jede Zeile von ihm, aber nichts über ihn, keine Zeile über ihn, – er heißt Arthur Schopenhauer!« *Friedrich Nietzsche*

an Paul Deussen. Mitgeteilt von P. D. im *I. Schopenhauer-Jahrbuch*. Kiel 1914, S. 14.

»Er ist der erste Philosophie-Professor Schopenhauer'scher Konfession und behauptet, daß ich die Ursache seiner Verwandlung sei.« *Friedrich Nietzsche*

in einem Brief über Deussen an den Freiherrn von Gersdorff vom 20. Dezember 1887. In: *Nietzsches Briefe*. Ausgewählt und hrsg. v. Richard Oehler. Leipzig: Insel 1911, S. 315.

Kant und Schopenhauer sind und bleiben unsere Lehrer, nicht in dem Sinne, daß wir auf ihre Worte schwören, sondern sofern wir von ihnen in noch weiterem Sinne bekennen, was Schopenhauer von Kant sagt, daß sie den Nebel, der vorher auf unsern Augen lag, weggenommen haben, so daß wir die Natur selbst, die innere wie die äußere, als unsere Lehrmeisterin betrachten und mit empfänglichem, nicht mehr durch Vorurteile getrübtem Geiste ihre Offenbarungen vernehmen.

Aus dem *I. Schopenhauer-Jahrbuch*. Kiel 1914, S. 18 f.

Joris-Karl Huysmans (5. 2. 1848 – 12. 5. 1907):

Des Esseintes sah gewissermaßen von der Höhe seines Geistes das Panorama der Kirche und ihren seit Jahrhunderten angestammten Einfluß auf die Menschheit. Er stellte sie sich vor, wie sie einsam und grandios dem Menschen den Abscheu vor dem Leben lehrt, ihm die Unbarmherzigkeit des Schicksals zeigt, Geduld, Bescheidung und Opfermut predigt, die Wunden zu heilen versucht durch den Hinweis auf Christi Wunden; wie sie göttliche Privilegien verspricht, den Gebeugten das Paradies vor Augen hält, die menschliche Kreatur ermahnt, zu dulden und Gott als Sühneopfer ihre Trübsal und ihre Schmähungen, ihre Mißgeschicke und ihre Leiden darzubringen. Für die Elenden wurde sie beredt und mütterlich, mitleidig mit den Bedrückten und voller Drohung für die Unterdrücker und Despoten.

Hier faßte Des Esseintes wieder Fuß. Zweifellos war er von diesem Zugeständnis sozialen Unrates befriedigt, aber dann empörte er sich gegen das vage Heilmittel der Hoffnung auf ein anderes Leben. Schopenhauer war genauer; seine Lehre und die der Kirche hatten einen gemeinsamen Ausgangspunkt; auch er basierte sich auf der Bosheit und Schlechtigkeit der Welt, auch er stieß angesichts der ›Nachfolge Christi‹ den schmerzlichen Ruf aus »Es ist ein wahres Elend, auf der Erde zu leben!« Auch er predigte die Nichtigkeit des Daseins, die Vorzüge der Einsamkeit und zeigte der Menschheit, daß sie, was sie auch immer tue und nach welcher Seite sie sich auch immer wende, doch stets unglücklich bleiben müsse: arm, weil Entbehrungen Leiden mit sich bringen; reich, weil der Überfluß unbesiegbaren Ekel einflößt; aber er verkündete kein Allheilmittel, spiegelte, um unvermeidliche Leiden zu beheben, keinerlei Lockmittel vor.

Er vertrat nicht das empörende System der Erbsünde, bemühte sich keineswegs, zu beweisen, daß der ein über alle Zweifel erhabener gütiger Gott ist, der die Spitzbuben schützt, den Dummköpfen hilft, die Kindheit zerstört, das Alter verblöden läßt und die Unschuldigen geißelt; er pries nicht die Wohltaten einer Vorsehung, die jene unnütze, unverständliche und ungerechte Scheußlichkeit, das physische Leiden, erfunden hat; er wollte nicht wie die Kirche versuchen, die Notwendigkeit der Qualen und Prüfungen zu beweisen, und rief voller Entrüstung in seinem Mitgefühl aus: »Hat ein Gott diese Welt erschaffen, so möchte ich nicht dieser Gott sein; das Elend der Welt zerrisse mir das Herz.«

Er allein war auf dem Wege der Wahrheit! Was waren alle Pharmakopöen der Evangelien gegen diese Abhandlungen geistiger Hygiene? Er wollte nichts heilen, versprach den Kranken keine Entschädigung, machte ihnen keinerlei Hoffnungen; aber seine Theorie des Pessimismus war alles in allem der große Trost für die auserwählten Geister und stolzen Seelen; sie enthüllte die Gesellschaft, wie sie ist, betonte die angeborene Dummheit der Frauen, zeigte die ausgetretenen Gleise, bewahrte die Menschen vor Enttäuschungen, hielt sie dazu an, ihre Hoffnungen so weit wie möglich einzuschränken, ja, wenn die Kraft dazu ausreicht, gar keine zu hegen ... Diese Erwägungen befreiten Des Esseintes von einer schweren Last; die Aphorismen des großen Deutschen besänftigten seine aufgeregten Gedanken.

Aus dem Roman *Gegen den Strich* [A Rebours, 1884]. Deutsch von Hans Jacob. Zürich: Manesse 1965, S. 169 ff.

August Strindberg (22. 1. 1849 – 14. 5. 1912):

Und komm, Voltaire, und lehre mich lachen,
Wenn Tränen des Zweifels mir entflieh'n,
Und Schopenhauer, wenn Gedanken erwachen,
Reich mir die Spritze mit Buddhas Morphin.

Aus: *Schlafwandlernächte*. Dritter Gesang.

Er war ein tiefsinniger Mann, vielleicht der tiefste von allen. Er durchschaute das Elend und die Nichtigkeit des Erdenlebens.

Aus: *Gewissensqual*.

Schopenhauer, der tiefsinnigste Denker, den ich kenne.

Aus einem Brief an Ola Hansson vom 19. Februar 1889.

Meine Kongruenzen mit Nietzsche können auch daraus hergeleitet werden, daß wir beide den selben Erzieher hatten: Schopenhauer.

Aus einem Brief an Schering vom 21. Juni 1894.
Alle Zitate nach: Hans Taub, *Schopenhauer und Strindberg*. In: *XXXXVI. Schopenhauer-Jahrbuch*. Frankfurt a. M.: Kramer 1956, S. 42 ff.

Bernhard Fürst von Bülow (3. 5. 1849 – 28. 10. 1929):

Die wenigsten Bewohner von Frankfurt ahnten, daß in den fünfziger Jahren zwei Männer in ihrer Stadt lebten, deren Name noch nach Äonen mit Bewunderung und Ehrfurcht genannt werden wird: der preußische Bundestagsgesandte Otto von Bismarck-Schönhausen und der Philosoph Arthur *Schopenhauer*. Von diesem sprach uns bisweilen unser freundlicher Hausarzt, der von uns Kindern sehr geliebte Doktor Stiebel. Dieser Schopenhauer, erzählte er uns, sei ein ganz verdrehtes Haus. Kein Mensch wisse, an wen der glaube. Auf seinem Tisch stehe ein kleiner Buddha, an den richte er, wie es scheine, seine Gebete. Der große Philosoph wohnte an der Schönen Aussicht, wo wir oft spazierengingen. Als ich dort einmal einem in vorgebeugter Haltung, mit auf dem Rücken verschränkten Händen promenierenden und sehr verdrießlich ausschauenden Herrn begegnete, sagte mir unser Hauslehrer: »Das ist Herr Schopenhauer, der übergeschnappte Philosoph, von dem der Herr Doktor Stiebel uns erzählt hat.«

(...)

Der Berliner »Kladderadatsch« meinte einmal während meiner Ministerzeit: Für die Verteidigung des Satzes, daß zwei mal zwei fünf mache, wisse jeder bessere Jesuit einen Beweis, Miquel zwei und Bülow drei Beweise zu liefern. Ich möchte meinen, daß wie die oratorische Begabung, der Schwung des Redners, so auch die dialektische Gewandtheit, die Eristik, dem Menschen angeboren ist. Als ich nach meinem Rücktritt in dem handschriftlichen Nachlaß von Arthur Schopenhauer die mir bis dahin unbekannte köstliche Abhandlung über Eristik las, hatte ich die Empfindung, welcher der »Bourgeois Gentilhomme« bei Molière Ausdruck gibt. Dem setzt sein Lehrer der Philosophie den Unterschied zwischen Prosa und Versen auseinander. Der Bourgeois Gentilhomme frägt: »Et comme l'on parle, qu'est-ce que c'est donc que cela?« Der Philosoph antwortet: »De la prose.« Der Bourgeois Gentilhomme, M. Jourdain, frägt weiter: »Quoi! quand je dis: Nicole, apportez-moi mes pantoufles, et donnez mon bonnet de nuit, c'est de la prose?« Der Lehrer wiederholt: »Oui, Monsieur.« Darauf der biedere M. Jourdain: »Par ma foi, il y a plus de quarante ans que je dis de la prose sans que j'en susse rien.« Was Schopenhauer über die Kunstgriffe der Erweiterung und Verallgemeinerung der gegnerischen Behauptung, die versteckte Petitio principii, das Ausfragen des Gegners, das Urgieren der schwachen Punkte in seinen Ausführungen, über das Argumentum ex concessis, die Mutatio controversiae, die Retorsio argumenti, das Argumentum ab utili, das Argumentum ad auditores, das Argumentum ad verecundiam, das Argumentum ad personam empfiehlt, das alles hatte ich schon längst aus eigenem Antrieb gelegentlich in der Debatte angewandt. Ich war also, um mit Jourdain zu sprechen, ein Eristiker, ohne es zu wissen. Ich habe aber auch den von dem Frankfurter Philosophen zustimmend zitierten Ausspruch von Voltaire nicht vergessen: »La paix vaut encore mieux que la vérité.«

Aus: *Denkwürdigkeiten*. Bd. IV: Jugend- und Diplomatenjahre. Hrsg. v. Franz von Stockhammern. Berlin: Ullstein 1931. S. 16–17, 126–27. Bülow war Reichskanzler und preußischer Ministerpräsident von 1900–1909.

Fritz Mauthner (12. 11. 1849 – 29. 6. 1923):

Schopenhauer ist der erste bedeutende Philosoph seit Beginn der christlichen Zeit, der klipp und klar das Dasein eines Gottes leugnete; andere um ihres Atheismus willen berüchtigte Denker hatten entweder den Gottesbegriff nur ketzerisch definiert, wie Spinoza, oder hatten nur eine materialistische Welterklärung versucht, was nicht notwendig Atheismus zu sein brauchte. Schopenhauer bekämpfte und verspottete den Gottglauben ebenso leidenschaftlich und ebenso offen wie Voltaire etwa die Kirche oder die Geistlichkeit bekämpft und verhöhnt hatte. Sehr richtig bemerkt

er einmal, daß der Vorwurf oder das Wort Atheismus schon eine Erschleichung enthalte, weil man da vorweg den Theismus als sich von selbst verstehend annehme.
(...)
Schopenhauer, nach dem Erscheinen der ersten Ausgabe seines Hauptwerks von den zünftigen Philosophen durchaus totgeschwiegen, wurde bald nach der Mitte des 19. Jahrhunderts in immer weiteren Kreisen gelesen und ist nach seinem Tode, um das Wort Modephilosoph nicht auf ihn anzuwenden, der wirksamste Philosoph der Zeit geworden, weit über die Grenzen Deutschlands hinaus. Zu seiner Volkstümlichkeit bei den Gebildeten hat nun die Geschlossenheit seines Systems sicherlich weniger beigetragen, als die Schärfe und Schlagkraft seiner Polemik, nicht zuletzt die Rücksichtslosigkeit seines Bekenntnis zum Atheismus.
(...)
Schopenhauer, nicht Spinoza, verdient den Ehrennamen eines Fürsten des Atheismus.

Aus: *Der Atheismus und seine Geschichte im Abendlande.* 4 Bde. Stuttgart und Berlin: dva 1923, Bd. IV, S. 169 f., 176.

Vierzig Jahre brauchte Schopenhauer beinahe, bevor sein Hauptwerk, durch den schriftstellerischen Erfolg seiner Parerga empfohlen, den Ruhm erlangte, der dem Philosophen, als die Zeit gekommen war, denn doch besser schmeckte als der von ihm so hoch gepriesene Nachruhm. Wieder brauchte Schopenhauer weitere vierzig Jahre, bevor ihm die Ehre zuteil wurde, Titel und Gegenstand eines ganzen Bandes in Kuno Fischers gleichfalls gerühmter Geschichte der neueren Philosophie zu werden.

Kuno Fischer hat seine kleine Lebensaufgabe, eine Siegesallee der großen Philosophen, die er doch wohl für seine Vorgänger ansah, eigenhändig hinzustellen, ganz nach dem Herzen von jungen Leuten gelöst, die nach deutschem Sprachgebrauch den Doktor der Philosophie machen wollen. Er hat Auszüge gemacht. Die Leidenschaft des metaphysischen Bedürfnisses fehlt ihm durchaus. Je gewaltiger das geistige Ringen eines von ihm behandelten Mannes ist, je tragischer die Erkenntnisnot, desto sicherer versagt der Geschichtsschreiber der Philosophie. Je kleiner der Mann, desto zuverlässiger der Auszug Fischers. Bei der Behandlung Schopenhauers kommt aber zweierlei dazu, um Fischers Darstellung unerfreulich zu machen: die relativ bescheidenen

Fähigkeiten Fischers, Fleiß und rhetorischer Schwung, sind bei dieser Arbeit schon greisenhaft verknöchert, und ein Haß gegen den prachtvollen Feind der Philosophie-Professoren trübt das Urteil. So hält sich Fischer immer wieder schulmeisterlich tadelnd bei den titanischen Schimpfausbrüchen Schopenhauers auf, um seinerseits auf Schopenhauer zu schimpfen, wirklich aber ohne titanische Kraft. Und Schopenhauer hätte sein grimmigstes Lachen gelacht, wenn er hätte lesen können, wie Fischer die Tatsache erklärt, daß Schopenhauer nicht lange Dozent blieb, »warum er mit seiner Lehrtätigkeit ein so augenfälliges und selbstverschuldetes Fiasko gemacht hat.« Wir würden den Grund mehr äußerlich in dem Gegensatz zu Hegel sehen, der damals an der Berliner Universität allmächtig war, oder mehr innerlich im Temperamente Schopenhauers, das sich für die Polytechnik der Universitäten nicht ganz geeignet erwies. Auch mag der kleingewachsene, lebhafte Schopenhauer die Reize seines persönlichen Vortrages, seinen persönlichen Eindruck auf die Studenten vorher arg überschätzt haben. Fischer weiß es besser. Schopenhauer war so beschränkt, seine eigenen Ideen vortragen zu wollen, anstatt ein Kolleg zu lesen wie andere Kollegien. Fischer sagt wörtlich: »Nun aber war die Welt als Wille und Vorstellung lange nicht so groß als ein Semester, wenn nämlich ein ganzes Semester hindurch fünf oder sechs Stunden wöchentlich darüber gelesen werden soll. Ich möchte glauben, daß Schopenhauer mit seinem Lehrstoff früher fertig war als das Semester, und dann für immer genug hatte.« Fischer läßt durchblicken, daß er, Fischer, eher als Schopenhauer imstande gewesen wäre, über das Thema ein ganzes Semester zu reden. Fischer wäre nicht früher fertig geworden. Er sagt, wieder wörtlich: »Wer erfahren hat, wie viel Material ein gehaltvoller, wohlgeordneter, dialektisch vorwärtsschreitender Vortrag von 45 bis 50 Minuten Dauer erfordert, wird leicht ermessen, daß eine sechsstündige Vorlesung, die sich durch ein ganzes Semester erstreckt, länger ist als das Werk Schopenhauers, noch dazu in seiner ersten Gestalt.« Fischer hat das »erfahren«, Schopenhauer nicht. Kuno Fischer vereinigte in seiner Person zwei ordentliche Professuren eben der Universität Heidelberg, welche bei der Bewerbung Schopenhauers um einen Lehrstuhl am Ende hinter Göttingen und Berlin zurücktrat, und welche 200 Jahre früher von einem noch größeren die Antwort erhalten hatte: »Ich will nicht Professor sein, nicht einmal in Heidelberg.« Fischer thronte, wo ein Spinoza nicht sitzen wollte, wo ein Schopenhauer nicht sitzen sollte.

Kuno Fischer ist jahrzehntelang für einen Philosophen gehalten und ausgegeben worden, weil er Bildung und Ausdauer genug besaß, die Werke wirklicher Philosophen zu lesen und zu exzerpieren. Ein Geschichtsschreiber der Philosophie. Kein schlechter. Aber gerade Schopenhauer war es gewesen, der die Geschichte überhaupt an ihre rechte Stelle gerückt hatte – keine Wissenschaft, nur ein Wissen – und der insbesondere den Geschichtsschreibern der Philosophie die Türe gewiesen hatte. Kein Wunder also, daß Fischer nicht müde wird, Schopenhauer Mangel an historischem Wissen und an historischem Sinne vorzuwerfen. Das erste ist nicht wahr, das zweite ist töricht. Gegenüber den Bahnbrechern der Philosophie, welche unhistorisch waren wie alle revolutionären Geister, gegenüber dem griechischen Bildhauer Sokrates, dem jüdischen Eigenbrödler Spinoza und dem Alleszermalmer Kant ist Schopenhauer vielleicht auch darum der kleinere, weil er so vielseitig interessiert und überaus belesen war. Ein Philologe freilich war Schopenhauer nicht. Töricht aber ist der Vorwurf des mangelhaften historischen Sinnes darum, weil ein Revolutionär, der den Sinn der Welt neu begreifen will, niemals durch Bücherlesen den Sinn der Welt begreifen lernen kann. Fischer war ein Schüler Hegels und lebte in unserem Zeitalter des Historismus. Er kann es sich gar nicht vorstellen, so historisch ist er, daß es einmal ein anderes Jahrhundert gegeben hat als das neunzehnte, das historisierende, und daß es einmal ein anderes Jahrhundert geben könnte.

Das Symbol des Historismus, den Kuno Fischer weder entdeckt noch vertieft, den er aber verhängnisvoll auf oberste Geistesschöpfungen angewandt hat, das Symbol unseres Historismus ist – ich sage nicht: sit venia verbo – die kalte Hundeschnauze. Noch schlimmer. Dem Historismus, der nirgends systematischer und verheerender regiert hat als in Deutschland, fehlt, was doch zur kalten Hundeschnauze gehört: die feine Nase. Der deutsche Historismus hat eine harte Nase. Vierzig Jahre braucht er, bevor er auf die Witterung gestoßen wird.

Ohne diese kalte Nase würden die Herren sich hüten, die Roheit ihrer Seelensituation so zu verraten wie es Fischer widerfuhr, da er sich gegen Nietzsche wendet: »einen ehemaligen Gymnasial- und Universitätslehrer in Basel«. Ich habe mich oft und

hart gegen die Einschätzung des großen Dichters und Ethikers
Nietzsche als eines Erkenntnishelden gewandt. Wenn aber eins
Ehrfurcht verlangt, so ist es die moderne Blutzeugenschaft des
Genius, der unfreiwillige Selbstmord, den man Wahnsinn nennt.
Fischer aber hat es zustande gebracht, zehn Jahre nach dem Ausbruch von Nietzsches Wahnsinn einen Witz zu reißen darüber,
daß Nietzsche ins Irrenhaus kommen würde, und den Witz zu
reißen mit dem geistigen Rüstzeug Schopenhauers.

Fischer war nicht so gottverlassen, daß er von den ersten
Schopenhauer-Aposteln nicht gelernt hätte, den Widerspruch zwischen Schopenhauers Lehre der Weltverneinung und einer egoistischen, oft brutalen, ja am Ende grotesk-eitlen Lebensführung zu
begreifen. Ein hinreißendes Buch ist auch dann ein Kunstwerk,
wenn es sich mit der Heilsordnung der Welt beschäftigt. Schopenhauer war kein Heiliger. Lessing war kein Schauspieler. Das sind
billige Weisheiten. Und das Kapitel, in dem Fischer die Diskrepanz zwischen der Theorie und der Praxis Schopenhauers darstellt, ist gut und berechtigt. Nur durfte just Kuno Fischer, über
dessen Schauspielermätzchen viele Generationen von Studenten
gelacht haben, nur durfte der Unverstand, der die Seelenqualen
eines Schopenhauer nicht sah und nicht hörte, diesen Kämpfer
nicht einen Schauspieler nennen. »Nun, er ist auch als Philosoph
ein großer Schauspieler gewesen, ein solcher, der die tragischen
und komischen Wirkungen in seiner Gewalt hatte.« Nun, Kuno
Fischer hätte gewiß viel darum gegeben, wenn er die tragischen
und komischen Wirkungen der Sprache so in seiner Gewalt gehabt
hätte wie Schopenhauer.

Die Roheit von Fischers Seelensituation, sein Mangel an Ehrfurcht, sein Mangel an verecundia, das Fehlen jeglicher Distanz
zwischen sich und seinem Helden, ist aber an einer anderen Stelle
seines Buches noch handgreiflicher. Er spricht von der pessimistischen Rolle Schopenhauers, der Rolle des Schauspielers also: »Die
Tragödie des Weltelends spielte im Theater, er saß im Zuschauerraum auf einem höchst bequemen Fauteuil mit seinem Opernglas,
das ihm die Dienste eines Sonnenmikroskops verrichtete; viele
der Zuschauer vergaßen das Weltelend am Büfett, keiner von
allen folgte der Tragödie mit so gespannter Aufmerksamkeit, so
tiefem Ernst, so durchdringendem Blick; dann ging er tieferschüttert und seelenvergnügt nach Hause und stellte dar, was er gesehen hatte.« Tief erschüttert und seelenvergnügt. So sah das Seine

Exzellenz Professor Kuno Fischer. Und so kommt er zu dem Verdikt, »daß Schopenhauer einer der glücklichsten Menschen war, die je gelebt haben«. Ohne Professor, ohne Exzellenz geworden zu sein. Wer die Ruchlosigkeit dieses Verdikts nicht fühlt, dem will ich sie nicht beweisen. Weil Schopenhauer als Greis sich seines späten echten Ruhmes fast so eitel freute wie Kuno Fischer immer seiner Wohlredenheit, weil ihm Essen und Trinken bis zu Ende schmeckte, darum wird der Kämpfer, der mittendurch zwischen Wahnsinn und Selbstmord in die Einsamkeit ging, vorbei an Mutter und Schwester und Goethe, der Todesschweigen und Totschweigen in den besten Mannesjahren grimmig lachend ertrug, darum wird der Anreger einer neuen Weltanschauung beschimpfend der glücklichste Mensch genannt. Beschimpfend. Denn er spielt ja nur eine Rolle. Wer ihm nur die Rolle geschrieben haben mag? Auch der Dichter des Hamlet und des Coriolan und des Timon war nur ein Schauspieler. Der sich die Rollen selbst geschrieben hatte.

Ich kann nicht die Absicht haben, wie ein Sonntagsprediger oder wie ein Bezirksredner, Schopenhauers Charakter an der Philister-Moral zu messen, die immer die Moral der absterbenden Generation ist. Beschäftige ich mich mit dem Charakter eines Philosophen, dessen Bedeutung ich ganz eng und beschränkt vom Standpunkt einer Geschichte der Sprachkritik betrachten will, so interessiert mich allein die Moral seines Erkenntnisdrangs. Desto besser, wenn ich einem lachenden Heiligen begegne, wie wohl Sokrates einer war, oder einem still entsagenden Heiligen wie Spinoza. Es ist gut, dann »auf die Knie seines Herzens« gezwungen zu werden, um Kleists prachtvollen, aus der alten Bibel stammenden Stilschnitzer zu wiederholen. Es schadet nicht, an Kant, der lange wie ein Halbgott erscheint, kleine menschliche Züge der Eitelkeit, der schlauen Vorsicht und des Eigensinns zu entdecken. Und es ist abseits von der Geistesmoral, wenn Bacon v. Verulam außerhalb seines gedanklichen Schaffens als Geschäftsmann ein Lump war. Sein Lumpentum hat der Staatsbeamte Bacon gebüßt; die Sünde gegen den heiligen Geist hat er nicht begangen. Und auch Schopenhauer, so tief sein Menschliches auch unter dem Menschlichen Kants stehen mag, hat die Sünde gegen den heiligen Geist nicht auf seinem Gewissen. Eines seiner letzten Worte war es, gehe es wie es wolle, er habe zum wenigsten ein reines intellektuelles Gewissen. Was die Klatschsucht der Historie zusammengetragen hat, ist ohne jede Ausnahme gleichgültig für Schopenhauers Geistesmoral. Und darum mußte Schopenhauer gegen die Klatschsucht und die unbewußte Heuchelei des Historiographen in Schutz genommen werden. Der übrigens mit manchem Vorwurf nicht einmal historisch im Rechte ist. Fischer wirft Schopenhauer z. B. die feige Gesinnung vor, Hegel erst nach dessen Tode beschimpft zu haben. Der Historiograph hätte wissen müssen: erstens, daß Schopenhauer vorher nichts veröffentlicht hatte, was nicht im strengsten akademischen Stil geschrieben war, daß Schopenhauer rein schriftstellerisch erst später seinen persönlichen farbigen Stil ausbildete; zweitens, daß zu der Zeit, als Schopenhauer seine ersten Invektiven gegen Hegel veröffentlichte, fast sämtliche philosophische Lehrstühle an den deutschen Universitäten von Hegelianern besetzt waren, und daß die Schüler im Rächen des Meisters gemeiner und gefährlicher sind, als der Meister selbst gewesen wäre; drittens, daß der Berliner Privatdozent Schopenhauer für seine Vorlesung demonstrativ die Stunde wählte, in der Hegel sein Hauptkollegium las, und daß es gleich bei der Disputatio pro venia legendi zwischen Hegel und Schopenhauer zu einem persönlich ausgefochtenen Scharmützel kam. Das hätte Kuno Fischer wissen müssen, da ich es sogar weiß.

Von allem, was Fischer gegen Schopenhauers menschliche Moral zusammengetragen hat, macht eigentlich nur eine Kleinigkeit Eindruck. Wie ein Schönheitsfehler. Schopenhauer will in einer Mußezeit, die er für unfreiwillig hält, Kants Kritik ins Englische übersetzen. Er bietet sich an und er preist sich an. Sein Selbstlob hat immer einen großen Zug. Nur alle hundert Jahre einmal komme ein Mensch, der zugleich Kant so gut verstehe und so gut englisch spreche wie Schopenhauer. Aber in dieses Selbstlob mischt sich Reklame, eine kleine Unwahrheit. Er habe zehn Jahre lang als Lehrer der Logik und Metaphysik der Berliner Universität angehört. Schopenhauer hatte wirklich nur ein Semester gelesen und war dann nur nach dem Gesetze der Trägheit noch als Privatdozent weiter registriert worden. Dem Wortlaut nach*) keine falsche Aussage und doch ein widerwärtiger Schönheitsfehler. Wo aber auch da auch nur die kleinste Sünde gegen den

---

* »A century may pass ere than shall again meet in the same head so much Kantian philosophy with so much English as happen to dwell together in this grey one of mine«; und kurz vorher »I am a German and since 10 years a teacher of Logic and Metaphysics in the university of this capital, as you may satisfy yourself by our Catalogus lectionum« (Brief vom 21. XII. 1829).

heiligen Geist? Ein idealer Zweck: die Übersetzung zu liefern. Und der Zweck heiligt wirklich die Mittel. Dazu kommt, daß Schopenhauer gerade die Lüge sehr gelinde beurteilt hat, sie mitunter als eine berechtigte Waffe gegen Neugier entschuldigt, mitunter als Recht in Anspruch genommen hat. »Kants bei jeder Gelegenheit zur Schau getragener, unbedingter und grenzenloser Abscheu gegen die Lüge beruht entweder auf Affektation oder auf Vorurteil... Deklamieren ist leichter als Beweisen, und Moralisieren leichter als aufrichtig sein.« Trotzalledem macht mir diese kleine Lüge Schopenhauers einen häßlicheren Eindruck als alle Brutalitäten seines Privatlebens. Er war ein harter Egoist. Gut. Geht's uns was an?

Er war auch eitel. Außerdem, was er sonst war. An Eitelkeit steht er ungefähr in der Mitte zwischen Kant und Nietzsche.

Schopenhauer spielt mit der Rolle eines Religionsstifters, aber er sieht klar den Unterschied. Nietzsche, menschlicher als Kant, eitler als Schopenhauer, wirbt um bewundernde Leser wie ein kokettes Weib wirbt; stolzer als Kant und Schopenhauer stößt er aber jeden gefundenen Apostel wieder zurück, höhnisch, ganz einsam; er spielt nicht mit dem Gedanken, er zerbricht an der Sehnsucht, Religionsstifter zu werden. Er will es nicht nur heißen.

Und ein wenig mag die sogenannte Mode mitgewirkt haben, wenn Schopenhauer fünfzig Jahre nach Kant über Menschenmoral so aufrichtig war, daß wieder fünfzig Jahre später Kuno Fischer ihn mißbilligen mußte.

Nur nebenbei wollte ich Schopenhauer gegen das Unverständnis des augenblicklich angesehenen Kuno Fischer verteidigen. Eigentlich aber eigene Stellung gewinnen und, wie ein gewissenhafter Historiker eine Quellenschrift vor der Benutzung prüft, Schopenhauer auf die Moral seines Geistes hin Rede stehen lassen.

Was diejenige Autorität betrifft, die wir uns gewöhnt haben, dem Charakter jedes einzelnen Philosophen zuzuschreiben, gehört Schopenhauer also für uns zu den Männern ersten Ranges, trotzdem gerade betreffs seiner oft und nachdrücklich auf die Diskrepanz zwischen seiner Heiligungslehre und seinem oft unheiligen Privatleben hingewiesen worden ist. Wir dürfen da nicht vergessen, daß wir nur die Geschichte der Erkenntnistheorie, zu welcher uns die Geschichte der Sprachphilosophie geworden ist, verfolgen, daß uns aber die Weltanschauungen der großen Denker, soweit sie Moral lehren wollen, nicht viel wichtiger erscheinen als eine Geschichte der Seifenblasen. Die entscheidende Bedeutung Schopenhauers ergab sich seinen Anhängern zunächst jedoch aus seinen Heilspredigten, die aufs engste mit seiner fast dichterischen Darstellung des Unheils zusammenhingen, mit seinem Pessimismus.

Auch für die Autorität eines Religionsstifters sollte sein Privatleben nicht maßgebend sein. Als Religionsstifter ist Mohammed eine große Erscheinung trotz der Bestialitäten und Albernheiten seiner Menschlichkeit. Man kann als Religionsstifter das Bild der Welt verändern helfen und dennoch neben diesem Zuge der Größe entweder als beschränkter oder als gemeiner Mensch sich äußern. Hätte Schopenhauer weniger gepredigt und zwar Wasser gepredigt, sein privates Weintrinken wäre ihm nicht so sehr verübelt worden und hätte seinen blinden Verehrern nicht so viel Sorgen gemacht.

Seinem eigenen ästhetischen Ideal entsprach er sicherlich nicht. Seinem eigenen Ideal entsprach unter den Philosophen, deren Leben uns bekannt ist, einzig und allein der willenlose Intellekt Spinozas. Der jüdische Mann ist seltsamerweise der einzige unter allen Denkern der christlichen Zeit, der den Forderungen entspricht, die die Moral Jesu Christi aufstellt und die uns in indischem Gewande auch als die Heilslehre Schopenhauers entgegentritt. Und wieder ist es dieser einzig christlich lebende Jude, der in seinem Denken die christliche Moral dadurch überwunden hat, daß für ihn etwas anderes als Notwendigkeit nicht mehr in der Welt existierte.

Gerade darum aber, weil wir selbst Ernst machen wollen mit der resignierten Unterwerfung unter eine gottlose Notwendigkeit, darum brauchen wir Schopenhauers Moralideal auf ihn selbst nicht anzuwenden. Mag er ein Knecht der Liebe, des Hungers und der Eitelkeit gewesen sein, er war es nicht in den freiesten Stunden seines hohen Denkens. Alle diese Menschlichkeiten dürfen uns nicht irre machen im Glauben an die starke Wahrhaftigkeit seiner Natur. Besäßen wir seine Selbstbiographie, die leider zum größten Teile vernichtet worden ist, so würden wir wahrscheinlich noch häßlichere Züge aus dem Triebleben Schopenhauers kennen; schwerlich aber würden sie seinen höchsten sittlichen Wert, seine Wahrhaftigkeit nämlich, mehr herabdrücken, als die menschlichen Selbstbekenntnisse Rousseaus das Ansehen ihres Verfassers. Wir können ruhig unterschreiben, was

Schopenhauer selbst in der erwähnten Selbstbiographie ausgesprochen hat:

»Bei Anwandlungen von Unzufriedenheit bedenke ich stets, was es heiße, daß ein Mensch, wie ich, sein ganzes Leben der Ausbildung seiner Anlagen und seinem angeborenen Berufe leben könne und wie viele Tausende gegen Eins waren, daß das nicht anging und ich sehr unglücklich geworden wäre. Wenn ich zu Zeiten mich unglücklich gefühlt, so ist dies mehr nur vermöge einer méprise, eines Irrtums in der Person geschehen; ich habe mich dann für einen anderen gehalten, als ich bin, und nun dessen Jammer beklagt: z. B. für einen Privatdozenten, der nicht Professor wird und keine Zuhörer hat, oder für einen, von dem dieser Philister schlecht redet und jene Kaffeeschwester klatscht, oder für den Beklagten in jenem Injurienprozesse, oder für den Liebhaber, den jenes Mädchen, auf das er kapriziert ist, nicht erhören will, oder für den Patienten, den seine Krankheit zu Hause hält, oder für andere ähnliche Personen, die an ähnlichen Miseren laborieren: das alles bin ich nicht gewesen, das alles war fremder Stoff, aus dem höchstens der Rock gemacht gewesen, den ich eine Weile getragen und dann gegen einen anderen abgelegt habe. Wer aber bin ich denn? Der, welcher die Welt als Wille und Vorstellung geschrieben und vom großen Problem des Daseins eine Lösung gegeben, welche vielleicht die bisherigen antiquieren, jedenfalls aber die Denker der kommenden Jahrhunderte beschäftigen wird. Der bin ich, und was könnte den anfechten in den Jahren, die ich noch zu atmen habe?«

Der Schriftsteller Schopenhauer war wahrhaftig. Sein sonstiges Lieben und Hassen kann uns so gleichgültig sein, wie die Haarfarbe des Winzers, dessen Wein wir trinken. Nur wenn der Besitzer des Weinbergs schlecht genug ist, den Wein zu taufen, nur wenn der Schriftsteller feige genug ist, seine Zugehörigkeit zur Landesreligion z. B. in seiner Lehre zu berücksichtigen, nur dann haben wir keine Pflicht, seinen Büchern die Autorität eines ehrlichen Mannes zuzugestehen.

Und noch einmal: die Moral von Schopenhauers Erkenntnisdrang ist die einzige Moral, die den Historiographen Schopenhauers etwas angeht. Er mag seinen Kuno Fischer vorausgeahnt haben, als er am 15. VII. 1857 an Asher schrieb: »Meine Biographie will ich nicht schreiben, noch geschrieben wissen; die kleine Skizze ... genügt. Mein Privatleben will ich nicht der kalten und übelwollenden Neugier des Publikums zum besten geben.« Er kannte seine Menschlichkeit nur allzu gut. Am 12. IX. 1852 schreibt er an Frauenstaedt: »Ich habe wohl ergründet und gelehrt, was ein Heiliger sei, aber ich habe nie gesagt, daß ich einer wäre.« Und am 17. II. 1853 drückt er gegen den gleichen Frauenstaedt, nachdem er ihn wie einen ungetreuen Schuhputzer heruntergemacht und beschimpft hat, seine eigene Geistesmoral also aus: »Voltaires schöne edle Maxime: point de politique en littérature! il faut dire la vérité, et s'immoler, – ist bloß für die *Heroen,* welche sprechen: das Wahre sage ich, das Rechte tue ich, u. l. m. i. A.«

Aus dem *Wörterbuch der Philosophie.* 3 Bde. Leipzig: Meiner 1924, Stichwort *Schopenhauer,* Bd. III, S. 91 ff. (Davon erschien davor 1911 ein Separatdruck bei Georg Müller in Leipzig). Aus dem *Wörterbuch* noch die ersten zwei Sätze zum Stichwort *Freiheit* (Bd. I, S. 514):

Schopenhauers Abhandlung »Über die Freiheit des menschlichen Willens« ist ein Meisterstück geworden, weil er da, aus Rücksichten auf die Bedingungen einer akademischen Preisaufgabe, »strenges Inkognito« wahren mußte, sich auf sein eigenes Hauptwerk nicht beziehen durfte, seine These also ganz von vorn zu beweisen hatte, was man a posteriori nennt. In unübertrefflicher Darstellung hat Schopenhauer bewiesen, was vor ihm besonders kraftvoll Hobbes und Spinoza ausgesprochen hatten: daß der Wille des Menschen nicht frei sei, daß die Handlungen des Menschen so notwendig von ihrem zureichenden Grund abhängen, wie irgendein physikalisches Geschehen von seinem zureichenden Grunde.

Guy de Maupassant (5. 8. 1850 – 7. 7. 1893):

Unwillkürlich verglich ich den naiven, noch beinahe religiösen Sarkasmus Voltaires mit der unwiderleglichen Ironie des deutschen Philosophen, dessen Einfluß seither nicht mehr auszulöschen ist. Ob man ihm widerspricht, sich erregt, eifert oder empört: Schopenhauer hat die Menschheit mit dem Kainsmal seiner Verachtung und seines Skeptizismus gezeichnet.

Er, der selber ein enttäuschter Genießer war, hat Glaube, Hoffnung, Poesie, jeden schönen Schein vernichtet, das Vertrauen der Seelen ausgerottet, die Liebe getötet, den idealisierenden Kult der Frau zu Fall gebracht, alle Illusionen abgewürgt; er hat das Ungeheuerlichste an Skeptizismus vollendet, das jemals unternommen worden ist. Er hat mit seinem Hohn alles durchpflügt und alles ausgehöhlt. Und heute noch leben im Geist selbst derer, die ihn schmähen, seine Gedanken fort.

Aus der Geschichte *Auprès d'un Mort*, unter dem Pseudonym Maufrigneuse in ›Le Gil-Blas‹, 30. 1. 1883. Für diesen Band übersetzt von Eva Rechel-Mertens.

Hans Vaihinger (25. 9. 1852 – 18. 12. 1933):

Mir gab *Schopenhauers* Lehre Neues, Großes und Dauerndes: den Pessimismus, den Irrationalismus und den Voluntarismus. Der Eindruck, den dies auf mich machte, war zwar nicht extensiv, aber intensiv noch größer, als der von *Kant* ausging. Um dies zu erklären, muß ich etwas weiter ausholen. In allen Systemen der Philosophie, die ich bis dahin kennen gelernt hatte, war das Irrationale der Welt und des Lebens nicht oder wenigstens ganz ungenügend zur Geltung gekommen: das Ideal der Philosophie war ja eben, alles rationell zu erklären, d. h. durch logisches Schließen als rationell zu erweisen, d. h. als logisch, als sinnvoll, als zweckmäßig. Diesem Ideal war die *Hegel*sche Philosophie am nächsten gekommen, die immer noch als Höchstleistung der Philosophie galt. Dieses ganze Erkenntnisideal hatte mich aber unbefriedigt gelassen: ich hatte einen viel zu scharfen und offenen Blick für das Irrationale, sowohl in der Natur als in der Geschichte. (. . .) Nun trat mir zum erstenmal ein Mann entgegen, der offen und ehrlich die Irrationalitäten anerkannte und in seinem philosophischen System zu erklären versuchte. So erschien mir *Schopenhauers* Wahrheitsliebe als eine Offenbarung.

Aus: *Die deutsche Philosophie der Gegenwart in Selbstdarstellungen.* Hrsg. v. Raymund Schmidt. Bd. II. Leipzig: Meiner 1921, S. 180–82.

Paul J. Möbius (24. 1. 1853 – 8. 1. 1907):

Schopenhauer ist der Philosoph des Pessimismus geworden, weil er von Anfang an krankhaft war. Nicht die Erkenntnis der Übel in der Welt hat ihn dazu gemacht, sondern er hat die Übel aufgesucht und geschildert, weil er Belege für seine lebensfeindliche Stimmung brauchte. Diese war schon bei dem Knaben vorhanden als schlimmes Erbtheil von väterlicher Seite, und die krankhafte Stimmung wies seinem Denken die Wege. Der Kunstausdruck Pessimismus ist wie andere Kunstausdrücke geeignet, irre zu führen und ganz verschiedene Dinge in Eins zu fassen. Schopenhauer selbst z. B. glaubt, sein Pessimismus und der des Christenthums seien gleicher Art, während es sich doch um grundverschiedene Dinge handelt. Der Christ verurtheilt »diese Welt«, weil sie sündhaft ist, aber er ist durchaus lebensfreundlich, er will ein besseres Leben, aber er will leben, ja ewig leben. Beim pathologischen Pessimismus aber ist das Erste ein Grausen vor dem Leben als solchem. Dieses Phänomen ist bisher nicht genügend beachtet worden. Es ist nicht dasselbe wie der Lebensüberdruß, das Taedium vitae, denn hier ist das Gefühl auf das Individuum beschränkt, der Mensch ist nur seines eigenen Lebens satt, und überdem besteht ein Drängen nach dem Tode, das zum Selbstmorde führt oder wenigstens ihn wünschen läßt. Dort jedoch erscheint nicht das eigene Leben als besonders schlimm, sondern das Leben überhaupt, und die Sache bleibt theoretisch, d. h. die Abwendung vom Leben führt nicht zu Selbstmordversuchen. Man könnte also den Zustand als theoretisches Taedium vitae bezeichnen. Begreiflicherweise können das theoretische und das practische Taedium vitae zusammentreffen, aber sie brauchen nicht zusammen zu sein. Das theoretische Taedium vitae zeigt sich hauptsächlich bei jungen Entarteten, und es thut auf das Deutlichste dar, daß im Kerne eines solchen Menschen der Wurm sitzt. Schon das, daß in der Jugend die Frage nach dem Werthe des Lebens gestellt wird, deutet auf Krankheit hin.

Aus: *Schopenhauer.* Leipzig: J. A. Barth 1911, S. vi ff. Der Name des Autors dürfte heute weniger bekannt sein als der Titel seiner 1912 in 10. Auflage erschienenen Schrift *Über den physiologischen Schwachsinn des Weibes.*

Oscar Wilde (16. 10. 1854 – 30. 11. 1900):

Ich bekenne, daß ich nicht zu den Gläubigen im Tempel der Vernunft gehöre. Ich halte die menschliche Vernunft für den unzuverlässigsten und trügerischsten Führer unter der Sonne, ausgenommen vielleicht die weibliche Vernunft ... Außer für das *Volk,* dem das Dogma ihrer Meinung nach unentbehrlich ist, lehnte meine Mutter jede Form von Aberglauben und Dogma ab, insbesondere die Idee, daß Priester und Sakrament zwischen ihr und Gott stehen sollten. Sie glaubt fest an jenen Aspekt Gottes, den wir den Heiligen Geist nennen – die göttliche Einsicht, an der wir auf Erden teilhaben. Hierin ist sie zwar unerschütterlich, wird aber natürlich zuweilen angefochten vom Gehader und Gezänk der Welt, wenn sie gerade ihren pessimistischen Tag hat. Ihr neuester Pessimist, Schopenhauer, sagt, die gesamte Menschheit sollte, an einem bestimmten Tag und nachdem sie Gott ihren Protest *entschieden, aber respektvoll* zu Gehör gebracht, sich ins Meer aufmachen und die Erde unbewohnt zurücklassen, aber natürlich würden ein paar Drückeberger sich verstecken und dableiben und die Erde von neuem bevölkern.

Aus einem Brief an William Ward vom 26. 7. 1876. In: *Briefe.* Hrsg. v. Rupert Hart-Davis und Peter Funke. Deutsch von Hedda Soellner. Reinbek bei Hamburg: Rowohlt 1966, S. 52.

Vgl. dazu: Arno Schmidt, *Das steinerne Herz.* Karlsruhe: Stahlberg 1956, S. 238: ».. . die Menschheit müßte mal aus Protest gegen Gott beschließen . . . geschlossen Selbstmord zu begehen . . .: ›Beim Gongschlag: – noch 5 Sekunden: – –: !!!‹ (Dann soll er sein' Dreck alleene machen, was?!). (Und danach würde sich rausstellen, daß es bloß die 1 Million doowe Idealisten getan hat: die Andern würden witzig wiehernd weiter pfuschen. Also auch keine Lösung!).«

Sigmund Freud (6. 5. 1856 – 23. 9. 1939):

Die wenigsten Menschen dürften sich klar gemacht haben, einen wie folgenschweren Schritt die Annahme unbewußter seelischer Vorgänge für Wissenschaft und Leben bedeuten würde. Beeilen wir uns aber hinzuzufügen, daß nicht die Psychoanalyse diesen Schritt zuerst gemacht hat. Es sind namhafte Philosophen als Vorgänger anzuführen, vor allem der große Denker Schopenhauer, dessen unbewußter ›Wille‹ den seelischen Trieben der Psychoanalyse gleichzusetzen ist. Derselbe Denker übrigens, der in Worten von unvergeßlichem Nachdruck die Menschen an die immer noch unterschätzte Bedeutung ihres Sexualstrebens gemahnt hat.

Aus: *Gesammelte Werke.* Bd. XII. London: Imago/Frankfurt a. M.: S. Fischer 1947 bis 1968, S. 117.

Sie werden vielleicht achselzuckend sagen: Das ist nicht Naturwissenschaft, das ist Schopenhauersche Philosophie. Aber warum, meine Damen und Herren, sollte nicht ein kühner Denker erraten haben, was dann nüchterne und mühselige Detailforschung bestätigt?

Aus: *Gesammelte Werke.* Bd. xv. London: Imago/Frankfurt a. M.: S. Fischer 1947 bis 1968, S. 114 f.

»Wie nahe verwandt ist seine Revolution nach ihren Inhalten, aber auch nach ihrer moralischen Gesinnung der Schopenhauer'-schen! Seine Entdeckung der ungeheueren Rolle, die das Unbewußte, das ›Es‹ im Seelenleben des Menschen spielt, besaß und besitzt für die klassische Psychologie, der Bewußtheit und Seelenleben ein und dasselbe ist, die gleiche Anstößigkeit, die Schopenhauers Willenslehre für alle Vernunft- und Geistesgläubigkeit besaß ... Da ist das Seelenreich des Unbewußten, das ›Es‹ mit Worten beschrieben, die ebensogut, so vehement und zugleich mit demselben Akzent intellektuellen und ärztlich kühlen Interesses Schopenhauer für sein finsteres Willensreich hätte gebrauchen können ... Freuds Beschreibung des ›Es‹ und Ich – ist sie nicht aufs Haar die Beschreibung von Schopenhauers »Wille« und »Intellekt«, – eine Übersetzung seiner Metaphysik ins Psychologische? ... Wie anders, nachdem man bei Freud geweilt, wie anders liest man im Lichte seiner Erkundungen eine Betrachtung wie Schopenhauers großen Aufsatz ›Über die anscheinende Absichtlichkeit im Schicksal des Einzelnen‹! Und hier bin ich im Begriff, auf den innigsten und geheimsten Berührungspunkt zwischen Freuds naturwissenschaftlicher und Schopenhauers philosophischer Welt hinzuweisen – der genannte Essay, ein Wunder an Tiefsinn und Scharfsinn, bildet diesen Berührungspunkt. Der geheimnisvolle Gedanke, den Schopenhauer darin entwickelt, ist, kurz gesagt, der, daß, genau wie im Traume unser eigener Wille, ohne es zu ahnen, als unerbittlich-objektives Schicksal auftritt, alles darin aus uns selbst kommt und jeder der heimliche Theaterdirektor seiner Träume ist, – so auch in der Wirklichkeit, diesem großen Traum, den ein einziges Wesen, der Wille selbst, mit uns allen träumt, unsere Schicksale das Produkt unseres Innersten, unseres Willens sein möchten und wir also das, das uns zu geschehen scheint, eigentlich selbst veranstalten. – Ich fasse sehr dürftig zusammen, in Wahrheit sind das Ausführungen von stärkster Suggestionskraft und mächtiger Schwingbreite. Nicht nur aber, daß die Traumpsychologie, die Schopenhauer zu

Hilfe nimmt, ausgesprochen analytischen Charakter trägt – sogar das sexuelle Argument und Paradigma fehlt nicht; so ist der ganze Gedankenkomplex in dem Grade eine Vordeutung auf tiefenpsychologische Konzeptionen, in dem Grade eine philosophische Vorwegnahme davon, daß man erstaunt! ... Vielleicht ist dies der Augenblick, ein wenig gegen Freud zu polemisieren. Er achtet nämlich die Philosophie nicht sonderlich hoch. Der Exaktheitssinn des Naturwissenschaftlers gestattet ihm kaum, eine Wissenschaft in ihr zu sehen. Er macht ihr zum Vorwurf, daß sie ein lückenlos zusammenhängendes Weltbild liefern zu können sich einrede, den Erkenntniswert logischer Operationen überschätze, wohl gar an die Intuition als Wissensquelle glaube und geradezu animistischen Neigungen fröne, indem sie an Wortzauber und an die Beeinflussung der Wirklichkeit durch das Denken glaube. Aber wäre dies wirklich eine Selbstüberschätzung der Philosophie? Ist je die Welt durch etwas anderes geändert worden als durch den Gedanken und seinen magischen Träger, das Wort? Ich glaube, daß tatsächlich die Philosophie den Naturwissenschaften vor- und übergeordnet ist und daß alle Methodik und Exaktheit im Dienst ihres geistesgeschichtlichen Willens steht ... Die Voraussetzungslosigkeit der Wissenschaft ist ein *moralisches* Faktum oder sollte es sein. *Geistig* gesehen, ist sie wahrscheinlich das, was Freud eine Illusion nennt. Die Sache auf die Spitze zu stellen, könnte man sagen, die Wissenschaft habe nie eine Entdeckung gemacht, zu der sie nicht von der Philosophie autorisiert und angewiesen gewesen wäre.« *Thomas Mann*

in der Festrede zur Feier von Freuds 80. Geburtstag in Wien am 8. Mai 1936. Aus: *Adel des Geistes.* Stockholm: Bermann-Fischer 1946, S. 502 ff.

George Bernard Shaw (26. 7. 1856 – 2. 11. 1950):

So besessen war Wagner von Schopenhauers berühmter Abhandlung *Die Welt als Wille und Vorstellung,* diesem Meisterwerk der philosophischen Kunst, daß er allen Ernstes behauptete, es enthalte die intellektuelle Demonstration vom Kampf der menschlichen Kräfte, die er, Wagner, künstlerisch im *Ring* gestaltet habe. (...) Aber Schopenhauer hatte nichts dergleichen getan. Wagners Entschlossenheit, zu beweisen, daß er die ganze Zeit hindurch unwissentlich ein Schopenhauerianer gewesen war, zeigt nur, daß die Faszination der großen Abhandlung sein Gedächtnis überwältigt hatte. (...) Schopenhauers großer Beitrag zum modernen Denken war, uns den Unterschied zwischen intuitivem und rationalem Denken deutlich erkennen zu lehren – ein Unterschied, der dem Zeitalter des Glaubens und der Kunst vor der Renaissance auf phantasievolle Weise vertraut war, später aber vom Rationalismus dieser Geistesströmung verschüttet wurde.

So war es unvermeidlich, daß Wagner Schopenhauers Metaphysiologie (ich benutze ein weniger mißverständliches Wort als Metaphysik) für seine eigene Sache hielt. Aber Metaphysiologie ist eines, politische Philosophie ein anderes. Die politische Philosophie des Siegfried ist das genaue Gegenteil der politischen Philosophie Schopenhauers, obwohl beide auf der metaphysiologischen Unterscheidung zwischen dem Instinkt des Menschen (dem Willen) und seinem rationalen Denken (dramatisiert im *Ring* als Loki) bestehen.

Nur ist bei Schopenhauer der Wille dem Menschen eine allgegenwärtige Qual und Urheber dieses großen Übels, des Lebens; während der Verstand als göttliches Geschenk gilt, mit dem man schließlich den lebens-schöpferischen Willen übermannen und durch dessen Verneinung zu Frieden, Selbstauslöschung und Nirwana führen kann. Das ist die Lehre des Pessimismus.

Aus: *The Perfect Wagnerite.* Leipzig: Tauchnitz 1913, S. 195 ff. Für diesen Band übersetzt von Claudia Schmölders.

Hermann Sudermann (30. 9. 1857 – 21. 11. 1928):

In einem zünftigen Kursus der Psychologie würde von Schopenhauer nicht viel die Rede sein, denn wer nach Kapitelüberschriften lehrt und lernt, wird in seinem Werke nicht viel darüber finden. Und trotzdem wird alles bei ihm zu Psychologie. Sie wissen, sein Hauptwerk ist metaphysischer Natur. Die Welt als Wille und Vorstellung, ich nannte es schon ... Mit dem Titel werden diejenigen, denen es unbekannt ist, nicht viel anzufangen wissen, aber ich will einmal einen dreisten und ganz unphilosophischen Sprung machen, um ihn frei in die Sprache Ihrer Jugend zu übersetzen, meine Herren, und statt dessen sagen: Die Welt als Weib und Gedanke. Wissen Sie nun, was er meint? Wissen

Sie nun, wie man ihm näherkommt? Und wie man dem Leben
näherkommt, das heute noch als Rätsel vor Ihnen liegt?

Aus: *Der tolle Professor*. Ein Roman aus der Bismarckzeit. Stuttgart: Cotta 1926,
S. 17 f.

Axel Munthe (31. 10. 1857 – 11. 2. 1949):

Der alte brummige Schopenhauer, der größte moderne Philosoph, dem die Verneinung des Lebens Grundstein seiner Lehre
war, pflegte jedes Gespräch über den Tod abzubrechen.

Aus: *Das Buch von San Michele*. Berlin: Knaur 1931, S. 9.

Georg Simmel (1. 3. 1858 – 26. 9. 1918):

Die Willensmetaphysik enthält eine Bedeutung, die, wenn man
auch ihre metaphysische Übersteigerung ablehnt, noch immer zu
den wenigen ganz großen Fortschritten gehört, die dem Problem
des Menschenlebens überhaupt innerhalb der Philosophie bisher
beschieden sind. Von so wenigen Einschränkungen abgesehen,
daß sie als quantité négligeable gelten können, ist aller Philosophie vor Schopenhauer der Mensch als ein Vernunftwesen
erschienen ...

Das Dogma nun von der Vernunft als dem tiefsten, wie auch
von den Wellenkräuselungen seiner Oberfläche überdeckten
Wesensgrunde des Menschen hat Schopenhauer zerschlagen; und
gleichviel ob man das andere, das er an diese Stelle setzt,
annimmt oder nicht, so gehört er damit in jedem Fall zu den
großen philosophischen Schöpfern, zu den Entdeckern einer
neuen Möglichkeit, das Dasein zu deuten. Während sonst im
letzten Fundamente des Menschen diejenige Energie lag, die sich
jedenfalls am adäquatesten im Denken und seiner Logik äußerte,
wird nun die Vernunft aus diesem Wurzelgrunde gerissen und
durch eine gewaltige Drehung zu einem Akzidens, einer Folge
oder einem Mittel des *Wollens,* das jenen Platz für sich beansprucht. Freilich ermöglicht unser Vorstellen, die gegenständliche
Welt bildend, es dem Willen, sich zu einzelnen Akten zu besondern. Allein Schopenhauer hat sehr tief erkannt, daß schon die

Vorstellungsinhalte und die verstandesmäßigen Verkettungen als seelische Vorgänge eine Triebkraft voraussetzen, die jenseits der bloß ideellen, bloß logischen Beziehungen jener Inhalte lebt...

Wir wollen nicht, weil unsere Vernunft Werte und Ziel statuiert, sondern weil wir wollen, dauernd, pausenlos, aus unserem Wesensgrunde heraus, darum haben wir Zwecke. Diese sind nichts anderes als der Ausdruck oder die logische Organisierung der Willensereignisse. Der Vernünftigkeit unseres Daseins wird die letzte Stütze entzogen, die sie am Zweckbegriff besaß, solange das Wollen noch als der Weg zu – prinzipiell – von der Vernunft vorgezeichneten Wertpunkten erschien. Jetzt aber ist der Intellekt nur die Beleuchtung des aus sich selbst quellenden Willensprozesses, das Bewußtsein formt ihn für sich nach den Kategorien des Verstandes, die einzelnen Zwecke sind nur die über ihn hin verstreuten Lichtpunkte und seine Oberfläche gliedernden Akzente. Damit wird nun erst jene Behauptung vollkommen durchsichtig: daß wir zwar immer wissen, was wir in jedem gegebenen Augenblicke wollen, nie aber, was und warum wir überhaupt und im Ganzen wollen.

(...)

Die metaphysische Begründung des Pessimismus macht für Schopenhauer seine empirische Begründung überflüssig, mit der seine Nachfolger, mit der Genugtuung eines naiven Empirismus die einzelnen Lebensgebiete durchgehend, auf jedem das Übergewicht des sicheren Leidens über das erreichbare Glück aufzeigten, um dann, diese Passiva und Aktiva unserer Lebensbilanz addierend und subtrahierend, zu dem Ergebnis ihrer Negativität zu gelangen. Obgleich Schopenhauer ein zu großer Denker ist, um prinzipielle Entscheidungen über die Totalität des Lebens von der Aneinanderreihung singulärer Reflexionen zu erwarten, so würde er jenem Resultate doch zustimmen. Fingiert man den – dem eudämonistischen Schicksal nach – absolut durchschnittlichen Menschen, dem die Gesamtfreudensumme seines Lebens zum Kaufe angeboten wird für dessen Gesamtleidenssumme – so würde auch Schopenhauer ihm von diesem Geschäft abraten: jener käme dabei nicht auf seine Kosten; er müsse ein viel größeres Lustquantum erhalten, damit die Rechnung stimme; die angebotenen Freuden seien mit dem geforderten Preis an Leiden zu teuer bezahlt. (...) Daß es überhaupt so etwas wie Glück gibt, daß dies Sein es dazu gebracht hat, auch wenn es nur einmal durch ein Bewußtsein gezuckt wäre – das hebt die Welt auf eine Wertstufe, deren zeitlose Bedeutung durch kein Leidensquantum verloren gehen kann. Die bloße Möglichkeit des Glücks, wie spärlich und fragmentarisch sie auch Wirklichkeit werden mag, rückt unser Dasein in ein Licht, das Schopenhauer dadurch freilich zu verlöschen meint, daß er das Glück für etwas rein Negatives erklärt, für das bloße momentane Aussetzen des Leidens.* Dies letztere ist im Schopenhauerschen Denken der schwache Punkt, dessen Unfähigkeit, den Pessimismus zu tragen, überall durchbricht: denn das positive Moment im Glück, das es als psychologische Tatsächlichkeit von Schlaf und Tod, den andern Beendigern des Leidens, unterscheidet, durfte er nicht übersehen, gleichviel, wie er es dann bemessen und bewerten mochte. Nur jene großartige Begründung des Pessimismus auf das Faktum des Leidens überhaupt kann dessen allerdings entraten. Es mag so viel Glück geben, und es mag so positiv sein, wie es will – dies ist kein mildernder Umstand für eine Welt, in der es Leiden gibt ...

Schopenhauer gibt dies gerade durch den äußersten pessimistischen Radikalismus zu: nicht die Größe des Leidens, sondern die Tatsache des Leidens überhaupt mache das Dasein der Welt zu etwas Unverantwortlichem, verschaffe dem Nichtsein einen unendlichen Vorzug vor dem Sein; denn der Schmerz als solcher könne überhaupt nicht aufgewogen werden, keine noch so große Wonne könne irgend ein Leiden wirklich gut machen. Dies ist ein Wertgefühl, das man in seiner Tiefe und seiner Absolutheit nur anerkennen, aber nicht kritisieren kann.
(...)

Mit Nietzsche verglichen ist er unzweifelhaft der größere Philosoph. Er besitzt die geheimnisvolle Beziehung zum Absoluten der Dinge, die der große Philosoph nur noch mit dem großen Künstler teilt, so daß er, in die Tiefen der eignen Seele hineinhörend, den tiefsten Grund des Seins in sich zum Klingen bringt. Auch dieser Ton mag subjektiv gefärbt sein und nur in den von

---

* s. in Fortführung dazu vom Simmel-Schüler Ludwig Marcuse: *Philosophie des Glücks*. Zürich: Diogenes 1972. (A. d. Hg.)

vornherein ebenso gestimmten Seelen weitertönen; das Entscheidende ist das Tiefenmaß des Hinunterreichens überhaupt, die Leidenschaft für das Ganze der Welt, während der nicht metaphysische Mensch an ihren Teilen hängen bleibt. Eben dieses Sichstrecken des subjektiven Lebens bis zum Boden des Daseins überhaupt geht Nietzsche ab. Ihn bewegt nicht der metaphysische Trieb, sondern der moralistische, er sieht nicht nach dem Wesen des Seins hin, sondern nach dem Sein der menschlichen Seele und ihrem Sollen. Er hat die psychologische Genialität, in der eignen Seele das psychische Leben der heterogensten Menschentypen widerhallen zu lassen und die ethische Leidenschaft für den Wert des Typus Mensch überhaupt; aber mit allem Adel seines Wollens und aller funkelnden Beweglichkeit seines Geistes fehlt ihm der große Stil Schopenhauers, der aus seinem Gerichtetsein auf den absoluten Grund der Dinge – nicht nur des Menschen und seines Wertes – hervorgeht und der eigentümlicherweise gerade den Menschen der äußersten psychologischen Verfeinerung versagt zu sein scheint.

(...)

Darum sieht Nietzsche schließlich in Schopenhauer seinen eigentlichen philosophischen Gegner, der ihm in der Tat unüberwindlich ist, weil er jene Voraussetzung gerade leugnet, weil ihm gerade die umgekehrte: das Leben soll nicht sein! an ihre Stelle tritt. Indem er immer von der ihm selbstverständlichen Basis, daß das Leben wertvoll ist und sein soll, gegen Schopenhauer operiert und ihn dadurch, daß der Pessimismus das Leben zerstört, für widerlegt hält – kann man vielleicht sagen, daß er Schopenhauer in dessen ganzer metaphysischen Tiefe nicht verstanden hat: Denn gerade die lebensvernichtende Bedeutung und Konsequenz der Lehre, auf die hin Nietzsche sie für verurteilt erklärt, ist für Schopenhauer der Erweis ihrer Wahrheit.

Daß aber hier das logische Verständnis aufhörte, daß Nietzsche gar nicht sah, wie er Schopenhauer auf Grund einer dogmatischen Wertvoraussetzung, die dieser ja gerade leugnete, widerlegen wollte – das beweist einen Gegensatz des *Seins* der beiden Denker, über den der Intellekt so wenig eine Brücke schlagen konnte, wie man innerhalb einer Ebene, und wenn man noch so weit in ihr fortschreitet, zu einem Punkte gelangen kann, der in einer ihr parallelen Ebene liegt. Nach einem Frieden zwischen diesen

Gegnern zu suchen, ist deshalb wie jedes nutzlose Unternehmen, schlimmer als nutzlos, weil es den Sinn ihrer Gegensätzlichkeiten, und damit den Sinn eines jeden an und für sich fälscht. Die Überzeugung vom Unwert des Lebens, die aus dessen Vieldeutigkeit und Unübersehlichkeit gerade nur die Monotonie, das Übergewicht des Leidens, die Unzulänglichkeit unsrer Bestrebungen heraussieht, und die Überzeugung vom Werte des Lebens, für die jeder Mangel die Vorstufe eines Besitzes ist, jede Eintönigkeit ein Spiel unendlicher Lebendigkeiten, jedes Leiden gleichgültig gegenüber den aufsteigenden Werten des Seins und Tuns, die sich darüber hinweg verwirklichen – diese Überzeugungen sind nicht theoretisches Wissen, sondern der Ausdruck fundamentaler Beschaffenheiten der Seelen und so wenig in eine »höhere Einheit« zu versöhnen, wie überhaupt ein Sein mit dem andern identisch sein kann. Denn der Wert dessen, was man ihre Synthese nennen mag, besteht gerade darin, daß die Menschheit es zu dieser Spannungsgröße ihrer Lebensgefühle gebracht hat. Darum kann eine Einheit nur nach einer ganz andern Dimension als nach der ihres objektiven Inhaltes hin liegen: in dem Subjekt, das sie beide zusammenschaut. Indem wir die Schwingung des geistigen Daseins durch den ganzen Abstand dieser Gegnerschaften hin empfinden, dehnt sich die Seele – auch wenn und gerade wenn sie für keine der Parteien dogmatisch verpflichtet ist –, bis sie die Verzweiflung über das Leben und den Jubel über das Leben als die Pole ihrer eigenen Weite, ihrer eigenen Kraft, ihrer eigenen Formenfülle umfassen und genießen darf.

Aus: *Schopenhauer und Nietzsche.* Ein Vortragszyklus. Leipzig: Duncker & Humblot 1907, S. 15 f., 38 f., 42, 83 f., 88 f., 262 f.

Knut Hamsun (4. 8. 1859 – 19. 2. 1952)

»Seine Bücher standen alle bei mir, sie bedeckten eine ganze Wand, es waren fast lauter Übersetzungen aus fremden Sprachen. Schließlich begann ich darin herumzuschmökern, und als ich ihn fragte, was ich denn zuerst lesen sollte, sagte er: ›Schopenhauer‹. Also fing ich an und las Schopenhauer. Aber ich fand es wirklich paradox, wenn Knut mir riet, so deprimierende Ansichten über das Leben und das Glück zu lesen. Ich sagte: ›Du nanntest mich einmal einen Lebensbejaher, aber was bist denn Du selber – genau betrachtet?‹ Darauf erwiderte er: ›Es ist immer besser, zuwenig zu erwarten als zuviel.‹ Er hatte beinahe dreiundzwanzig Jahre länger gelebt als ich. Ein bewegtes Leben, an dem ich keinen Anteil hatte. War das vielleicht der Grund, daß er nun so nach und nach anfing, Schopenhauer recht zu geben?

(...)

1951. Ich habe in diesen Tagen wieder Schopenhauer gelesen, wie Knut mir riet. Mit dem Blick nach rückwärts gerichtet, nicht so wie seinerzeit nach vorwärts. Aber alles, was er scharf sieht, kann ich nur undeutlich ahnen. Und wenn es ums Glück geht, dann ahne ich, daß er falsch sieht. Denn es gibt wirklich ein Glück. Es steht zwar nicht den ganzen Tag eine strahlende Sonne am Himmel, das ist wohl wahr. Aber es leuchtet doch oft als kurzer Strahl auf. Ich lege den alten Pessimisten wieder weg, sehr beeindruckt von soviel kühler Klugheit. Und dann sage ich mir zu seiner Entschuldigung, daß er nie Mutter war. Nicht einmal Vater.« *Marie Hamsun*

in: *Der Regenbogen.* München: Paul List 1955, S. 149, 237.

Henri Bergson (18. 10. 1859 – 4. 1. 1941)

»Die wesentlichen Elemente seines ›Intuitionismus‹ sind – stillschweigend – von Schopenhauer übernommen. Die Gegenüberstellung der beiden Anschauungsformen Raum und Zeit, die Gegenüberstellung des verstandesmäßigen Erkennens und der Intuition und die Zuordnung des (dienenden) Verstandes zum Raum, zur starren, toten Natur, und der Intuition zur Zeit, dem unteilbaren Fließen und Werden, der reinen ›Dauer‹, die der Verstand nicht fassen kann – das alles ist ohne Schopenhauers Doppelansicht der Welt als Vorstellung und Wille so wenig zu denken wie Bergsons *élan vital* ohne Schopenhauers Willen zum Leben. Und nur von dieser Urbeziehung zu Schopenhauer her läßt sich wohl auch die Entwicklung des letzten Bergson, der ›*Evolution créatrice*‹, erklären, obwohl sie das große Problem noch offen läßt: den Ursprung des *élan vital* und damit das Problem der einheitlichen transzendentalen Bedeutung der kosmischen Entwicklung.« *Arthur Hübscher*

in: *Denker unserer Zeit I.* 62 Porträts, München: Piper 1958, S. 176.

Anton Čechov (29. 1. 1860 – 17. 5. 1904):

Natürlich bin ich kein Schopenhauer und kein Pascal, da haben Sie recht; aber entschuldigen Sie schon, Sie sind es auch nicht... Kann man den Brief denn so verstehen? Natürlich ist jeder Meister mißtrauisch und argwöhnisch gegenüber seinen Werken; das muß sogar so sein. In dieser Beziehung billige ich sogar den Pessimismus. Ich hatte Ihnen aber von einem ganz anderen Mißtrauen geschrieben, das in der Tat Egoismus von 84 Karat ist. Ich hatte Ihnen von jenem Mißtrauen geschrieben, das Sie dazu veranlaßt, jeden, der Ihre Werke lobt, unlauterer Absichten zu verdächtigen wie etwa Schmeichelei oder des Wunsches, Sie zu trösten...

Aus einem Brief an seinen Verleger Aleksej Souvorin vom 22. 3. 1890. In: *Briefe.* Herausgegeben und übersetzt von Peter Urban. Zürich: Diogenes, in Vorbereitung.

Mein Leben ist verpfuscht! Ich habe Talent, bin klug, kühn... Wenn ich normal gelebt hätte, dann hätte ein Schopenhauer aus mir werden können.

Egor Vojnickij in *Der Waldschrat.* Komödie in vier Akten. Herausgegeben und übersetzt von Peter Urban. Zürich: Diogenes 1973, S. 61.

Italo Svevo (Ettore Schmitz, 19. 12. 1861 – 19. 9. 1928)

»Hinter Italo Svevo und seinen Romanen erhebt sich geisterhaft die Gestalt des Archivdirektors und Hofrats Franz Grillparzer und vereinigt sich mit einem anderen großen Schatten, dem des Riesen Schopenhauer, dem Svevo sich so verpflichtet fühlte, daß er sein Pseudonym (Italo Svevo = der italienische Deutsche) nicht etwa im Hinblick auf seine deutschen Vorfahren wählte, sondern aus Dankbarkeit für den Philosophen des Wahns. Er setzte ihm in der Figur Zeno Cosinis ein literarisches Denkmal, welches das Malheur, Mensch zu sein, mit kläglicher Imposanz demonstriert.« *Günter Blöcker*

in: *Kritisches Lesebuch.* Hamburg: Leibniz 1962, S. 57. Siehe auch die *Autobiographische Skizze* Italo Svevos, zitiert im Nachwort des Übersetzers Piero Rismondo zu: *Zeno Cosini.* Hamburg: Rowohlt 1959, S. 458.

Gerhart Hauptmann (15. 11. 1862 – 6. 6. 1946)

»Hauptmanns Dichtung liegt durchaus in der Linie Schopenhauer, Bahnsen, E. v. Hartmann und Mainländer. Die Beziehung Schopenhauer – Hauptmann ist noch nicht klargestellt, aber der Zusammenhang mit dem düsteren Genius ist so stark, daß er in jedem Werke verspür- und nachweisbar ist. Er war freilich der Meinung, daß Wesentliches von Schopenhauer schon bei Jakob Böhme zu finden sei, und es ist auch keineswegs anzunehmen, daß eine ständige unmittelbare Beeinflussung durch Lektüre vorgelegen habe. Aber: Schopenhauer und Hauptmann haben in einer zu ähnlichen Weise das Dasein erlebt, als daß sie sich nicht auf weite Strecken begegnen müßten, der Philosoph und Ethiker des Mitleids, und der Dramatiker, der aus diesem die Kraft findet, über eine sinnleere Welt die sakrale Idee des Opfers (Goldene Harfe, Weißer Heiland, Indipohdi, Iphigenie in Delphi) zu stellen und so über der schwarzen Welt eine verklärende Botschaft aufstrahlen zu lassen.« *Hubert Razinger*

im Nachwort zur *Atriden-Tetralogie.* Gütersloh: C. Bertelsmann 1956, S. 333.

Arno Holz (26. 4. 1863 – 26. 10. 1929):

> Über Kants Zyklopenmauer,
> kuck, Herr Arthur Schopenhauer!
> Und Sir John Falstaff gar, zum Schluß,
> auf einem Hippopotamus!

Aus: *Die Blechschmiede.* In: *Werke.* Bd. vi. Hrsg. v. Wilhelm Emrich und Anita Holz. Neuwied: Luchterhand 1963, S. 304.

Frank Wedekind (24. 7. 1864 – 9. 3. 1918):

Meine Kameraden, unter denen ich viele Glaubens- resp. Unglaubensgenossen besitze, äußerten jüngst in einer gemüthlichen Stunde: Ohne Religion könne man keine Kinder erziehen. Was meinen Sie dazu? Ich antwortete, der Vater könne und solle seinen Kindern eigentlich das höchste Wesen sein und dürfe seinen Kindern gegenüber sehr wohl das erste der 10 Gebote auf sich selbst beziehen: Ich bin ... etc. und Du sollst keine anderen Götter neben mir haben. Dabei fiel mir ein, wie man diesen Kultus noch weiter ausbilden könnte, so z. B. durch ein Gebet, das ich Sie bitten möchte, nicht als Parodie aufnehmen zu wollen. Es ist heiliger Ernst darin: Lieber Papa, der Du bist auf Deinem Studirzimmer! Geheiligt werde Dein Name! Dein Segen komme über uns! Dein Wille geschehe in unsern Gedanken und Werken! Gib uns heute unser täglich Brot und vergib uns unsere Schulden! Bewahre uns vor Versuchung und erlöse uns von dem Bösen! Denn Dein ist das Reich und die Kraft und die Herrlichkeit in Ewigkeit. – Amen! – Was sagen Sie zu dieser Idee? Ich kenne zwar Ihre Anschauungen auf religiösem Gebiet überhaupt noch nicht, allein wer Schopenhauer liest, kann doch unmöglich den frommen Kinderglauben rein bewahrt haben.

Aus einem Brief an Anny Barte vom Februar 1884. In: *Gesammelte Briefe*. Hrsg. v. Fritz Strich. Bd. 1. München: Georg Müller 1924, S. 43 f.

Romain Rolland (29. 1. 1866 – 30. 12. 1944):

Welch ergreifende Ähnlichkeit zwischen Schopenhauer und dem jungen Prinzen Gautama, vor der Offenbarung des Leidens am Leben! Um ihre Verwandtschaft nachzuweisen, war eine Bluttransfusion des indischen Denkens in die Adern des Meisters aus Danzig nicht einmal nötig. Sie waren Brüder. Aber der Europäer des 19. Jahrhunderts scheint in seiner Zeit im Exil gelebt zu haben.

Aus einem Brief an Hans Zint vom 29. Februar 1928. In: *XXXII. Schopenhauer-Jahrbuch*. Minden: Lutzeyer 1948, S. 46.

Benedetto Croce (25. 2. 1866 – 20. 11. 1952):

Es gibt aber noch einen anderen Romantizismus, den wir von jener ersten Romantik unterschieden haben: den sentimentalen, praktischen und moralischen Romantizismus, der etwas Krankhaftes ist. Dieser war bezeichnenderweise nach 1840 zur Ruhe gekommen, er hatte sich im bürgerlichen Leben und in der Politik geläutert und ein strengeres Kleid angelegt, von der naturwissenschaftlichen Weltanschauung erhielt er nun neue Nahrung. In dieser Zeit erreichte eine Philosophie den Gipfel ihrer Macht, von der noch vor einem halben Jahrhundert, als sie zum ersten Mal aufgetaucht war, niemand etwas wissen wollte, da in ihr Dinge oberflächlich verarbeitet wurden, die schon vorher von anderen gedacht worden waren: die Philosophie Schopenhauers, deren völlig unphilosophisches Ziel eine kapriziöse und unfruchtbare Verneinung des Lebens war. Und gerade diese Philosophie machte Schule, sie fand Nachahmer und begeisterte Anhänger, denn ihre Grundlage paßte zu dieser Zeit. Die blinde Unersättlichkeit des Willens ließ für niedrige Geister den Schluß zu, auf den Willen überhaupt zu verzichten. Das war zugleich ein Verzicht auf die Pflicht unaufhörlich und unermüdlich forschen zu müssen, es war eine künstliche Läuterung in der Unreinheit eines faulen Indifferentismus, der mit Namen wie Ästhetizismus, Mystizismus, Buddhismus und Orientalismus glorifiziert wurde.

Aus: *Geschichte Europas im 19. Jahrhundert*. Frankfurt a. M.: Suhrkamp 1968, S. 233.

Herbert George Wells (21. 9. 1866 – 13. 8. 1946):

Ich denke, die Mächtigen der Zukunft werden mit Schopenhauer und den Gefolgsleuten von Malthus und Darwin glauben, daß unser Dasein ein Kampf ist; daß die Lebewesen darum kämpfen, sich selbst so vollständig wie möglich zu entfalten und zu entwickeln, sich fortzupflanzen und zu vermehren. Aber als Männer der Tat werden sie nichts von dem Glanz des Elends empfinden, nichts von dem Unverantwortlichen und Lasterhaften, das Schopenhauer dieser Entdeckung verlieh.

Aus: *Anticipations*. London: Chapman & Hall 1904, S. 113 f. Für diesen Band übersetzt von Claudia Schmölders.

Wilhelm Busch (15. 4. 1867 – 9. 1. 1908):

Gewißheit giebt allein die Mathematik. Aber leider streift sie nur den *Oberrock der Dinge*. Wer je ein gründliches Erstaunen über die Welt empfunden, will mehr. Er philosophirt – und was er auch sagen mag – er *glaubt*. – In meinem elften Jahr verblüffte mich der Widerspruch zwischen der Allwißenheit Gottes und dem freien Willen des Menschen; mit 15 Jahren zweifelte ich am ganzen Katechismus. Seit ich *Kant* in die Hände kriegte, scheint mir die Idealität von Zeit und Raum ein unwiderstehliches Axiom. Ich sehe die Glieder der Kette *in Eins:* Kinder, Eltern, Völker, Thiere, Pflanzen und Steine. Und Alle seh ich sie von *einer* Kraft erfüllt. –

> Sind Berge, Wellen, Lüfte nicht ein Stück
> Von mir? etc.

Drum gefällt mir Byron so sehr. – Wie könnte uns auch das Zeug nur so bedeutungsvoll erscheinen, wenn alles nicht aus *einer* Wurzel wüchse? Die ist, was Schopenhauer den *Willen* nennt: Der allgegenwärtige Drang zum Leben; überall derselbe, der einzige; im Himmel und auf Erden; in Felsen, Waßer, Sternen, Schweinen, wie in unsrer Brust. Er schafft und füllt und drängt, *was ist.* Im Oberstübchen sitzt der *Intellekt* und schaut dem Treiben zu. Er sagt zum Willen: »Alter! laß das sein! Es giebt Verdruß!« Aber er hört nicht. Enttäuschung; kurze Lust und lange Sorge; Alter, Krankheit, Tod, sie machen ihn nicht mürbe; er macht so fort. Und treibt es ihn auch tausend Mal aus seiner Haut, er findet eine neue, die's büßen muß. – Und dieser Wille, das bin *ich*. Ich bin mein Vater, meine Mutter, ich bin Sie und Alles. *Darum* giebt es *Mitleid, darum* giebt's *Gerechtigkeit.*

Natur und Lehre sind verschieden, Natur ist stärker als die Lehre – sagen Sie. Natürlich und gewiß! Der Wille ist der Starke, Böse, Wirkungsvolle, Erste; der Intellekt ist Nr. 2. – *Nicht-wollen*, Ruhe wär' das Beste. – Wie soll das kommen? – Da steckt's Mysterium.

Bin ich nun deutlich? – Seien Sie gut und brav und liebenswürdig und sagen Sie: Ja wohl!

Aus einem Brief an Maria Anderson vom 29. 5. 1875.

Schopenhauer hat jedenfalls die ernstliche Absicht deutlich zu sein, sonst wäre seine Schreibweise nicht so bündig, wie sich's ein Mathematiker nur wünschen könnte. Zudem ist er, mein' ich, immer intereßant, obgleich er stets daßelbe Thema variirt; denn dieses Thema ist ja unser Fleisch und Blut. Freilich Kant wird voraus gesetzt. – Den Intellekt darf man nicht als etwas Apartes, Losgetrenntes ansehn, sondern als ein Produkt des Willens, dem es in seiner Dunkelheit unheimlich geworden. Der Intellekt ist ein Organ. Er bringt die Motive in Wechselwirkung; er *schließt;* aber der Wille *be*schließt. – Wie oft folgen wir, der reiflichsten Überlegung zum Trotz, im entscheidenden Momente dem Dunklen Drange, dem plötzlichen Impuls! – Der Wille ist Kraft; der Intellect ist Form. – Der Intellect ist sterblich; der Wille lebt, so lang er will. – Der Gedanke an den Tod scheint mir deshalb meistens so verdrießlich, weil der Einem die Laterne auspustet . . .

Aus einem Brief an Maria Anderson vom 11. 6. 1875.

Schopenhauer hielt sich an die Erfahrung, daß berühmte Männer meist ausgezeichnete Mütter hatten. Das Wort »Herz« nimmt er jedenfalls nicht im landläufigen Sinne. Er würde, denk ich, ungefähr so sagen: Der Wille, die Energie, die geschlechtliche Kraft, vererbt vom Vater; beim Intellekt, dem Denkorgan, macht sich der Einfluß der Mutter geltend. Ein hoher Grad von Willen und Intellekt, vereinigt, giebt Genie. Sind die Frauen nicht Meister in List und Schlauheit? Zeugen List und Schlauheit nicht von scharfem Intellekt? Es fehlt nur der starke Renner und das große Ziel. – Wenn der alte Brummbartel von den Weibern nichts Gutes erwartet und ihnen nichts Gutes gönnt, so ist das eine von seinen Schrullen. Übrigens können die Frauen der modern kultivirten Welt sich damit trösten, daß sie 's beßer haben, als früher und anderswo; und so geht's hoffentlich weiter. – Eine von Schopenhauer's Schrullen ist auch seine Ansicht über Heilige. Hätte es je einen wahrhaftigen Heiligen gegeben, hätte es jemals Einer zur totalen Verneinung des Willens gebracht, so wäre die Welt bereits erlöst. Nun behalten die Juden Recht: der Meßias muß noch kommen.

Aus einem Brief an Maria Anderson vom 18. 6. 1875.

Der kalte Winterwind bläst den Regen durch die sausenden Bäume. Noch immer geh ich rauchend, den Schopenhauer in der einen, den Darwin in der anderen Tasche, den Strom entlang auf dem muthmaßlichen Wege an's Meer, wo vielleicht das Schiff liegt, welches, wie man sagt, nach den seeligen Inseln segelt. »Die Heiligen sind schon dort«, sagt Schopenhauer. Da aber der Wille untheilbar ist, so hätten sie mich nothgedrungen mitnehmen müßen, und ich wäre schon »dort, wo ich nicht bin«. Darwin sagt: »Es giebt eine Entwicklung«. Nehmen wir an von *minus* X über Null zu *plus* X. Dann säße der Mensch auf Nr. 0, während der Affe etwa auf − 1 herumkletterte. Der Fortschritt von − 1 bis 0 ist ersichtlich: die Erkenntniß, daß diese Welt ein Irrthum, dämmert auf. Wir reden bereits von Tod und Erlösung recht hübsch und erbaulich; dann gehn wir in's Wirthshaus, in's Theater, zum Liebchen, oder bleiben als gute Hausväter daheim und kosen mit unseren Weibern. Unsern Fleischbedarf liefert der Metzger. Wir machen auch Gesetze, gründen Kirchen, Eisenbahnen, Kranken-, Waisenhäuser und mehr dergleichen. − Gut! − Inzwischen stirbt Alles dahin, was auf Null gewesen und wird von + 1 absorbirt, wo es, im Lichte neuer Intellecte, als sein eigener Erbe, den alten gemischten Nachlaß sofort wieder antritt. Es gab einen Fortschritt bis Null. Als gute Optimisten hoffen wir natürlich, daß es so weiter geht. Die *Kraft der Tiefe:* der *Drang zum Variiren,* thun auch ihr Theil. − Kurz, + 1 ist gescheidter und beßer als 0. − Vorwärts. − Hier ist bereits + 10 000 000. Viel Kopf, wenig Leib. Keine Eckzähne, keine Knöpfe mehr in den Ohrmuscheln. Nahrung: Gemüse. Vermehrung: wie bisher. Der dicke Kopf kann den dünnen Leib noch immer nicht zur Raison bringen. − Weiter! − *Plus* zehn Milliarden. Nahrung: Luft. Vermehrung: durch phlegmatische Knospenbildung. Der Mensch von Nr. 0 ist längst verschollen. − Schluß! − + X. Fast nur Kopf. Kaum etwas Wille. Vermehrung: keine. Die Intellecte, blasig herum schwebend, durchschauen Alles gründlich. Das Bischen Wille verneint sich leicht, und Alles verklingt, wie wir Musiker zu sagen pflegen, in einem versöhnlichem Accorde. − Wehe, wehe! − Wer jemals das Auge der energischen Bestialität hat blitzen sehn, den beschleicht eine grauenvolle Ahnung, daß ein einziger sonderbarer Halunke auf dem Uranus die Erlösung aufhalten, daß ein einziger Teufel stärker sein könnte, als ein ganzer Himmel voll Heiliger. Haben die Christen recht? Kommen die Unverbeßerlichen am Schluß in die Hölle? Kann der Einzelne eine Anleihe machen im Betrag seines Antheils an der gemeinsam contrahirten Schuld, das Geld auf den Tisch legen und sagen: Adieu, auf Nimmerwiedersehn?!

Drüben, am andern Ufer des Stroms, steht der heilige Augustinus. Er nickt mir ernsthaft zu: Hier liegt das Boot des Glaubens; Gnade ist Fährmann; wer dringend ruft, wird herüber geholt. – Aber ich kann nicht rufen; meine Seele ist heiser; ich habe eine philosophische Erkältung.

Aus einem Brief an Hermann Leu vom 10. 12. 1880.

Zu meinem stillen Vergnügen find ich, daß du den Schopenhauer von hinten beginnst. Das ist, glaub ich beinah, ein Naturgesetz bei den Damen. Die Anfangsgründe sind unbeliebt.

Aus einem Brief an Nanda Keßler vom 11. 1. 1904.

Also Schopenhauer demnächst (vielleicht!) der große, grimme! Du wirst ihn, denk ich, bewundern. Eigentlich hat's ja nicht viel auf sich mit dem besten Peßimismus. An den Glücklichen gleitet er ab, wie Waßer an der pomadisirten Ente, und der Unglückliche weiß ohne weiters bescheid.

Aus einem Brief an Grete Thomsen vom 1. 10. 1906.
Alle in: *Briefe*. 2 Bde. Hrsg. v. Friedrich Bohne. Hannover: Wilhelm-Busch-Gesellschaft 1969. Bd. 1, S. 144 f., 214 f., Bd. 11, S. 216, 255.

Ich las Darwin, ich las Schopenhauer damals mit Leidenschaft. Doch sowas läßt nach mit der Zeit. Ihre Schlüssel passen ja zu vielen Türen in dem verwunschenen Schloß dieser Welt; aber kein ›hiesiger‹ Schlüssel, so scheint's, und wär's der Asketenschlüssel, paßt jemals zur Ausgangstür.

Aus: *Von mir über mich*. In: *Prosa*. Hrsg. v. Friedrich Bohne. Zürich: Diogenes 1974, S. 31.

André Gide (22. 11. 1869 – 19. 2. 1951):

Als ich *Die Welt als Wille und Vorstellung* von Schopenhauer las, dachte ich sofort: also das ist es!

Notiz vom 20. 12. 1924. In: *Tagebuch 1889–1939*, Bd. III. Deutsch von Maria Schaefer-Rümelin, Stuttgart: Deutsche Verlagsanstalt 1954, S. 32.

Die Erinnerung an die erste Lektüre von Torquato Tasso, den ich kurz darauf las, bleibt unzertrennlich von Schopenhauer. *Die Welt als Wille und Vorstellung* grub eine metaphysische Tiefe unter den Gegenreden des Dialogs zwischen dem Dichter und dem Manne der Tat auf.

Aus: *Herbstblätter*. Deutsch von Ferdinand Hardekopf. Stuttgart: Deutsche Verlagsanstalt 1952, S. 141.

Ich tröstete mich mit Schopenhauer. Voll unbeschreiblichen Entzückens trat ich in seine *Welt als Wille und Vorstellung* ein, las sie von einem Ende zum andern, las sie immer wieder – mit einer Hingegebenheit, der, Monate lang, kein äußerer Zuruf mich entreißen konnte. (...) Schopenhauer ist es, und kein anderer, dem ich meine Einweihung in die Geheimnisse der Philosophie verdanke.

Aus: *Stirb und werde*. Deutsch von Ferdinand Hardekopf. Stuttgart: Deutsche Verlagsanstalt 1930, S. 315–316.

Salomo Friedlaender (›Mynona‹, 4. 5. 1871 – 1. 9. 1946):

Bis zu meinem zwanzigsten Jahr blieb ich philosophisch unwissend und suchte dem Rätsel des Absoluten philosophisch beizukommen. 1890 machte ich aber die Bekanntschaft Schopenhauers, auf welche ich durch poetisch-musikalische Eindrücke, vor allem durch die frühe Lektüre der sogenannten klassischen Dichter vorbereitet war. Ich habe den ersten Band der ›Welt als Wille‹ im Nu verschlungen und mir dadurch die echte Weite meines Horizontes hergestellt: auf meine Ursprünglichkeit wirkte hier der erste echte Bildner ein. Ich lag sieben Jahre im Bann Schopenhauers und lernte durch ihn die Welt Kants und der anderen Philosophen kennen: die ältesten Stimmen Indiens.

Aus: Hans Daiber, *Vor Deutschland wird gewarnt.* 17 exemplarische Lebensläufe. Gütersloh: Sigbert Mohn 1967, S. 37–38.

Es ist in der Ethik eine solche Faßlichkeit des Unfaßlichen, eine solche Tageshelle der Gedanken, daß sie leise hinwegtäuschen kann über die ungemeine Tiefe und Schwierigkeit dieser Lehren. Es ist falsch, daß man Schopenhauer für einen »leichten« philosophischen Autor hält, es ist eine Täuschung, zu der er durch seine durchsichtige Helle verführt: wie *tief* ist aber das so klar Erhellte!

Aus: *Schopenhauer. Seine Persönlichkeit in seinen Werken.* 2 Bde. Mit einer Einleitung von S. Friedlaender. Hrsg. v. Lothar Briefer-Wasservogel. Stuttgart: Lutz 1907, Bd. 1., S. 25.

Christian Morgenstern (6. 5. 1871 – 31. 3. 1914):

»Philosophische Regungen stellten sich ein, Gespräche über Gott und die Welt, Gegrübel über den Sinn der Schöpfung, und es konnte nicht ausbleiben, daß der Gigant Schopenhauer mit seinem bestechenden Scharfsinn und herrlich präzisem Sprachstil die Gedanken des Jungen gefangennahm. Der Lehre von der Wiederverkörperung des Menschen begegnete er zum erstenmal, und sie schlug Wurzel.« *Martin Beheim-Schwarzbach*

in: *C. M. in Selbstzeugnissen und Bilddokumenten.* Reinbek bei Hamburg: Rowohlt 1964, S. 19.

Marcel Proust (10. 7. 1871 – 18. 11. 1922):

Schopenhauer bietet uns das Bild eines Geistes, dessen Vitalität mit Leichtigkeit die gewaltige Lektüre trägt, wobei jede neue Kenntnis unverzüglich auf das Stück Wirklichkeit, den Anteil an Lebendigem reduziert wird, das sie enthält.

Schopenhauer äußert niemals eine Meinung, ohne sie sogleich durch mehrere Zitate zu stützen, doch man spürt, daß die zitierten Texte für ihn nur Beispiele sind, unbewußte und vorausnehmende Anspielungen, in denen es ihm beliebt, Züge seines eigenen Denkens wiederzufinden, die ihn jedoch keineswegs erst angeregt haben ... *Die Aphorismen zur Lebensweisheit* sind vielleicht von allen mir bekannten Werken dasjenige, das bei einem Autor mit der größten Belesenheit, die größte Originalität voraussetzt, so daß Schopenhauer in der Einleitung seines Werkes, von dem jede Seite mehrere Zitate enthält, auf die ernsthafteste Weise der Welt hat versichern können: »Kompilieren ist meine Sache nicht.«

Aus: *Tage des Lesens*. Deutsch von Helmut Scheffel. Frankfurt a. M.: Suhrkamp 1974, S. 49 ff.

Paul Léautaud (18. 1. 1872 – 22. 2. 1956):

Die deutsche Literatur kenne ich wenig und mehr den Namen als den Werken nach. In meiner Antwort hätte ich sagen können, daß ich persönlich Schopenhauer und Lichtenberg weit über den emphatischen Goethe stelle.

Aus: *Literarisches Tagebuch 1893–1956*. Reinbek: Rowohlt 1966. Hrsg. und übersetzt von Hanns Grössel, S. 215.

Theodor Lessing (8. 2. 1872 – 30. 8. 1933):

Mit Lächeln lesen wir heute in Geschichten der Philosophie und hören wir heute in den philosophischen Vorlesungen: Schopenhauer habe das Verdienst, als erster »Zurück auf Kant« gepredigt und somit die herrliche Epoche des »Deutschen Idealismus«, die Philosophie der Bewußtseinsimmanenten, die Phänomenologie, den Fiktionalismus, die moderne intuitive Psychologie und alle die anderen schönen »Richtungen« heraufgerufen zu haben. So haben gerade sie, deren unausrottbares Wesen er bekämpft hat, ihn unschädlich gemacht. So haben sie ihn miteingereiht. So machte man aus dem Menschen, mit dem man nicht das geringste »anfangen« kann (denn was läßt sich damit *machen?*, man kann ja doch nicht durch Verneinung des Lebenswillens Geheimrat werden; man kann ja doch nicht dank Bekämpfung der Landesreligion ein Ordinariat erlangen), so machte man aus dem beunruhigendsten Menschen die beruhigendsten Lehrbuchparagraphen,

die doch immerhin zum Doktorexamen menschenmöglich sind.
Es ist gelungen, ihn zu verwissenschafteln und zu entwirken,
indem man ihn darstellt als einen, der sich auch hinter Kant
gesteckt habe, wodurch man ihn in die Gesellschaft bringen kann
aller der vielen, die sich heute hinter Kant ihre Schutzwehr und
Ungreifbarkeit geschaffen haben. So ist es denn heute, wo der
»Deutsche Idealismus« eine Lebenslüge wurde und Kant kein
minderer Schädling ist als in Schopenhauers Tagen Hegel, so ist
es denn heute nicht im mindesten mehr angebracht, Schopenhauer
darzustellen als den Apostel Paulus der Transzendentalphilosophie. Ich wünsche das Umgekehrte zu tun. Ich möchte zeigen,
nicht wie Schopenhauer den Kant neu zu Ehren brachte, nein,
wie er mit ihm gerungen hat und wie er ihn in sich selber überwand.
(...)

Schopenhauer und Nietzsche waren unsere letzten schöpferischen
und das heißt wirklichkeitsfremden Denker. Was hätte eine
»Schopenhauer-Gesellschaft« für einen Sinn, wenn wir je verkennen wollten unseres Meisters Paroli gegen Kants Naturwissenschaft, ja gegen alle welterklärende Wissenschaft des Abendlandes, wenn wir nichts wären als eine wissenschaftliche Gruppe
unter anderen wissenschaftlichen Gruppen und auch in ihm nur
sähen einen unserer Welterklärer, wo doch gerade das Mißtrauen
gegen Wissenschaft (Wissenschaft im Sinn des Aristoteles, des
Leibniz oder Kant) der eigentliche Kern seines Lebens gewesen
ist. Halten wir fest an dieser Waffe gegen alle Philosophie und
gegen alle Wissenschaft im Geiste bloßer Umwelt und Zeit.
Schopenhauer ist ein zeitloser, unhistorischer, ja ich kann ruhig
sagen: bewußt unwissenschaftlicher Denker. Vertrüben wir das
nicht aus falscher Eitelkeit, Läßlichkeit oder Zeitdienerei. Die
Gegnerschaft Schopenhauers gegen Kant im Theoretischen führt
auf ein letztes Prinzip. Sie ist das Sichwehren des Lebens und der
schöpferischen Seele gegen die Welt des Geistes, in die wir als
zeiträumliche Personen hineingeboren sind.

Schopenhauer verschärfte und umzog die Grenze Kants. Dann
aber zeigte er uns den Ausweg aus dieser Grenze und damit die
Erlösung von aller kausalgenetischen Mechanik, Historie und
Technik. Zu gleicher Zeit mit ihm lebten die drei großen Irrgeister und Nasführer Europas. Daß er inmitten des höchsten

Triumphes des naturwissenschaftlichen und geschichtlichen Denkens, mitten in der Blüte der Entwicklungslehre das reine Auge Goethes bewahrte und als einziger dem großen Hominismus der christlichen Jahrtausende nicht anheim fiel, das war Schopenhauers Größe. Auf dem Boden, welchen Kant verfestigt hatte, gründete Hegel die Geschichtswissenschaft, Darwin die Naturwissenschaft, Marx die Wirtschaftswissenschaft des Abendlands. Schopenhauer erlöste uns von diesen dreien und mithin vom theoretischen *Kant*.

Aus: *Schopenhauer gegen Kant*. In: *XII. Schopenhauer-Jahrbuch*. Heidelberg: Winter 1925, S. 9 f., 17.

Bertrand Russell (18. 5. 1872 – 2. 2. 1970):

Schopenhauer nimmt in vieler Beziehung eine Sonderstellung unter den Philosophen ein. Er ist Pessimist, während fast alle anderen in irgendeinem Sinne Optimisten sind. Wenn er auch nicht so ausgesprochen akademisch ist wie Kant und Hegel, so steht er doch auch nicht gänzlich außerhalb der akademischen Tradition. Er hat eine Abneigung gegen das Christentum und fühlt sich mehr zu den beiden indischen Religionen, dem Hinduismus und dem Buddhismus, hingezogen. Sehr gebildet, interessierte er sich genauso für künstlerische wie für ethische Fragen. Jeglicher Nationalismus ist ihm ungewöhnlich fremd, und in englischen und französischen Schriftstellern kennt er sich ebenso gut aus wie in den Autoren seines Vaterlandes. Auf zünftige Philosophen hat er stets weniger gewirkt als auf Künstler und Literaten, die nach einer glaubwürdigen Philosophie suchten. Mit ihm begann die Betonung des Willens, die für viele philosophische Systeme des neunzehnten und zwanzigsten Jahrhunderts charakteristisch ist; aber für ihn ist der Wille zwar metaphysisch von fundamentaler Bedeutung, ethisch jedoch etwas Böses – ein Gegensatz, der nur bei einem Pessimisten möglich ist. Kant, Plato und die Upanischaden sind, wie er selbst zugibt, die drei Quellen seiner Philosophie, doch verdankt er Plato meines Erachtens nicht soviel, wie er annimmt. Seine Weltanschauung hat in der Stimmung eine gewisse Verwandtschaft mit dem hellenistischen Zeitalter; sie ist müde und kränklich und schätzt den

Frieden höher als den Sieg, den Quietismus höher als Reformversuche, die er für unvermeidlich ergebnislos hält.

(...)

Historisch sind zwei Dinge bei Schopenhauer wichtig: sein Pessimismus und seine Lehre, daß der Wille höher stehe als die Erkenntnis. Sein Pessimismus ermöglichte es den Menschen, sich die Philosophie zu Herzen zu nehmen, ohne sich dabei einreden zu müssen, daß alles Böse sich wegerklären lasse; und auf diese Weise, als Gegengift, war er nützlich. Vom wissenschaftlichen Standpunkt lassen sich sowohl gegen den Optimismus wie gegen den Pessimismus Einwände erheben: Der Optimismus setzt voraus oder sucht zu beweisen, daß die Welt zu unserem Vergnügen, der Pessimismus, daß sie zu unserem Mißvergnügen da ist. Wissenschaftlich ist durch nichts erwiesen, daß es im einen oder anderen Sinne überhaupt auf uns ankommt. Es ist einfach eine Sache der Veranlagung, nicht der Vernunft, ob man Optimist oder Pessimist ist, doch finden wir bei den abendländischen Philosophen weit häufiger die optimistische Veranlagung. Ein Vertreter der Gegenseite dürfte daher insofern nützlich sein, als er die Menschen veranlaßt, über Dinge nachzudenken, die sie sonst übersehen würden.

Bedeutender noch als sein Pessimismus war die Lehre vom Primat des Willens. Natürlich steht diese Lehre nicht in einem notwendigen logischen Zusammenhang mit dem Pessimismus, und diejenigen, die sich nach Schopenhauer zu ihr bekannten, sahen darin häufig eine Grundlage für den Optimismus. Die Lehre vom Primat des Willens ist in dieser oder jener Form von vielen modernen Philosophen vertreten worden, vor allem von Nietzsche, Bergson, James und Dewey. Überdies hat sie auch außerhalb der Kreise zünftiger Philosophen große Beliebtheit gewonnen. Und je höher der Wille auf der Wertskala stieg, um so tiefer sank die Erkenntnis. Nach meiner Überzeugung ist das die größte Wandlung, die der Charakter der Philosophie in unserer Zeit durchgemacht hat. Sie wurde von Rousseau und Kant vorbereitet, mit aller Deutlichkeit aber zuerst von Schopenhauer verkündet.

Aus dem Schopenhauer-Kapitel der *Philosophie des Abendlands* [A History of Western Philosophy]. Deutsch von Elisabeth Fischer-Wernecke und Ruth Gillischewski. Wien: Europa 1975, S. 762, 767 f.

Ludwig Klages (10. 12. 1872 – 29. 7. 1956):

Er verhält sich in der Beziehung zu den Philosophen ähnlich wie zu den Dichtern Heine. Man kann seine Bücher genau wie die Bücher Heines als vorzügliche Reiselektüre mit sich führen ... Für wichtiger und entscheidender aber halten wir, was nun allerdings das »Geheimnis« des Schopenhauerschen Genius ausmacht: ... Schopenhauer bezeichnet als Denker wie Heine als Wortkünstler, Byron als Dichter den bisher lebensgefährlichsten Bruchpunkt der Menschheit: nicht *eine* Kultur, sondern jede dagewesene Kultur, kürzer die »Kultur« selber bricht zusammen, und die besinnlichen Geister der fortan entwurzelten Menschheit sehen alles: die Wahrheit, die Werte, das Leben, schließlich das ganze äußere, das ganze innere All im Licht einer so zuvor nicht erlebten Fragwürdigkeit.

Aus: *Schopenhauer in seiner Handschrift*. In: ›Zeitschrift für Menschenkunde‹. Hrsg. v. Hans v. Hattenberg und Niels Kampmann. 1. Jg., Heft 5. Celle: Kampmann 1926, S. 5.

William Somerset Maugham (25. 1. 1874 – 16. 12. 1965):

Schriftsteller wurden seit je von Philosophen angezogen, die Gefühlswerte in nicht zu schwer verständlicher Sprache behandelten, also von Schopenhauer, Nietzsche und Bergson. Es war auch unvermeidlich, daß die Psychoanalyse die Autoren gefangennehmen werde. Sie bot dem Romancier große Möglichkeiten. Er wußte, wie viel er seinem eigenen Unterbewußtsein verdankte ...

In die Philosophie wurde ich durch Kuno Fischer eingeführt, dessen Vorlesungen ich besuchte, als ich in Heidelberg war. Er hatte einen großen Ruf und las jenen Winter über Schopenhauer. Der Kurs war überfüllt, und man mußte sich zeitig anstellen, einen guten Platz zu bekommen ... Er war Humorist, und hie und da gab es während seiner Vorlesungen enormes Gejohle unter den Studenten. Er hatte eine laute Stimme und war ein lebhafter, eindrucksvoller Redner. Ich war zu jung und zu dumm, um viel davon zu verstehen, aber ich bekam einen ganz klaren Eindruck von Schopenhauers seltsamer und origineller Persönlichkeit und ein verworrenes Gefühl der dramatischen

Werte und der romantischen Qualität seiner Theorie. Ich zögere, nach so vielen Jahren eine Ansicht zu äußern, aber ich habe den Eindruck, Kuno Fischer behandelte diese Theorie mehr als Kunstwerk, denn als ernsten Beitrag zur Metaphysik.
(...)

Inspiriert durch Kuno Fischers Vorlesungen begann ich Schopenhauer zu lesen und las so ziemlich alle bedeutenden Werke dieses großen, klassischen Philosophen. Obzwar ich nicht sehr viel verstand (vielleicht verstand ich weniger als ich vermutete), habe ich doch alles mit leidenschaftlichem Interesse gelesen ... Ich las nicht mit kritischen Sinnen, sondern so, als lese ich einen Roman, aus Vergnügen und in Aufregung. (Ich habe bereits gestanden, daß ich Romane nicht zu Studienzwecken, sondern des Vergnügens wegen lese. Ich bitte den Leser um Nachsicht.)

Einer, der mich immer langweilte, war hingegen Hegel ... Ich fand ihn so entsetzlich breit, und ich konnte mich mit den Taschenspielertricks nicht befreunden, mit denen er alles zu beweisen schien, was er im Sinne hatte zu beweisen. Vielleicht war ich auch durch den Zorn eingenommen, mit dem Schopenhauer immer von ihm sprach ...

Aus: *Rückblick auf mein Leben* [The Summing up]. Deutsch von Ralph Benatzky. Zürich: Rascher 1948, S. 211, 213 ff.

Hugo von Hofmannsthal (1. 2. 1874 – 15. 7. 1929)

»Hofmannsthal bekennt sich zu Nietzsche. Doch ... nicht um Nietzschenachfolge oder Nietzscheexegese geht es bei Hofmannsthal, sondern um die Auseinandersetzung mit ihm. Es galt, gegenüber seiner Lehre vom Primat des Lebens die Würde des ortlos gewordenen Geistes zu retten. Das aber gelang ihm mit Hilfe von Schopenhauer und seiner Lehre von der Intellektualität der Anschauungen. Insofern liest Hofmannsthal Nietzsche mit den Augen Schopenhauers. Nur so war es möglich, ›dem Leben zu halten, was uns das Leben verspricht‹, und doch den Raum des Humanen zu verteidigen.« *Hans Steffen*

in: *Schopenhauer, Nietzsche und die Dichtung Hofmannsthals.* In: *Nietzsche – Werk und Wirkung.* Hrsg. v. Hans Steffen. Göttingen: Vandenhoek & Ruprecht 1974, S. 85.

Karl Kraus (28. 4. 1874 – 12. 6. 1936):

Es verletzt in nichts den Respekt vor Schopenhauer, wenn man die Wahrheiten seiner kleinen Schriften manchmal als Geräusch empfindet. Er klagt über das Türenzuschlagen, und wie deutlich wirkt seine Klage! Man hört förmlich, wie sie zugeschlagen werden – die offenen Türen.

Aus: *Sprüche und Widersprüche*. Frankfurt a. M.: Suhrkamp 1966, S. 136.

Max Scheler (22. 8. 1874 – 19. 5. 1928)

»Von Grund auf fatalistisch muß auch die Kultursoziologie Schelers genannt werden. Der Begriff des »Schicksals« hat bei ihm den Goldgrund, den – nach einem Wort Schelers – Nietzsche in den Lebensbegriff gebracht hat. Zufall und Verhängnis bleiben die einzig realen Mächte in der Welt der Geschichte, die eine Welt des Scheiterns sei. ›Im gleichen gewaltigen Bild der endlichen Katastrophe, gegen die der Wille des Schiffers nichts vermag ... faßt sich auch Schopenhauers Pessimismus zusammen; auf diesen Schiffbruch steuert der blinde Wille und dieses Ende ist fatal vorherbestimmt, ob auch Bewußtsein ihm auf seiner von allem Anbeginn vorgezeichneten Fahrt leuchte.‹ Aber während bei Schopenhauer die endliche Erfüllung menschlichen Glückverlangens das Maß der pessimistischen Abwendung vom Trubel der Gesellschaft bildet, kennt Scheler diesen alten aufklärerischen Impuls nicht mehr. Bei ihm erscheint menschliches Leiden nur mehr verklärt wie bei der heutigen Existenzphilosophie, die in der phänomenologischen Beschreibung der Existentialien Angst, Sorge, Furcht und Verfallenheit den Analysen Schelers mehr verdankt als sie es wahrhaben möchte. In der Weltauslegung Schopenhauers ist zum Unterschied von den heutigen Philosophemen noch ein Bewußtsein lebendig, daß dies alles auch anders, nämlich vernünftig und gerecht sein könnte. Schopenhauer besitzt noch etwas von jenem Wissen um ein besseres Dasein, ohne welches Philosophie zu allen Zeiten sich nur zum Fürsprecher des faktisch Bestehenden gemacht hat. Heidegger ist hierfür ein lehrreiches Exempel.« *Kurt Lenk*

in: *Schopenhauer und Scheler*. In: *XXXVII. Schopenhauer-Jahrbuch*. Frankfurt a. M.: Kramer 1956, S. 63 f.

Albert Schweitzer (14. 1. 1875 – 4. 9. 1965):

Lieber Herr Professor. Ich danke Ihnen herzlich, daß Sie sich mit meiner Ethik der Ehrfurcht vor dem Leben beschäftigt haben. Ausgiebig habe ich in meinem Buche »Kultur und Ethik«, das 1923 deutsch und später englisch und in anderen Sprachen erschienen ist, über Ethik geschrieben. In diesem Buche setze ich mich mit Schopenhauer, den indischen Denkern und aller mit Ethik beschäftigten Philosophie auseinander. Für mich ist Schopenhauer der Denker Europas, der sich zum ersten Mal in natürlicher und tiefer Weise mit Ethik abgegeben hat. Ich wurde mit seiner Philosophie schon in meiner Jugend bekannt. Meiner Ansicht nach ist die Ethik der Ehrfurcht vor dem Leben als einzige im Stande, die Beziehungen zwischen Individuum und Volk und zwischen Volk und Volk herzustellen. In unserer Zeit ist sie die einzige, die die Völker miteinander zum Verzicht auf Atomwaffen bringen kann. Sie läßt sie miteinander aus der Unmenschlichkeit zur Menschlichkeit gelangen. Die Rechtswissenschaft steht in Beziehung zur Ethik, insofern als sie das Allgemeinste des ethischen Verhaltens des Menschen zur menschlichen Gesellschaft festzulegen und ihm allgemeine Anerkennung zu verschaffen sucht. Die höheren ganz individuellen Ideale kann sie nicht festlegen. Diese bewegen sich in der Atmosphäre der Hingabe an die andern, der Liebe und der Barmherzigkeit, die man nicht vorschreiben kann. Sie müssen im Denken der Menschen aufkommen und ihn zu höchster Menschlichkeit nötigen, und so Völker entstehen lassen, die den Charakter ethischer Persönlichkeiten haben. Das ist das große Problem unserer Zeit. Verbleiben die Völker miteinander in der unmenschlichen Gesinnung, den Kampf mit Atomwaffen führen zu wollen, so erleben sie die gegenseitige Vernichtung. Erheben sie sich aber zu tiefer Menschlichkeit, die sie nötigt und es ihnen ermöglicht, die Atomwaffen abzuschaffen, können sie weiter existieren. Wenn die Völker sich zu tiefer Menschlichkeit bekehren, können sie zu einander das Vertrauen fassen, das ihnen die Abschaffung der Atomwaffen ermöglicht. Zur Zeit versuchen sie es in gewöhnlichen Verhandlungen zu erreichen, die sich als absolut aussichtslos erwiesen haben . . .

Brief an Giorgio del Vecchio am 30. Juni 1961. In: *XXXXVII. Schopenhauer-Jahrbuch*. Frankfurt a. M.: Kramer 1966, S. 129.

Thomas Mann (6. 6. 1875 – 12. 8. 1955):

Mehr als einmal, in Erinnerungen und Geständnissen habe ich von dem erschütternden, in merkwürdigster Mischung zugleich berauschenden und erziehlichen Erlebnis berichtet, das die Bekanntschaft mit der Philosophie Arthur Schopenhauers dem Jüngling bedeutete, der ihm in dem Roman von den ›Buddenbrooks‹ ein Denkmal gesetzt hat. Der unerschrockene Wahrheitsmut, der die Sittlichkeit der analytischen Tiefenpsychologie ausmacht, war mir in dem Pessimismus einer naturwissenschaftlich bereits gewappneten Metaphysik bereits entgegengetreten. Diese Metaphysik lehrte in dunkler Revolution gegen den Glauben von Jahrtausenden den Primat des Triebes vor Geist und Vernunft, sie erkannte den *Willen* als Kern und Wesensgrund der Welt, des Menschen so gut wie aller übrigen Schöpfung, und den Intellekt als sekundär und akzidentiell, als des Willens Diener und schwache Leuchte. Nicht aus antihumaner Bosheit tat sie das, die das schlechte Motiv geistfeindlicher Lehren von heute ist, sondern aus der strengen Wahrheitsliebe eines Jahrhunderts, das den Idealismus *aus* Idealismus bekämpfte.

Aus: *Freud und die Zukunft.* In: *Adel des Geistes.* Versuche zum Problem der Humanität. Stockholm: Bermann-Fischer 1945, S. 501 f.

Schopenhauer – vergessen? Bei mir nicht! Er war doch ein gewaltiger Schriftsteller, und sein System bleibt ein bewundernswertes Kunstwerk ... Er hat Freud anticipiert vor Nietzsche, der immer sein Schüler blieb. Seine ganze Setzung des Verhältnisses von Wille und Intellekt ist ja im Grunde Enthüllungs-, Demaskierungspsychologie.

Aus einem Brief vom 17. April 1954 an Ludwig Marcuse. In: *Briefe von und an L. M.* Hrsg. v. Harold von Hofe. Zürich: Diogenes 1975, S. 118.

Carl Gustav Jung (26. 7. 1875 – 6. 6. 1961):

Hegel schreckte mich ab durch seine ebenso mühsame wie anmaßende Sprache, die ich mit unverhohlenem Mißtrauen beobachtete. Er kam mir vor wie einer, der in seinem eigenen Wörtergebäude eingesperrt war und sich dazu noch mit stolzer Gebärde in seinem Gefängnis erging.

Der große Fund meiner Nachforschung aber war Schopenhauer. Er war der erste, der vom Leiden der Welt sprach, welches uns sichtbar und aufdringlich umgibt, von Verwirrung, Leidenschaft, Bösem, das alle anderen kaum zu beachten schienen und immer in Harmonie und Verständlichkeit auflösen wollten. Hier war endlich einer, der den Mut zur Einsicht hatte, daß es mit dem Weltengrund irgendwie nicht zum besten stand. Er sprach weder von einer allgültigen und allweisen Providenz der Schöpfung, noch von einer Harmonie des Gewordenen, sondern sagte deutlich, daß dem leidensvollen Ablauf der Menschheitsgeschichte und der Grausamkeit der Natur ein Fehler zugrunde lag, nämlich die Blindheit des weltschaffenden Willens. Ich fand dies bestätigt durch meine frühen Beobachtungen von kranken und sterbenden Fischen, von räudigen Füchsen, erfrorenen oder verhungerten Vögeln, von der erbarmungslosen Tragödie, die eine blumengeschmückte Wiese verbirgt: Regenwürmer, die von Ameisen zu Tode gequält werden, Insekten, die einander Stück für Stück auseinander reißen usw.; aber auch meine Erfahrungen am Menschen hatten mich alles andere als den Glauben an ursprüngliche menschliche Güte und Sittlichkeit gelehrt. Ich kannte mich selber gut genug, um zu wissen, daß ich mich sozusagen nur graduell von einem Tier unterschied.

Schopenhauers düsteres Gemälde der Welt fand meinen ungeteilten Beifall, nicht aber seine Problemlösung. Es war mir sicher, daß er mit seinem ›Willen‹ eigentlich Gott, den Schöpfer, meinte und diesen als »blind« bezeichnete. Da ich aus Erfahrung wußte, daß Gott durch keine Blasphemie gekränkt wurde, sondern sie im Gegenteil sogar fordern konnte, um nicht nur die helle und positive Seite des Menschen, sondern auch dessen Dunkelheit und Widergöttlichkeit zu haben, so verursachte mir Schopenhauers Auffassung keine Beschwerden. Ich hielt sie für ein durch die Tatsachen gerechtfertigtes Urteil. Um so mehr aber enttäuschte mich sein Gedanke, daß der Intellekt dem blinden Willen nur dessen Bild entgegenhalten müsse, um diesen zur Umkehr zu veranlassen. Wie konnte der Wille überhaupt dies Bild sehen, da er ja blind war? Und warum sollte er, auch wenn er es sehen könnte, dadurch bewogen werden, umzukehren, da das Bild ihm gerade das zeigen würde, was er ja wollte? Und was war der Intellekt? Er ist Funktion der menschlichen Seele, kein Spiegel, sondern ein infinitesimales Spiegelchen, das ein

Kind der Sonne entgegenhält und erwartet, daß sie davon geblendet würde. Das erschien mir als völlig inadaequat. Es war mir rätselhaft, wie Schopenhauer auf eine derartige Idee verfallen konnte.

Das veranlaßte mich, ihn noch gründlicher zu studieren, wobei ich in zunehmendem Maße von seiner Beziehung zu Kant beeindruckt wurde. Ich begann daher, die Werke dieses Philosophen, vor allem die ›Kritik der reinen Vernunft‹, mit vielem Kopfzerbrechen zu lesen. Meine Bemühungen lohnten sich, denn ich glaubte den Grundfehler in Schopenhauers System entdeckt zu haben: er hatte die Todsünde begangen, eine metaphysische Aussage zu machen, nämlich ein bloßes noumenon, ein »Ding an sich« zu hypostasieren und zu qualifizieren. Dies ergab sich aus Kants Erkenntnistheorie, welche für mich eine womöglich noch größere Erleuchtung als Schopenhauers »pessimistisches« Weltbild bedeutete.

Diese philosophische Entwicklung erstreckte sich von meinem siebzehnten Lebensjahr bis weit in die Jahre meines Medizinstudiums hinein. Sie hatte eine umwälzende Aenderung meiner Einstellung zu Welt und Leben im Gefolge ...

Sobald ich allein zu Hause oder in der Natur war, kamen Schopenhauer und Kant wieder mächtig zurück und mit ihnen die große »Gotteswelt«. Meine naturwissenschaftlichen Kenntnisse waren auch darin enthalten und erfüllten das große Gemälde mit Farben und Gestalten. Meine Bekümmernisse um die Berufswahl sanken als eine kleine Episode in den neunziger Jahren des XIX. Jahrhunderts unter den Horizont.

Aus: *Erinnerungen, Träume, Gedanken.* Aufgezeichnet und herausgegeben von Aniela Jaffé. Stuttgart/Zürich: Rascher 1963.

Rainer Maria Rilke (4. 12. 1875 – 29. 12. 1926):

Trotzdem

Manchmal vom Regal der Wand
hol ich meinen Schopenhauer,
einen ›Kerker voller Trauer‹
hat er dieses Sein genannt.

> So er recht hat, ich verlor
> nichts: in Kerkereinsamkeiten
> weck ich meiner Seele Saiten
> glücklich wie einst Dalibor.

Aus: *Sämtliche Werke.* Bd. 1. Frankfurt a. M.: Insel 1955, S. 35.

Herbert Eulenberg (25. 1. 1876 – 4. 9. 1949):

Sein Stolz war, viel zu denken und wenig zu schreiben, und dies Wenige in einer so klaren und schönen Sprache, daß jeder Deutsche, wofern er nur selbst denken will, es verstehen kann.

Aus: *Schattenbilder.* Düsseldorf-Kaiserswerth: Die Fähre 1949, S. 272.

Alfred Kubin (10. 4. 1877 – 20. 8. 1959):

Ich wandte mich nun wieder Büchern zu und geriet zufällig an die Schopenhauerschen Parerga. Ich wurde von der Lektüre unglaublich ergriffen, fasziniert sah ich hier ganz eigenartiges Denken dargelegt; ich hatte gar keine Ahnung gehabt, daß es so etwas gäbe. Ich grübelte darüber nach, bestätigte immer wieder und wurde schließlich ganz konfus bei diesen Dingen.

Aus: *Die andere Seite.* Phantastischer Roman. Mit einer Selbstbiographie des Künstlers. München: Georg Müller 1923, S. xviii.

Hermann Hesse (2. 7. 1877 – 9. 8. 1962):

Mit Schopenhauer begann ich mich schon in jenen Jünglingsjahren, in denen Nietzsche meine Hauptlektüre war, zu beschäftigen. Je mehr Nietzsche dann in den Hintergrund trat, desto mehr fühlte ich mich zu Schopenhauer hingezogen, um so mehr als ich, von ihm unabhängig, schon früh einige Kenntnis der indischen Philosophie bekam.

Die spätere intensivere Beschäftigung mit indischer und dann mit chinesischer Geistesart war es wohl, die mich abhielt, so viel Schopenhauer zu lesen, wie ich es sonst getan hätte; so ist es gekommen, daß ich »Die Welt als Wille und Vorstellung« zwar vielmals in Händen gehabt, aber doch nur ein einziges Mal ganz und konsequent gelesen habe. In späteren Jahren, als mich mehr und mehr auch die Historie anzuziehen begann, stieß ich immer häufiger auf Schopenhauers Spuren und auf die Ergebnisse seiner Einwirkung, namentlich auch bei jenem Historiker, den ich als den größten deutschen Geschichtsschreiber verehre, bei Jacob Burckhardt.

Aus: *Gesammelte Werke 12*. Schriften zur Literatur 11. Hrsg. von Volker Michels. Frankfurt a. M.: Suhrkamp 1970, S. 257 f.

Egon Friedell (21. 1. 1878 – 16. 3. 1938):

Daß Schopenhauer erst so spät, dann aber mit so außerordentlicher Macht zu wirken begann, erklärt sich aus dem Wandel der Zeitform nach 1848, die, im Gegensatz zu der vorhergegangenen, eine eigentümliche Mischung aus Voluntarismus und Pessimismus darstellte. Für das breite Publikum war Schopenhauer der Würgengel der kompromittierten Hegelschen Ideologie und das Sprachrohr des politischen Katzenjammers der Reaktionszeit ... Es handelte sich also um den Fall eines *berechtigten Erfolges durch Mißverständnis,* ähnlich wie bei Spengler, dessen Werk ebenfalls nicht durch seine seltene Originalität und Spannweite siegte, sondern durch die Stimmung der Nachkriegszeit, die im Untergang des Abendlandes eine Art verzweifelten Trosts für das erlittene Fiasko erblickte. Beide zeigen uns auch, daß die epochebildenden Denksysteme fast niemals von den behördlich approbierten Berufsphilosophen auszugehen pflegen, eine Tatsache, die sich durch die ganze Geschichte der Philosophie verfolgen läßt. Die historisch wirksamen Denker sind in Griechenland Tagediebe gewesen wie Sokrates, Protagoras, Diogenes, in England Staatspersonen wie Bacon, Locke, Hume, in Frankreich Kavaliere wie Montaigne, Descartes, Larochefoucauld, aber niemals Professoren. Eine Ausnahme macht nur die Zeit der deutschen Klassiker, weil damals entweder der Universitätsbetrieb so vergeistigt oder der Philosophiebetrieb zu verzünftelt war; wir werden wohl das erstere annehmen dürfen. Übrigens wird die echte Philosophie von den Laien nicht nur geschaffen, sondern auch zuerst entdeckt und rezipiert; die Fachphilosophie hat gegen sie immer so lange wie möglich die Stellung der aktiven und passiven Resistenz eingenommen und sie, wenn sie sie endlich zulassen mußte, nur dazu benützt, die inzwischen heraufgekommene jüngere Philosophie zu diskreditieren: selbst der vortreffliche Kuno Fischer ließ sich keine Gelegenheit entgehen, Schopenhauer gegen Nietzsche auszuspielen.

(...)

Schopenhauer ist, wie Nietzsche sogleich erkannte, ein Erzieher. Seine Schriften gehören dem Inhalt nach in die Gattung der »Imitatio Christi«, der Konfessionen Augustins, der Selbstbetrachtungen Marc Aurels und Montaignes, der Form nach unter die Meisterwerke der Prosamalerei. Man kann ihn als Stilisten nur mit einem antiken Autor vergleichen: kein Neuerer vermag in diesem Maße Biegsamkeit mit Lapidarität, Temperament mit Würde, Ornamentik mit Natürlichkeit zu verbinden. Schopenhauer sagt einmal über den berufenen Schriftsteller (womit er natürlich wiederum sich selber meint), er spreche *wirklich* zum Leser, er liefere Gemälde, während der Alltagsschreiber bloß mit Schablonen male. In der Tat ist seine Rede ein lebendiger, höchst persönlicher Verkehr mit dem Leser; alle seine Sätze sind in Bau und Rhythmus, in Wahl und Stellung jedes einzelnen Worts von seiner einmaligen Individualität imprägniert, jede Metapher, jede Antithese, ja jedes Zitat ist innerlich erlebt. Seine Sprache, völlig unimpressionistisch, »klassisch« im doppelten Sinne des Worts, steht wie die griechische jenseits von Popularität und Gelehrsamkeit. Seine Philosophie hingegen hat viel mehr Zusammenhänge mit dem »Windbeutel« Fichte und dem »Unsinnschmierer« Schelling als mit Kant und den Klassikern: sie ist in ihrem Irrationalismus und Pessimismus, Ästhetizismus und Aristokratismus, Geniekult und (unterirdischen) Katholizismus die reifste und reichste Blüte der Romantik.

Aus: *Kulturgeschichte der Neuzeit*. München: C. H. Beck 1965, S. 1225 f., 1234.

Professor Jodl erschien, ein wenig vornübergebeugt, älter als seine Jahre, offenbar infolge des vielen Nachdenkens über die Widersprüche in den Systemen der Philosophen, bat mich höflich, Platz zu nehmen, reinigte umständlich seine Brille und fragte währenddessen: »Nun, Herr Kandidat, worin besteht denn eigentlich das proton pseudos der Schopenhauerischen Philosophie?« Wäre ich damals schon so frech gewesen wie heute, so hätte ich vermutlich erwidert: »Verehrter Herr Professor, für mich gibt es in der Philosophie Schopenhauers weder ein proton pseudos noch ein deuteron pseudos, denn ich halte diese Philosophie für absolut vollkommen, fehlerlos und unwiderleglich. Aber wenn Sie anderer Ansicht sind, so setzen Sie es mir bitte auseinander; es wird mich sehr interessieren.« Aber dann wäre herausgekommen, daß ich nicht ein einziges Mal in Jodls Kolleg war, was ihn möglicherweise gegen mich ungünstig beeinflußt hätte, und infolgedessen tat ich, was sich für Prüfungskandidaten in den meisten Fällen am besten empfiehlt: ich schwieg.

Aus: *Der Irrtum Schopenhauers*. In: ›Das blaue Heft‹. Hrsg. v. Max Epstein. iv. Jg., Nr. 2, 1. November 1922, S. 71 f.

Georg Kaiser (25. 11. 1878 – 4. 6. 1945)

»Schon als Kaufmannslehrling hatte Georg Kaiser zwischen Zuckersäcken seinen Schopenhauer gelesen. Die Lektüre blieb durch die gesamte Produktion derart wirksam, daß man überall dort, wo man in Georg Kaisers Werk Karl Marx erwartet, schließlich Schopenhauer vorfindet. Georg Kaiser als *Widersacher der Sitten und Formeln seiner Mitzeit* ist viel unmittelbarer von Schopenhauers *Aphorismen zur Lebensweisheit* und von Darwinschen als von Marxschen Thesen bestimmt.« *Walther Huder*

in seinem Nachwort zu G. K., *Stücke · Erzählungen · Aufsätze · Gedichte* Hrsg. v. Walther Huder. Köln: Kiepenheuer & Witsch 1966, S. 773.

Albert Einstein (14. 3. 1879 – 18. 4. 1955)

»Manche Philosophen liest man gern, weil sie in schöner Sprache über alle möglichen Dinge mehr oder weniger oberflächliche und dunkle Äußerungen machen, die oft ein Gefühl erregen wie eine schöne Musik und einem zu angenehmen Träumereien über die Welt Anlaß geben. Ein solcher Autor war für Einstein vor allem Schopenhauer, den er gerne las, ohne seine Ansichten irgendwie ernst zu nehmen. In dieselbe Gruppe gehören auch Philosophen wie Nietzsche. Einstein las sie, wie er sich manchmal ausdrückte, zur ›Erbauung‹, wie andre einer Predigt in der Kirche zuhören.« *Philipp Frank*

in: *Einstein, sein Leben und seine Zeit*. München: List 1949, S. 90.

Oswald Spengler (29. 5. 1880 – 8. 5. 1936):

Der moralische Imperativ als Form der Moral ist faustisch und nur faustisch. Es ist völlig belanglos, ob Schopenhauer theoretisch den Willen zum Leben verneint oder ob Nietzsche ihn bejaht sehen will. Diese Unterscheidungen liegen an der Oberfläche. Sie bezeichnen einen persönlichen Geschmack, ein Temperament. Wesentlich ist, daß auch Schopenhauer die ganze Welt als Willen *fühlt*, als Bewegung, Kraft, Richtung; darin ist er der Ahnherr der gesamten ethischen Modernität.
(...)
Das faustische Weltgefühl der *Tat,* wie es von den Staufen und Welfen bis auf Friedrich den Großen, Goethe und Napoleon in jedem großen Menschen wirksam war, verflachte zu einer Philosophie der *Arbeit,* wobei es für den inneren Rang gleichgültig ist, ob man sie verteidigt oder verurteilt. Der Kulturbegriff der Tat und der zivilisierte Begriff der Arbeit verhalten sich wie die Haltung des aischyleischen Prometheus zu der des Diogenes. Der eine ist ein Dulder, der andere ist faul. Galilei, Kepler, Newton brachten es zu wissenschaftlichen Taten, der moderne Physiker *leistet gelehrte Arbeit.* Plebejermoral auf der Grundlage des alltäglichen Daseins und des »gesunden Menschenverstandes« ist es, was trotz aller großen Worte von Schopenhauer bis zu Shaw jeder Lebensbetrachtung zugrunde liegt.
(...)
Kant redet in unzulänglichen Worten, hinter denen sich eine gewaltige, schwer zugängliche Intuition verbirgt, von der Welt als Erscheinung; Schopenhauer nennt das die Welt als Gehirnphänomen. In ihm vollzieht sich die Wendung der tragischen Philosophie zum philosophischen Plebejertum. Es genügt, eine Stelle zu zitieren. In der »Welt als Wille und Vorstellung« (II, Kapitel 19) heißt es: »Der Wille, als das Ding an sich, macht das innere, wahre und unzerstörbare Wesen des Menschen aus: an sich selbst ist er jedoch bewußtlos. Denn das Bewußtsein ist bedingt durch den Intellekt, und dieser ist ein bloßes Akzidenz unseres Wesens; denn er ist eine Funktion des Gehirns, welches, nebst den ihm anhängigen Nerven und Rückenmark, eine bloße Frucht, ein Produkt, ja insofern ein Parasit des übrigen Organismus ist, als es nicht direkt eingreift in dessen inneres Getriebe,

sondern dem Zweck der Selbsterhaltung bloß dadurch dient, daß es die Verhältnisse desselben zur Außenwelt reguliert.« Das ist genau die Grundansicht des seichtesten Materialismus. Nicht umsonst war Schopenhauer, wie einst Rousseau, zu den englischen Sensualisten in die Lehre gegangen. Dort lernte er Kant im Geiste der großstädtischen, aufs Zweckmäßige gerichteten Modernität mißverstehen. Der Intellekt als Werkzeug des Willens zum Leben, als Waffe im Kampf ums Dasein, das, was Shaw in eine groteske dramatische Form gebracht hat, dieser Weltaspekt Schopenhauers war es, der ihn beim Erscheinen von Darwins Hauptwerk (1859) mit einem Schlage zum Modephilosophen machte. Er war im Gegensatz zu Schelling, Hegel und Fichte der einzige, dessen metaphysische Formeln dem geistigen Mittelstand ohne Schwierigkeit eingingen. Seine Klarheit, auf die er stolz war, ist in jedem Augenblick in Gefahr, sich als Trivialität zu enthüllen. Hier konnte man, ohne auf Formeln zu verzichten, die eine Atmosphäre von Tiefsinn und Exklusivität um sich breiteten, die gesamte zivilisierte Weltanschauung sich zu eigen machen. Sein System ist *antizipierter Darwinismus,* dem die Sprache Kants und die Begriffe der Inder nur zur Verkleidung dienten. In seinem Buche »Über den Willen in der Natur« (1835) finden wir schon den Kampf um die Selbstbehauptung in der Natur, den menschlichen Intellekt als die wirksamste Waffe in ihm, die Geschlechtsliebe als die unbewußte Wahl aus biologischem Interesse.

Aus: *Der Untergang des Abendlandes.* Umrisse einer Morphologie der Weltgeschichte. München: C. H. Beck 1963, S. 436, 454, 473 f.

Hermann Graf Keyserling (21. 7. 1880 – 26. 4. 1946):

Die Weltanschauung, die Schopenhauer wirklich vertritt, weil er sie in seinem Wesen verkörpert, ist nicht die abstrakte Kosmologie, welche den Namen »die Welt als Wille und Vorstellung« führt – diese Weltkonstruktion hat als solche mit Schopenhauer wenig zu tun, sie ist nicht erlebt, sondern erkannt, nicht erwachsen, sondern gemacht, aus vielfältigen Elementen zusammengefügt –: die Weltanschauung, welche Schopenhauer verkörpert und die daher von elementarer Wirkung ist, ist die Philosophie vom ohnmächtigen Willen und der allvermögenden, allerlösenden Form. Schopenhauer hat das ethische Moment durch ein ästhetisches ersetzt, die innere Kraft durch äußere Kultur.

Der größte Artist, von dem ich wüßte, ist Arthur Schopenhauer gewesen. Er ist der Essayist, der Feuilletonist, der schreibgewandte Dilettant als Gott. Seine Weltanschauung stellt das großartigste Produkt einer mißglückten Verinnerlichung dar. Daher bedeutet sie dem Ungewarnten eine ernstliche Gefahr. Schopenhauer muß wirken, denn er war ein großer Geist, ein Geist wie es nur ganz wenige gegeben hat. Und er kann nicht bildend, sondern nur verbildend wirken, weil sein Lebenswerk ein verfehltes war.

Aus: *Schopenhauer als Verbilder*. Leipzig: Eckardt 1910, S. 108, 127.

James Joyce (2. 2. 1882 – 13. 1. 1941):

He would of curse melissciously, by his fore feelhers, flexors, contractors, depressors and extensors, lamely, harry me, marry me, bury me, bind me, till she was puce for shame and allso fourmish her in Spinner's housery at the earthsbest schoppinhour so summery as his cottage, which was cald fourmillierly Tingsomingenting, groped up.

Aus: *The Ondt and the Gracehoper, Finnegans Wake*. London: Faber & Faber 1939, S. 414.

Otto Flake (29. 10. 1882 – 10. 11. 1963):

Die dritte Unzeitgemäße behandelt Schopenhauer als Erzieher und kam 1874 auf den Markt. Wir greifen den Abschnitt über den Goethemenschen, den Goethedeutschen heraus. Den Energien, die sich in Goethe wie in einer Wolke vereinigt haben, entspringt »kein Blitz. Man sollte denken, daß Faust durch das überall bedrängte Leben als unersättlicher Empörer und Befreier geführt werde als die verneinende Kraft aus Güte, als der gleichsam religiöse und dämonische Genius des Umsturzes. Aber man irrt sich, der Mensch Goethes haßt jedes Gewaltsame, jeden Sprung. Das heißt aber, er haßt die Tat... Der Schopenhauerische Mensch nimmt das freiwillige Leiden der Wahrhaftigkeit auf sich.«

Ein Philosoph mit Tiefgang kann dem Umsturz gerecht werden, indem er ihn als Notwendigkeit und Schicksal des in Not, Kausalität, Unfreiheit verstrickten Menschen ansieht. Aber die Verneinung aus Güte ist eine frappante Wendung, die einem sentimentalen Anarchisten entschlüpfen könnte und an gewisse

Sozialrevolutionäre der Frühzeit erinnert. In diesem Zusammenhang darf man überlegen, wie Nietzsche sich entwickelt hätte, wenn er vom gleichen Fatum, das ihn zum musterhaften Adepten der Philologie machte, in Leipzig Literatenkreisen zugeführt worden wäre, die ihr Evangelium in Krapotkin und der gerade gegründeten Internationale erblickten. Auch sie erklärten der Bildung, dem Bürgertum, dem Zeitgeist den Krieg und hatten einen weit konkreteren Begriff als den Genius oder den Enthusiasmus zur Hand. Ideenmenschen, Tatanbeter, Hasser und Chiliasten waren auch sie.

Im Ganzen gesehn entspringt der Aufsatz über Schopenhauer einer großen Auffassung: die nach der furchtlosen Persönlichkeit Ausschau hält. Schopenhauer tritt in der Tat mit jedem Satz für sich selber ein – man spürt, sieht und hört ihn, sobald man sich ihm auch nur nähert. Zu seinem Thema, dem Leben und dem Menschen, hat er ein unmittelbares Verhältnis. Bei Hegel und den meisten deutschen Philosophen ist der Mensch nur noch eine zu den Ideen entführte Abstraktion; bei Schopenhauer behält er Fleisch und Blut.

Nietzsche konnte nicht entgehn, wie sehr Schopenhauer ein ins neunzehnte Jahrhundert verschlagener Philosoph antiker Prägung war, ein nachgeborener Heide, der den Faktor Leid nicht mit christlichen, sondern mit indischen Augen sah: gleichgiltig gegen die Metaphysica. Er verrät, was bemerkenswert ist, kein Stutzen angesichts der Tatsache, daß die Aufklärung das transzendente Denken beseitigt hatte. Nichts unterscheidet ihn von seinen Zeitgenossen so sehr wie dieser Umstand. Nietzsche hingegen ist der Metaphysiker ohne Direktive, der heimatlose Christ und aus diesem Grund weit typischer für das Jahrhundert als Schopenhauer, der gleich einem erratischen Block darin liegt.

Schopenhauer suchte sich weder anzupassen noch auf die landesüblichen Fragestellungen einzugehn – während Nietzsche unter diesen Nöten litt und die Bruchstellen verzweifelt abtastete. Schopenhauer hatte die männlichste Haltung, die es überhaupt gibt: die schroffe, die eine Lehre aufstellt und es den andern überläßt, ob sie davon Gebrauch machen wollen oder nicht. Wie unschroff nimmt sich neben dem grimmigen Kopf des Mannes in Frankfurt der Nietzsches aus – trotz Schnurrbart à la Vercingetorix.

Schopenhauer war für ihn das Ideal: in diesem Sinn gestand

er später, bei Schopenhauer als Erzieher habe er an Nietzsche als Erzieher gedacht. Wir gehn einen Schritt weiter und deuten: Schopenhauer war für ihn die Erfüllung des männlich-geistigen Verhaltens, und er selbst tat alles, um sich von diesem Ideal zu entfernen.

Aus: *Nietzsche. Rückblick auf eine Philosophie.* Baden-Baden: Keppler 1946, S. 42–44.

Karl Jaspers (23. 2. 1883 – 26. 2. 1969):

Worin lag Schopenhauers große Wirkung? Daß er in der leichten Form des Verstandesdenkens Philosophie zugänglich zu machen schien, brachte ihm das Prestige eines Philosophen; aber von seinem System ging kaum seine faktische Wirkung aus.

Er wirkte als Rechtfertigung aller Erbitterung. Eine Lebensverfassung der Rebellion gegen die Welt, gegen das Zeitalter und dessen Heuchelei wurde befriedigt. Wenn er oft recht hat, so dient er doch darüber hinaus einer Stimmung der negativen Totalurteile, des untätigen Besserwissens, der vermeintlichen Überlegenheit.

Er wirkte durch die Verachtung von Politik und Geschichte, durch die politische Verantwortungslosigkeit. Entscheidend war sein konservativer Sekuritätswille. Er rief allein nach der Macht, die die Kanaille bändigt. Der Philosoph will in Ruhe und Sicherheit dem Genuß seines Denkens nachgehen. Zu seinem Universalerben hat er eingesetzt »den in Berlin errichteten Fonds zur Unterstützung der in Aufruhr- und Empörungskämpfen des Jahres 1848 für Aufrechterhaltung und Herstellung der gesetzlichen Ordnung in Deutschland invalide gewordenen preußischen Soldaten«.

Er wirkte durch seine Psychologie der Entlarvung. Die Widrigkeiten wurden aus dem Unbewußtsein begriffen, der dunklen, den Menschen zugleich erzeugenden und verderbenden übermächtigen Gewalt. Das Unbewußte wird bei Schopenhauer, für den es doch wie der Teufel ist, zugleich der Gegenstand einer Art Ehrfurcht.

Er wirkte für die Auffassung des Menschen in seiner Niedrigkeit und Hassenswürdigkeit, des Menschen, der man selber ist und den man in sich verachtet.

Schopenhauer hat als Meister auf manche deutschen Literaten gewirkt, neben Heine, der im Vergleich zu ihm aber die ganz andere Souveränität im Verhältnis zu sich selbst, das Sichaussetzen an das Leiden, den wahren Ernst im Spiel, die höhere Menschlichkeit, die eindringende politische Erkenntnis verwirklicht. Schopenhauer schreibt mit glänzenden Effekten, wird selten langweilig, reizt durch Beobachtungen, Geheimnisse, Rührungen. Dies Denken hat die vordergründige Klarheit, hinter der sich eine Verwirrung des Existentiellen verbirgt.

Leicht kann man sich mitreißen lassen, zumal in der Jugend. Es ist für den Jüngling entscheidend, ob er eines Tages den ganzen Zauber durchschaut. Auch dann bleiben Schopenhauers Schriften ein Gegenstand unserer Bewunderung für solchen Geist und Könner und immer noch eine sozusagen amüsante Lektüre.

Schopenhauer öffnete die Schleusen für die Verführung durch beliebige Subjektivitäten und vermeintlich befreiende Fanatismen, durch den Kult des Unbewußten, durch die Psychologisierung der Welt. Er war beteiligt an der Erzeugung jener chaotischen Modernität, deren Überwindung die gigantische Aufgabe moderner Vernunft ist.

Aus: *Arthur Schopenhauer. Zu seinem 100. Todestag 1960.* In: *Aneignung und Polemik.* München: Piper 1968, S. 294-295.

Franz Kafka (3. 7. 1883 – 3. 6. 1924):

Schopenhauer ist ein Sprachkünstler. Daraus entspringt sein Denken. Wegen der Sprache allein muß man ihn unbedingt lesen.

Aus: Gustav Janouch, *Gespräche mit Kafka.* Frankfurt a. M.: Fischer 1961, S. 55. Siehe auch: T. J. Reed, *Kafka und Schopenhauer: Philosophisches Denken und dichterisches Bild.* In: ›Euphorion‹, 59. Band, Heft 1/2. Heidelberg: Winter 1965, S. 160 ff.

Max Brod (27. 5. 1884 – 20. 12. 1968):

Ziemlich am Anfang meiner Hochschuljahre (es dürfte wohl im Frühling 1903 gewesen sein) hielt ich einen Vortrag über Schopenhauer; ich sprach dabei sehr scharf gegen Nietzsche, dessen Abfall von seinem anfangs vergötterten Lehrmeister Schopenhauer mir als Verrat ohnegleichen erschien ... Ich glaubte: Hat jemand die Grundzüge des Schopenhauerschen Lehrgebäudes verstanden (und bei Nietzsche war es erweislich, daß er sich zu dieser Weisheit aller Weisheiten durchgearbeitet hatte), so konnte es nur böser Wille, Hochstapelei sein, was ihn veranlaßte, sich von ihnen abzukehren ...

Aus: *Streitbares Leben*. Autobiographie. München: Kindler 1961, S. 234.

Georg Lukács (13. 4. 1885 – 4. 6. 1971):

Schopenhauer schreibt seine wichtigsten Werke noch zur Zeit des Aufstiegs und der Herrschaft der Hegelschen Philosophie. Seine Leistung in der Geschichte des Irrationalismus ist insofern vorwegnehmend, als in seinem Werk jene Tendenzen zum Ausdruck gelangen, die infolge der ... gesellschaftlich-geschichtlichen Situation erst nach der Niederlage der Achtundvierziger Revolution zu allgemein herrschenden wurden. So beginnt mit Schopenhauer die verhängnisvolle Rolle der deutschen Philosophie: ideologische Führerin der äußersten Reaktion zu sein.

Natürlich zeigt eine solche Fähigkeit zur Antizipation einen bestimmten denkerischen Rang an. Und ohne Zweifel besitzen Schopenhauer, Kierkegaard und Nietzsche beträchtliche philosophische Gaben: etwa eine hohe Abstraktionsfähigkeit, und zwar nicht formalistisch genommen, sondern als einen Sinn, Lebenserscheinungen auf den Begriff zu bringen, eine gedankliche Brücke zwischen dem unmittelbaren Leben und den abstraktesten Gedanken zu bauen, solche Phänomene des Seins philosophisch wichtig zu nehmen, die in ihrer Zeit nur erst als Keime, als kaum einsetzende Tendenzen vorhanden waren und Jahrzehnte später zu allgemeinen Symptomen einer Periode wurden. Freilich – und dies unterscheidet die Schopenhauer, Kierkegaard und Nietzsche von den wirklich großen Philosophen – ist jener Lebensstrom, dem sie sich denkerisch hingeben, dessen zukünftige reißende Kraft sie gedanklich vorwegnehmen, das Aufsteigen der bürgerlichen Reaktion. Für deren Kommen und Heranwachsen, für ihre entscheidenden Symptome besitzen sie einen ausgeprägten Spürsinn, die Fähigkeit gedanklicher Hellhörigkeit, antizipierender Abstraktion.

Schopenhauer ... bekennt sich ohne jeden Vorbehalt zum solipsistischen Subjektivismus.*)

---

* »zu unrecht meint h. rohracker (die arbeitsweise des gehirns, etc., münchen 1967), schopenhauer meine zu recht, die vertreter des solipsismus gehörten ins tollhaus.«
Aus: Oswald Wiener, *Die Verbesserung von Mitteleuropa*. Reinbek bei Hamburg: Rowohlt 1969, S. CLVII. [Fußnote d. Hg.]

Nachdem wir die wichtigsten Probleme der Schopenhauerschen Philosophie überblicken konnten, taucht die Frage auf: welchen sozialen Auftrag erfüllt sie? Oder, was von einem anderen Aspekt aus dasselbe bedeutet: worauf beruht ihre breite und langdauernde Wirkung? Der Pessimismus allein gibt hier keine ausreichende Antwort, er bedarf selbst einer noch weiteren Konkretisierung, als wir sie früher angedeutet haben. Schopenhauers Philosophie lehnt das Leben in jeder Form ab, stellt ihm als philosophische Perspektive das Nichts gegenüber. Kann man aber ein solches Leben leben? (Es sei hier nur beiläufig bemerkt, daß Schopenhauer – wie in der Frage der Erbsünde, so auch hier konform mit dem Christentum – den Selbstmord als Lösung für die Sinnlosigkeit des Daseins verwirft.)

Wenn wir die Schopenhauersche Philosophie als *Ganzes* betrachten, ohne Frage: ja. Denn die Sinnlosigkeit des Lebens bedeutet vor allem die Befreiung des Individuums von allen gesellschaftlichen Pflichten, von aller Verantwortung der Vorwärtsentwicklung der Menschheit gegenüber, die in Schopenhauers Augen gar nicht existiert. Und das Nichts als Perspektive des Pessimismus, als Lebenshorizont kann das Individuum, nach der bereits dargelegten Schopenhauerschen Ethik, keineswegs daran hindern oder auch nur darin hemmen, ein genußreiches kontemplatives Leben zu führen. Im Gegenteil. Der Abgrund des Nichts, der düstere Hintergrund der Sinnlosigkeit des Daseins geben diesem Lebensgenuß nur noch einen pikanten Reiz. Dieser wird noch dadurch erhöht, daß der stark pointierte Aristokratismus der Schopenhauerschen Philosophie deren Anhänger – in ihrer Einbildung – hoch über jenen miserablen Pöbel erhebt, der so borniert ist, für eine Verbesserung der gesellschaftlichen Zustände zu kämpfen und zu leiden. So erhebt sich das – formell architektonisch geistvoll und übersichtlich aufgebaute – System Schopenhauers wie ein schönes, mit allem Komfort ausgestattetes Hotel am Rande des Abgrundes, des Nichts, der Sinnlosigkeit. Und der tägliche Anblick des Abgrundes, zwischen behaglich genossenen Mahlzeiten oder Kunstproduktionen, kann die Freuden an diesem raffinierten Komfort nur erhöhen.

Damit erfüllt der Schopenhauersche Irrationalismus seine Aufgabe: eine sonst unzufriedene Schicht der Intelligenz davon zurückzuhalten, ihre Unzufriedenheit mit dem ›Bestehenden‹, d. h. mit der bestehenden Gesellschaftsordnung, konkret gegen das jeweils herrschende kapitalistische System zu wenden. Damit erfüllt dieser Irrationalismus seine zentrale Zielsetzung – einerlei, wieweit sie Schopenhauer selbst bewußt war –: eine indirekte Apologetik der kapitalistischen Gesellschaftsordnung zu geben.

Aus: *Die Zerstörung der Vernunft*. Bd. 1. Darmstadt: Luchterhand 1973, S. 176 f., 197, 218 f.

»Die harschen Worte Lukács' wider Schopenhauer gewinnen ihre Kraft nur vor dem Hintergrund jenes Fortschrittsoptimismus, der sich wissenschaftlich geriert und in den nicht eingestimmt, seine Wahrheit nicht erkannt zu haben, Schopenhauers großer Fehler gewesen sein soll. In der Tat aber hat er ihn durchschaut wie sonst niemand zu seiner Zeit. Der Fortschritt war eine Idee des 19. Jahrhunderts, so wie die Unsterblichkeit der Seele eine des Mittelalters, Reflex einer bestimmten geistesgeschichtlichen und damit letztlich sozio-ökonomischen Lage, die Marx, nicht unähnlich den ihm verhaßten Idealisten, zum ewigen Gesetz der Menschheitsentwicklung hinaufstilisiert hat. Er ist genauso Ideologie wie das von ihm Kritisierte.« *Bernhard Sorg*

in: *Zur literarischen Schopenhauer-Rezeption im 19. Jahrhundert*. Heidelberg: Winter 1975, S. 17.
Zur heutigen Marxisten-Kritik an Schopenhauer s. Theodor Schwarz, *Sein, Mensch und Gesellschaft im Existentialismus*. Mit zwei Arbeiten über Schopenhauer und Nietzsche. Frankfurt a. M.: Verlag Marxistische Blätter 1973, S. 15 ff.

Kurt Hiller (17. 8. 1885 – 1. 10. 1972):

Und hätte man gegen einen unserer Größten: Arthur Schopenhauer, zehnmal mehr einzuwenden, als sein gigantischer Gegner und Verehrer Nietzsche wider ihn vorbringt – man müßte ihm doch Kußhände ins Elysium zuwerfen, weil er den Mut hatte, entgegen dem konformen Affenurteil jenen Scharlatan wieder und wieder (wenn auch vielleicht nicht immer argumentativ genug) den Leserschaften als das vorzustellen, was er war und bleibt. Waschkörbe voll Doktordissertationen werden allsemesterlich abgeliefert; die philosophischen meist auf seminaresisch, nur selten auf deutsch; wann endlich steigt aus dem Wellenschaum des Überflüssigen die Aphrodite einer Doktorarbeit, die Opus für Opus, Seite für Seite, Satz für Satz das Denkfehlerhafte, das Gestümperte, das Fäkalische der Hegelprodukte nachweist? (Und das Teuflische; denn wenn der Fernstreckenraketen- und Wasserstoffbombenkrieg zwischen den Erdteilen trotz aller Mühen der Denkenden und Humanen den Planeten verheeren, die Menschheit gar vernichten sollte, dann wird im hohen Grade mitschuldig Professor Hegel sein, samt allen Hegelingen.) (...)

Mein großer Unmöglicher, wie der aller anständigen Denkenden seit hundert Jahren, heißt Hegel – gesetzt, daß er ein Großer war. Nach Schopenhauer war er ein Scharlatan, mit einer Bierwirtsphysiognomie, und ich traue Schopenhauer. Aber sollte er selbst ein Genie gewesen sein: so hätte niemals ein genialerer Verbrecher auf verruchtere Art von einem Lehrstuhl aus sein Volk vergiftet als dieser schmierige Panegyriker der Konservativität, als dieser großspurig schleimende Verabsolutierer des gegebenen Staats ins Transzendente ... Hitler hat zwar ähnlich »gedacht«, doch um Grade besser geschrieben.

Aus: *Leben gegen die Zeit.* Band 1: Logos. Reinbek bei Hamburg: Rowohlt 1969, S. 99 f., 193 f.

David Herbert Lawrence (11. 9. 1885 – 2. 3. 1930)

»Der damals zweiundzwanzigjährige künftige Romancier beendete um 1908 seine Studien am Nottingham University College. Er las den 1903 erschienenen Band *Essays of Schopenhauer* und versah den Rand des Bändchens mit Bleistiftnotizen. Der lange, ›Metaphysik der Geschlechtsliebe‹ betitelte Aufsatz fesselte den jungen Lawrence in erster Linie; er machte sich sogar die Mühe, alle lateinischen Zitate – allerdings auf seine Art – zu übersetzen. (...)

Was ihn literarisch, aber auch im Hinblick auf seine familiären und amourösen Angelegenheiten besonders beschäftigte, läßt sich aus seinen Glossen ersehen.

> Wäre Petrarcas Leidenschaft befriedigt worden, so wäre von dem an sein Gesang verstummt wie der des Vogels, sobald die Eier gelegt sind.

Lawrence hat diese Stelle durch einen Strich am Rand hervorgehoben; er vergißt auch später diese Idee nicht, die eine kausale

Beziehung zwischen literarischer Schöpfung und physiologischen Zuständen herstellt.
(...)
Schopenhauers Sehweise hat nachhaltig Eindruck auf ihn gemacht. Die folgende Stelle ist durch einen Strich am Rand, der letzte Teil des Satzes sogar durch einen Doppelstrich markiert:
> Während daher die Liebenden pathetisch von der Harmonie ihrer Seele reden, ist meistens die ... das zu erzeugende Wesen und seine Vollkommenheit betreffende Zusammenstimmung der Kern der Sache und an derselben auch viel mehr gelegen als an der Harmonie ihrer Seelen – welche oft nicht lange nach der Hochzeit sich in eine schreiende Disharmonie auflöst.

Von hier aus muß man das lange Zögern Paul Morels in ›Sons and Lovers‹ verstehen, der ebenso außerstande ist, mit Miriam zu brechen wie sie zu heiraten.
(...)
Lawrence sucht bei Schopenhauer eine Antwort auf seine persönlichen Probleme; seine Anmerkungen finden sich an Stellen der kleinen Schrift, die man ohne alle Schwierigkeit zu den Umständen seines eigenen Lebens in Beziehung setzen kann. Die geringe Zahl dieser Markierungen scheint außerdem darauf hinzuweisen, daß der Schriftsteller die Substanz der *Essays* alles in allem ohne großen Widerstand in sich aufgenommen hat.« *Emile Delavenay*

in: *Sur un exemplaire de Schopenhauer annoté par D. H. Lawrence.* In: ›Revue Anglo-Américaine‹ 13, 1935–36. Für diesen Band übersetzt von Eva Rechel-Mertens.

Gottfried Benn (2. 5. 1886 – 7. 7. 1956):

Der Pessimismus ist das Element des Schöpferischen. Wir leben allerdings in einer Epoche, in der er als entartet gilt ... Der Pessimismus ist kein christliches Motiv. In den Chören des Sophokles heißt es, daß nie geboren zu werden das beste sei, doch wenn du lebst, ist das andere, schnell dahinzugehn, woher du kamst. Daß wir solcher Stoff sind wie der von Träumen, lehrte zweitausend Jahre vor dem Schwan von Avon der Buddhismus, die Inkarnation alles dessen, was je der Pessimismus an Ausdruck und Inhalt fand. Der moderne Nihilismus geht über Schopenhauer unmittelbar auf ihn zurück... Am Anfang steht eine Form des Pessimismus, der jede geschichtliche Arbeit verneint, den Staat, jede Gemeinschaft – ein *existentieller* Pessimismus mit erklärter Richtung auf Keimzerstörung. Und in der Richtung auf Keimzerstörung gipfelt er dann in Schopenhauer.

Aus: Pessimismus. In: Gesammelte Werke. Bd. 1. Hrsg. v. Dieter Wellershoff. Wiesbaden: Limes 1959, S. 356 f.

Ich komme immer mehr dahinter, daß alle großen Geister der weißen Rasse ihr Leben lang nichts anderes für ihre innere Aufgabe betrachteten, als ihren Nihilismus sowohl zu begründen wie zu verdecken. Im Grunde glaubt keiner an irgend etwas, nicht an das geringste. Alles, was der große Geist betastet, ist brüchig, morsch, blättert ab. Bei Goethe doch dasselbe. Bei Balzac, Schopenhauer, Dürer – alles dito. Eigentlich ist in diesem Zusammenhang Nietzsche von einem rührenden deutschen Positivismus. Noch der »Zarathustra« – welch biederer Glaube an Zukunft u. Züchtung u. Edelmenschentum! Geradezu lächerlich! Sicher war *das* Nietzsches Zusammenbruch, daß er plötzlich das Lächerliche seiner Position bemerkte.

Aus einem Brief an Ellinor Büller-Klinkowström vom 22. Februar 1937. In: *Den Traum alleine tragen.* Neue Texte, Briefe und Dokumente. Hrsg. v. Paul Raabe und Max Niedermayer. Wiesbaden: Limes 1966, S. 193.

Hermann Broch (1. 11. 1886 – 30. 5. 1951):

Die Kantsche Kritik zieht die Grenzen jeder Untersuchung: sie zeigt die Relativität der Masse, die *Endlichkeit* alles Denkens. Aber wie innerhalb des Endlichen die Richtung der Geraden festgelegt wird, so kann auch diese Untersuchung eine *Richtung* erhalten, die nach der Schopenhauerschen Prämisse *weist* (die nach ihr strebt, ohne sie zu erreichen), nach jenem Willen, der, im Unendlichen schwebend, dem Schopenhauerschen Werk Erhabenheit verleiht... Die Ekstase, in der *Richtung* des Willens liegend, trifft, ins Unendliche geführt, das Stadium der Schopenhauerschen Aufhebung des Willens.

Aus den *Notizen zu einer systematischen Ästhetik.* In: *Schriften zur Literatur 2. Theorie.* Hrsg. v. Paul Michael Lützeler. Frankfurt a. M.: Suhrkamp 1975, S. 11.

Albert Ehrenstein (23. 12. 1886 – 8. 4. 1950):

Es war Abend, ich ging die Linzer Straße retour, um mir die Häuser auch in umgekehrter Reihenfolge zu merken, da stolperte eine schwankende Gestalt auf mich ein und fragte: »Wo san mer denn doda?« Ich antwortete, wir befänden uns auf der zweitlängsten Gasse Wiens, auf der Linzer Straße. »Dö gibts ja gar net«, scholl es zurück. »Sie haben gewiß zuviel Schopenhauer konsumiert, guter Mann?« »Da schneidens Eahna aber gründli, dös war Zöbinger Riesling«, berichtigte die schillernde Weinnase des Unbekannten ... und ich sann darüber nach, ob nicht vielleicht auch Schopenhauer, von Dionysos hinweggerafft, auf seine berühmte Theorie gekommen? Ähnlich wie ihn angeblich Lord Byron, ihm vorgezogen, zum Weiberfeind gemacht haben soll.

Aus: *Tubutsch*. In: *Gedichte und Prosa*. Hrsg. v. Karl Otten. Neuwied: Luchterhand 1961, S. 287 ff.

Charles Chaplin (*16. 4. 1889):

Ich kaufte drei Bände von *Die Welt als Wille und Vorstellung* und habe seit mehr als 40 Jahren immer wieder darin gelesen.

Aus: *Die Geschichte meines Lebens*. Deutsch von Günther Danehl und Hans Jürgen von Koskull. Frankfurt a. M.: S. Fischer 1964, S. 136.

Martin Heidegger (26. 9. 1889 – 26. 5. 1976):

Schopenhauers Hauptwerk erschien im Jahre 1818. Es ist den um diese Zeit bereits erschienenen Hauptwerken Schellings und Hegels auf das tiefste verpflichtet.

Aus: *Nietzsche* Bd. 1. Pfullingen: Neske 1961, S. 16.

Kurt Tucholsky (9. 1. 1890 – 21. 12. 1935):

Es ist gar nicht einzusehen, warum Du nicht viel mehr Schopenhauer liesest. Was an dem *System* wahr ist, ob es wahr ist und ob nicht... das kann ich nicht beurteilen. Aber es fällt eine solche Fülle von klugen und genialen Bemerkungen dabei ab, fast alle klassisch zu Ende formuliert, niemals langweilig, immer von oben, ein Herr, das Ganze durchblutet von einem so starken Temperament – das solltest Du immerzu lesen. *Parerga und Paralipomena* und, wenn Du Dich an das Hauptwerk nicht herantraust, dann jedenfalls viele kleine Nebenwerke. Es sind auch medizinisch Sachen darin, die Dich sehr interessieren werden. Der Mann hat Anatomie studiert und Psychologie und Physiologie vor allem – er wußte, was er schrieb.

Aus einem Brief vom 5. 8. 1935 der *Briefe aus dem Schweigen 1932–1935*. Hrsg. v. Mary Gerold-Tucholsky und Gustav Huonker. Reinbek bei Hamburg: Rowohlt 1977, S. 199 f.

»Wenn Tucholsky über Marx spricht und den Marxismus, von denen er nicht allzuviel gewußt hat, so meinte er die kritische Methode dieser Gesellschaftswissenschaft: ihre materialistische Geschichtsauffassung und ihre Kritik der bürgerlichen Ökonomie. Marxismus als Einheit von Theorie und Praxis, bestimmt zur Errichtung neuer Gesellschafts- und damit auch Machtverhältnisse, war ihm fremd und eigentlich widerlich. Dagegen stellte er den Pessimismus seines geliebten Schopenhauer. Bei Schopenhauer glaubte er die Antwort auf das Dilemma zwischen der Utopie und ihrer Verwirklichung gefunden zu haben, weshalb er die Stelle über einen seiner ernsthaftesten Aufsätze *Wir Negativen* aus dem Jahre 1919 setzte: ›Wie ist er hier so sanft und zärtlich! Wohlseyn will er, und ruhigen Genuß und sanfte Freuden, für sich, für andere. Es ist das Thema des Anakreon. So lockt und schmeichelt er sich selbst ins Leben hinein. Ist er aber darin, dann zieht die Qual das Verbrechen und das Verbrechen die Qual herbei: Greuel und Verwüstung füllen den Schauplatz. Es ist das Thema des Aischylos.‹

Die Antwort dieses politischen Pessimisten in einem Augenblick, da die Revolution in Deutschland noch ebenso real war wie die sich unaufhaltsam formierende restaurative Gegenbewegung? ›Wir sollen positive Vorschläge machen. Aber alle positiven Vorschläge nützen nichts, wenn nicht die rechte Redlichkeit das Land durchzieht... Was wir brauchen, ist diese anständige Gesinnung.‹

Hier ist beides miteinander vereint: Aufklärung einer durchaus idealistischen Art – und Pessimismus, der bei Schopenhauer gleichfalls bekanntlich seine Ursprünge auf Kant zurückführte. Die Frage nach der Veränderung des Bewußtseins durch Veränderung des gesellschaftlichen Seins, wie es der Marxismus fordert, ist für Tucholsky niemals bedenkenswert gewesen. Seine Aversion gegen Brecht und dessen anti-idealistische Impulse hing tief mit seiner eigentümlichen Privatphilosophie zusammen.

Die nämlich, die *philosophische* Konzeption des Mannes mit den fünf PS, strebte nach einem sonderbaren *Amalgam aus Lichtenberg und Schopenhauer*. Idealistische Aufklärung und philosophischer Pessimismus in einem. Es war immer noch, wie auch bei den Expressionisten, die Tucholsky im allgemeinen nicht ausstehen konnte, wenngleich er ihnen philosophisch insgeheim sehr nahestand, die abstrakte Gegenüberstellung von Macht und Geist. Darum, gleichfalls aus dem Jahre 1919 stammend, neben dem Bekenntnis zu Schopenhauer zugleich die Huldigung für den jakobinischen Aufklärer Heinrich Mann: ›Weil aber Heinrich Mann der erste deutsche Literat ist, der dem Geist eine entscheidende und mitbestimmende Stellung fern aller Literatur eingeräumt hat, grüßen wir ihn. Und wissen wohl, daß diese wenigen Zeilen seine künstlerische Größe nicht ausgeschöpft haben, nicht die Kraft seiner Darstellung und nicht das seltsame Rätsel seines gemischten Blutes.

So wollen wir kämpfen. Nicht gegen die Herrscher, die es immer geben wird, nicht gegen Menschen, die Verordnungen für andre machen, Lasten den andern aufbürden und Arbeit den andern. Wir wollen ihnen *die* entziehen, auf deren Rücken sie tanzten, *die,* die stumpfsinnig und immer zufrieden das Unheil dieses Landes verschuldet haben, *die,* die wir den Staub der Heimat von den beblümten Pantoffeln gerne schütteln sähen: die Untertanen!‹

Neun Jahre später aber, als sich alle Illusionen in Form von Illusionsverlusten präsentierten, kam doch wieder Schopenhauer als beherrschende Gewalt hinter Tucholskys Schreiben zur Kenntlichkeit. Das berühmte Gedicht von der Mona Lisa ist ein Schopenhauer-Gedicht und meint: geh an der Welt vorüber, es ist nichts.

> *Das Lächeln der Mona Lisa*
>
> Ich kann den Blick nicht von dir wenden.
> Denn über deinem Mann von Dienst
> hängst du mit sanft verschränkten Händen
> > und grinst.
>
> Du bist berühmt wie jener Turm von Pisa,
> dein Lächeln gilt für Ironie.
> Ja... warum lacht die Mona Lisa?
> Lacht sie über uns, wegen uns, trotz uns, mit uns, gegen
> > uns – oder wie –?
>
> Du lehrst uns still, was zu geschehen hat.
> Weil uns dein Bildnis, Lieschen, zeigt:
> Wer viel von dieser Welt gesehen hat –
> der lächelt, legt die Hände auf den Bauch und schweigt.

Dies könnte abermals nach Flucht in die Innerlichkeit aussehen, nach einer Ästhetik des Weltinnenraums in Rilkes Gefolge. Eben dies aber kann der Aufklärer Tucholsky auch wieder nicht ausstehen.« *Hans Mayer*

in: *Der pessimistische Aufklärer Kurt Tucholsky.* In: ›Akzente‹, 14. Jg., Heft 1, München 1967, S. 78 ff.

Ludwig Marcuse (8. 2. 1894 – 2. 8. 1971):

Man wurde den Pessimismus los, indem man die, welche sahen und bekannten, verfemte. Viele bestätigten sich seit hundert Jahren, daß alles in Ordnung ist, indem sie Schopenhauer beschimpften. Den aufbauenden Zeitgenossen waren seine Einsichten »der zufällige barocke Einfall eines paradoxen Dilettanten«, dessen Anhänger ein »pathologisches Interesse an krankhaften Grillen« hätten. Eine Generation später schrieb Eugen Dühring, der Turnvater der deutschen Philosophie: »Was ein Schopenhauer aufzurühren gesucht hat, ist im Grunde nichts als der alte, teils buddhistische, teils christliche Aberglaube, nur mit dem Unterschiede, daß der philosophische Schriftsteller feinerer mystischer Nebel bedurfte, wo das Volk sich ohne weiteres an der platten Ungereimtheit Genüge tut.« Noch einmal eine

Generation später nannte Albert Schweitzer Schopenhauer »einen nervösen und kränklichen Europäer« – obwohl gerade Schweitzer den Pessimismus des Nicht-Europäers Jesus klar charakterisiert hatte. Die Aburteilungen trotten entlang die begangenste Chaussee auf dem Weg zum Positiven: die Beschimpfung der Diagnostiker. Ungesund, krankhaft, pathologisch, animal sind die polemischen Vokabeln: wertbeständiger (besser: unwertbeständiger) als irgendein Börsen-Papier. Selbst Schweitzer ehrte den Optimismus mit dem Beiwort »natürlich«: weil er dem »instinktiven Willen in uns« entspräche. Andere sahen im Todestrieb den »instinktiven Willen in uns«. Und Unamuno fand: noch niemand hat bewiesen, daß der Mensch »von Natur« munter sei. Von Natur – ist nämlich die Natur des Menschen ganz unnatürlich.

Der Wort-Schatz, der Wort-Schwatz sagt oft mehr als das Argument. Der Pessimismus hat nicht nur Gegner gehabt, auch Hetzer. Eugen Dühring, der die sprachliche Hölle des Buches *Mein Kampf* mit-gezeugt hat, schrieb: »Feinere Gifte zerstören den Körper, aber ekle Vorstellungen von einer vermeintlichen Nichtigkeit des Daseins verwüsten das Gemüt.« Die »feineren mystischen Nebel«, die er bei Schopenhauer fand, und »der geistige Pesthauch, der von den Stätten der sittlichen Lebensfäule ausgeht«, waren die Großväter der Intellektuellen Nebel des Asphalts. Der Gegensatz des kranken Intellekts ist der Gesunde Menschenverstand. – Der Gesunde Menschenverstand ist einer der ungesündesten Unverständigkeiten.

Aus: *Pessimismus – Ein Stadium der Reife.* München: Szczesny ²1966, S. 141 f. Vgl. Ambrose Bierce, *Aus dem Wörterbuch des Teufels:* »Zyniker, subst. masc. Ein Lump, dessen fehlerhafte Sicht die Dinge sieht, wie sie sind, und nicht, wie sie sein sollten. Daher rührt der skythische Brauch, einem Zyniker die Augen auszustechen, um seinen Sehfehler zu korrigieren.« Deutsch von Dieter E. Zimmer. Frankfurt a. M.: Insel 1966, S. 107.

Max Horkheimer (14. 2. 1895 – 7. 7. 1973):

Schopenhauers Lehre trifft sich mit der Wissenschaft; nicht zufällig verweist Freud wiederholt »auf die weitgehenden Übereinstimmungen der Psychoanalyse mit der Philosophie Schopenhauers« ... Das Werk des Philosophen Schopenhauer ist nicht überholt. Er bejaht die Wissenschaft als einzig verläßliche

Erkenntnis ... Sofern der gegenwärtige Gang der Gesellschaft den religiösen Glauben abzuschaffen tendiert, sind die Gedanken Schopenhauers nicht pessimistischer als die auf exakte Forschung sich beschränkende Erkenntnis ... Der gegenwärtige Lauf der Gesellschaft ist eine Rechtfertigung des Pessimismus, die Schopenhauer ahnte ... Schopenhauer hat die Liebe zum Nächsten, ja zur Kreatur philosophisch begründet, ohne die heute fragwürdigen Behauptungen und Vorschriften der Konfessionen auch nur zu berühren. Sein Denken ist nicht ganz so pessimistisch wie die Verabsolutierung der Wissenschaft.

Aus: *Schopenhauers Denken im Verhältnis zu Wissenschaft und Religion.* In: *Sozialphilosophische Studien.* Hrsg. v. Werner Brede. Frankfurt a. M.: Fischer Athenäum 1972, S. 145, 155.

Was immer ein menschliches Wesen als Ende des Lebens sich träumt, Tod und Auferstehung, was immer er absolut setzt, himmlische oder irdische Liebe, ist ein Nu der schlechten Unendlichkeit. Die gute Unendlichkeit ist – ein zweifelhaft philosophischer Trost. So behält am Ende Schopenhauer gegen sich selbst recht. Das vierte Buch seines Hauptwerkes erweist sich als eine Entgleisung, ein Lapsus, den die anderen drei zu widerlegen vermögen. Daß die Erfahrung der Quintessenz der Welt zum Quietiv wird, ist ein psychologischer, kein metaphysischer Prozeß. Das Leiden ist ewig.

Aus: *Schopenhauer als Optimist.* In: *Notizen und Dämmerung.* Hrsg. v. Werner Brede. Einleitung von Alfred Schmidt. Frankfurt a. M.: S. Fischer 1974, S. 186 f.

Ernst Jünger (* 29. 3. 1895):

Lektüre: »Schopenhauer, Transzendentale Spekulation über die anscheinende Absichtlichkeit im Schicksal des einzelnen.« Hier ist besonders schön der letzte Absatz, in dem er von dem »hochernsten, wichtigen, feierlichen und furchtbaren Charakter der Todesstunde« spricht. »Sie ist eine Krisis im stärksten Sinn des Wortes – ein Weltgericht.« Das ist gut in einer Zeit, in der der Tod nicht mehr ernst genommen wird. An solchen Stellen betritt Schopenhauer das eigentliche Feld seiner Stärke, auf dem er sich über Kant erhebt, der erkenntniskritisch sein Meister bleibt. Er nähert sich der besten Stoa im absoluten, götterleeren Raum und im Verständnis seiner Harmonie. Hier ist er Erbe alter Intuitionen, ein Geist von brahmanischer Lauterkeit. Zuweilen dachte ich: Es ist schade, daß er Tolstoi nicht mehr gekannt hat, der hätte ihm zugesagt. Wie müßte der Einfluß eines so starken Kopfes gefruchtet haben bei theologisch steigender Konstellation. Oft hat man den Eindruck prometheischen Wirkens – ein Götterfunke würde Wunder tun.

Tagebuchnotiz vom 18. August 1945. In: *Jahre der Okkupation 1945–1948*. Stuttgart: Ernst Klett 1959, S. 139.

Erich Kästner (23. 2. 1899 – 29. 7. 1974):

Der Vorschlag dieses verbiesterten Onkels der Menschheit, Europa mit Hilfe einer indischen Heilspraxis zu veredeln, war freilich eine Kateridee, wie bisher alle positiven Vorschläge, ob sie nun von Philosophen des 19. oder von Nationalökonomen des 20. Jahrhunderts stammten. Aber davon abgesehen, war der Alte unübertrefflich.

Aus: *Im Kaufhaus*. In: ›Düsseldorfer Nachrichten‹, Nr. 91, 20. 4. 1965.

Jorge Luis Borges (* 24. 8. 1899):

Für mich gibt es einen deutschen Schriftsteller, den ich allen anderen vorziehe: Schopenhauer. Ich weiß, ich müßte Goethe nennen, aber Schopenhauer interessiert mich bei weitem mehr. Ich habe die deutsche Sprache – ich lernte sie über Heines Verse – eigentlich nur gründlich studiert, um Schopenhauer in der Originalsprache lesen zu können.

Aus einem Interview mit Silvia Supervielle. In: ›Die Welt‹, 25. 3. 1975.

Miguel Angel Asturias (* 19. 10. 1899):

Innerhalb unseres geistigen Ausbildungswesens nimmt die deutsche Literatur aller Zeitalter natürlich einen ganz bedeutenden Platz ein. Für mich kann ich sagen, daß ich ein leidenschaftlicher Leser der Prosa von Goethe war und noch bin. Aber abgesehen von dieser ersten Epoche unserer Ausbildung spürten wir alle natürlich die ganze Ausstrahlungskraft Schopenhauers, die ganze negative und konstruktive Größe Nietzsches.

Aus einem Gespräch mit Günter W. Lorenz in: *ad lectores 6*. Neuwied: Luchterhand 1967, S. 18.

Hans-Georg Gadamer (* 11. 2. 1900):

Er war es, durch den in den Begriff des Willens die neue Bedeutung des Blinden und Vernunftlosen gekommen ist, die dann über Nietzsche bis in unsere Gegenwart hinein die Unterscheidung von Unbewußtem und Bewußtsein, von Wille und Vernunft und die gesamte Wirklichkeitserfahrung der Moderne beherrscht.

Aus: *Philosophisches Lesebuch*. Frankfurt a. M.: Fischer 1970, S. 169.

Max Kommerell (25. 2. 1902 – 25. 7. 1944):

Deine Freundin in Karlsruhe würde ich rasend gerne besuchen – mit der Begründung, daß sie Schopenhauer (um Gotteswillen nicht mit pp schreiben wegen des infamen unfehlbaren Sinn-Beiklangs) zur *Erholung* liest. Dies klingt mir so fabulös wie etwa die Kunde von einem Riesen, der zum Frühstück 3 Ochsen verzehrt, oder einer Dompteurin, die zum Vergnügen ihren jungen Elefanten 3mal in die Höhe stemmt und ich bin wirklich neugierig nach dem Gestein aus dem jemand besteht, dem solche Hammerschläge ein angenehmes Gekitzel sind. Ich muß schon sagen, ich konnte diese Lektüre kaum ertragen und empfehle sie niemand der nicht auf riesig strammen Füßen steht.

Aus einem Brief an Emma Rahn vom 10. Mai 1920. In: *Briefe und Aufzeichnungen 1919–1944*. Hrsg. v. Inge Jens. Olten und Freiburg i. Br.: Walter 1967, S. 81 f.

Karl R. Popper (* 28. 7. 1902):

Meine Behauptung, daß die Philosophie Hegels durch äußere Beweggründe, nämlich durch sein Interesse an der Restauration der preußischen Regierung Friedrich Wilhelms III., bestimmt war und daß sie daher nicht ernst genommen werden kann, ist keineswegs neu. Die Sache war all denen wohlbekannt, die die politische Situation kannten, und sie wurde von den wenigen Unabhängigen offen erzählt. Der beste Zeuge ist Schopenhauer; selbst ein platonischer Idealist und ein Konservativer, wenn nicht ein Reaktionär, aber ein Mann von größter Redlichkeit, der die Wahrheit über alles verehrte. Es besteht kein Zweifel, daß er einer der kompetentesten Richter in philosophischen Dingen war, die man zu seiner Zeit finden konnte. Schopenhauer hatte das Vergnügen, Hegel persönlich zu kennen; er schlug Shakespeares Worte »solches Zeug, wie Tolle verstandlos plaudern« als Motto für Hegels Philosophie vor; und er zeichnete das folgende ausgezeichnete Bild des Meisters: »Hegel, von oben herunter zum großen Philosophen gestempelt, ein platter, geistloser, ekelhaft-widriger unwissender Scharlatan, der, mit beispielloser Frechheit, Aberwitz und Unsinn zusammenschmierte, welche von seinen feilen Anhängern als unsterbliche Weisheit ausposaunt und von Dummköpfen richtig dafür genommen wurde, und ein so völliger Chorus der Bewunderung entstand, wie man ihn nie zuvor vernommen hatte. Die einem solchen Menschen gewaltsam verschaffte, ausgebreitete geistige Wirksamkeit hat den intellektuellen Verderb einer ganzen gelehrten Generation zur Folge gehabt.« An einer anderen Stelle beschreibt Schopenhauer das politische Spiel der Hegelianer wie folgt: »Demgemäß mußte, nachdem Kant von neuem die Philosophie zu Ansehen gebracht hatte, auch sie gar bald das Werkzeug der Zwecke werden, der staatlichen von oben, der persönlichen von unten..., daß folglich bloße Parteizwecke die Federn angeblicher Weltweiser in Bewegung setzten... die Wahrheit aber gewiß das letzte ist, woran dabei gedacht wird... Ja, ich möchte sagen, daß keine Zeit der Philosophie ungünstiger sein kann, als sie von der einen Seite als Staatsmittel, von der anderen als Erwerbsmittel schnöde mißbraucht wird. Oder glaubt man etwa, daß bei solchem Streben so nebenbei auch die Wahrheit zutage kommen wird?... Machen nun die Regierungen die

Philosophie zum Mittel der Staatszwecke, so sehen andererseits die Gelehrten in philosophischen Professuren ein Gewerbe, das seinen Mann nährt.« Die Ansicht Schopenhauers, daß Hegel die Interessen der preußischen Regierung vertrat und dafür bezahlt wurde, wird auch, um nur ein Beispiel zu erwähnen, von Schwengler, einem bewundernden Schüler Hegels, bestätigt ...

Ich erwähne dies vor allem deshalb, weil ich zu zeigen wünsche, wie schwer und zugleich wie dringend es ist, Schopenhauers Kampf gegen dieses schale und flache Gewäsch fortzusetzen ... Zumindest der neuen Generation sollte man helfen, sich von diesem intellektuellen Betrug zu befreien; dem größten vielleicht, den die Geschichte der Zivilisation und des Kampfes gegen die Feinde kennt. Vielleicht erfüllt sie die Erwartung Schopenhauers, der 1840 prophezeite, daß »diese kolossale Mystifikation noch der Nachwelt das unerschöpfliche Thema des Spottes über unsere Zeit liefern wird«. (Bis jetzt hat sich allerdings der große Pessimist in bezug auf unsere Zeit als ein wilder Optimist erwiesen.) Die Hegelsche Farce hat genug Unheil angerichtet. Wir müssen ihr Einhalt gebieten. Wir müssen sprechen – sogar auf die Gefahr hin, uns bei der Berührung mit diesem skandalösen Gebilde zu beschmutzen, das, leider ohne Erfolg, vor hundert Jahren so klar entlarvt wurde. Zu viele Philosophen haben Schopenhauers unaufhörlich wiederholte Warnungen vernachlässigt; sie vernachlässigten sie nicht so sehr auf eigene Gefahr (denn sie fuhren nicht schlecht) als auf die Gefahr derer, die sie lehrten, und auf die Gefahr der Menschheit.

Es scheint mir angemessen, dieses Kapitel mit den Worten Schopenhauers zu beschließen, des Antinationalisten, der vor über hundert Jahren von Hegel sagte: »Ihm geht meiner Überzeugung nach nicht nur alles Verdienst um die Philosophie ab; sondern er hat auf dieselbe, und dadurch auf die deutsche Literatur überhaupt, einen höchst verderblichen, recht eigentlich verdummenden, man könnte sagen pestilenzialischen Einfluß gehabt, welchem daher bei jeder Gelegenheit auf das nachdrücklichste entgegenzuwirken, die Pflicht jedes selbst zu denken und selbst zu urteilen Fähigen ist. Denn schweigen wir, wer soll dann sprechen?«

Aus: *Falsche Propheten*. Hegel, Marx und die Folgen. Die offene Gesellschaft und ihre Feinde. Bern: Francke 1958, S. 43–44, 101.

Reinhold Schneider (13. 5. 1903 – 6. 4. 1958):

Hat ihm die Geschichte nicht etwa recht gegeben, seine Anklage der Welt und des Menschen sogar überboten? Haben sich Schuld und Leid nicht auf eine Weise manifestiert, daß alle Vorwürfe der Fortschrittsfrohen, die ihm sein Pessimismus zu seinen Lebzeiten eintrug, in Nichts zerfallen? Welcher Denker war besser gefaßt auf das Feuer und die Leichenfelder vor unseren Augen! Und wäre es nun nicht ein Trost – entweder zu wissen, daß unser wahres Wesen, wenn wir es wollen, in keinem Tode versinken kann; oder daß diese so sehr reale Welt mit allen Sonnen und Milchstraßen – Nichts ist?
(...)
Mit einem aktiven Nihilismus halfen sich die Menschen ganz wacker fort. Solange ihnen gesagt wird, daß sie etwas tun, arbeiten, exerzieren, lesen, schreiben, reden, drucken, zeugen und gebären sollen und daß sie auf diese Weise werden leben können, karg oder ein wenig besser, im Rahmen der Umstände, wie sich versteht, – mag alles gehn, auch wenn hinter der Kulisse, vor der das geschieht, der Vorhang sich bauscht im leeren Wind. Die Katastrophe ohnegleichen ist das Ausbleiben des Befehls. Schrecklicher als der Untergang ist das Verstummen des Kommandos. Auf dieses haben sich die Philosophen recht gut verstanden. Schopenhauer ist auch darin ein Sonderling unter ihnen, daß er nie befohlen hat. Unbeirrbar, mit versteinerndem Ernst, inmitten des Stromes der Dinge und des Lebens, wies er auf die Tür, die aus der Welt führt. Öffnen konnte er sie nicht. Das konnte nach seiner Lehre nur der Einzelne für sich selbst.
(...)
Nicht um sein Nein nachzusprechen, um seine Behauptungen und Beweisführungen zu verteidigen, wird hier an ihn erinnert. Es geschieht deshalb, weil Arthur Schopenhauer etwas von den Tiefen der Welt gesagt hat, das ihm niemand vorgesprochen, niemand nachgesprochen hat. Wer das Leid des Daseins, das Leiden am Dasein, nicht empfindet wie er, als Leiden eines einzigen, einigen Lebens, bedarf seiner nicht. Wer aber die Unheilbarkeit der Welt (unheilbar im irdischen Sinne, aus ihr selbst), das stumme, rat- und hilflose Leiden der Geschöpfe und die Unstillbarkeit in der eigenen Brust, die Selbstzerfleischung des Willens in ihr von Stunde zu Stunde erfährt, und zwar als ein

Unzerteilbares, das sich aus *einer* Wurzel streitend verzweigt; wer ahnt, was die Bäume bewegt und das Wasser und die Steine und die Sterne, die den Alten ja Wesen waren, und im Auge des Tiers den grundlosen Schmerz gewahrt; wer über den Anblick eines alten verwachsenen Bettelweibs nicht hinwegkommt, das auf einer Türschwelle in Madrid wie ein Kleiderbündel liegt, der mag sich von Arthur Schopenhauer angesprochen fühlen wie von einem Bruder. Für ihn war das Eichhörnchen, das, vom Blick der Schlange gezwungen, jammernd von seinem Baume herab in ihren Rachen läuft, ein *Argument* des Pessimismus.

Aus dem Vorwort zu: *Schopenhauer*. Auswahl und Einleitung von Reinhold Schneider. Frankfurt a. M.: Fischer 1956, S. 10–14.

Konrad Lorenz (* 7. 11. 1903):

Besonderes Interesse beanspruchen die stark geschlechtlich gefärbten ästhetischen Reaktionen auf spezifische »Schönheiten« des männlichen und weiblichen Körpers. Wenn man von gewissen Merkmalen absieht, die im Schönheitsideal beider Geschlechter übereinstimmen, so erweisen sich so gut wie *alle* an den auf den männlichen wie auf den weiblichen Körper ansprechenden ästhetischen Empfindungen als ausgelöst durch Merkmale, *die unmittelbare Indikatoren der hormonalen Geschlechtsfunktionen* sind. Die bei Mann und Frau entgegengesetzte Relation zwischen Hüft- und Schulterbreite, die Haargrenzen, die Fettverteilung bei der Frau ..., die Form der weiblichen Brust und eine geringe Anzahl weiterer Merkmale sind derartige Indikatoren der geschlechtlichen Vollwertigkeit, »welches nicht der Kopf, aber der Instinkt weiß«, wie Schopenhauer sich ausdrückt, der in seiner *Metaphysik der Geschlechtsliebe* so ziemlich alle der in Rede stehenden Erscheinungen völlig richtig gesehen hat. (...)

Kein Geringerer als Schopenhauer hat als erster gesehen, daß der Mensch sich hinsichtlich einer ganzen Reihe von Merkmalen von den wildlebenden Tieren unterscheidet, diese Merkmale aber mit Haustieren gemein hat. In seiner schon einmal zitierten Schrift *Metaphysik der Geschlechtsliebe* macht er die höchst bemerkenswerte Aussage, bestimmte Rassenmerkmale des Weißen seien überhaupt »nichts Natürliches«, sondern erst im Laufe

der Zivilisation entstanden. Er sagt: »Der Grund hierfür ist, daß blondes Haar und blaue Augen schon eine Spielart, fast eine Abnormität ausmachen: den weißen Mäusen, oder mindestens (!) den Schimmeln analog.« Wer nur einigermaßen den Blick für derlei Dinge hat und unsere Art unvoreingenommen erst mit wildlebenden Wesen und dann mit unseren Haustieren vergleicht, der kann keinen Augenblick daran zweifeln, daß der Mensch ein »domestiziertes« Wesen sei.
(...)

Daß auch der Mensch echte Domestikationsmerkmale zeigt, hat interessanterweise Schopenhauer als erster gesehen. Er sagt klar, die blauen Augen und die helle Haut des Europäers seien »überhaupt nichts Natürliches«, sondern »den weißen Mäusen oder mindestens den Schimmeln analog«. Besonders merkwürdig ist hierbei das feine biologische Empfinden, das sich in dem Worte »mindestens« ausspricht!

Aus: *Über tierisches und menschliches Verhalten.* Gesammelte Abhandlungen. 2 Bde. München: Piper 1965, Bd. II, S. 161 f., 167 f., 240.
Vgl. zum ersten Zitat: Irenäus Eibl-Eibesfeldt, *Grundriß der vergleichenden Verhaltensforschung.* München: Piper 1967, S. 245 f.: »Die sekundären Geschlechtsmerkmale der Frau sind unmittelbare Indikatoren der hormonalen Geschlechtsfunktion, und darauf hat bereits Schopenhauer in seiner *Metaphysik der Geschlechtsliebe* hingewiesen.«

Arnold Gehlen (29. 1. 1904 – 30. 1. 1976):

Man muß mit ihm eine neue Periode der Philosophie anheben lassen, und wenn man nach altem Herkommen die neuere Philosophie mit Descartes beginnen läßt, so würde diese Periode bis Hegel reichen, und mit Schopenhauer die »neueste« einsetzen, die auf völlig anderen Voraussetzungen steht. Nur weil man den kantischen Überbau des Systems als wesentlich nahm, hat sich diese Tatsache so lange verborgen.

Unter die *Resultate* Schopenhauers, unter die gültigen und prinzipiellen Wahrheiten gehört nun allerdings die These »die Welt ist an sich Wille« zweifellos nicht, und ebensowenig die ganze reformiert-kantische Erkenntnislehre, mit der Schopenhauer arbeitet, also weder »die Welt als Wille«, noch »die Welt als Vorstellung«! Vielmehr liegen seine echten Resultate durchweg auf *anthropologischem Gebiet.*
(...)

Gerade dies ist aber die erste positive und gültige Leistung Schopenhauers: er philosophiert in der Tat »am Leitfaden des Leibes«. Die idealistische Philosophie, ob man nun Descartes, Kant oder Fichte ansieht, geht eben vom *Bewußtsein* aus und betrachtet die Welt und auch die eigene Person von ihrer Gegebenheit aus, demnach als Bewußtseinstatsache. In der Philosophie der reinen Vernunft kommt daher der Leib (wie auch die Sprache) nicht zur Geltung, und Fichtes bekannte »Deduktionen« des Leibes sind ja ein warnendes Beispiel. Indem also Schopenhauer genau in das Zentrum der Philosophie die reale *Handlung des Leibes* stellt, hat er den Rahmen der Bewußtseinsphilosophie gesprengt, und da er ihn doch beibehält, ergeben sich die oben gezeigten harten Widersprüche.

Der eine Brennpunkt des ganzen Systems und der Ort, an dem die Welt als Vorstellung und die Welt als Wille zusammenhängen, ist also die *Handlung:* »Jeder wahre Akt des Willens ist sofort und unausbleiblich auch eine Bewegung des Leibes ... der Willensakt und die Aktion des Leibes sind Eines und Dasselbe, nur auf zwei gänzlich verschiedene Weisen gegeben. Die Aktion des Leibes ist nichts anderes, als der objektivierte, d. h. in die Anschauung getretene Akt des Willens« (W. a. W. 1, § 18). Dies hat er mit Recht als »eine Erkenntnis ganz eigener Art«, als die κατ' ἐξοχὴν philosophische Wahrheit empfunden, und sie ist in der Tat der Nerv des ganzen Systems. Kein Denker vor ihm hat das Vollzugsbewußtsein der Handlung an den Anfang der Philosophie gestellt, und darin liegt sein erstes Resultat, wenn er es auch sofort nach den Interessen seiner Metaphysik ausdeutet: kommt er doch von hier aus zu der These, daß der ganze Leib ebenfalls Objektivation des Willens, und daher, nach Analogieschluß, alle Organismen und endlich auch die anorganische Natur eben Objektivationen des Willens sind. Ohne diese Folgerungen mitzumachen, bemerkt man doch die erstaunliche Neuigkeit: die konkrete Handlung als Ausgangs- und Schlüsselproblem der Philosophie zu setzen. Nicht Gott oder die Welt, die Erkenntnis oder die Idee liefern wie für fast alle Philosophie vorher die Ausgangsthematik, sondern der Mensch und näher der handelnde Mensch. Und damit eröffnet Schopenhauer eine neue Epoche der Philosophie, die über Nietzsche bis zur Gegenwart führt.

(...)

Die Betrachtung des Leibes führt auf eines der letzten Motive dieses Denkers: die Intuition der lebenden organischen Form, der Physis, des stummen Daseins des Gestalteten. Wer in der Anschauung eines Tieres, eines Blattes schon einmal von der ratlosen Verwunderung ergriffen wurde, daß es so etwas gibt, hat eins der Urerlebnisse Schopenhauers verstanden. Bezeichnend dafür ist ja die Geschichte im Treibhause zu Dresden: »einst im Treibhause zu Dresden umhergehend und ganz in Betrachtungen über die Physiognomie der Pflanzen vertieft, habe er sich gefragt, woher diese so verschiedenen Formen und Färbungen der Pflanzen? Was will mir hier dieses Gewächs in seiner so eigentümlichen Gestalt sagen? Er habe vielleicht laut mit sich gesprochen und sei dadurch so wie durch seine Gestikulationen dem Aufseher des Treibhauses aufgefallen. Dieser sei neugierig gewesen, wer denn dieser sonderbare Herr sei, und habe ihn beim Weggehen ausgefragt. Hierauf Schopenhauer: »Ja, wenn Sie mir das sagen könnten, wer ich bin, dann wäre ich Ihnen viel Dank schuldig« (20. Jahrb. Schop. Ges. 126).

Ein solches Erlebnis liegt ganz in der sehenden Anschauung beschlossen, denn allein im Gegensatz gegen die Wachheit der Betrachtung entsetzt die Verschlossenheit der stummen und eigensinnigen gewachsenen Formen. Nur sinnlich sehr begabte Menschen mit hoher Kapazität der Wahrnehmung können diese Intuition als Erschütterung behalten, und Schopenhauer besaß die stärkste künstlerische Sinnlichkeit, die noch Goethe erzog.

Aus: *Theorie der Willensfreiheit und frühe philosophische Schriften*. Neuwied: Luchterhand 1965, S. 314–320.

Samuel Beckett (* 13. 4. 1906)

»Für die philosophische Grundierung seiner Arbeiten aber ist ohne Frage niemand von größerer Bedeutung gewesen als Arthur Schopenhauer, ja man möchte beinah sagen, daß die Lehre des deutschen Philosophen das Knochengerüst abgibt, das Beckett mit dem Fleisch und Blut seiner Anschauung umhüllte. (...)

Schon die unverkennbare Nähe des Dichters zu Schopenhauer – dem großen Antipoden Hegels und des historischen Denkens – müßte einleuchtend dartun, daß es ihm ausschließlich um eine ahistorische, absolute Situation des Menschen geht, keinesfalls aber um Endzeitalter, oder um mögliche Auswirkungen der Atombombe, oder sonstige moderne Kausalreihen, die alle in einen moralisierenden, oft peripheren Pessimismus enden. Becketts ›Pessimismus‹ ist von anderem Kaliber. Der Schwund der Extremitäten und Organe ist für ihn vielmehr eine Art Stigmatisierung, das äußere Anzeichen dafür, daß der Mensch vom Nichts angerührt worden ist, und sich auf dem Weg des Entwerdens befindet... Ein Zusammenhang zwischen dem Schrumpfen der körperlichen Extremitäten und dem Entwerden der Seele ergibt sich unmittelbar aus Schopenhauers Ansicht, daß jeder Akt des Willens unausbleiblich in einer physischen Bewegung nach außen kund werden muß, daß also gar nichts gewollt werden kann ohne zugleich auch als Leibesaktion manifest zu werden. Genau das aber ist das geheime Gesetz, das hinter all den monströsen Verwandlungen des Beckett'schen Menschen waltet und eine Phantasiewelt hervorbringt, die in mancher Hinsicht der des Hieronymus Bosch verwandt scheint.« *Eva Hesse*

in: *Die Welt des Samuel Beckett.* In: ›Akzente‹. Heft 3, Juni 1961, S. 249, 254–55.

Max Bense (* 7. 2. 1910):

Zum Studium eines Systems (ohne die Lehre sogleich anzunehmen) eignet sich am besten das Werk Schopenhauers... Hier wird Sinn und Scharfsinn, Sinn und Unsinn eines Systems durch eine meisterhafte, klare und allgemeinverständliche Sprache sofort offenbar.

Aus: *Einleitung in die Philosophie.* Eine Einübung des Geistes. München: Oldenbourg 1941, S. 188.

Albert Camus (7. 11. 1913 – 4. 1. 1960):

Man zitiert oft Schopenhauer, der an seiner gutgedeckten Tafel den Selbstmord pries, und lacht über ihn. Das ist aber keineswegs zum Lachen. Diese Art, das Tragische nicht ernst zu nehmen, ist nicht so wichtig; sie beleuchtet nur den Mann selber.

Aus: *Der Mythos von Sisyphos*. Deutsch von Hans Georg Brenner und Wolfdietrich Rasch. Hamburg: Rowohlt 1959, S. 12. – Schopenhauer hat – weder an gutgedeckter noch schlechtgedeckter Tafel – den Selbstmord gepriesen, er hat ihn sogar – aus uns kaum noch nachvollziehbaren Gründen – verurteilt; er hat ihn allerdings vor der Verurteilung durch Kirche und Justiz verteidigt: »Die Geistlichkeit sollte Rede stehn, mit welcher Befugniß sie, ohne irgend eine biblische Auktorität aufweisen zu können, ja, auch nur irgend welche stichhaltige philosophische Argumente zu haben, von der Kanzel und in Schriften, eine Handlung, die viele von uns geehrte und geliebte Menschen begangen haben, zum V e r b r e c h e n stämpelt ... Wenn die Kriminaljustiz den Selbstmord verpönt, so ist dies kein kirchlich gültiger Grund und entschieden lächerlich: denn welche Strafe kann Den abschrecken, der den Tod sucht? – Bestraft man den V e r s u c h zum Selbstmord, so ist es die Ungeschicklichkeit, durch welche er mißlang, die man bestraft.« – (*Parerga und Paralipomena II*, Kapitel 13: Über den Selbstmord, § 157.)

Arno Schmidt (* 18. 1. 1914):

Mit 16 ARTHUR SCHOPENHAUER, ein ausgesprochener *Mann*, dessen gewaltige Ehrlichkeit & bullige Wucht mich auf ewig für NIETZSCHE verdorben haben: *Der* changierte mir gleich beim ersten Anblättern etwas *zu* elegant.«

Aus: *Dichter & ihre Gesellen: JULES VERNE*. In: *Trommler beim Zaren*. Karlsruhe: Stahlberg 1966, S. 326.

Ein Leser sandte eine Liste ein; wo = überall in Meinen Büchern ARTHUR SCHOPENHAUER vorkäme; (und bat um Vervollständijung): 'ch hatte gar nich gewußt, daß Ich Den so oft ...

Aus: *Zettel's Traum*. Stuttgart: Stahlberg 1970, S. 415.

Thomas Bernhard (* 10. 2. 1931):

In frühester und in rücksichtsloser Beobachtung derer, die, denkende Charaktere, Hunderten und Tausenden von Schriften und Büchern verfallen und am Ende von diesen Schriften und Büchern vernichtet waren, hatte ich Angst vor dem Lesestoff. Aufgefordert zu lesen, weigerte ich mich bis zum zwölften Jahr, die Ungeheuerlichkeit der Schulbücher, die mich fast um meinen Verstand gebracht haben, ausgenommen. *Die Welt als Wille und Vorstellung* des Schopenhauer aus Frankfurt und die Gedichte des Christian Wagner aus Maulbronn waren, geistesentscheidend, die ersten Bücher, die ich (heimlich und freiwillig im Arbeitszimmer meines Großvaters mütterlicherseits) gelesen *und* studiert habe. Alle Bücher, die ich von da an bis heute gelesen und studiert habe, sind, so oder so, *wie diese zwei Bücher:* die Unmöglichkeit, die Wahrheit zu sagen und (oder) die Unfähigkeit, die menschliche Existenz zu überwinden.

Aus: *Erste Lese-Erlebnisse.* Hrsg. v. Siegfried Unseld. Frankfurt a. M.: Suhrkamp 1975, S. 96.

Oswald Wiener (* 1935):

hier aber, engel, ist trauer; die diskussion deiner empfindungen bereitet mir die erstaunliche tatsache, daß die vergangenheit, entelechie der gegenwart, diese, sie weiterdrängend, ausmachen kann; die ermittlung wird im gespräch ein prozeß – im tiefsten sinn dieser sprache –, endlos oder, von narren, beendet mit einer gestalt oder einem urteil.

daher ist die wiedergefundene zeit nur ein parergon schopenhauers, aufgemopst von bergson, bildung macht froh.

Aus: *Die Verbesserung von Mitteleuropa.* Roman. Reinbek bei Hamburg: Rowohlt 1969, S. LIX.

Hans Wollschläger (* 17. 3. 1935):

Schopenhauers Nachlaß, der über hundert Jahre nach seinem Tode erst erscheinen konnte, wiegt in jedem Satz alle Bestseller dieser Hundert Jahre auf.

Aus: *Jeder Satz eine fremde Quelle.* Über Bestseller. In: ›Die Zeit‹ Nr. 7 vom 4. 2. 1977.

Chronik

»Wenn ich zu Zeiten mich unglücklich gefühlt, so ist dies mehr nur vermöge einer méprise, eines Irrthums in der Person geschehen, ich habe mich dann für einen Andern gehalten, als ich bin, und nun dessen Jammer beklagt: z. B. für einen Privatdozenten, der keine Zuhörer hat . . . oder einen Liebhaber, den jenes Mädchen, auf das er capricirt ist, nicht erhören will . . . das Alles bin ich nicht gewesen, das Alles ist fremder Stoff, aus dem höchstens der Rock gewesen ist, den ich eine Weile getragen und dann gegen einen andern abgelegt habe. Wer aber bin ich denn? Der, welcher die Welt als Wille und Vorstellung geschrieben und vom großen Problem des Daseins eine Lösung gegeben . . .«

Arthur Schopenhauer

1788 Staatsbankrott in Frankreich
Die Verfassung der USA tritt in Kraft
Australien wird mit englischen Sträflingen besiedelt
† Georg Johann Hamann
* Lord George Byron
* Joseph Freiherr von Eichendorff
Immanuel Kant, *Kritik der praktischen Vernunft*
Adolf Freiherr von Knigge, *Über den Umgang mit Menschen*
Emanuel Joseph Sieyès, *Was ist der Dritte Stand?*
Johann Wolfgang Goethe, *Egmont*
Wolfgang Amadeus Mozart, *Jupiter-Symphonie*

1789 Französische Revolution
14. Juli: Sturm auf die Bastille
George Washington erster Präsident der USA

1790 Kant, *Kritik der Urteilskraft*
Karl Philipp Moritz, *Anton Reiser*

1791 *Franz Grillparzer
Johann Gottfried Herder, *Ideen zur Philosophie der Geschichte der Menschheit*
James Boswell, *Das Leben Samuel Johnsons*
Maximilian Klinger, *Fausts Leben, Taten und Höllenfahrt*
Mozart, *Die Zauberflöte*
† Mozart

1792 Frankreich wird Republik
›Septembermorde‹ unter Justizminister Danton

1788 am 22. Februar Arthur Schopenhauer in Danzig, Heiligengeistgasse 114, geboren.
Vater: Großkaufmann Heinrich Floris Schopenhauer.
Mutter: Johanna Henriette, geborene Trosiener.
Wappenspruch der Familie: »Point de bonheur sans liberté.«

Erster Koalitionskrieg: Österreich, Preußen und England gegen Frankreich, 20. September Kanonade von Valmy: Rückzug der preußischen Armee unter dem Herzog von Braunschweig
Johann Gottlieb Fichte, *Versuch einer Kritik aller Offenbarung*
Mary Wollstonecraft, *Die Verteidigung der Rechte der Frau*
* Percy Bysshe Shelley
* Gioachino Rossini

1793 Hinrichtung Ludwigs XVI.
Ermordung des Jean Paul Marat
›Terror der Tugend‹ unter Robespierre
Zweite Teilung Polens durch Rußland und Preußen: Danzig wird preußisch
Kant, *Die Religion innerhalb der Grenzen der bloßen Vernunft*
Friedrich Schiller, *Über die ästhetische Erziehung des Menschen*

1794 Hinrichtung Dantons
Hinrichtung Robespierres
† Gottfried August Bürger
* Julius Schnorr von Carolsfeld
Joseph Haydn, *Militär-Symphonie*

1795 Direktorium in Frankreich
Kant, *Zum ewigen Frieden*
Marquis de Sade, *Die Philosophie des Boudoirs*
* Thomas Carlyle
* Leopold von Ranke

1793 Als Danzig preußisch wird, übersiedelt der Republikaner Heinrich Floris Schopenhauer unter Vermögensverlusten nach der Freien und Hansestadt Hamburg. Niederlassung als Ausländer im Haus Neuer Wandrahm 92. Prominente Gäste sind Klopstock, Wilhelm Tischbein, Dr. Reimarus, Lord Nelson und Lady Hamilton.

1796	Jean Paul, *Siebenkäs*		
1797	Friedrich Wilhelm Schelling, *Ideen zu einer Philosophie der Natur*	1797	am 12. Juni Geburt der Schwester Louise Adelaide (Adele)
	Wilhelm Heinrich Wackenroder, *Herzensergießungen eines kunstliebenden Klosterbruders*		Arthur wird zu einem Geschäftsfreund nach Le Havre geschickt, wo er über zwei Jahre bleibt und so gründlich Französisch lernt, daß er darüber fast das Deutsche verlernt.
	Goethe, *Wilhelm Meisters Lehrjahre*		
	Ludwig Tieck, *Der gestiefelte Kater*		
	Friedrich Hölderlin, *Hyperion*		
	* Heinrich Heine		
	* Annette von Droste-Hülshoff		
	* Jeremias Gotthelf		
	* Franz Schubert		
	Haydn, *Kaiser-Quartett*		
1798	† Giacomo Casanova		
	* Giacomo Leopardi		
	Novalis, *Fragmente*		
	Friedrich Schlegel, *Lucinde*		
	Christoph Wilhelm Hufeland, *Makrobiotik oder Die Kunst, sein Leben zu verlängern.*		
1799	Zweiter Koalitionskrieg Staatsstreich Napoleon Bonapartes	1799	Eintritt in Runge's Privatinstitut, eine Schule für künftige Kaufleute; Erziehung im pietistisch-aufgeklärten Geist.
	Herder, *Metakritik zur Kritik der reinen Vernunft*		
	Schelling, *Naturphilosophie*		
	Fichte, *Über den Grund unseres Glaubens an eine göttliche Weltregierung*		
	Friedrich Daniel Schleiermacher, *Über die Religion, Reden an die Gebildeten unter ihren Verächtern*		
	† Georg Christoph Lichtenberg		

	* Honoré de Balzac Ludwig van Beethoven, *1. Symphonie*		* Ralph Waldo Emerson
1800	Schelling, *System des transcendentalen Idealismus* Fichte, *Die Bestimmung des Menschen* Novalis, *Hymnen an die Nacht* Schiller, *Maria Stuart* Jean Paul, *Titan*	1800	dreimonatige Reise, von Hamburg nach Karlsbad und von dort nach Prag.
1801	August von Kotzebue, *Die deutschen Kleinstädter* † Novalis * Johann Nepomuk Nestroy * Christ. Dietrich Grabbe * Albert Lortzing † Daniel Chodowiecki Francisco Goya, *Die nackte Maya*		
1802	François René Chateaubriand, *Der Geist des Christentums* Novalis, *Heinrich von Ofterdingen* * Nikolaus Lenau * Wilhelm Hauff * Alexandre Dumas, père		
1803	Reichsdeputationshauptschluß: Ende der Selbständigkeit der Bistümer und vieler Freier Reichsstädte Heinrich Pestalozzi, *Wie Gertrud ihre Kinder lehrt. Ein Versuch, den Müttern Anleitung zu geben, ihre Kinder selbst zu unterrichten* Johann Peter Hebel, *Alemannische Gedichte* † Herder † Friedrich Gottlieb Klopstock	1803	Der Vater stellt den Sohn, der aufs Gymnasium und studieren will, vor die Wahl: Schulbesuch oder zweijährige Vergnügungsreise durch Holland, England, Frankreich und die Schweiz. Arthur entscheidet sich für die Reise. Abreise im Mai nach Holland; von Holland nach England; sechsmonatiger Aufenthalt in der Pension des Reverend Lancaster in Wimbledon, zur Erlernung

1804 Napoleon I., Kaiser der Franzosen
Einführung des ›Code Napoléon‹ im französischen Machtbereich: Grundlage des Bürgerlichen Gesetzbuches, das persönliche Freiheit und Rechtsgleichheit garantiert
Schiller, *Wilhelm Tell*
† Kant
* Ludwig Feuerbach
* Eduard Mörike
* George Sand
* Moritz von Schwind
Jean Paul, *Vorschule der Ästhetik*

1805 Dritter Koalitionskrieg: England, Rußland, Österreich und Schweden gegen Frankreich
Sieg Napoleons in der ›Drei-Kaiser-Schlacht‹ bei Austerlitz. Einzug in Wien. Sieg und Tod Admiral Nelsons in der Seeschlacht bei Trafalgar. Vernichtung der französischen Flotte
† Schiller
* Adalbert Stifter

der englischen Sprache. Ein Monat mit den Eltern in London. Im Herbst Weiterfahrt nach Frankreich.

1804 über Orléans und Bordeaux nach Südfrankreich. Beim Anblick der Galeerensträflinge in Toulon: »Ohne alle gelehrte Schulbildung wurde ich vom Jammer des Lebens ergriffen.« Sommer in der Schweiz; von Wien nach Dresden, nach Berlin; am 25. August Konfirmation in Danzig; im Dezember Rückkehr nach Hamburg: »Dieser Bildungsgang hat mich frühzeitig daran gewöhnt, mich nicht mit den bloßen Namen der Dinge zufrieden zu geben, sondern die Betrachtung und Untersuchung der Dinge selbst und ihre aus der Anschauung erwachsende Erkenntnis dem Wortschalle entschieden vorzuziehen, weshalb ich später nie Gefahr lief, Worte für Dinge zu nehmen.«

1805 im Januar Beginn einer Kaufmannslehre beim Senatoren Martin Jensch: »Nie hat es einen schlechteren Handlungsbeflissenen gegeben als mich.«
am 20. April Tod des Vaters, vermutlich Selbstmord.

1806 Vierter Koalitionskrieg: vernichtende Niederlage Preußens in den Schlachten bei Jena und Auerstädt. Napoleon in Berlin. Rheinbund: deutsche Fürsten unter Napoleons Protektorat erklären ihre Souveränität. Kaiser Franz II. von Österreich legt die Kaiserkrone nieder: Ende des Heiligen Römischen Reiches Deutscher Nation. Achim von Arnim und Clemens Brentano, *Des Knaben Wunderhorn*

1807 Friede von Tilsit. Preußische Reformpolitik durch den Reichsfreiherrn vom Stein: Städtische Selbstverwaltung. Ende der Erbuntertänigkeit
Königreich Westfalen unter Jérôme Napoleon
Thomas Paine, *Das Zeitalter der Vernunft*
Zacharias Werner, *Weihe der Kraft*
Georg Friedrich Wilhelm Hegel, *Phänomenologie des Geistes*

1808 Fürstentag in Erfurt: Bündnis Napoleons mit Zar Alexander I.
Audienz Goethes beim Kaiser
Goethe, *Faust* (1)
Friedrich Schlegel, *Sprache und Weisheit der Inder*
Fichte, *Reden an die deutsche Nation*
Heinrich von Kleist, *Der zerbrochene Krug*

1806 Im September übersiedelt die Mutter mit ihrer Tochter nach Weimar, wo sie einen literarischen Theetisch und später eine populäre Romanschriftstellerei betreibt. Zu ihren Gästen zählen Goethe, Zacharias Werner, Wieland, Heinrich Meyer, Friedrich Majer, Riemer und Karl Ludwig Fernow, der ein Gutachten erstellt, daß es für eine gelehrte Laufbahn des Sohnes Arthur noch nicht zu spät sei.

1807 Private Gymnasialausbildung zunächst in Gotha (Juni), dann in Weimar (Dezember). Autodidaktische Studien und Lektüre. Teilnahme an den Gesellschaften der Mutter.

1808 Besuch in Erfurt, Besichtigung Napoleons.

Johannes von Müller, *Die Geschichte der Schweizerischen Eidgenossenschaft*
Beethoven, *5. Symphonie*
* Honoré Daumier
* Carl Spitzweg

1809 Reform des preußischen Schulsystems durch Wilhelm von Humboldt
Aufstand der Tiroler, Andreas Hofer hingerichtet
Goya, *Die Erschießung spanischer Freiheitskämpfer*
Goethe, *Die Wahlverwandtschaften*
* Charles Darwin
* Nikolai Gogol
* Edgar Poe

1810 Gründung der Universität Berlin
Napoleon heiratet Marie Luise, Tochter Franz' II. von Österreich
Kleist, *Michael Kohlhaas*
Goethe, *Zur Farbenlehre*
Johanna Schopenhauer, *Carl Ludwig Fernows Leben*
Germaine de Staël, *Über Deutschland*
* Robert Schumann
* Frédéric Chopin

1811 † Kleist
Goethe, *Dichtung und Wahrheit*
Friedrich de la Motte Fouqué, *Undine*
Hebel, *Schatzkästlein des rheinischen Hausfreundes*
* Franz Liszt
* Carl Gutzkow

1809 Nach erlangter Volljährigkeit zahlt ihm die Mutter 19 000 Taler aus: ein Drittel des geschrumpften väterlichen Vermögens. Am 9. Oktober Immatrikulation als Student der Medizin in Göttingen. Hört Chemie, Physik, Botanik, Anatomie, Physiologie, Ethnographie und Geschichte der Kreuzzüge.

1810 Im zweiten Semester Studium der Philosophie bei Gottlob Ernst Schulze, der zum Studium der Werke Platos und Kants rät, von Aristoteles und Spinoza abrät.

1811 Während eines Ferienaufenthalts in Weimar Besuch bei Wieland, der meint, Philosophie sei kein solides Fach. Schopenhauer: »Das Leben ist eine mißliche Sache: ich habe mir vorgesetzt, es damit hinzubringen, über dasselbe nachzudenken.«
Im Herbst Studium an

1812 Heeresreform in Preußen durch Scharnhorst und Gneisenau
Judenemanzipation in Preußen
Napoleons Rußlandfeldzug
Brüder Grimm, *Kinder- und Hausmärchen*
* Ivan Gončarov
* Charles Dickens

1813 Aufruf des preußischen Königs ›An mein Volk‹, Stiftung des Eisernen Kreuzes
Rußland, Preußen, England, Österreich und Schweden gegen Napoleon; 16.–19. Oktober Völkerschlacht bei Leipzig (über 100 000 Tote und Verwundete)
Franz von Baader, *Begründung der Ethik durch die Physik*
† Christoph Martin Wieland
* Sören Kierkegaard
* Richard Wagner
* Giuseppe Verdi
* Friedrich Hebbel
* Georg Büchner
Fichte, *Staatslehre*

1812 der Universität Berlin, u. a. bei Fichte und Schleiermacher. Hört außerdem Ornithologie, Amphibiologie, Ichthyologie, Zoologie, Geognosie, Astronomie, Physiologie und Poesie.
Freundschaft mit Ferdinand Helmholtz, dem Vater des berühmten Physikers.

1813 Wegen der Kriegswirren Abbruch des Studiums in Berlin. In Rudolstadt Niederschrift der Dissertation, für die er von der Universität Jena am 18. Oktober in absentia zum Doktor der Philosophie promoviert wird.
Über die vierfache Wurzel des Satzes vom zureichenden Grunde erscheint in einer Auflage von 500 Exemplaren. Das Werk veranlaßt Goethe, Schopenhauer einzuladen, »seine Farbenlehre zu studieren«. Nach beendigtem Kursus notiert Goethe: »Trüge gern noch länger des Lehrers Bürden, / Wenn Schüler nicht gleich Lehrer würden.«

1814	Einmarsch der Verbündeten in Frankreich. Abdankung Napoleons, der die Insel Elba als selbständiges Fürstentum erhält Erster Pariser Friede Rückkehr der Bourbonen: Ludwig XVIII. König von Frankreich Wiener Kongreß: Europäische Restauration † Fichte Adelbert von Chamisso, *Peter Schlemihls wundersame Reise* E.T.A. Hoffmann, *Phantasiestück in Callot's Manier* Fouqué, *Der Zauberring* Beethoven, *Fidelio*	1814	In Weimar Zerwürfnis mit der Mutter. Übersiedlung nach Dresden. Niederschrift der ersten aphoristischen Notizen, Bausteine zur *Welt als Wille und Vorstellung*.
1815	Napoleon und die 100 Tage; Sieg Wellingtons und Blüchers in der Schlacht bei Waterloo. Verbannung Napoleons nach St. Helena. Zweiter Pariser Friede Schlußakte des Wiener Kongresses: Gleichgewicht der fünf Großmächte Großbritannien, Rußland, Frankreich, Österreich und Preußen Deutscher Bund: 39 souveräne Staaten sind im Deutschen Bundestag zu Frankfurt am Main unter dem Vorsitz Österreichs vertreten Heilige Allianz der Monarchen: Bund von Thron und Altar gegen alle liberalen Bestrebungen Gründung der Deutschen Burschenschaft für innere	1815	Brief an Goethe: »Der Mut keine Frage auf dem Herzen zu behalten ist es der den Philosophen macht.«

Freiheit und nationale Einheit
* Otto von Bismarck
† Matthias Claudius
E.T.A. Hoffmann, *Die Elixiere des Teufels*
Eichendorff, *Ahnung und Gegenwart*

1816 Erste deutsche Verfassung durch Großherzog Karl August von Sachsen-Weimar
Tieck, *Phantasus*
* Gustav Freytag

1817 Wartburgfest der Deutschen Burschenschaft
Byron, *Manfred*
* Henry David Thoreau
* Theodor Storm

1818 Ende der preußischen Reformen, Friedrich Wilhelm III. entläßt Wilhelm von Humboldt
Hegel, *Enzyklopädie der philosophischen Wissenschaft im Grundriß*
Johann Friedrich Herbart, *Einleitung in die Philosophie*
E. T. A. Hoffmann, *Nachtstücke*
Grillparzer, *Sappho*
* Karl Marx
* Jacob Burckhardt
* Ivan Turgenev

1816 *Über das Sehn und die Farben* erscheint, nachdem sich Schopenhauer lange vergeblich um ein zustimmendes Urteil Goethes bemüht hat. Ludwig Sigismund Ruhl malt das Porträt des 34jährigen, dem die Dresdner Freunde den Spitznamen »Jupiter tonans« gegeben haben.

1818 Angebot an Brockhaus, den Verlag für »eine im höchsten Grade zusammenhängende Gedankenreihe, die bisher noch nie in irgendeines Menschen Kopf gekommen«, zu übernehmen. *Die Welt als Wille und Vorstellung* erscheint bei Brockhaus mit der Jahreszahl 1819. Reise nach Italien: Venedig, Bologna, Florenz: Winteraufenthalt in Rom.

1819	Kotzebue ermordet, darauf Karlsbader Beschlüsse zur ›Demagogenverfolgung‹: Verbot der Burschenschaften, des Turnens, aller liberalen und demokratischen Schriften, Überwachung der Presse und Universitäten * Theodor Fontane * Gottfried Keller * Walt Whitman Walter Scott, *Ivanhoe* Goethe, *West-östlicher Divan* Byron, *Don Juan* Jacob Grimm, *Deutsche Grammatik* * Jacques Offenbach	1819	im April nach Neapel, Venedig, Mailand. Im August wieder in Dresden. Besuch bei Goethe: »Ein Besuch Dr. Schopenhauer's, eines meist verkannten, aber auch schwer zu kennenden, verdienstvollen jungen Mannes, regte mich an und gedieh zur wechselseitigen Belehrung.« Geschicktes Taktieren und glanzvolle Briefe retten sein Vermögen beim Zusammenbruch des Danziger Handelshauses Muhl. Bewerbung um eine Dozentur in Heidelberg, Göttingen oder Berlin. Am 31. Dezember reicht er sein Habilitationsgesuch bei der Universität Berlin ein.
1820	E. T. A. Hoffmann, *Lebensansichten des Katers Murr* * Friedrich Engels	1820	im Januar Zulassung zum Colloquium. Am 23. März Probevorlesung vor der philosophischen Fakultät unter dem Vorsitz Georg Wilhelm Friedrich Hegels. Im Sommersemester die erste und einzige *Vorlesung über Die gesamte Philosophie d. i. Die Lehre vom Wesen der Welt und von dem menschlichen Geiste*.
1821	Beginn des Freiheitskrieges der Griechen gegen die türkische Herrschaft † Napoleon * Charles Baudelaire * Gustave Flaubert * Fedor Dostoevskij	1821	Beziehung zu Caroline Richter, genannt Medon, Choristin an der Berliner Oper. Wohnung in der Niederlagstraße 4.

1822	† E. T. A. Hoffmann Thomas de Quincey, *Bekenntnisse eines englischen Opiumessers* Stendhal, *Über die Liebe* Byron, *Kain*	1822	Zweite italienische Reise. Im August in Mailand, vom September bis
1823	Monroe-Doktrin ›Amerika den Amerikanern‹: gegen die Einmischung europäischer Staaten in südamerikanische Befreiungskriege. Beethoven, *9. Symphonie*.	1823	Mai in Florenz. »Ich war so gesellig wie lange nicht.« Und: »Sehn u. Erfahren ist so nöthig als Lesen u. Lernen.« Im Mai Rückkehr über Trient nach München. Schwere Krankheit.
1824	Anerkennung des Gewerkschafts- und Streikrechts in England † Lord Byron Heine, *Die Harzreise* Leopardi, *Canzoni*	1824	Nach Kuraufenthalt in Bad Gastein noch einmal für 8 Monate in Dresden. Übersetzungspläne, Hume's *Natural History* und Sterne's *Tristram Shandy* werden erwogen und fallengelassen, weil kein Verleger sich dafür interessiert. Jean Paul erwähnt *Die Welt als Wille und Vorstellung* in der ›kleinen Nachschule‹. Bekanntschaft mit Ludwig Tieck, dem er in einer Diskussion zuruft: »Was? Sie brauchen einen Gott?«
1825	Erstes Dampfschiff auf dem Rhein Gründung des Börsenvereins des deutschen Buchhandels zu Leipzig Jean Paul, *Kleine Nachschule zur Vorschule der Ästhetik* Alessandro Manzoni, *Die Verlobten* * Conrad Ferdinand Meyer † Jean Paul	1825	Rückkehr nach Berlin; Prozeß-Ärger, weil er eine Näherin aus seinem Vorzimmer geworfen hat.

1826	Eichendorff, *Aus dem Leben eines Taugenichts* Wilhelm Hauff, *Lichtenstein* † Hebel	1826	vom Wintersemester bis zum Wintersemester 1831 steht Schopenhauers Name im Vorlesungsverzeichnis, ohne daß noch eine Vorlesung zustande kommt. Bekanntschaft mit Alexander von Humboldt und Adelbert von Chamisso, der rät, Schopenhauer möge den Teufel nicht zu schwarz malen, ein gutes Grau sei ausreichend.
1827	† Beethoven † Leopardi * Charles de Coster Heine, *Buch der Lieder* Grabbe, *Scherz, Satire, Ironie und tiefere Bedeutung*		
1828	† Schubert † Goya * Henrik Ibsen * Lev Tolstoj * Jules Verne		
1829	Katholikenemanzipation in Groß-Britannien Goethe, *Wilhelm Meisters Wanderjahre* Rossini, *Wilhelm Tell* † Friedrich Schlegel † Wilhelm Tischbein		
1830	Juli-Revolution in Frankreich: Abdankung und Flucht Karls x. Louis Philippe von Orléans wird ›Bürgerkönig‹ Emigration Heinrich Heines nach Paris Fritz Reuter zu Festungshaft verurteilt Stendhal, *Rot und schwarz* A. W. Schlegel, *Indische Bibliothek*	1830	Die lateinische Fassung *Über das Sehn und die Farben* erscheint in den Scriptores ophthalmologici minores
1831	Cholera-Epidemie in Europa † Hegel * Wilhelm Raabe Grabbe, *Napoleon und die 100 Tage* Grillparzer, *Des Meeres und der Liebe Wellen*	1831	Flucht aus Berlin vor der Cholera. Auswanderungspläne nach Schweden oder England. Probeweise Niederlassung in Frankfurt am Main.

Victor Hugo, *Der Glöckner von Notre Dame*
Balzac, *Die Frau von 30 Jahren*
Eugène Delacroix, *Die Freiheit führt das Volk*
Vincenco Bellini, *Norma*

1832 Parlamentsreform in England
† Goethe
† Walter Scott
* Wilhelm Busch
* Edouard Manet

1833 Aufhebung der Sklaverei im Britischen Empire
Gesamtausgabe der Schlegel-Tieck'schen Shakespeare-Übersetzung
Heinrich Laube, *Das junge Europa*
Johann Nepomuk Nestroy, *Lumpazivagabundus*
* Wilhelm Dilthey
* Johannes Brahms

1834 Deutscher Zollverein: Wirtschaftsgemeinschaft Preußens, Hessens, Sachsens, Württembergs u. Bayerns unter preußischer Führung
† Schleiermacher
* Edgar Degas
Eichendorff, *Dichter und ihre Gesellen*
Grillparzer, *Der Traum ein Leben*
Leopold von Ranke, *Die römischen Päpste*

1835 Erste deutsche Eisenbahnlinie: Nürnberg – Fürth
David Friedrich Strauß, *Das Leben Jesu*
Büchner, *Dantons Tod*

1832 Probeweise Niederlassung in Mannheim. Übersetzung von Balthasar Gracians *Handorakel und Kunst der Weltklugheit*. Wird von Brockhaus abgelehnt und erscheint erst posthum.

1833 Endgültige Niederlassung in Frankfurt, Wohnung an der Schönen Aussicht 17. Systematische Ungeselligkeit; gleichförmige Lebensweise.

	Gutzkow, *Wally, die Zweiflerin* Karl Immermann, *Die Epigonen*		
1836	Johann Peter Eckermann, *Gespräche mit Goethe* Heine, *Die romantische Schule* † Grabbe	1836	*Über den Willen in der Natur* erscheint.
1837	Thronbesteigung der Queen Victoria Ende der Personalunion Hannover – England: Aufhebung der liberalen Verfassung in Hannover: Protest und Entlassung der ›Göttinger Sieben‹ (unter ihnen die Brüder Grimm) † Ludwig Börne † Georg Büchner Lortzing, *Zar und Zimmermann*	1837	Briefwechsel mit Rosenkranz, daß die Erste Ausgabe der ›Kritik der reinen Vernunft‹ der neuen Kant-Ausgabe zugrunde gelegt wird. Die Königlich Norwegische Gesellschaft der Wissenschaften zu Drontheim stellt die Preisaufgabe: »Läßt sich die Freiheit des menschlichen Willens aus dem Selbstbewußtsein beweisen?«
1838	Feuerbach, *Geschichte der neueren Philosophie von Baco bis Spinoza* Gustav Schwab, *Die schönsten Sagen des klassischen Altertums* † Chamisso	1838	Die Königlich Dänische Societät der Wissenschaften stellt die Preisaufgabe: »Ist die Quelle und Grundlage der Moral zu suchen in einer unmittelbar im Bewußtsein liegenden Idee der Moralität oder aber in einem andern der Erkenntnisgründe?« Am 17. April stirbt Johanna Schopenhauer, die ihren Sohn dreimal ausdrücklich enterbt hat.
1839	Stendhal, *Die Kartause von Parma* Dickens, *Oliver Twist* Schumann, *Nachtstücke* * Paul Cézanne	1839	Schopenhauers Preisschrift *Über die Freiheit des Menschlichen Willens* wird durch Verleihung der großen goldenen Medaille zu Drontheim gekrönt.

1840	Napoleons Leiche im Invalidendom in Paris beigesetzt Pierre Joseph Proudhon, *Was ist Eigentum?* Gogol, *Der Mantel* Poe, *Geschichten der Groteske und Arabeske* * Emile Zola	1840	Schopenhauers Preisschrift *Über die Grundlage der Moral* wird nicht gekrönt, obwohl sie die einzige Einsendung ist.
1841	Feuerbach, *Vom Wesen des Christentums* Thomas Carlyle, *Über Helden und Heldenverehrung* Cooper, *Lederstrumpf* Gotthelf, *Uli der Knecht*	1841	Die beiden Preisschriften erscheinen unter dem Titel *Die beiden Grundprobleme der Ethik*. Der Berliner Privatgelehrte Dr. Julius Frauenstädt setzt sich öffentlich für Schopenhauer ein.
1842	† Stendhal Droste-Hülshoff, *Die Judenbuche* Gotthelf, *Die schwarze Spinne* Eugène Scribe, *Ein Glas Wasser*		
1843	›1000 Jahre Deutsches Reich‹-Feier † Hölderlin Wagner, *Der fliegende Holländer*		
1844	Aufstand der Schlesischen Weber Hebbel, *Maria Magdalena* Heine, *Deutschland, ein Wintermärchen* *Friedrich Nietzsche * Paul Verlaine	1844	Nach langen Verhandlungen mit Brockhaus erscheint der zweite Band der *Welt als Wille und Vorstellung*, der erste Band in neuer Auflage, ohne Honorar für den Autor. Beginn der Arbeit an den *Parerga und Paralipomena*.
1845	Große Hungersnot in Irland Kierkegaard, *Furcht und Zittern* Max Stirner, *Der Einzige*		

und sein Eigentum
Alexander von Humboldt, *Kosmos*
Prosper Mérimée, *Carmen*
Wagner, *Tannhäuser*
† A. W. Schlegel

1846 Krieg USA – Mexiko
Freihandel in England
Poe, *Philosophie der Komposition*
Ludwig Richter, *Volksliederbuch*

1847 Heinrich Hoffmann, *Der Struwwelpeter*
Gutzkow, *Uriel Acosta*
Dickens, *Weihnachtsgeschichten*

1848 Februarrevolution in Frankreich: Louis Napoleon wird Präsident der Zweiten Republik
Märzrevolution in Deutschland: Deutsche Nationalversammlung in der Frankfurter Paulskirche. Aufhebung der Karlsbader Beschlüsse
Neue Bundesverfassung in der Schweiz
Nach dem Skandal um die Tänzerin Lola Montez dankt Ludwig I. von Bayern ab
Marx-Engels, *Das kommunistische Manifest*
William Makepiece Thakkeray, *Jahrmarkt der Eitelkeiten*

1846 Auf eine Anfrage nach dem Absatz seiner Werke antwortet der Verleger Brockhaus: »Ich kann Ihnen zu meinem Bedauern nur sagen, daß ich damit ein schlechtes Geschäft gemacht habe, und die nähere Auseinandersetzung erlassen Sie mir wohl.«
Erster Besuch Frauenstädts.

1847 Die zweite, vermehrte Ausgabe der *Vierfachen Wurzel des Satzes vom zureichenden Grunde* erscheint.
Am 25. August stirbt Adele Schopenhauer.

	† Chateaubriand		
	† Droste-Hülshoff		
	* Paul Gauguin		
1849	Thoreau, *Über die Pflicht zum Ungehorsam gegen den Staat*		
	Wagner, *Die Kunst und die Revolution*		
	† Poe		
	* August Strindberg		
	† Chopin		
1850	Preußische Verfassung		
	† Balzac		
	* Robert Louis Stevenson		
	Nathaniel Hawthorne, *Der scharlachrote Buchstabe*		
1851	Erste Weltausstellung in London	1851	Nach mehrfachen vergeblichen Versuchen, einen Verleger zu finden, erscheinen im November *Parerga und Paralipomena* bei der Buchhandlung A. W. Hayn in Berlin. – »Verdrießlich, aber demütigend nicht: denn eben melden die Zeitungen, daß Lola Montez ihre Memoiren zu schreiben beabsichtige und sogleich englische Buchhändler ihr große Summen geboten hätten. Da wissen wir, woran wir sind.«
	Bismarck preußischer Abgeordneter im deutschen Bundestag		
	Heine, *Romanzero*		
	Herman Melville, *Moby-Dick*		
1852	Staatsstreich in Frankreich: Louis Napoleon als Napoleon III. Kaiser der Franzosen	1852	Rezensionen der *Parerga* erscheinen u. a. von Gutzkow; der Durchbruch kommt aus England, wo in der ›Westminster and foreign Quarterly Review‹ eine Darstellung unter dem Titel ›Iconoclasm in German Philosophy‹ von John Oxenford erscheint.
	Johann Eduard Erdmann, *Entwicklung der deutschen Spekulation seit Kant*		
	Jacob und Wilhelm Grimm, *Deutsches Wörterbuch*		

	Harriet Beecher Stowe, *Onkel Toms Hütte* * Hans Vaihinger		Ernst Otto Lindner, Chefredakteur der Vossischen Zeitung in Berlin, bringt eine Übersetzung. – Brief an Frauenstädt: »Wo ist eine Eitelkeit, die ich nicht gekränkt hätte?«
1853	Krimkrieg Rußland gegen Türkei † Tieck Stifter, *Bunte Steine* Giuseppe Verdi, *La Traviata* * Vincent van Gogh		
1854	† Schelling Theodor Mommsen, *Römische Geschichte* Thoreau, *Walden oder Leben in den Wäldern* Keller, *Der grüne Heinrich* Mörike, *Mozart auf der Reise nach Prag* * Oscar Wilde	1854	Freundschaft mit Wilhelm Gwinner, dem späteren Testamentsvollstrecker u. ersten Biographen. Richard Wagner schickt ein Widmungsexemplar vom Textbuch des ›Rings des Nibelungen‹. Die zweite Auflage *Über den Willen in der Natur* erscheint.
1855	Aufhebung der Leibeigenschaft in Rußland unter Zar Alexander II. Hermann Helmholtz, *Über das Sehen des Menschen* Ludwig Büchner, *Kraft und Stoff* Gustav Freytag, *Soll und Haben* † Kierkegaard		
1856	† Heine * Sigmund Freud * G. B. Shaw * Joseph Conrad Busch, *Max und Moritz*	1856	Die Universität Leipzig stellt die Preisaufgabe: »Darlegung und Kritik der Schopenhauerschen Philosophie«.
1857	Flaubert, *Madame Bovary* Baudelaire, *Die Blumen des Bösen* Stifter, *Der Nachsommer* † Eichendorff	1857	Erste Vorlesungen über Schopenhauer in Bonn und Breslau. Hebbel besucht Schopenhauer.

1858	Unterseekabel Dover–Calais Gončarov, *Oblomov* * Heinrich Zille	1858	Mitteilung von Brockhaus, daß die zweite Auflage des Hauptwerkes vergriffen ist. Schopenhauers 70. Geburtstag wird festlich gefeiert. Der Konsul Wiesike, ein Freund Fontanes, schickt einen Silberpokal.
1859	Charles Darwin, *Die Entstehung der Arten* Fritz Reuter, *Ut mine Stromtid* * Henri Bergson * Knut Hamsun	1859	Die dritte Auflage der *Welt als Wille und Vorstellung* erscheint. Letzter Umzug: ins Nachbarhaus Schöne Aussicht 16. Elisabet Ney gestaltet die Schopenhauer-Büste.
1860	Italienischer Einigungskrieg unter Garibaldi Abraham Lincoln amerikanischer Präsident Jacob Burckhardt, *Die Kultur der Renaissance in Europa* * Anton Čechov * Gustav Mahler	1860	Die zweite Auflage der *Beiden Grundprobleme der Ethik* erscheint. Am 21. September stirbt Arthur Schopenhauer unerwartet nach kurzer Krankheit.

Bibliographie

»Kommt es erst dahin, daß die Leute irgendein Buch von mir aufmachen und hineinsehn, so habe ich gewonnenes Spiel.«

Arthur Schopenhauer

Dies Bücherverzeichnis ist – wie diese ganze Sammlung – als Anregungs-Aggregation zu verstehen. Es will – wie diese ganze Sammlung – vor allem auf die Werke Schopenhauers selbst hinweisen. Aufgeführt sind lieferbare Werke; Vergriffenes nur dann, wenn der Text in keiner anderen Form vorliegt.

Nachdem die in diesem Band unter ›Zeugnisse‹ gegebenen Proben bereits so etwas wie eine illustrierte Bibliographie zur Wirkungsgeschichte darstellen, beschränken sich Angaben zur Sekundärliteratur auf wenige biographische, einführende oder umfassende Gesamtdarstellungen – sie alle bringen ihrerseits wieder zahlreiche Literaturhinweise. Auch hier sind vornehmlich lieferbare, zumindest neuere Bücher berücksichtigt.

Eine Bibliographie aller Veröffentlichungen von und über Schopenhauer bringt regelmäßig das Schopenhauer-Jahrbuch, auf das am Schluß noch besonders hingewiesen wird.

Von Arthur Schopenhauer

SÄMTLICHE WERKE. Nach der ersten, von Julius Frauenstädt besorgten Gesamtausgabe neu bearbeitet und herausgegeben von Arthur Hübscher. 7 Bände. Wiesbaden: F. A. Brockhaus ³1972 [historisch-kritische Gesamtausgabe].

SÄMTLICHE WERKE. Textkritisch bearbeitet und herausgegeben von Wolfgang Freiherr von Löhneysen. 5 Bände. Stuttgart – Wiesbaden: Cotta-Insel 1965 [Text in durchgängig modernisierter Orthographie und Interpunktion].

ZÜRCHER AUSGABE. Werke in 10 Bänden. Vollständiger Text nach der Edition von Arthur Hübscher. Mit eingearbeiteten Übersetzungen fremdsprachiger Zitate und Glossar wissenschaftlicher Begriffe. Die editorischen Materialien besorgte Angelika Hübscher. Zürich: Diogenes 1977 [Volks- und Studienausgabe in Einzelbänden].

DER HANDSCHRIFTLICHE NACHLASS. Herausgegeben von Arthur Hübscher. 5 Bände [davon Band IV in zwei Teilbänden]. Frankfurt a. M.: Waldemar Kramer 1966–1975 [bringt erstmals vollständig die frühen Manuskripte mit den Essays ›Über das Interessante‹ und ›Eristische Dialektik‹, die Gracian-Übersetzung und die Randschriften zu Büchern].

PHILOSOPHISCHE VORLESUNGEN in 2 Folgen, erschienen als Bände 9 und 10 innerhalb der Deussen'schen Ausgabe. Herausgegeben von Franz Mockrauer. München: R. Piper 1913

Journal einer Reise von Hamburg nach Carlsbad und von dort nach Prag; Rückreise nach Hamburg. Anno 1800. Leipzig: F. A. Brockhaus 1922

Reisetagebücher aus den Jahren 1803–1804. Herausgegeben von Charlotte von Gwinner. Leipzig: F. A. Brockhaus 1923

Der Briefwechsel [in 3 Folgen erschienen als Bände 14, 15 und 16 innerhalb der Deussen'schen Ausgabe. Herausgegeben von Carl Gebhardt (1) und Arthur Hübscher (2 und 3). München: R. Piper 1929, 1933, 1942]. Revidierte Neuausgabe, herausgegeben von Arthur Hübscher, in Vorbereitung. Frankfurt a. M.: Waldemar Kramer 1977 f. [Eine Auswahl, herausgegeben von Arthur Hübscher, erschien unter dem Titel *Arthur Schopenhauer – Mensch und Philosoph in seinen Briefen*. Wiesbaden: F. A. Brockhaus 1960].

Gespräche. Neue stark erweiterte Ausgabe [die Erstausgabe erschien 1933 als Sonderband innerhalb der Schopenhauer-Jahrbücher]. Herausgegeben von Arthur Hübscher. Stuttgart-Bad Cannstatt: Frommann-Holzboog 1971

Als Ergänzung

Schopenhauer-Register von Gustav Friedrich Wagner. Neu herausgegeben von Arthur Hübscher. Stuttgart-Bad Cannstatt: Frommann-Holzboog 1960

Schopenhauer-Bildnisse. Eine Ikonographie von Arthur Hübscher. Frankfurt a. M.: Waldemar Kramer 1968

Querschnitte durch das Gesamtwerk

Schopenhauer. Auswahl und Einleitung von Reinhold Schneider. Frankfurt a. M.: S. Fischer 1956

Schopenhauer. Auswahl aus seinen Schriften. Herausgegeben von Salomo Friedlaender. München: Goldmann 1962

Arthur Schopenhauer: Welt und Mensch. Eine Auswahl aus dem Gesamtwerk. Stuttgart: Reclam 1966

Über Arthur Schopenhauer

Abendroth, Walter: *Schopenhauer in Selbstzeugnissen und Bilddokumenten*. Reinbek bei Hamburg: Rowohlt [4]1973

Claus, Hermann: *Die Philosophie Schopenhauers*. Einführung in eine vorurteilsfreie Weltanschauung. Frankfurt a. M.: Waldemar Kramer 1968

Gwinner, Wilhelm: *Arthur Schopenhauer aus persönlichem Umgang dargestellt.* [Nach der Erstausgabe von 1862] herausgegeben von Charlotte von Gwinner. Frankfurt a. M.: Waldemar Kramer 1963

Hübscher, Arthur: *Schopenhauer.* Biographie eines Weltbildes. Stuttgart: Reclam 1967

Hübscher, Arthur: *Denker gegen den Strom.* Schopenhauer: Gestern – Heute – Morgen. Bonn: Bouvier 1973 [die derzeit umfassendste, kompetenteste und aktuellste Gesamtdarstellung].

Pisa, Karl: *Schopenhauer – Kronzeuge einer unheilen Welt.* Wien – Berlin: Neff 1977

Wolff, Hans M.: *Arthur Schopenhauer.* Hundert Jahre später. Bern: Francke 1960

»Das Studium und das Verständnis der Philosophie Schopenhauers anzuregen und zu fördern« ist satzungsmäßiger Zweck der Schopenhauer-Gesellschaft, die 1911 von Paul Deussen gegründet wurde und heute Arthur Hübscher zum Präsidenten und ihren Sitz in Frankfurt a. M. hat. Seit 1912 erscheinen die *Schopenhauer-Jahrbücher,* seit 1952 im Verlag Waldemar Kramer. In den Räumen der Stadt- und Universitätsbibliothek Frankfurt am Main befindet sich auch das Schopenhauer-Archiv, »das der wissenschaftlichen Forschung zur Verfügung steht. Das Archiv enthält alle auf Schopenhauers Leben, Persönlichkeit und schriftstellerische Tätigkeit bezüglichen Urkunden oder, soweit dies nicht möglich, zuverlässige Abschriften und Nachbildungen sowie eine möglichst vollständige Sammlung aller Ausgaben von Schopenhauers Werken und aller Schriften, die sich auf ihn und seine Philosophie beziehen.« (Die Zitate sind der Satzung der Schopenhauer-Gesellschaft e. V. entnommen.)

Schopenhauer-Gesellschaft e. V.
Beethovenstraße 48
D-6000 Frankfurt a. M. 1
Telefon 77 32 19
Schopenhauer-Archiv, bei der Stadt- und Universitätsbibliothek
Bockenheimer Landstraße 134–138
D-6000 Frankfurt a. M. 1
Telefon 77 06 72 49

Arthur Schopenhauer
Zürcher Ausgabe

Vollständige Neuedition, die als Volks- und Studienausgabe angelegt ist: Jeder Band bringt nach dem letzten Stand der Forschung den integralen Text in der originalen Orthographie und Interpunktion Schopenhauers; Übersetzungen fremdsprachiger Zitate und seltener Fremdwörter sind in eckigen Klammern eingearbeitet; ein Glossar wissenschaftlicher Fachausdrücke ist als Anhang jeweils dem letzten Band der *Welt als Wille und Vorstellung* (detebe 140/IV), der *Kleineren Schriften* (detebe 140/VI) und der *Parerga und Paralipomena* (detebe 140/X) beigegeben. Die Textfassung geht auf die historisch-kritische Gesamtausgabe von Arthur Hübscher zurück; das editorische Material besorgte Angelika Hübscher.

Die Welt als Wille und Vorstellung I
in zwei Teilbänden. detebe 140/I-II

Die Welt als Wille und Vorstellung II
in zwei Teilbänden. detebe 140/III-IV

*Über die vierfache Wurzel des Satzes
vom zureichenden Grunde · Über den Willen in der Natur*
Kleinere Schriften I. detebe 140/V

*Die beiden Grundprobleme der Ethik: Über die Freiheit
des menschlichen Willens · Über die Grundlage der Moral*
Kleinere Schriften II. detebe 140/VI

Parerga und Paralipomena I
in zwei Teilbänden, von denen der zweite die
›Aphorismen zur Lebensweisheit‹ enthält. detebe 140/VII-VIII

Parerga und Paralipomena II
in zwei Teilbänden, von denen der letzte ein Gesamtregister
zur Zürcher Ausgabe enthält. detebe 140/IX-X

Außerdem erschien:

Gerd Haffmans
Die Kritik der korrupten Vernunft
Zur Aktualität Schopenhauers. In:
›Das Tintenfaß‹ Nr. 26. detebe 122